本书受到西安邮电大学出版基金资助

民生经济学

王汉生　著

U0742917

西安交通大学出版社
XI'AN JIAOTONG UNIVERSITY PRESS

国 家 一 级 出 版 社
全国百佳图书出版单位

图书在版编目(CIP)数据

民生经济学 / 王汉生著. — 西安：西安交通大学
出版社，2021.6
ISBN 978-7-5693-1531-8

Ⅰ.①民… Ⅱ.①王… Ⅲ.①人民生活-经济学
Ⅳ.①F016

中国版本图书馆 CIP 数据核字(2020)第 002231 号

书　　名	民生经济学	
	(míngshēng jīngjìxué)	
著　　者	王汉生	
责任编辑	杨　璠	
出版发行	西安交通大学出版社	
	(西安市兴庆南路 1 号　邮政编码 710048)	
网　　址	http://www.xjtupress.com	
电　　话	(029)82668357　82667874(发行中心)	
	(029)82668315(总编办)	
传　　真	(029)82668280	
印　　刷	西安五星印刷有限公司	
开　　本	787 mm×1092 mm　　1/16　印张 16.875　字数 431 千字
版次印次	2021 年 6 月第 1 版　　2021 年 6 月第 1 次印刷
书　　号	ISBN 978-7-5693-1531-8
定　　价	68.00 元

序　言

"民生经济学"是前所未有的、彻底的新经济学理论体系。这不仅仅是起了个新名称。它的研究范式、研究手段都不同于新古典经济学,其研究结果更突破了新古典的藩篱。它的研究领域全面覆盖了微观经济学,其结果可以修正和替代微观经济学。

为了介绍清楚本书的研究成果,以下分三方面进行表述。

一、民生经济学内容简介

民生经济学形成一套完整的新经济学理论体系,主要通过以下四大研究步骤,形成了四部分内容:第一步,效用精确度量完成;第二步,精确的价格模型建立;第三步,市场类型完整划分;第四步,民生经济学理论的应用与实践。四部分内容逻辑上环环相扣,均由推导得来:前一步是后一步的逻辑起点,后一步是前一步的逻辑推导结果。

以下按逻辑递进顺序进行简要介绍。

(一)效用精确度量

每个初学微观经济学的人,都会遇到很多问题,其中最著名的就是"效用能否度量"的问题。1997 年,笔者面对同样困惑,便决定试探性地研究一下效用度量难题。此难题已经存在了 100 多年,如果度量成功,那么西方经济学界近百年来"效用能否度量"的争论就可以终结了。十分幸运的是,经过半年的努力,笔者居然把效用度量任务完成了,并且得到了精确的效用度量函数,其表达式为 $u(x)=1/x$。

度量过程从生命的生存开始,首先规范了生命个体——标准消费人,而后新定义了利物概念,并确定了利物计量单位——标石(biāodàn)。从利物对人的支持作用关系中,找到了效用(价值)计量函数。详细度量过程请阅读第二章第二节。

(二)价格模型建立

完成了效用度量,极大地激发了笔者研究微观经济学的兴趣。但是,效用度量出来有什么用途呢?初学微观经济学之时,笔者就一直心存另一个疑问:需求曲线和供给曲线,既然如此重要,为什么不用精确的数学函数表达出来,从而达到实证,这不是更有说服力吗?可惜,老师们却说不可能!新古典的微观经济学,给出的价格模型,其需求曲线、供给曲线都是假设得到的。唯一能准确把握的就是"需求曲线向右下方倾斜""供给曲线向右上方倾斜"。而在其他方面对曲线没有任何限制,也不包含其他任何更多的有效信息。

现在有了精确的效用度量,能否利用它直接推导出精确的需求曲线(亦即价格函数)?这将是一个更加富有挑战性的课题。其结果难以预料,但前景非常诱人。携效用度量成功之东风,笔者开始了精确的价格函数推导过程。

价格函数的推导,借用了效用函数和以前微观经济学的成本研究,更重要的是,建立了利物的三维直角坐标模型,在这个坐标系的代价平面上,原先已经存在着1标石利物的平均生产成本 P_c 的水平直线,我们再依据二级理性的效用函数推导出消费者的心理价格底线 P_u,于是 P_c 和 P_u 在代价平面上相交构成交易三角区。在交易三角区中,利用弹簧模型,推导出了假设势力比 δ 不变化条件下的精确的价格函数,也就是需求曲线的反函数。这一切都是精确的,非常幸运,精确的价格函数还是一个初等函数:

$$P(x) = P_c + P_c \cdot \frac{\frac{1}{x} - 1}{1 + \delta}$$

至此,价格函数(需求曲线)的推导完成了。

这两部分研究成果,首发于2003年出版的《生命经济原理》(西北大学出版社出版)中。

价格函数被推导出来,也就是需求曲线得到了精准表达。一般人的思维模式必然是再接再厉,继续推导"供给曲线",然后,为新古典经济学做出一份贡献。但非常遗憾,客观的人类经济学并不遵从人的主观意志,更不会迁就新古典学者完全对称的、几乎完美的"规律捏造"。"供给曲线"其实根本不存在!

此处推导出来的精确表达的价格函数,看起来形似需求曲线,但它完全不同于新古典假设出来的那条需求曲线。这个价格函数在推导过程中已经包含了生产方和消费方两方的意愿。而新古典的需求曲线仅仅是消费方单方面的意愿。

经过十多年的艰辛寻找和论证,笔者最终不无遗憾地承认,单独的供给曲线不存在。如此,仅有精确的价格模型,那么以前假设为主的均衡价格将何去何从呢?

在新古典的均衡价格理论中,需求曲线单独表达消费者意愿,供给曲线单独表达生产者意愿,两条曲线都是假设的。它们完美地对称,且均可在第一象限内自由移动(平移),于是二者之交点的均衡价格自然也可以在第一象限内任意移动。据此,新古典均衡价格理论的适应性无比强大,它几乎可以解释一切。但如此完美对称的曲线,它符合经济事实吗?没有人能够回答。

现在我关心的是,在精确价格函数存在的情况下,均衡价格理论还成立吗?

其实,供给曲线确实不存在,但供给量却依然存在,而且是精确地存在(见图Ⅰ)。于是,在代价平面上,虽然没有了向右上方倾斜的供给曲线,但垂直的供给量坐标线 AB 却担当起"重任",它与价格函数 ED(可看作需求曲线)交叉,均衡价格依然存在!

现在的均衡价格,揭去了新古典的神秘面纱,它只是一个精确的市场价格 P,被严格限定在交易三角区(图Ⅰ(b)不封口三角形 $HGDF$)以内,再不可以在第一象限内任意移动。这是民生经济学对新古典均衡价格理论做出的重要修正。在交易三角区里,需求曲线 ED 不能左右移动,只能以不动点 D 为中心上下摆动,供给量坐标线 AB 可以左右平行移动。所以,均衡价格 P 只可以在三角区以内移动。

至此,精确价格模型建立完成。

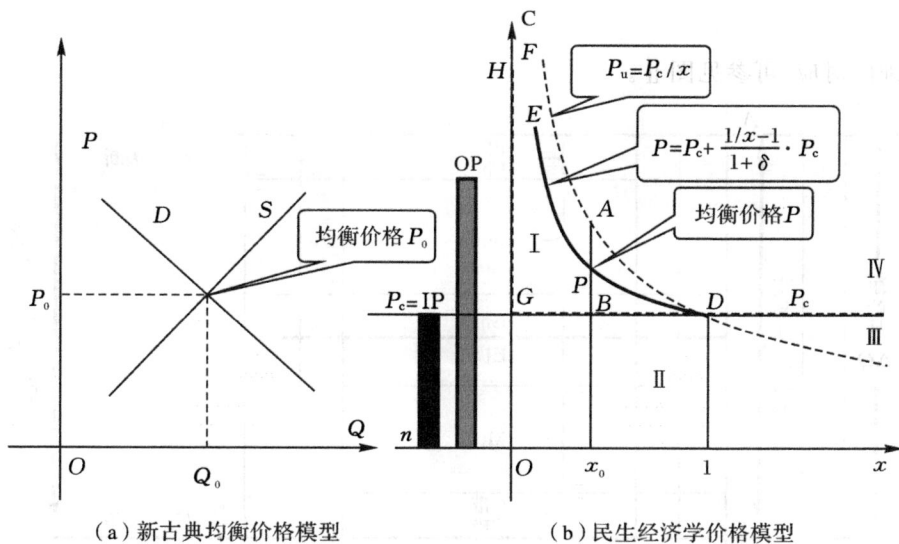

(a)新古典均衡价格模型　　　　(b)民生经济学价格模型

图Ⅰ　新古典与民生经济学均衡价格对比

(三)市场类型划分

新古典经济学经过百多年不断发展,已经在假设的基础上形成了自己的市场理论,划分出四大市场:完全竞争、垄断竞争、寡头、垄断四大市场。由于新古典经济学没有精确的价格模型,只靠假设得到了四大市场的划分结果,并想当然地确定:完全竞争市场为理想市场。

而民生经济学已经拥有了精确的价格模型,自然也要进行市场类型划分的研究。我们在价格函数的性质研究中,定义了市场交易动力概念,利用交易动力的计算,对市场进行了完整精准的划分。我们找到了交易动力最强的价格曲线——纳什价格,并且发现交易动力是一个立体的半边喇叭形的空间曲面,以纳什价格线为中心(脊线),交易动力向两边对称递减。于是我们以交易动力数据为依据,把全部市场精准划分成"三极五带"市场,实际上是划分了五个市场价格带,它们分别是(按竞争性从大到小排列):C 带、E 带、P 带 3 个主价格带,和 2 个辅助价格带 Mc 带和 Cm 带。共五个价格带。前三个主价格带各含一个极端价格:竞争的极端 C 极,公平的极端 E 极,垄断的极端 P 极。两个辅助价格带不含极端价格,特征不明显,只是主带之间的过渡价格带。五个价格带与新古典四大市场具有一定的对应关系,如表Ⅰ所示。

表Ⅰ　民生经济学市场类型与新古典市场类型的对应表

民生经济学三极五带市场类型	新古典四大市场类型
C 极	完全竞争
C 带	垄断竞争
Mc 带	垄断竞争
E 带(含 E 极)	垄断竞争
Cm 带	垄断竞争
P 带	寡头
P 极	垄断

更详细的对应,可参见图Ⅱ。

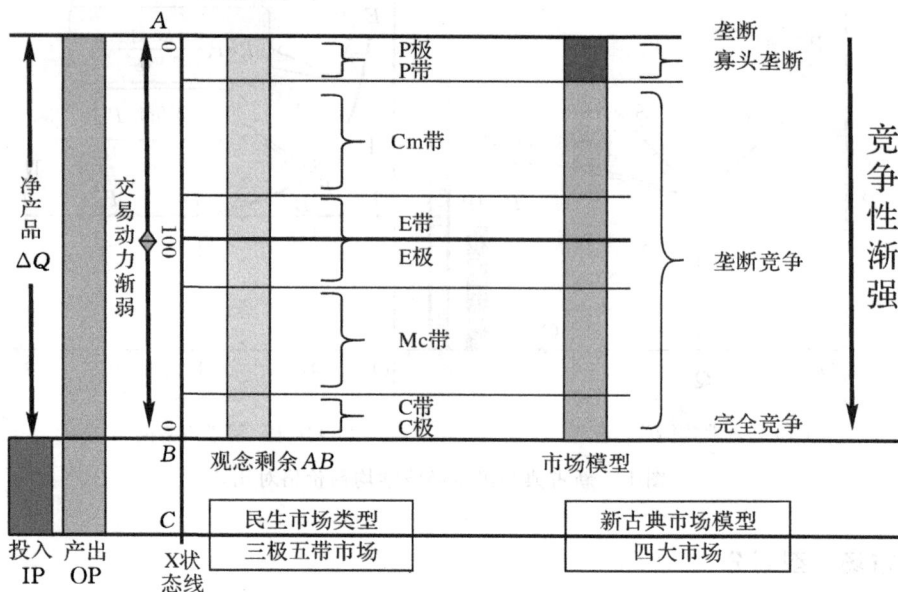

图Ⅱ 民生与新古典市场划分对比

在图Ⅱ中可见,新古典的垄断竞争市场太粗糙和模糊,它笼统地包含了民生经济学的四个市场带。太多的重要市场信息被垄断竞争埋没了,从而造成了新古典市场类型划分的两大严重错误:

错误一,公平极(E极)市场被丢弃了,这实际上是市场经济中极端公平价格的天然存在,它将可能使人类的市场经济走向公平。

错误二,想当然地断定完全竞争市场是理想市场,并且以此为新古典经济学理论赖以生存的基石。

民生经济学必须对此做出矫正。本书定义"理想市场"为 E 极市场,这是一个极端市场,交易动力最强,买卖双方都最满意,效率也不差,有效性正常;"好市场"为 E 带(含 E 极)市场,它是现实中存在的好市场;"正常市场"为 Mc 带+E 带(含 E 极)+Cm 带,我们称之为扩展的公平带,是现实中可接受的市场;C 极(新古典的完全竞争)和 P 极(新古典的垄断)两个市场是最不能容忍的极端不公平市场。C 带、P 带(寡头)也是很不公平的市场。

总体而言,民生经济学建立在交易动力可靠数据基础之上,借用精确的价格模型对市场类型进行了精准完整的划分。而新古典的市场类型划分则没有精确价格可以利用,全都是从假设出发开始研究的,能够找到四大市场已经不易,漏掉公平极公平带市场也是情有可原的。然而,武断地把完全竞争当成理想市场却是一个不可原谅的重大错误。新古典理论的创造者"刻意"为完全竞争规定了十分苛刻的四大条件,使现实市场无法符合其条件规定,从而"成功"地回避了人们的合理质疑与批评。但是,挡住了人们的批评和质疑,却无法掩盖它的致命性错误!

民生经济学利用市场类型完整划分的成果,开辟了经济学研究的新天地。市场类型完整划分,把人类社会各种产业的市场都包含进去了,从7000多年来的农业产业发展,到波澜壮阔的工业革命,铸就现代文明的市场经济原理,都得到了清晰明白的解释。

本书利用市场类型完整划分,研究了各种产业,最后(比较成熟地)给出了四大民生经济问题的解决方案。

(四)民生经济方案

新古典经济学理论已形成近百年,但是由于其滥用假设,几乎达到"无假设不结论"的地步。但是,处处依靠假设,结论必然缺乏可靠性。所以百年来,新古典虽然理论成型已经很久,但只能在理论领域内自说自话,自我欣赏,在经济实践中却乏善可陈。

民生经济学理论在市场类型完整划分之后,已经基本上自成一体了,形成了接近完整的新经济学理论体系,因为其解决的问题主要是民生经济问题,故笔者将这门新的经济学理论体系命名为"民生经济学"。

民生经济学精准的市场类型划分,为理论走向应用铺平了道路。尤其是公平极(纳什价格)市场的出现,为经济学公平研究提供了可靠支点。

民生经济学明确否定了完全竞争理想市场,定义了公平极(E极,理想市场)、公平带(E带,好市场)、扩展的公平带(Mc带＋E带＋Cm带,正常市场)市场。所以,今后解决民生经济问题的总体思路是,力争全面走向公平,同时保持效率和有效性继续存在,努力建构公平和谐的市场经济社会。归纳起来为十六字方针:保持效率,实现公平,共同富裕,和谐发展。

依据十六字方针,本书最后规划出了四大民生经济问题的框架性解决方案。书中基本上在尽量不降低效率的前提下,趋向公平。本书的政策建议,并不像以往的奥地利学派,把自由经济当成信仰和教条。当放任自由无法达到公平时,政府就可以为了实现经济主体之间的平等而干预市场。

例如,在粮食和三农问题解决方案中,由于成本钳位机制强烈的作用,把农产品价格牢牢钳位在C极或C带中,使这个具有7000年悠久历史的第一产业,始终在贫穷中艰难度日,不仅严重地丧失了社会公平,也严重地威胁着人类最重要的生存资料——粮食的供给。所以,书中没有囿于自由经济的理念,直接提出实行粮食"国家专卖"的反市场化操作办法,把粮食价格人工钳位在公平极附近,改变这个产业的分配结构,既可稳定粮食生产,又可让农产品生产者——农民开始享受利润,使农业成为正常的产业,农村发展的现状就可以改观,三农问题即可得到最终解决。

在解决房地产垄断问题时,则是典型的市场化方法,取消城市普通居民集资建房禁令,让住房消费者具有自建和购买的完全自由选择权,房地产价格就会在成本钳位机制作用下,自动恢复到成本价格附近,极不公平的天价房地产永远不会再度出现。

在纠正新古典"三位一体"分配模式对劳动要素的不公平对待时,提出由政权立法干预分配,采用"三源两步法"分配模式,实现劳动与资本、土地平等分享剩余的解决办法,以实现社会主义者追求的目标——劳动者最终的解放。

最后,利用最小经济子系统循环理论,解决效率悖论引起的替代性失业问题,彻底解决目前日益严重的失业问题。

以上简述的四大部分,是本书的全部内容。

二、民生经济学研究成果说明

民生经济学内容的相关研究经历了 24 年时间,现已形成了较为完整的理论体系。从研究的过程和结果来看,它把经济学向前推进了一大步,使经济学科的面貌发生了重大改变。

(一)数学在经济学科中的恰当应用

1.本书数学应用的三个重要地方

当前经济学界有关数学在经济学中的应用问题争论不休,基本形成了两类观点:

第一类是实际的经济学数学派,他们在经济学中大量使用高深莫测的数学手段,从前提假设开始,用数学手段推导,最后得出结论,再解释结论。这其中不乏数学高手,把经济学引向纯粹的数学化方向。但这里存在一个陷阱:数学推导逻辑是严谨的,可是经济学迄今为止,还没有自己完整而严谨的计量体系,也就是说,经济学量还没有规范化,因此,再严谨的数学逻辑推导过程也无法保证量的经济学意义明确和精准。

例如,经济学家经常假设一个"商品束",然后开始推演。那这个商品束中的每一束条都是可计量的吗?其计量单位明确吗?统一吗?如果其中某一个束条的商品不可计量,这个数学推导还有意义吗?或者即便可以计量,但计量单位不统一,计算出来的结果也就要因人的理解而异了。

第二类是反数学经济学派,他们或因自身的学科背景,或因对经济学现状的担忧,不喜欢用数学描述的经济学理论。于是,他们把经济学目前的困境归咎于在经济学中使用了数学。不管什么原因,把目前经济学的困境归咎于数学的使用,这是完全错误的。恰恰相反,数学在经济学中的恰当使用,是经济学向前迈进的不竭动力,马歇尔的经济学成就即是例证。但是,不问基础条件,不做基础研究,随意套用数学公式,甚至拿数学公式作装饰来忽悠公众,这是经济学界应当明确反对的行为。

本书主张经济学应当继续向着数学化推进,但有一个前提:经济学要建立自己的度量体系。只有各类经济学量可计量,而且已经建立了明确的计量单位,数学方法才有用武之地,数学使用的结果才具有明确可靠的经济学意义。

本书研究过程全程使用了数学,得到了以前人们无法得到的结果。而本书使用数学都做了前期的基础工作,而后使用函数公式才精准可靠。

本书有三个重要的地方成功地使用了数学,使民生经济学理论体系得以成立。这三个地方都遵循了"先奠定计量基础,再进行数学演绎推导"的原则。

数学应用的第一个重要地方,是效用度量。为了进行效用的精确度量,本书前期从生命主体研究开始,规范了生命个体的量以及计量单位(例如,生命个体数、标准消费人、生存周期、生存量、生存状态、生命函数、饱和点、死亡点等),同时规范了物量,定义了利物概念,规定了利物计量单位——标石(BD)。1 标石计量单位,是以 1 个标准消费人生存(存活)1 个周期需要的从死亡点到饱和点的利物量。因为标石单位在开始计量之前就包含了生存信息，所以，日后得到的效用函数就能够真实反映生命个体的行为规律。本书度量出的效用函数 $u(x)=1/x$，其中 x 就是必须以标石为单位计量的利物量。

数学应用的第二个重要地方，是精确的价格模型推导建立。在推导价格函数之前我们先建立了三维利物模型，即立体直角坐标系表示的利物三个属性（维度）的计量。利物的三维模型，第一个属性是利物量，即以标石计量的利物之多少；第二个属性是利物的效用量（利物的能值量），也就是单位利物的价值量（使用价值）；第三个属性是生产 1 标石利物需要付出的成本量（平均成本）。三个属性（维度）坐标相互垂直正交，构成三维利物模型，反映了利物的三个最重要的量度。于是三维坐标轴自动构成了三个坐标平面，他们分别是利物－价值平面、利物－代价平面、价值－成本平面。这三个坐标平面都分别具有明确可靠的经济学意义。利物－价值平面，反映利物的价值大小；利物－代价平面体现了得到利物需要付出的代价，生产者付出的代价是成本，而消费者需要付出的代价就是市场价格，我们的价格模型就是在这个平面上建立起来的；价值－成本平面则反映利物生产的效率。

数学应用的第三个重要地方，是市场类型划分。我们在划分市场类型之前，在已经精确推导出来的价格模型所在的交易三角区上空，建立了一个二次的交易动力模型，依据交易动力计算数值的大小来划分市场类型，得到精准而完整的市场类型划分结果——三级五带市场，并顺利发现了公平极市场，它是经济学真正的理想市场，并且是真实可靠存在的市场。通过精准的计算和市场划分，我们很方便地发现了原有的新古典四大市场划分错漏和缺失，尤其是发现"完全竞争"理想市场其实"最不理想"，它与完全垄断市场一样是极端不公平的市场，如果以它作为理想市场，那么经济学出现任何问题和困境都是可以想象的。

以上三个重要地方，都是先进行基础研究，规范了计量基础，再进行数学推导，推导结果当然都是完全可靠而有效的。20 余年的研究一再证明，经济学需要恰当的数学应用才能向前推进，反数学化不是经济学应有的方向。但是，不正确地滥用数学，甚至利用数学作装饰，忽悠公众，也会破坏数学的形象，阻碍经济学的发展。

2. 经济学中数学应用的魅力

本书中得到的效用函数和价格函数都是双曲线函数，而双曲线是圆锥曲线的一类。其中 $u(x)=1/x$ 是最典型的双曲线函数，将它的坐标旋转 $45°$，就会得到双曲线的标准方程。

回顾科学的发展历程，我们知道圆锥曲线是毕达哥拉斯学派创造，后经阿波罗尼奥斯完整证明发展出来的一整套数学理论。在阿波罗尼奥斯证明其之后的 1700 多年，这个理论都没有用武之地，而开普勒使用圆锥曲线理论为天空立法，他发现所有天体运动都严格按照椭圆曲线运动，开启了圆锥曲线应用的新局面。而牛顿的运动定律，又推导证明地面附近的物体运动具有抛物线运动轨迹。至此，圆锥曲线声名鹊起，它不仅能管天，还能管地。天体运动轨迹使用了圆锥曲线的椭圆方程；地面附近物体运动轨迹使用了抛物线方程；还有一类圆锥曲线就是双曲线，似乎还没有找到用途。曾经有人认为彗星的运动轨迹接近双曲线，但事实上，只要是往复的周期运动，就不可能是双曲线，因为双曲线是有去无回的，而彗星是具有周期性的。

本书推导出了效用曲线、价格函数，它们都是双曲线。我们看到，人类的行为轨迹占用了圆锥曲线的双曲线一类,从而使毕达哥拉斯学派的圆锥曲线理论在2000多年之后,得到完全的应用。圆锥曲线完美地描述了天、地、人的运动轨迹,这应当是数学应用的辉煌成就。管天管地,是物理学;而效用主管人类的行为轨迹,应当是人理学,也就是经济学。

把效用函数$u(x)=1/x$进行积分,可以得到总效用表达式,这是一个以 e 为底的对数(自然对数),$T_u(x)=\ln x$。这个总效用公式完美地证明了1738年丹尼尔·伯努利提出的假设:总效用为对数函数。有了总效用表达式,行为经济学中经常出现的悖论就可得到完美的解决。的确,我们利用货币传导效用,求解了阿莱悖论。这将在《民生货币论》中发表出来。

3.经济学可能从此走向精确

圆锥曲线在经济学中发挥作用,使它自身最终走向完美。但经济学界之人,却还在彷徨不前,他们怀疑这些数学应用的有效性,甚至近一个世纪以来一直高举"不可度量"旗帜,反对效用度量,使经济学错失了效用度量的基础研究机遇近一个世纪之久。如今,效用可否度量的争论可以休矣,因为本书已经完成了效用精确度量的任务,得到了精确表达的效用函数$u(x)=1/x$。当然,认为效用不可度量的人们还能继续追问:度量了又有什么用?难道它真能反映人的行为规律吗?诘难也会更多。那么我想告诉他们,效用度量的用途太大了,请看,效用度量导出了精确的价格函数,而价格函数推导出市场类型划分,找到了真正的理想市场——公平极市场,自然否定了完全竞争这个"伪理想市场"。它似乎已经表明,新古典经济学之所以走入穷途末路,是因为其支点"完全竞争"理想市场选错了。当然,缺失公平的新古典经济学,只能指导资本主义市场经济的昨天,而对社会主义市场经济却无能为力,对资本主义发展面临的困境更是无法应对。

本书从效用精确度量开始,把经济学精确化了。在精确的理论体系中,数学推导得到了许多前所未见的奇迹式结论。

例如,利用效用推导最佳剩余的位置,竟然找到了"黄金分割点",这可能就是历史上出现过的"黄金时代"的状态点。经济从贫弱到强大,必然经过黄金分割点。而此处可能正是经济社会可观测的最佳状态。

还有,在经济学发展过程中出现了很多悖论,许多悖论至今无法破解。但是,在效用精确度量之后,情况改观了。现在,阿来悖论就能够利用效用函数得到精确求解。

在经济理论应用方面,经济学的精准化也带来前所未有的成效。由于市场划分精准化,现在三农问题和房地产天价问题,这两个极端不公平的市场问题,都可以得到精准破解和调控。

所以,无论从理论发展还是应用实践来看,经济学从此可能走向精确化,或许其中一部分会像物理学一样可计算、可推理、可预测。

笔者的研究结论是,经济学要恰当地使用数学,大力利用数学的严谨逻辑,研究经济学的科学部分,进而推动经济学理论的大发展。

(二)市场经济运行机制的全景展示

1.市场经济的结构

本书对市场经济进行了全面深入的刻画和研究,如果市场经济确实是一个系统,那么描述它就需要以下一些组件:

第一,最小经济子系统。如图Ⅲ所示是最小经济子系统的市场机制结构图。

第二,一级市场 M_Q 中的价格模型。图Ⅲ中 M_Q 市场是一级市场,这是生产方与消费方交易的市场,只有它具有价格模型。图Ⅳ清楚地展现出市场机制的作用原理,这是将亚当·斯密当年描述的看不见的手显性化。

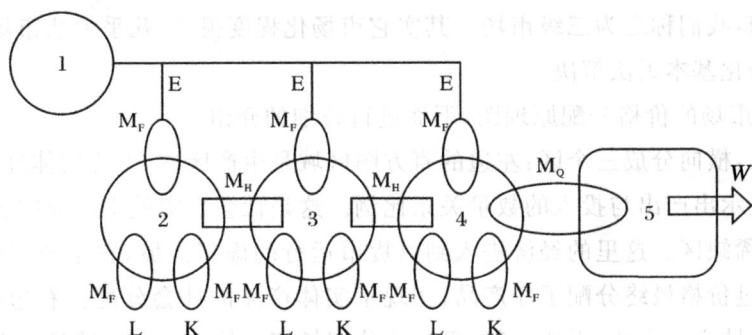

三层市场:M_Q—产品市场(一级市场,完备);

$\qquad\qquad$ M_H—中间品市场(二级市场,不完备);

$\qquad\qquad$ M_F—要素市场(三级市场,最不完备)。

三种要素:E—环境要素(包括自然环境、公共秩序);

$\qquad\qquad$ L—劳动要素;K—资本要素。

五个主体:1—政府;2—生产企业(制造业);3—储运企业;

$\qquad\qquad$ 4—零售企业;5—消费者(购买者,输出 W 为生存量)

图Ⅲ　子系统内市场机制示意图

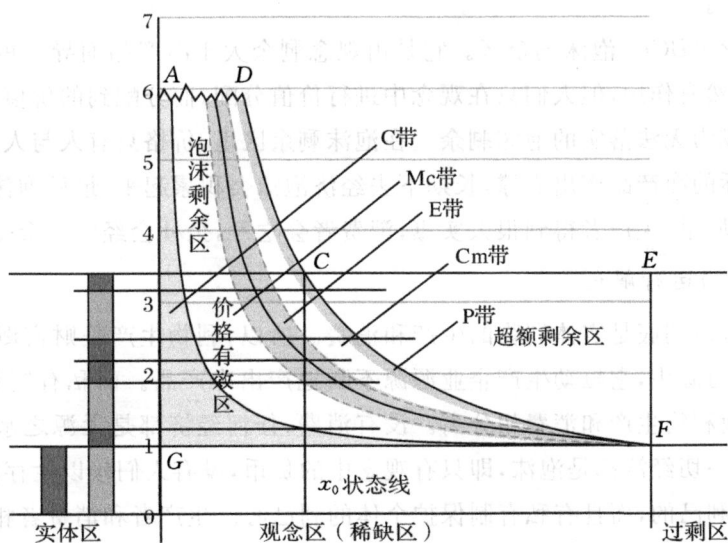

图Ⅳ　净产品、经济剩余被价格分割成五带

2.市场机制图的详细介绍

图Ⅲ给出了社会上最小的生产经营子系统,也称最小经济子系统。其中,M_Q 是一级市场,价格模型产生于这个市场;M_H属于二级市场,即中间品市场,它的价格是一级市场衍生出来的,没有价格模型。不同企业主体之间的分配在中间品市场上谈判完成,受到一级市场价格的强烈作用。

图Ⅲ中还有一个市场 M_F,即要素 E、L、K 之间的分配,它离一级市场最远,几乎无法受到一级市场的影响,我们称之为三级市场。其实它市场化程度很低,几乎无法市场化。所以要素分配机制靠市场化基本无法解决。

图Ⅳ是 M_Q 市场的价格分配原理图,下面进行较细的介绍。

首先是分区,横向分成三个区:左边的直方图区域是生产区域,也称实体经济区,它以直方图形式定量地表示出产出与投入的数量关系比例。这是社会真实效率形成的区域。中间是观念经济区,也称稀缺区。这里的经济进入到以货币运行的虚拟区域,它主导了价值的分配,在正常情况下,通过价格最终分配了净产品,实现了实体产品的社会分配。右边是过剩经济区,市场机制在此区域完全失效,无法运行,更无法分配任何产品。这个区域是古老的经济危机发生区域。

图Ⅳ中纵向还可将稀缺经济区划分成三块。

(1)曲边梯形 BCFG:价格有效区。这个区域是价格模型有效的区域,在经济处于正常情况下,稀缺性存在,价格模型存在,市场正常,经济剩余的分割就最终对应地分配了实体的净产品。由于实体净产品的存在,使观念经济的价值分配得到实体的落实,成为真实的经济。

(2)曲边三角形 CEF:超额剩余区。它是由观念剩余小于净产品而导致的。超额剩余往往被消费者无偿享受了,而他们却并不知道,也不感谢生产者。这个区域内消费者会得到实惠,生产者会吃亏。

(3)曲边梯形 ABCD:泡沫剩余区。它是由观念剩余大于净产品而导致的。在这个区域,虽然价格机制依然有作用,但人们只在观念中进行价值分配,而分配到的价值并没有实体净产品的支撑,因而成为无法落实的泡沫剩余。在泡沫剩余区里,价格只有人与人之间的财富分配作用,而没有实际的净产品产出支撑,长期下去经济泡沫会积累起来,最后泡沫破灭,带来经济危机。在这个区域里,生产者得到很大实惠,消费者会吃亏,全社会经济也会受到伤害。

3. 市场机制的运行解说

经济的本源,说到底是实体利物的生产和消费。所以,利物生产是财富诞生的源头,利物消费是经济的动力源头,它拉动生产企业源源不断地产出净产品。而私有制和利己心把人类个体隔离开来,使利物生产和消费相分离。没有消费,任何经济都是无源之水,失去了存在的意义;没有生产,一切经济都是泡沫,即只有观念中的货币,没有人们赖以生存的实体净产品。

人类个体是利己的,而且有私有制保护个体的利己心。生产者和消费者相分离,将造成生产者不消费、消费者不生产的局面。产品被生产出来后都是有产权的,它属于生产者,在所有制保护下,消费者只能拿另外的财物与生产者交换需要的产品,以保证交易前后双方财产不减损。看起来这似乎是等价值交换,但是如果真正实施等价交换,那交易就失去了吸引力,谁愿意做此无用功? 实际上,交换过程是对净产品的分割,交换都是有剩余交换,不存在严格的等价交换。

虽然净产品是生产者创造的剩余，按说应当归生产者所有，但实际上生产方与消费方分享了净产品，如果双方平等分享，就成为公平极价格，形成理想市场。公平极价格函数就是双方平均分配净产品的价格，此时双方参与市场交易的积极性都很高。

以公平极（E 极）价格为基准，我们能看清市场机制发生作用的全部情况。

当社会上产品短缺时（x 很小），观念剩余（1/x−1）很大，而净产品虽存在但未必能够达到观念剩余那么高，这时可能产生泡沫剩余，交易有利于生产方，生产者将开足马力，加快生产，以便赚更多钱。于是，市场上的供给量就越来越多，原有价格无法维持，会逐步下降，利物短缺问题很快就得以解决。这就是市场机制一个方向的负反馈作用——应对短缺，调动资源，加快生产。

当市场上产品比较多的时候（x 较大），观念剩余（1/x−1）会很小，很可能实际净产品远大于观念剩余，此时具有超额剩余，消费者得便宜，但没有感知。生产者得到的价格很低，感觉到很吃亏，生产积极性遭受打击，因此可能会转产或撤走资源，从而使市场上该产品供给量减少，不至于出现过剩。这是市场机制另一个方向的负反馈调控作用。

从市场全局来看，不同的产品在一定时期分别处于自己的相对稳定供应状态，那么不同产品有的处在泡沫区，有的处在超额剩余区，一定量的总泡沫与一定量的总超额剩余相抵消，其抵消后的余额可能是泡沫，也可能是超额剩余，即使是泡沫余额，抵消以后也比较小了，整个社会市场还是健康的。这里可以看出，超额剩余对泡沫的抵消作用有益于维持市场机制的健康。

但是如果泡沫余额太大且持续存在，由于泡沫具有积累效应，长期积累就可能威胁到经济运行的安全，严重时往往以金融危机的形式出现。如今的房地产行业就具有这种泡沫的特征，而且情况比较严重。

价格模型的实质就是，观念剩余区域的价格函数裁定了生产方与消费方各自的价格剩余——生产者剩余和消费者剩余，这两个剩余都是以货币表示的，它们与直方图对应。双方分割了净产品，使观念剩余落到实处，虚拟的观念中的货币经济，才变成了实实在在的产品经济。

4. 货币经济的导出

上述市场机制中，最右边的过剩经济区无法运行，它只是一个存在于想象中的区域，在现实中经济不会进入这个区域。它没有实证的存在。

现实的经济又分两大块，左边直方图部分代表实体经济，它受到右边价格模型的摄动，以价格模型中的货币计量来分配净产品。由此产生了货币经济。而货币经济的出现，演化出更为复杂的投资行为，货币就变成了资本，并且形成了庞大的货币资本市场。本来价格模型中的货币都仅仅是观念性的虚拟财富，它必须依靠净产品支撑才能变为真实的经济，而现在货币在价格模型之外又形成一个资本市场，它与实体经济更加遥远。资本市场本身并不进行生产，只是依靠实体生产企业的净产品间接获取利益，实际上是对实体企业生产者剩余的再分配，这就是资本市场、证券市场获取利益的模式。可见，资本市场是虚拟经济导出的二次虚拟经济。世界各国都对金融中心趋之若鹜，殊不知它最能产生泡沫并且容易引起危机。金融机构变着法子从实体企业手中牟利，导致往往是真正的财富生产者比较穷，而二次虚拟经济的货币资本家却个个赚得盆满钵满。这本身就是一种不公平。

现代经济没有货币就无法运行，但不断操纵货币，甚至不断创造（所谓的）金融衍生产品来掠夺利益,也经常引发金融危机。这是社会必须要解决的问题。

5.正常循环是子系统的生命

在图Ⅲ中,货币资金是循环的,每循环一次,生产方得到一半的净产品,若循环 n 次,则得到 $n/2$ 的净产品,显然这就是资本积累的源泉。而每一次循环,消费者就生存一个周期,所以子系统持续存在,消费者就持续生存,社会就持续发展。依靠子系统的循环,资本得到积累,消费者得以生存。一旦子系统循环因某种原因被破坏了,则子系统参与者各方都将面临灭顶之灾。

人类社会采用了市场经济生存模式,每个人都必须做两件事:第一是出卖劳动或其他要素,获取货币;第二是拿着货币去购买产品。这两件事,缺了任一环节都会带来危机。说到底,每个人都必须自己养活自己。出卖劳动或其他要素,就是就业,没有就业,就没有购买能力。如果全社会人人都就业,就是每个人自己养活自己。本书最后给出的就业解决方案,就是依据子系统循环理论得到的结论。

(三)预期之外的研究结论

民生经济学是从西方的新古典微观经济学研究开始的,自始至终都在西方经济学的语境和框架内进行理论探索研究。但是,研究的最后结果却突破了西方经济学的框架,尤其是找到了市场经济的公平支点——公平极市场(理想市场),并且在本书中严格证明了公平和效率可以兼得。稍微推进一步,就可得出一个客观结论:社会主义完胜资本主义。

这个结论不是本书研究的预期目标,属于意外的研究结论,但它的客观性毋庸置疑。在马克思主义理论体系研究中得出这个结论并不稀奇,但本书完全遵循西方经济学研究的思路,却意外地得出这个结论,足以说明这个研究结论具有客观性。社会主义必定是人类社会未来发展的正确方向。

到目前为止,西方经济学主流的新古典经济学理论,是市场经济运行的指南和解释模式。资本主义制度是为西方经济学称颂的高效率社会制度。西方经济学坚信,资本主义是好的社会制度,具体一些就是市场经济具有高效率,不需要考虑公平,也无法考虑公平问题。显然,无法研究公平是西方经济学的致命缺陷,缺乏社会公平是资本主义制度的硬伤。

而社会主义理念,一开始就是在追求公平,追求人与人之间的平等。同时,社会主义在本质上是追求公平与追求效率同在。中国改革开放的伟大实践,逐步确立了社会主义市场经济模式——中国特色社会主义,这恰恰是公平与效率并重的社会主义经济实践。本书研究结果证明,公平和效率可以兼得,即社会主义市场经济可行。市场经济可以提高效率,保证我们社会生产力的发展,达到物质财富的富裕。社会主义理念主张人与人之间的公平,可依靠市场化和政府干预手段达到一定程度的公平,使社会能够行稳致远,躲开贫富差距悬殊的陷阱。

由此可见,社会主义比资本主义具有明显的优势。资本主义只是人类社会发展过程中的一个历史阶段,绝不是永恒的终极社会。有了社会主义市场经济,效率与公平并重,物质文明与精神文明同步发展,资本主义必然相形见绌,人们将会以自己的切身感受来投票,社会主义必将赢得最终胜利。

人类社会的社会主义实践经历了三个阶段,早期的空想社会主义,近期的科学社会主义,当前我国的中国特色社会主义。社会主义最明确的目标就是要实现人类社会的公平正义。但是,在实现公平正义的同时又不能伤害效率,这是最难做到的。科学社会主义阶段,多国实行计划经济,后来则逐渐演化成平均主义大锅饭经济,于是,社会生产效率遭到严重破坏,使计划经济的社会主义无以为继。

在世界社会主义实践中,苏联和东欧国家初期经济发展迅猛,社会主义的优势得到初步展现。但是后来,计划经济对效率的破坏作用显现出来,使社会主义遭到质疑。最后,苏联解体,从根本上放弃了社会主义,对社会主义的实践"浅尝辄止"。

与苏联不同,在同样面对着计划经济的低效率带来的困境中,中国坚持了社会主义理念,创造出中国特色社会主义,创造性地提出社会主义市场经济,兼顾社会主义的公平和市场经济的效率。目前,我国的社会主义市场经济已经展现出巨大的潜力。中国改革开放40多年的经济建设成就,正是公平与效率并重的结果。

从民生经济学出发,我们找到了市场经济中公平的支点,社会主义和市场经济完美结合,既有效率(不亚于资本主义的效率),又有公平正义(实现了社会主义目标),公平和效率兼顾。坚持社会主义市场经济,高度发达(效率)和高度文明(公平)的社会一定能够实现。

不过,目前我们实际上使用的市场经济理论依然是新古典主义市场理论,还是资本主义市场经济的模板,它是只讲效率,不讲公平的。因此,改革开放40多年来,我国社会经济效率提高了,但贫富差距也随之积累起来。所以我们应该从理论上取得突破,避免贫富差距严重伤害到社会。

民生经济学证明效率与公平可以兼得,社会主义市场经济就可以长期发展,今后我们在社会主义旗帜下,大胆地保持效率,追求公平,和谐的社会主义社会就可以持久发展。我国坚持了社会主义大方向,并高度注重市场经济发展,提高了效率,近年来又以扶贫攻坚为重点,改善民生,提高公平程度,我们的未来一定是辉煌的。

三、本书对经济学理论发展的贡献

从试探性的效用研究开始,至今已经过去24年了,现已形成了较为严谨的新经济学理论体系,这个新经济学理论与新古典理论体系有着无法割舍的"血缘"关系。首先,新古典经济学的大框架还是完整的,民生经济学将其继承了下来;其次,新古典的成本研究和市场划分研究中正确的部分也被保留了下来。同时,民生经济学摒弃了新古典经济学中错误的理论,例如,彻底否定"完全竞争伪理想市场",代之以公平极(E极)市场为理想市场。

(一)民生经济学与新古典之比较

(1)新古典经济学假设泛滥;本书仅从基本假设开始,推导得出所有结论。

(2)新古典假设的曲线无法精确得到;本书所有函数和曲线都可以精确计量,推导而出。

(3)新古典没有公平,只有效率;本书找到了公平极(E极)价格,成为公平研究的可靠支点。

(4)新古典推崇完全竞争为理想市场;本书彻底否定之,而主张公平极(E极)为理想市场。(此为颠覆性结论。)

(5)新古典均衡价格可在第一象限内任意移动;本书推导修订之,将其限定在了交易三角区以内。移动范围变小了,理论却更加精准了。

(6)新古典经济学总体上肯定资本主义的正当性、永恒性;本书以西方学者的研究思路和方法证明,社会主义完胜资本主义。

(二)民生经济学之独特性

本书建立的民生经济学理论体系,具有三大特征:

(1)精确,经济学从此可以像物理学一样成为精确理论,使经济学的科学部分可计算、可推理、可预测。

(2)公平,经济学从此可依据公平极(E极)为支点,保持效率,倡导公平。

(3)实用,新古典经济学理论只有解释力,没有实用力。民生经济学不仅可解释,而且可实用,本书第七章给出的四大民生经济问题的解决方案就是例证。

(三)民生经济学目前的进展

(1)实现了效用的精确度量,经济学理论将从此精准化。

(2)推导出精确的价格模型(即精确的需求曲线之反函数)。

(3)建立了最小经济子系统的概念,把系统论科学方法运用到了经济学中。

(4)实现了市场类型的精准、完整划分,构建起经济学理论到应用的桥梁。

(5)找到了公平极(E极)理想市场,成为新经济学理论体系的可靠支点。

(6)提出了系统价值论,可彻底解决要素价值分配中的冲突问题。

(7)定义了"要素波量",规划出"三源两步法"公平分配模式,用以替代新古典"三位一体"极不公平的分配模式。

(8)发现了货币利息符合正义的形成原理,成为金融学的基础。

(9)总结出经济正义的三款原则,作为经济学理论研究和实践的指导原则。

(10)以西方经济学的研究方法证明社会主义完胜资本主义。

以上10条是较为重要的进展,此外还有以下6条细小的进步。

(11)初步建立了经济学自身的计量体系,使经济学理论精准化得以实现。

(12)构造了三维利物模型,成为价格模型赖以存在的空间。

(13)区分了量增型和质进型生产,使魁奈的净产品得以清晰展现。

(14)发现了"成本钳位机制"这个古老的经济学原理,成为解决民生经济问题的重要手段之一。

(15)发现效率与公平可以兼得,生产追求高效率,交换遵守高公平。

(16)形成市场机制运行全图,准确揭示出净产品(投入产出直方图)、交易三角区(观念经济模型)、超额剩余、泡沫剩余与价格运动的关系。

完整的民生经济学理论体系至此业已形成。

目　录

第一章

生存与经济

生命是一个物质系统,它似乎是物质运动的一种特殊形式。如果生命系统有目标或者目的,那么毫无疑问,它们的最高目标就是生存。生存就是保持生命体和生命活动、生命功能在空间和时间上持续地存在。

生命个体是由物质组成的,生命体及其结构必须从环境中吸收物质,更新或壮大自身个体;生命个体需要进行活动,发挥生命功能,就需要能量支撑。所以,生命要生存,就必须从环境中源源不断地吸收物质和能量。

人类是生命的一个具体物种,具有生命的共同特性。生存也是人类最高目的或目标。人类的生存,也必须从环境中获取物质和能量,而人类获取物质和能量的方式,就是经济。本书将把人类经济学置于生命大背景下进行研究,以期获得长足进展。

第一节 生命的生存方式

一切生命要生存,都须从环境吸取物质和能量。不仅如此,生命的生存还需要其他相应的物质和条件的保障。例如空间、空气、温度、阳光、水、食物,等等。

各种生命对物质、能量和其他条件的需要是共同的,但获取这些物质能量的方法却多种多样。本章依据需要,分别加以描述。

一、微生物、植物的生存方式

微生物,如细菌和微小寄生虫,它们体型极小,肉眼基本看不见。这类物种,运动的空间尺度很小,迁移范围有限,生存所需的物质能量基本上是被动获取。处在物质能量丰富的环境中,它们就可以快速发展繁衍,种群规模迅速扩大;如遇环境物质能量匮乏,就无法繁衍,甚至消失。

植物,个体植株的空间尺度一般不会太小,但它们的个体很少具有空间运动转移的能力,因而也只能是被动地获取物质和能量。所以,其生存方式与微生物相似,物质能量充裕就发展,匮乏就衰落,甚至消亡。

二、动物的生存方式

动物的生存方式与微生物、植物完全不同,动物个体由于具有运动能力,可以主动寻找物质能量,体现出生命生存的主动性和目的性。

动物的生存,首先可以划分为孤独生存和群体生存两种方式。

孤独生存方式,是动物个体单独生活,独自寻找物质和能量,以获得生存条件。独居的动物很多,哺乳动物中的老虎、北极熊,昆虫中的螳螂,还有许多鸟类,都是靠个体单独获取食物而生存。它们是典型的自给自足型生存,即孤独生存方式。

群体生存方式的动物也很多。群体生存方式又可划分为松散群体生存方式和结构性群体生存方式。松散群体生存,只是个体结伴成群寻找物质和能量,通常是寻找食物和水。例如,候鸟的迁徙;非洲大草原上的角马、大象、野牛等许多草食动物的迁徙,都是松散群体。结构性群体生存的动物形成了严密的社会结构,它们寻找食物,往往结成一定的社会结构组织,分工协作,然后分享物质和能量。许多昆虫和哺乳动物采取了这种生存方式。例如,鬣狗、狮子狩猎,蜜蜂采蜜,蚂蚁、白蚁猎食,等等,都具有明显的分工与协作。尤其是昆虫社会,其分工已经导致个体生理结构的变化,形成了不同形体结构的同种个体,如蚂蚁社会中的兵蚁、运输蚁、工蚁等,都发生了生理分化,以发挥不同的社会功能。

结构性群体生存的动物又可分为创造性生产和非创造性生产。鬣狗、狮子等的社会,虽然具有分工结构,但除狩猎之外,不会进行创造性生产。非创造性生产的动物,只能依靠自然环境中提供的物质和能量品种,当自然环境中物质能量不足时,它们就束手无策,甚至饿死、消亡,或者改变食物结构,以图生存,这就发生了进化。而创造性生产的动物则更具有生存的主动性,当自然界中物质能量供给不足时,它们可以进行生产,以弥补自然界供给的不足。这样的创造性物种不多,人类是其中一个种群。除此之外,某些白蚁、蚂蚁(切叶蚁)种群,也具有一定的创造性生产能力,它们种植蕈菌,作为自己食物的一部分,类似于人类种植蘑菇、木耳。

可以这样说,物种只要具有了生产能力,就应当具有了经济的特征;物种具有创造性生产财富物品的能力,就具有了较高级的经济特征。无论是哪个物种,只要具有生产能力,都必须具备财富生产和分配的规则和机制,这就形成了生产性动物的经济模式。

人类是创造性生产的结构性群体生存的动物,人类社会具有极其严谨的组织结构,分工协作生产以获取物质能量,形成了发达的人类物质文明和文化。但是,人类的分工没有导致生理变化。人们之间的分工不是永久的,而是可以互换的。

人类的生产是创造性生产,不仅可以弥补自然界供给的不足,而且可以生产自然界从来没有过的新产品,例如可以滚动的轮子、汽车、飞机、宇宙飞船等,从而大大增强了人类的活动能力,改善了人类生存的条件。这是其他物种所无法比拟的。

三、生命利己的证明

在人类的经济学领域里,利己作为一个基本假设,也就是经济学原理的出发点。对于这一假设,争论非常激烈,迄今许多学者依然不愿意承认这个假设的合理性。本书把利己假设放在生命世界中去考察,希望对它证实或证伪,以结束长期以来的争论。

利己,在我们人类,常称为利己心,准确地说,是指利己的意识或想法。这实际上是把利己局限在有意识能力的物种上,限制了我们的认识。

其实,利己是一切生命的基本准则。有意识能力的物种,它们有利己的想法(利己心)和行动;无意识能力的物种,它们有利己的行为。生命个体只要活着,它就必然要做有利于自己生存的事情,这就是利己。

所谓利己，就是生命个体做有利于自己个体或自己群体的事情。个体做有利于自己赖以生存的群体的事情，最终还是利于自己个体的，这里没有矛盾。

我们司空见惯的植物，它们没有意识能力，它们通过行为表现出利己的趋势。例如，植物的向光性，就是明显的利己行为。向光性使植物可以接受更多的阳光照射，有利于光合作用。鲜艳亮黄的葵花，总在向着太阳绽放，它并不是给太阳唱赞歌，而是在做有利于自己的事情。

在有草履虫的液体里滴一滴盐水，它们将四散逃离，因为盐水能消灭草履虫；如果滴一滴糖水，则草履虫会迅速聚拢而来，分享糖水大餐。

在动物界，由于动物们具有运动能力，趋利避害表现得十分明显。我们称它们有利己心。其实，不管生命有没有"心"，有没有意识，它们都是利己的。我们人类仅仅是生命的一个物种，也绝无例外，人类个体都是利己的。

考察至此，我们还需回答两个问题。第一，生命为什么要利己？第二，经济学利己假设为什么会长期遭受诟病？请继续阅读，下面就有答案。

1. 生命为什么是利己的？

生命的最高目的，就是生存。为了生存，它们必须利己。可以说，利己是由生命的生存推导出来的。

假定有一种生命，在其生存的某一代发生了两个相反的基因变异，A 获得了利己基因，B 没有获得利己基因。在这个物种内平均地产生了 A、B 两种个体。于是，A 类个体处处表现出利己行为，力争得到足够的物质能量，从而使 A 类个体成长壮大活到成年，开始繁衍下一代，这个利己基因就被保存下来了，下一代 A 依然具有利己基因，以后只要这个物种存在，利己将被 A 及其后代永远保留下来。而 B 类个体没有利己基因，它们的行为不是积极争取物质能量的获取，如果物质能量充裕，它们还是可以活下来的。但是如果物质能量匮乏，它们又不去争抢，自然无法获取足够的物质能量，这就可能导致有许多 B 类个体无法活到成年，无法活到繁衍后代的年龄就死亡了。如果在开始的时候，A 类和 B 类个体具有相等的个体数，经历一代生命历程之后，A 的后代将远远多于 B 的后代。在竞争性的环境中，B 类个体具有明显的劣势，甚至被最终淘汰而消亡。A 类个体由于获得了利己基因而具备了优势，最终将可能长久繁衍遗传下去。

可见，利己造就了个体的优势，不利己造成了个体的劣势。所以今天能够活下来并被我们观察研究的物种都是利己的。人类是生命历史长河中活下来的一个成功物种，具有利己属性是必要条件。如果人类的祖先没有进化出利己属性，我们将不会存在于地球上，那么关于利己假说的争论也将不会出现。

2. 利己为什么屡遭诟病？

利己是一切生命个体具有的属性，这是一个客观事实。只有是与非的检验，没有好与坏的评价。

其实，从生命科学的角度来看，利己是生命的自然属性。人作为一个生命，不利己反而不正常，不利己的或许是病态的。例如，一个新生婴儿，不知道找奶吃，这可能给孩子带来灭顶之灾。

正常的人，利己是他的天性。即便是文明化的人类个体，利己也是作为人的基本权利。例如，一个人发明了一种办法，在自己家的地里种植了一种极高营养的水果，他自己培育，自己收获,自己及家人享用这种水果,使自己及家人更加健康。这个人做了一件利己的事情,我们其他人是反对还是赞成呢?不言而喻,我们都会赞成他。可见,利己不应当受到诟病。

那么学术界出现的反对声音,源于何处?除那些一知半解的疑问者之外,还有一些振振有词的反对者,都是混淆了"利己"与"损人利己"的概念。

其实,利己在群体性生活的生命个体关系中,可以形成多种组合情况。可参见表1-1。

表1-1 利己与他人的利害关系表

对自己	对他人		
	有利	中性	有害
有利	利己利他	利己中性	利己损人
中性	帮助他人	无利无害	损人不利己
有害	舍己为人	自害行为	损人害己

表1-1中第一行,就是利己的情况。它分三种,利己利他、利己中性、利己损人。反对者之所以反对,只是反对利己损人。而对利己利他的共赢情况,人们求之不得;对利己中性也无反对的理由。只有利己损人,是应当反对的。

但是,利己是在生命漫长的进化过程中选择出来的,是生命的自然属性,不能用我们今天文明化以后的社会规范去衡量。损人利己确实可恶,但对于生命的生存,确实也起到了一些正面作用。例如,狼吃羊,狼是损羊利己的,它们能活下来全是靠伤害羊而成功的。

在我们人类的社会规则来看,狼是可恶的、自私的。但以生命科学的观点来看,狼吃羊只是为了自己生存,利己是目的,损羊不是目的,只是副作用。对狼来说这是无可厚非的。

反对损人利己,只是反对损人,利己也不在反对之列。现在有些学者反对利己假设,显然是因为"损人"殃及了"利己",株连了"利己"。

在人类社会中,损人是社会规则不允许的,而利己却没有过错。正确区分了损人和利己的逻辑关系,我们就可以理直气壮地承认利己的真实性,从利己假设出发来研究经济学原理。

四、利己是一切爱的源泉

利己就是做有利于自己的事情。这个"自己"就是"利"这个行为的对象,但这个"自己"并不局限于个体的自己,他是可以扩展的。如图1-1所示,"自己"概念的层次扩展为:自己个体、自己家庭、自己国家、自己同类、自己的星球,分别形成了自爱、亲情爱情、爱国主义、人道主义,直至泛人道主义,形成一个以自己为中心的同心圆。这些爱都是利己演化出来的。

做有利于自己的事情,就是爱自己;做有利于自己国家的事情就是爱国;做有利于自己同类的事情,叫作人道主义;做有利于地球生命的事情叫泛人道主义,其实也可称为善良主义。显然,这些爱或者说"利"的行为,最终都是对自己有利的,都具有利己的指向性,或者说具有功利指向性。

虽然我们有这么广泛的爱,但这些爱都具有功利性,都是利于自己的。不利己,这些爱就不存在了。例如,我们爱自己的人类同胞,但是如果这个人类同胞现在正在侵我领土,毁我家

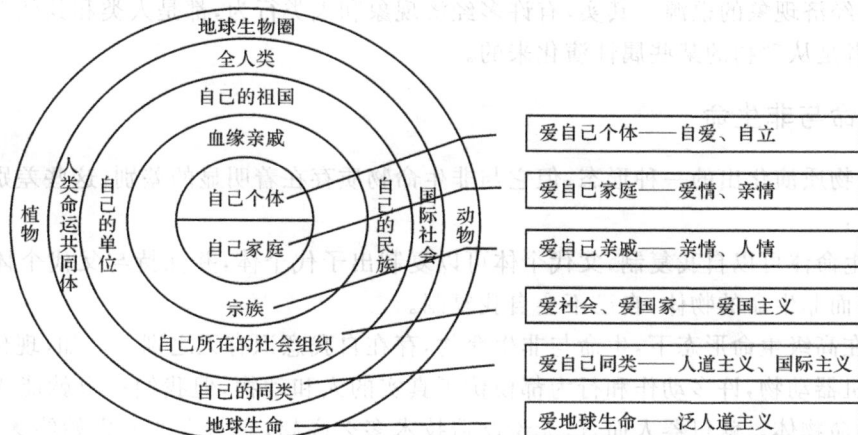

图 1-1 利于的扩展——爱的层次

园,害我人民,我还要爱他吗?还有,我们关爱动物,保护动物,保护生物多样性,但对于某些正在侵害我们肌体的动物,如正在咬人的狼、正在吸血的蚊虫,也不能驱赶或部分地消灭它吗?

日内瓦公约规定,要保护放下武器的敌人,也就是保护不会再继续伤害我们的人。放下武器之前他是敌人,会伤害我,不能适用人道主义原则;放下武器之后,他承诺不再伤害,他就成为普通的人类同胞,应当保护他的人权或生命权,人道主义的爱应该立刻恢复。我国的不虐待俘虏的规定也与之相通。如果交战双方都切实遵守这一公约,最终都会有利于自己。所以,保护俘虏,是理性的人道主义。可它的功利性、利己性也显而易见。

这就是说,爱的对象,不包括敌人,因为敌人有害于自己,不符合利己原则。这说明,一切爱的根源发端于利己,并遵守利己原则。

如果我们热血沸腾地赞美人间的亲情、爱情,如果我们大力弘扬伟大的爱国主义精神,如果我们高唱人道主义赞歌,我们还有什么理由去诟病一切爱的源泉——利己呢?

虽然,爱源于利己,但并不是说,爱等同于利己。爱,是人类的精神现象,利己仅仅是人的一种客观属性,行为准则,或者说是人的本能。它只有真假之别,没有好坏之分,是实证的,而非规范的。没必要赞美或贬斥。

利己能演绎出爱,利己也能通过损人达到利己之目的,演绎出恨。以损人为手段达到利己目的,必然产生恨。要让社会中的人们多一份爱,少一些恨,治本的方法在于反对和制止损人,而不是反对利己。反对损人,便演绎出了正义观。

在民生经济学开端,笔者提醒读者,利己,属科学范畴,只存在真假,不存在好坏。在现实社会中我们反对损人利己,只是反对损人,并不必要反对利己,不应当让损人株连到利己。反对和拥护是一种价值取向,它不能用来判定利己问题的真假。即便是在人类社会普遍的价值取向中,表 1-1 中的互利和利己中性也是大量存在的,这两种利己都是要大力提倡和鼓励的。

第二节 生命主体和人

经济学是研究人类生存方式的学问,它的研究对象是人。而人又是生命界的一个物种,欲研究人和人的行为,应当从生命研究开始。把人类放进生命大背景里进行研究,从而找到许多人类行为和经济现象的根源。其实,有许多经济现象和人类行为,都是人类和其他动物生命所共有的,或者是从动物的某些属性演化来的。

一、生命与非生命

生命是物质演化出的一种形态,但它与非生命物质存在着明显的差别,这些差别体现在以下几个方面:

第一,生命体可以自我复制,父代个体可以复制出子代个体,并保持与父代个体相同或相近的属性。而非生命的物体,自己不会自我复制。

第二,在高级生命形态下,生命与非生命物,存在自我意识有无之别。例如,现代科技制造的机器人、机器动物,许多动作和行为都模仿了真实的人和动物,但我们一眼就能辨别出那是人造的非生命物体。就机器人而言,无论制造技术多么高超,它与人的差别始终无法消除,这就是机器人没有自我意识,而人的个体却拥有自我意识这个重要元素。人的自由意志、自我意识,或者叫作利己心,是目前的机器人所望尘莫及的。

生命个体与非生命的物体也有相同的地方,这就是他们都将随着时间而老化、磨损。但生命由于具有复制能力,父代老化了,父代个体消失了,而子代已经成长起来。用子代替换父代的办法做到生命种群永葆活力。而非生命的物体就没有这个能力,一旦非生命的物体形成,它都将无可挽回地老化、磨损,最终消灭。

人类个体和其他高级动物一样,也具备自我复制和自我意识两大特征。只是非人类的动物处理信息的方式多种多样,我们目前还无法解读它们的信息,对它们的自我意识不甚了解。但是通过对动物的行为观察,便可以看出它们都是利己的,并无例外。

二、生命主体的界限范围

某些进化到高级阶段的动物和人类,具有了自我意识或利己心,他们开始具有精神层面的属性。我们通常说,生命具有灵魂。这个灵魂,就是自由意志。

从生命个体的内部划分,高级生命的主体具有两个层面,第一个是生命个体的物质身体,第二个就是由物质身体的神经元组织运动产生的自我意识,对人类来说叫作自由意志。这个精神的生命,指挥、控制、管理着物质的身体,形成一个统一的主体的自我。精神的生命与物质的身体永远不能分割,精神生命只是物质身体运动表现出的现象。它必须依附于物质身体才能存在,游离于物质身体之外的精神是不存在的。

因此,我们可以这样描述生命主体,它是以自我意识为中心,以物质身体的外壳为边界,形成的一个具有自我意识和行为能力的统一的生命主体。生命主体自己称谓自己是"我""己";主体以外的生命称其为"它""他"。在面对被称谓个体时,称"他"为"你"。这些都是对生命主体的指代。

三、人的自我意识和人的身体

人是经济行为的主体,与其他高级动物一样,人的主体内部分为两个层面的生命。自由意志,自我意识,利己心,就是精神层面的人;人的身体,是物质层面的人。精神层面的人是核心,物质层面的人受到自我意识的管理、控制和指挥。人的身体边界就是主体人的范围。我们假设,精神的自由意志,拥有自己的物质身体,形成一个独立的人,具有完整的人格。

精神的自由意志,产生爱恨情仇、喜怒哀乐,进行决策,指挥行动;物质的人吸收物质能量,支持精神活动得以持续进行,并将某些行动付诸实践。

四、生命主体的天然所有制关系

在生命主体内部,精神自我指挥、控制、管理、使用、支配着自己的物质身体,似乎精神自我占有着物质的身体,或者像是精神的自我居住在物质的身体之内,二者不可分割。看起来,我,是指精神的自我;我的身体,是精神自我的占有物。这里似乎形成了一种天然的所有制关系。

精神的我,占有着物质的我——身体,称谓我的身体。精神的我,是核心的自我,是人格所在;物质的身体,是精神自我的私有物,为精神自我所独享,具有排他性的私有权。这种关系是天然形成的,在生命主体内部形成了一个天然的内在所有制关系——内在私有制。

这种主体内部的内在所有制关系向外投射和延伸,就在人类社会中,复制出这种现实的所有制关系——私有制。

第三节　动物的所有制

所有制是经济学中的重要经济现象和概念,长久以来所有制的研究出现了许多流派,对所有制的起源和作用提出了许多重要的理论和假说。本书从生命大背景下来观察所有制的起源,希望从动物的所有制行为中找到人类社会所有制演化的渊源。

一、所有制意识的产生

所谓所有制,就是占有关系被认可、被固定、被接受,成为习惯或规则。

前面已经描述,生命主体内部精神自我占有着物质身体,形成了一种内在私有制占有关系。一个动物出生,它除了拥有自己的身体以外什么也没有,身体是它唯一的私有物。动物为了生存,它所做的一切都要保护自己身体的持续存在,即生存。

为了使身体逐渐长大成年,它必须想办法获取物质能量;为了保护身体不受天敌伤害,它要么学会战斗,抗击天敌;要么学会逃跑,避开天敌。在动物的意识中,自己的身体是绝对的私有,不允许任何其他生命侵犯。它们似乎在说,我的身体,只能是我的,绝不允许别人染指。这种情况适合所有动物,也适合古代和现代人类个体。

如果遇到同类个体,一般在动物界,同类相食的情况比较少见。所以动物在同类面前不再为保护自己身体而费劲,却把保护自己身体的那种模式,延伸应用到保护自己食物、配偶的情景中。它们面对竞争对手,会用它们的信息表达方式,告诉对手,这些食物、配偶是我的。但对手不一定因为知道这则信息就退让。因此这个动物主体也就有两种选择,一是战斗,击退对手,保护自己的食物、配偶不被对手抢走;二是评估自身实力,估计无法赢得战斗,就选择逃跑,拱手将食物、配偶让与对手。

在这个过程中,动物主体对外部的利物(这里暂时称食物和配偶为利物,利物定义稍后给出),产生了一种新的关系,整体的自我主体希望对自己身体以外的利物占有、支配和享用,从而产生了排他性的私有的意识。这种私有的意识,背后须依靠足够强大的武力支持才能实现。

动物主体的这种私有意识,还不能成为制度。因为竞争对手也想占有利物,而且最后总是依据打斗能力的强弱来决定。私有制的想法在野生动物阶段仅停留在意识中。现实中野生动物的游戏规则是,谁战斗力强,利物就归谁所有。因此,偷抢利物,在动物界司空见惯,合情合理。如果给这种规则起一个名称,应当叫作强者占有制。

如果动物主体战斗力足够强,它占有利物就会成为现实。不管是什么占有制,动物主体对外部利物的关系,形成了明确的占有关系,它具有排他性,也必然是私已占有的,这似乎是私有制的胚胎,也是我们能够观察到的事实。

在非洲大草原上,猎豹费尽千辛万苦,捕到一只羚羊,还没来得及享用,狮子冲过来了,猎豹实力不及,只能逃跑,羚羊就成了狮子的晚餐。按照人类的想法,猎豹太亏,狮子太无理,很不公平,狮子扮演了强盗的角色。但是在动物界,还没有进化出公平正义的理念。强者占有制是通行的规则,狮子无可厚非,猎豹也只能被迫接受现实。

在同种动物中,强者占有制更是普遍规则。但是动物已经进化,它们不必要在每次遇到享受利物时都进行战斗,分出强弱顺序再消费利物。而是在平时就已经通过战斗打出一个优势等级顺序,遇到利物时,按已有的优势等级顺序占有和享受利物,这也形成一种习惯和规则,称为优势等级占有制。

这种占有制比起临时打斗的强者占有制,省去了每次都要打斗的能量损失,具有进化的优势。在灵长类动物中,这种优势等级占有制比较普遍。有兴趣的读者可以去猴山上观察,猴国的秩序就是典型的优势等级占有制。

二、阶级的产生

人类社会把优势等级占有制进化成阶级优势占有制,形成阶级统治的官僚体制,这就出现了国家,按官阶高低分配占有财富成为一种强制的规范,即制度。

在灵长类动物的优势等级占有制那里,动物种群一般不太大,每个动物都可以通过自身个体的战斗力,找到一个合适的等级位置。在同一个等级上一般只有一个动物主体,按优势等级占有利物,就可以直接确定占有利物的多寡。

在人类社会里,由于人类大脑的发展,获取利物的能力大大加强,早期部落种群数量已经比较多,这就出现了两个问题:

第一,优势等级的台阶没有那么多,同一个等级的台阶上,可能同时存在多位个体,在同级个体中他们的占有规则如何确定?

第二,人口数量多了,个体两两打斗分出等级已经非常困难,打斗次数将是巨大的数字,这将耗费大量的能量成本。

为了解决这两个难题,个体两两打斗确立优势等级的办法被淘汰,开始建立专门的战斗部队,进行部落间的战争。赢家,整个部落都成为优势阶级;输家,整个部落沦为奴隶,成为劣势阶级。军队诞生了,国家也就出现了。

于是,赢家部落的首领,成为最高统治者,赢家的部队成为国家军队,原军队中的干部和部落的能人成为国家的官员,协助最高统治者进行统治,建立国家秩序。赢家部落的原有居民,成为国家的平民或公民。战败部落的幸存者统统沦为奴隶。

国家出现了,一个国家至少具有三大阶级:第一阶级,统治阶级,元首和其麾下的各级军政官员;第二阶级,平民阶级,他们是自由民,人数很多,他们可以拥有财产;第三阶级,奴隶阶级,他们没有自由,没有财产,甚至连人身都是奴隶主的财产。

有了国家,要进行阶级统治,就必须建立秩序。尤其要解决同等级阶级中如何占有利物的问题。统治阶级中同级官员也有不少,平民阶级内部个体数量很大,建立秩序绝对是必须的。

三、所有制的产生

在国家出现之前,人类由普通的野生动物进化到母系社会,再到父系社会,直到国家出现,应当经历了漫长的进化过程。

进入母系社会,人类个体就进入了以血缘关系为纽带的家庭组织中。这应当是一种较为严密的组织形式。在家庭内部,处在同等地位的个体肯定不少。例如,一个老祖母生养了四个女儿,四个女儿一共又生了 10 个外孙女,这 10 个孙女地位完全平等。在这个家庭中,完全平等的个体之间利物的占有规则一定是一个急需解决的问题。

假设母系家庭中某个时点以前利物由家庭共同占有,享用时再分配给个人。利物在未消费之前成为个人临时占有物,也就是临时私有物。假定 10 个平等地位的孙女,每个人都分到一份利物。假定这时人类还未文明化,偷抢不是耻辱的事情,动物固有的游戏规则继续适用。当然这 10 个孙女都是利己的,她们每个人都倾向于去偷、抢其他人的那份利物,但却反对其他人偷抢自己的利物。如果任由这 10 个成员依据自己的利己意愿去行动,必将造成一片混乱,她们将倾向于用战斗来抢夺利物。大量的偷抢与反击,将造成家庭生产力的无谓浪费。

实际情况不会如此,我们要记住,母系家庭都有一位德高望重的老祖母,管理着这个家庭,他们内部是有秩序的。如果其中有一个成员,偷抢了另一个成员的利物,被偷抢者必然告发,老祖母就会发令惩罚那个偷抢者。于是大家都回去各守本分,秩序重新得到恢复。问题是,老祖母将依据什么规则来惩罚偷抢者呢?

1. 正义理念的产生

为了找到老祖母惩罚偷抢者的依据或原则,我们来分析这 10 个孙女各自的态度。人类还未文明化,没有偷抢耻辱感,每个孙女都是利己的。对于偷抢利物的事情,每个人都会依据利己原则表达自己的态度。每人发给 10 张票,每张票要对一个人表态,赞成或反对此人偷抢,分别投到这 10 个人面前(包括自己在内)。于是他们每个人表态都会相同:反对其他 9 人偷抢(因为这 9 人偷抢对象有可能是我,伤害我的利益,所以我必须反对),赞成自己偷抢(增加了自己的利物,有利于自己,所以赞成)。

按此计算每个成员面前赞成和反对她偷抢的票数将会相同,每个人都将收到反对票 9 张(来自他人),赞成票 1 张(来自自己)。

如果平等的孙女为 100 人,每个人将会得到 99 张反对票,1 张赞成票。

……

如果平等的孙女有 n 个人,每个人将会得到 $n-1$ 张反对票,1 张赞成票。

如果将 n 个人的反对票加总,得 $n\times(n-1)$ 张反对偷窃的票;

将赞成票加总,得 n 张赞成偷抢的票。

所以,全社会反对偷抢的票是赞成票的 $n-1$ 倍。$n\times(n-1)\gg n$。

随着平等孙女样本数量的增大,赞成偷抢票数 n 与反对偷抢票数 $n\times(n-1)$ 的比值将趋于无穷小。这个结果说明,全社会反对偷抢的力量几乎是全部,赞成偷抢的力量非常微弱,几乎为 0。作为母系家庭的领导者老祖母,当然会依据压倒多数的意愿,惩罚任何偷抢者。于是家庭秩序立刻得到恢复。

这是人类文明的发端，正义观开始萌发，反对偷窃，反对抢劫，形成了保护个人占有利物的规则。天长日久，反对偷抢，成为人类约定成俗的习惯。

这里我们推导了正义理念的产生过程，一旦正义理念产生，人类便开始抛弃野生动物的游戏规则，进入人类文明发展的初创时期。

这里正义理念的初次产生，未必一定发生在母系社会的家庭中，父系社会里首次出现正义理念的可能性也不能排除。具体在什么时期首次出现了正义理念，今天已经无从考证。但有此原理存在，正义理念或迟或早必然出现，并且延续至今，这是千真万确的。

春秋时期，孔子的"己所不欲，勿施于人"就可以看作是正义理念的道德诠释。但是，孔子时代，距离正义理念出现已经非常久远了。

通过本节推导可以看出，利己原则还可以诱发出政治上的正义理念，形成社会伦理价值。

2.私有原则伴随正义理念而产生

私有制显然是经济与政治结合的产物，它是经济制度，又必须在正义理念产生以后才能逐步形成。从正义理念产生过程可知，一旦反对偷抢的正义原则诞生，个人占有利物并且受到权威保护就成为现实。

私有原则实现的条件有三：

第一，生命个体自己有保护已占有利物不受侵犯的愿望（从利己原则可导出）；

第二，有保护个体已占有利物不受侵犯的裁判能力或权威（从动物优势等级开始就有了）；

第三，有保护个体已占利物不受侵犯的伦理规则（反对偷抢的正义原则诞生）。

前两个条件在人类还是野生动物的时候就具备了。而第三个条件应当出现得比较晚一些，只有在人类的智商学会利用政治力量的时候，才可能产生正义观。

一旦正义观诞生，私有原则很快就会得到社会的认可。所以正义观与私有原则几乎同时出现。不过这还只是私有原则，不是真正的私有制，属于私有制的幼苗。

正义观和私有原则一诞生，人类就与野生动物相互分离了。具体地说，正义观诞生，开始了人类文明的漫长旅程。正义观和私有原则，是人类文明与蛮荒蒙昧的分水岭。从此以后，人类成为有文化的物种，人类文明的车轮将会加速前进。

正义观和私有原则一诞生，就产生了文明的秩序。人与人之间的关系区别于狼与狼的关系。人的私人利物得到正义原则的保护，节约了争斗夺取利物的力量，将这些节约的能力更多地用于生产，可以增加利物的产出，供更多的人口生存，这将大大推进人口的增长，使人类种群很快取得地球物种的数量优势。

正义观和私有原则一诞生，人类学会了利用权力保护财产，刺激了生产力和经济的发展，使社会开始了财富积累过程，为阶级的出现、国家的诞生，施放了催化剂。

当国家产生以后，正义观在国家范围内被广泛接受，统治者以法律的形式确立了私有制度原则，这就产生了国家私有财产制度，私有制达到了成熟期。可以这样说，私有制是人类文明的火种，又是人类文明的发动机。

四、私有制的逻辑层次

成熟的私有制出现在国家产生以后，国家机器充当了私人占有利物的保护伞；全国公民自动产生正义观；私有利物的主人继续产生要求保护的愿望。三大条件满足，使私有制成为国家法律确定的最重要经济制度。

从生命个体的层面来看,私有财产占有关系是主体内部精神自我对物质身体占有关系的延伸复制。如图1-2所示,在主体生命内部,精神自我占有着物质躯体;在生命主体边界以外,生命主体的整个生命又占有了外在利物。

可见,个体对外物的占有,是精神自我占有躯体的占有关系的外推或延伸。不过二者的保护方式不同。精神自我占据躯体,它想保护躯体不受侵害,只能以战斗或逃跑来实现;现在,个体占有利物或财物,生命要保护外物不受侵害,则通过权威的裁判来保护,这种保护,个体本身付出的成本很低。一旦形成法律制度、道德约束和人的习惯,保护成本更低。实际上,对私有财产的保护,是人类最大限度地利用政治权力为经济服务的典范。

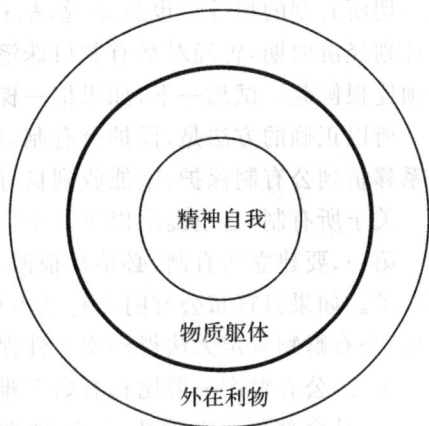

图1-2　生命主体与外在利物的关系

比较图1-1和图1-2可以看到,图1-1描述了生命主体与其他生命个体的关系,主要是人与人之间的相互帮助的关系;图1-2描述了生命主体与利物之间的占有关系。所以我们说,私有制的发生,有着十分深厚的社会政治与生命科学渊源。

有一位西方学者曾经这样描述私有制:一个聪明人找到一些头脑简单的人,对他们说,这块地是我的。而那些头脑简单的人居然就信以为真,这就产生了私有制。现在看来,这个私有制起源的故事,只是一个笑话。

五、私有制对生存的利弊

私有制一旦形成,就对人类文明起到加速作用。现在一些人说的私有制,局限在生产资料占有制方面。实际私有制不仅局限于生产资料,一切消费物品都可以成为私有制保护的物品。私有制是人类文明的火种,又是推动文明加速的发动机。它对人类文明的贡献不可磨灭。

但是作为私有制的生产资料私人占有,例如土地私有,通常会引起土地兼并,有人有地无劳,有人有劳无地,使得生产要素不能充分结合和利用,产生巨大资源浪费。

私有制是人类进化的产物,它是社会客观存在,利弊都会存在。现在要深入研究私有制的各个层面内容,利用优势,克服弊端,使私有制能够更好地服务于人类社会的生存。

六、私有制是一切所有制的逻辑基础

现在的人类世界,所有制有多种形式:个人所有、集体所有、国家所有。但总体可分为私有和公有。

所有制,其发端于私有。有了私有制,两个以上的人共同拥有,叫作公有。公有只是扩大范围的私有,这个"私"已经不是一个人的私,但其私人的排他性依然存在,仅限这几个人的公有,这几个人以外的人未经许可不能拥有。一个国家的公有,为一国所专用,其他国家的人未经许可不能使用。所以,所谓公有,其实就是扩大了主体范围的私有。

个体私有制是所有制的核心。公有制只是一种暂时状态,在消费之时,利物最终还是要落实到个体才能成为消费品。因此公有财物最终要分配到私人手上才能使用。所以说,私有制是一切所有制的根源。也就是说,私有制是树根,公有制是树干,其他所有制是树枝或树叶。在计划经济时期,曾经对私有制口诛笔伐,把公有制捧上了天,公有制神圣不可侵犯,而私有制必须连根刨起。试想一下,如果把一棵树的根挖掉,却千方百计保护树干,这棵树还能存活吗?

所以正确的方法是,保护公有制,要和私有制一起保护。私有制得到有效保护,将其法律体系移植到公有制保护,就能收到良好效果。

关于所有制,这里提出以下几个值得关注的特点:

第一,要建立所有制,必须从根源入手。只有有效保护了私有财物,公共财物才能同时得到保护。如果只宣布公有财产神圣不可侵犯,而对私有财产保护却闪烁其词,那是典型的本末倒置,公有财物肯定无法得到实质性保护。

第二,公有财产一般比私有财产难以保护,原因是公有财产的所有者,往往只占有其中的$1/N$,N是全部所有者的数量,N越大,个人拥有的份额就越小,其关心程度就越低。古希腊的亚里士多德就已经发现了这个现象。

第三,公有财产容易被权力侵吞。由于公有财产所有者关心度低,其管理者容易具有可乘之机,侵吞公有财产。

第四,公物私用,是公有财产遭受侵犯的普遍形式。

第五,公有财产也具有一定的优势,这就是它容易积聚,容易扩大规模,办成私有制难以办成的大事。但是公有财产关心度低,其利用效率一般不及私有财产高。

第四节　社会性动物的生存模式

只要能够进行生产的结构性社会生存的动物,都具有自己的经济模式。所谓经济模式,就是指社会财富的生产方式与生产成果的分配方式的集合。

在前文中,我们考察列举了不同动物的生存方式。此处,我们特别关注蚂蚁、白蚁、蜜蜂和群体性哺乳动物及人类的经济模式。

大多数的蚂蚁、白蚁、蜜蜂等昆虫,都是社会结构严谨的群体性生存的动物,它们共同生产,共同消费,个体之间和谐相处,形成一个欣欣向荣的社会,如果不是生产能力弱小,那简直就是天堂般的社会模型。

人类也是社会结构严谨的群体性生存的物种。人类的社会生产是各企业主自己组织的,就全社会来讲,生产者是分散的,各自为政,各企业主都是为了自己的利益进行生产。分配基本上依靠市场交换和价格来调节,各生命个体都是以自己的利益为目标去就业,参与生产,以生产要素的出卖作为生产成果分配的主要依据。

考察这两种社会经济模式,我们会发现,蚂蚁、白蚁、蜜蜂这些昆虫社会所使用的经济模式是计划式的;而人类社会主要的经济模式是市场式的。这两种经济模式,或许是地球上群体性生存动物的两种典型的经济模式,迄今还没有发现其他类型的经济模式。

计划经济模式在昆虫社会里已经实施了很久很久,这有待古生物学科的进一步考证。据说蚂蚁已经在地球上生存了3亿年之久,它们应当是地球上很成功的物种之一,它们的计划经济模式历史究竟有多久,目前还是一个未知数。

人类的市场经济模式,应当是私有制形成后逐步演化出来的,到资本主义阶段,达到了空前的繁荣和强大。资本主义比起市场经济来,其历史还非常短暂,简直就是晚辈。它大约是文艺复兴前后开始的。而市场经济发端,却已经非常悠久了,现在暂时还没有足够资料证明其起源的具体时间,但可以推断,其必开始于私有制诞生之后。在亚里士多德考察货币、价格、价值的时候,市场经济早已存在很久了,只是那时的市场经济还没有发展到资本主义时期那样光焰照人。

我们现在只要提到经济,多数学者第一反应就认为是指人类的经济行为和经济现象,似乎经济仅属于人类专有。这要么是思维局限所致,要么是夜郎自大。认为人类至高无上,其他物种怎能与之相提并论。其实人类只是生命世界的一个物种,许多生命行为与其他物种具有相似性、关联性、可比性。甚至通过对其他物种经济行为的观察,可以给人类提供经验和教训。这对人类绝对是有益的。

下面我们分别考察两种经济模式的运行机制和效果。

一、计划经济模式

计划经济模式的成功应用,都是在昆虫社会实现的。当然经济模式不会是某个生命个体或某种超自然力量设计的结果,应当是某种生命自发演化而形成的。普通的蚂蚁、白蚁、蜜蜂通过生理异化,承担社会分工,实现了亚当·斯密关于分工专业化生产的进步,应当是大大降低了生产的耗费与成本。

这些昆虫基本上都产生了生理异化的分工。

第一,它们都有一个蚁后或蜂后,是一个雌性的首领。它是昆虫社会的最高统治者,处于最高地位,也是这个社会的繁殖机器或繁殖工具。

第二,大量存在的工蚁或工蜂,它们一般是雌性的,但是发育不完全,没有生殖能力。它们的社会分工是劳动,参加利物的生产活动,产出利物,支持巢穴社会的共同生存。

第三,一些蚁穴异化出了兵蚁,但蜂巢内似乎"兵蜂"还没有发现。蚁穴内兵蚁也不是普遍存在,只是有一些蚁穴异化出了兵蚁。兵蚁是蚁穴社会中专门的军队成员,其社会分工就是保护本蚁穴不受侵犯,必要时袭击、征服其他同类或异类的巢穴,以获取奴隶和利物。

在没有兵蚁、兵蜂的巢穴中,工蚁、工蜂也承担兵蚁、兵蜂的职能,只是没有生理异化的专门化分工。

1. 蚂蚁、白蚁、蜜蜂的社会运行机制

关于昆虫社会的经济机制,现在研究的资料不多,信息还非常有限。有几个问题亟须观察分析,尽早得出结论。

(1)蚁穴、蜂巢社会中众多的个体如何管理? 它们有没有一个承担管理功能的主体?

(2)利物生产的"工程"是如何展开实施的? 有没有类似人类的生产管理?

(3)生产成果的分配依据了什么原则?

(4)蚁穴、蜂巢中的生命个体确定是利他还是利己的?

(5)在利物生产之前有没有一个生产计划? 生产指令信息如何传递?

弄清以上五个问题,对蚁穴、蜂巢的运行机制就可以有一个较为深入的理解。不过很遗憾,我们目前对以上问题并不十分清楚,还有待进一步观察、分析和证实。

上述第(1)、(2)两个问题,都是蚁穴、蜂巢内部的管理问题。迄今为止,我们没有辨识出蚁穴、蜂巢有一个明显的管理机构。除蚁后、蜂后外,从外形上再也没有发现有什么专门的管理者。即便是有兵蚁的蚁穴里,我们看到兵蚁来来往往,似乎只在警戒外围、保护同类,也没有像

人类的军警一样对内制裁某些个体,纠正不法行为。

我们疑惑,难道蚁穴的"公民"不会犯错,不会犯罪,不会偷懒,不需要管理,完全是自我约束的? 对此我们做出以下假说性解释。

第一,它们不需要管理,完全自觉,那就可能解释了第(1)个问题。

第二,它们在生产中完全自觉地"各尽所能",自觉按照某个程序工作。

第三,它们在分配时,依据"各取所需""按需分配"原则进行。

这第三个假设,要求以第(4)个问题的回答做前提。于是有:

第四,蚁穴、蜂巢中的个体确定是利他的,至少要求有限地利他。

通过对蚁穴、蜂巢中个体行为的观察和对一些事实的解读,我们似乎发现,蚁穴、蜂巢内的工蚁、工蜂个体确实没有利己心。也就是说,它们的个体在巢穴范围内,可能是有限的利他主义者。

得出这一假设? 依据以下两个事例:

第一个事例,曾经有人做过实验,将一群蚂蚁困在饥饿的环境中,饿到蚂蚁濒临死亡时,突然从蚁群上空正中间滴下几滴糖水。过十几分钟以后在不同位置处捉几只蚂蚁测量它们体内得到的糖分量,结果发现,不管是中间的蚂蚁,还是边缘处的蚂蚁,各位置蚂蚁拥有了几乎相等量的糖。事实上,当糖水滴到中间位置蚂蚁身上时,它们立刻反应,将糖最大限度地吞入腹内,然后再嘴对嘴分享糖,使大家都能几乎平均地得到相等的一份。

试想一想,如果蚂蚁是利己的,糖水直接滴到中间的蚂蚁身上,它们得到了"天上掉下的馅饼",应该会大快朵颐,自己先吃饱再说。可事实不是这样。幸运的蚂蚁与边缘处的蚂蚁分享得一样多,说明幸运的蚂蚁没有多食一份,完全和大家等量分享了。这只能有一个解释,它具有有限的利他主义属性。

第二个事例,我们经常见到一个巢穴的蜜蜂,为了捍卫自己巢穴不受侵犯,前赴后继,拼命用尾针去攻击敌方目标。因为尾针连着蜜蜂的内脏器官,这种攻击实际上是自杀性攻击。一旦攻击成功,攻击者也必然死亡。这似乎也表现出利他主义倾向,否则,每一个利己的个体都会为了自己的生存而避开危险。但它们却义无反顾,选择了自己死亡,换取蜂巢的安全。

如果第四条假设成立,那么,第(1)、(2)、(3)个问题也都可以得到基本的解决。

如果蚁穴、蜂巢的个体都是利他的,利物就必然是"按需分配"的;生产中的个体也必然是"各尽所能"的,不需要监督和管理;社会中的个体也必然是"自治"的,自觉向善,自然也不需要社会管理与统治。

第(5)个问题,即使个体的行为不需要监督管理,也需要在实施一项行动时,与其他个体配合,以及何时该干什么,不该干什么。这是一个工程技术问题,至少是一个信息技术问题。例如,切叶蚁生产蕈菌,应当有一个恰当的生产程序或步骤,或者说是一个计划。否则,众多的个体工作者如何协调,达到步调一致呢? 近些年人类科学正在设法研究人类大脑的结构和信息存储、传递及处理机制,这些也被称为神经元信息处理机制。对蚂蚁来说,它们每个个体仅有几个神经节,任何一个个体都不可能完成它们生产蕈菌工程技术的全部。我们推测,一个巢穴内的每只蚂蚁就相当于人脑的一个神经元细胞,众多蚂蚁通过触觉交流,就类似人脑的思维过程。如果这是真的,那它们每个个体,既是思维者,又是执行者。如果这是真的,那对人脑的研究也可通过对蚁穴的观察得到模拟和启示。所以,我们有以下第五条假设:

第五,蚁穴、蜂巢的个体是一个个神经元,是一个个承担存储记忆信息的单元。

这是一个非常具有吸引力的课题,如果弄清楚蚁穴的工程信息处理过程,人类科学也将得到巨大的进步。对这些问题的研究,需要生命科学、脑神经科学、信息工程科学、人工智能和经济学多学科交叉研究,才可能得到预期的成果。

我们大胆设想,巨大的蚁穴像一个放大版的人类大脑。像建设巨大蚁穴,生产种植蕈菌这些巨大而复杂的工程"图纸"信息,可能也像人类的大脑运行机制一样,记忆到每个神经元里面,也就是每个蚂蚁个体就是一个记忆单元,众多蚂蚁(神经元)联合(触觉)才记忆了完整的工程计划信息。每个个体可以自由运动,代替了人脑神经元细胞的狭长的传递距离功能,所以我们看不到蚁穴巨大工程的"蓝图"。

综上所述,前面第四条假设作为蚂蚁、蜜蜂个体的基本假设,则第(1)、(2)、(3)、(4)个问题就能得到解释;第五条假设,可能解决了第(5)个问题,生产计划信息存储和传递问题。

以上这些研究还不是最终结论,还需要进一步观察、实验来检验。相关问题可以另行设置课题专门研究,本书不再赘述。

2.计划机制社会的条件与结果

如果昆虫社会,①工蚁、工蜂个体具有局部利他主义属性;②在它们的的蚁穴和蜂巢建设中,工程计划和蓝图信息存储于整个蚁穴的每个蚂蚁(神经元)中;③全社会采用计划经济模式。那么蜂巢、蚁穴里的大部分经济现象都能得到合理解释。

其中,①工蚁、工蜂个体具有局部利他主义属性,这是昆虫计划经济模式得以实施的先决条件。我们设想一下,工蚁、工蜂,不能生育,没有子女拖累;没有私有利物,一切利物公有;它们是局部利他主义者,即对本巢穴的其他个体具有无限量帮助的愿望;努力工作就实现了对同伴的帮助,生产管理不必要;它们没有利己心,不会犯罪、偷懒,社会管理与统治也不必要。因此,昆虫巢穴内,实际是个体完全自治的。

只要通过某种信息渠道,把本巢穴的行动计划传递开来,工蚁、工蜂将各尽所能,努力工作,社会安定,生产正常。如果遇到外界环境好,蚁穴、蜂巢将食物充沛,繁衍速度加快;如果遇到外界环境恶化,巢内食物短缺,蜂后、蚁后将减少繁殖,并优先保证蜂后、蚁后生存安全,工蜂、工蚁则统一减少食物量,每个个体减少到均等程度,同甘共苦,共渡难关。

在巢穴内,工蜂、工蚁们没有利己心,而局部利他。使得这些个体很像一个个机器,它的一切行动都是程序化的,像今天人类制造的机器人,或者像人体上的一个个细胞,是为整体生命的生存而制造出来的。它们的个体应当没有自主意识,或根本不会思考,因为它们没有思考的机制。

恰恰计划经济模式就需要个体是利他的,尤其要求个体没有利己心。只要个体没有利己心,它就不必要思考,只是机械地开启一段程序,从不考虑这个行动是否对自己有利。这就是说机器人或机器蜂、机器蚁,基本丧失了动物生命的特征,只保留了动作能力和必要的生存技能,自己不复制自己,没有利己心,实际上没有生命的自我,没有精神、没有灵魂。如果保留部分利己心,那就是追求整体社会的生存。它们不必思考,完全依赖一个统一的信息行动,力争整个蜂巢、蚁穴的利益最大化。

计划经济机制的蜂巢、蚁穴,整个社会才是一个完整的生命。这种模式在多细胞生命中普遍存在。例如,我们一个人类个体,它是由数十亿个细胞聚集而成的一个生命。对每一个细胞而言,它也只是一个不能思考的单细胞生命。它没有自由意志,完全接受神经系统控制,每个细胞都被异化为特有的功能,每个细胞必须不利己,而是利他的,或者说每个细胞的利己心被整个身体的某种机制屏蔽了。这样单个细胞失去了自由意志,换来的是人类整体的自由意志,只要整体利益最大化了,每个细胞的利益一般也不会差。

　　蜂巢、蚁穴与人类个体的不同之处在于人体的每个细胞是连接起来的,而在巢穴里面,每个工蚁、工蜂之间是不连续的个体。但是通过信息沟通,它们能够与连接在一起的细胞发挥相同的作用。

　　人体中的每个细胞与巢穴中的个体一样,利己基因都被某种机制屏蔽了。因此各个细胞也是局部利他的。一旦屏蔽机制失效,某一个细胞利己基因激活,它就开始了自由复制过程,这大概就是癌细胞了。试想一想,蚁穴、蜂巢的生存机制有它自己的优势,连接在一起的细胞反叛,就会出现癌症,会将整个个体消灭;而不连接的蜂巢、蚁穴生命体,却没有这个忧虑。一旦某个工蜂、工蚁反叛,激活了利己基因,它就开始自由繁殖,它要么被其他工蜂、工蚁消灭,要么就自己逃走,出去过"单干"生活。实际上,我们观察到许多"单干"的野生蜜蜂在土墙上做窝,独立生活。它或许就是反叛的一些蜜蜂个体或者其后裔吧。反叛的蜜蜂一旦离巢,蜂巢里面又将恢复以前的平静。蜂巢生命不会因为一个工蜂的反叛和离巢造成多大损失。

　　计划经济社会的条件,必须是每个社会成员没有利己心,或者说它们个个都是利他的,至少是局部利他的。蜂巢、蚁穴实现了计划经济,正是因为工蜂、工蚁的个体没有利己心,是一个个局部利他主义的个体。

　　但是,在生命研究中有一个规律,说利他主义会造成生存劣势,容易被自然选择淘汰。那么工蚁、工蜂的利他主义,不会造成同样的结果吗?

　　这个问题需要详细解释一下,我们已经指出,蚁穴、蜂巢整体相当于一个完整生命。这个整体生命依然是利己的。因为它们的最高统治者蜂后、蚁后是完整的生命,它们负责生殖,它们具有利己心;即便是工蜂、工蚁个体,也只是"局部利他"的。它们的利他对象都是限定于本巢穴的同伴和首领,而对外巢穴的不速之客,通常都是格杀勿论。由于工蜂、工蚁的局部利他,使计划经济得以实施,确保了蜂后、蚁后的利己心得以实现,整个巢穴生命体的利益得到保障,使工蜂、工蚁个体利益最终也得到保证。

　　有一种说法,就是利他主义基因片段,只有"寄生"在利己基因的整体程序中才能生存下去。这里工蜂、工蚁的利他基因片段正是寄生到蜂后、蚁后的利己基因上才得以生存的。

　　计划经济体制,在蚁穴、蜂巢内顺利实施,给蜜蜂、白蚁、蚂蚁这些物种带来了一定的优势。世界上除了人类以外,蚂蚁、白蚁的建筑水平已经达到极高的造诣。在澳大利亚草原上的白蚁,其巢穴内的建设、通风、保温、空气调节、生产、生活,都考虑得面面俱到,简直就像是建筑设计大师的心血作品。美洲有一种蚂蚁,有人往蚁丘内灌注水泥浆,竟灌注了几大卡车的水泥浆,几天后挖出凝固的水泥浆,其体积与蚂蚁体长尺寸相比,简直就是一个超级大城市。可见,蚂蚁、白蚁在它们的计划经济体制中,激发出了极其强大的生产力,使这个小小个体的种群,表现出了惊人的能力和天赋。

　　另外据说,蚂蚁在地球上已经生存了近3亿年之久,它的"长寿"是否也得益于它们的计划经济体制呢?

　　3.计划经济体制适合人类社会吗?

　　计划经济体制在昆虫社会应当说取得了惊人的成功。但同样是计划经济体制,曾经也在地球上近1/3人口中进行了实践,结果却大多失败了。

　　20世纪80年代末,东欧剧变、苏联解体,中国走向改革开放,建立起中国特色的社会主义市场经济,低调告别了计划经济,使中国经济走向了现代化。

关于苏联解体、东欧剧变、中国改革,学术界众多学者都在研究,提出了许多真知灼见。本书作者在此也探讨了一下这些事件,得出的结论可能有所不同。

苏联解体、东欧剧变、中国改革,这些重大变化,看起来是一个复杂的社会政治、经济大变动,实际上最主要的是经济原因。结论是:计划经济体制不适合由利己个体组成的人类社会。

前面已经介绍,计划经济体制实施的前提条件,就是社会成员必须具备利他主义属性,或者说屏蔽了个体成员的利己心。如果达不到这个条件,计划经济必然失败。

计划经济在人类社会实施,是由人进行设计的。但是设计者没有考虑计划机制的前提条件(个体利他)。经过七八十年的运行实践,最终不得不以各种方式退出。

由此我们得出结论:从理论上说,人类个体由于不满足计划经济体制的前提条件——个体利他,故计划经济无法在人类社会取得成功。从实践事实上看,计划经济体制确实无法适合人类。

二、市场生存模式

市场生存模式,就是市场经济模式。人类的经济模式成功的就是市场经济。在市场经济体制下,人类主要以个人或家庭为单位,获取消费利物。人类的利物主要是人工生产而来。市场经济模式是分散的,一个一个生产者或厂商在工厂里生产自己的产品,然后拿到市场上去售卖,消费者拿上货币到市场上去换回需要的产品。

市场经济的主要因素是市场,用市场组织生产者,用市场满足消费者。在市场上,生产者以高出成本的价格销售产品,获取利润;消费者以低于自己认可的价格购买产品,获得生存的利物。这种经济模式用市场连接众多的厂商,用市场连接成千上万的消费者。市场上由"看不见的手"去自动调节价格和产品量,使需求与供给相互平衡。

1. 市场经济参与者

市场经济的参与者可以分成两方:生产方和消费方。市场经济参与双方都是利己的,参与市场,都是为了自己的利益最大化。

生产方向市场提供产品,是因为能够卖个好价格,在扣除成本以后,还能赚取剩余——利润。利润能够形成积累,使生产者越来越富裕。

消费方参与市场,是为了自己生存。购买消费品,是消费者最基本的行为。但是购买时,根据买家的生存状态,决定他对消费品利物的评价,在未达到饱和消费之前,他们总会高估产品的价值,使协商好的价格总能高出成本,确保生产者利润能够实现。越是短缺的商品,消费者对其估价越高,利润也越高。价格越高,生产者越多,就会向市场提供更多的商品,使短缺得到缓解。这个过程是自动进行的,这就形成了"看不见的手"。由于"看不见的手"起作用,所以市场经济没有一个中心,生产者和消费者都是一盘散沙,但总体却可以达到供给与需求的均衡。

所以我们看到,市场经济的参与者,都是完全分散的,各自为战的,没有"指挥中心",而运行结果却达成了很好的效果,比人为设计出来的效果还要好。

2. 市场经济实现的条件

市场经济的参与者,都是利己的人。人有利己心,他们可以互利、中性利己和损人利己。前两者能够在市场经济中发挥巨大作用,而损人利己在市场经济中是被社会法律禁止、伦理道德反对的。些微的损人利己,被道德反对;严重的损人利己,将被法律制裁。

而互利和中性利己(不损人的利己),可以大大推进市场经济发展。

利己心在市场经济中起到举足轻重的作用。有利己心,价格谈判才是收敛的;有利己心,生产者才愿意为自身利益,起早贪黑、辛苦操劳;有利己心,消费者才愿意不断购买产品,以实现自己的生存目的。

另一个重要因素也不可忽视,消费者利己,为了自己生存,形成一种效用评估机制,这种机制总能使未饱和消费的产品估价高于成本,使生产者总有利润可赚,生产者在利己心的驱动下才乐此不疲,主动、积极地向市场提供产品。

总体看来,市场经济利用了人们的利己心,从而获得了成功。

利己心可以形成复杂的人性,利己能形成大爱、大善;利己也能形成大奸、大恶。不管你因为利己心喜欢人类,还是讨厌人类,这个利己心都是人类无法克服、无法回避、更是无法改变的基本属性。市场经济恰到好处地利用了人的利己心来为人类服务,使人类的经济具有了强大的能力和空前的活力,创造出了难以想象的成就。所以,归根结底,利己心成就了市场经济。利己心是市场经济得以发生和发展的前提条件。

三、生存模式依据的前提——生命个体利己还是利他

结构性群体生存的社会动物,形成了两种典型的生存模式,计划模式和市场模式,或者在人类叫作计划经济和市场经济。计划经济在部分人类群体中实行了不到一个世纪,然后无可奈何地退出了历史舞台,这就宣告了人类不适合计划经济体制。但是计划经济模式在蚂蚁、白蚁、蜜蜂的巢穴里,似乎如鱼得水,左右逢源,运行得井井有条。可见经济模式无所谓优劣,适应就好。

通过对比研究,我们发现,两种经济体制,分别需要不同的前提条件。

市场经济,需要他的参与者个体是利己的。只有经济主体是利己的,才能充分发挥市场经济机制的内在活力。

计划经济,需要他的参与者主体是利他的,至少是局部利他的。只有利他的经济主体,才能保证计划经济得以实现,发挥计划经济内在活力。

让利己的人,去实施计划经济,会产生两个难题。第一,计划实施者需要强有力的监督,监督的成本就会很高;如果不要监督,实施者就会偷懒、应付、打折扣,使计划达不到预期效果。第二,生产成果的分配难以进行。人人都利己,主持分配者总希望利用机会多占成果,接受分配者也总嫌自己分配少了,抱怨不公平,从而在下一轮生产中借故怠工。以上两点,都会大大降低计划经济的效率,使计划经济趋于失败。

那么,市场经济适合有利己心的人类,能不能适合其他有利己心的群体性动物? 回答是否定的。

人类适合市场经济,还有一个大前提,这就是文明。人类文明的发端,是因为利己心在政治领域的作用,产生了正义观,即反对偷窃,反对抢劫,反对侵犯他人身体和财物,后来又借助国家权力,保护个人生命和财产不受侵犯,形成了私有制。私有制使人类脱离了野生动物种群,开始有了新的秩序,人类开始走向文明。

在新的文明秩序之下,财产是身体的延伸,和身体一起受到权威的保护,使私有财产未经主人许可不能转移。这种情况下,要转移利物、交流利物,就需要交换。交换符合文明准则,符

合正义观。交换不容易造成侵权,还能实现利物的转移,于是市场就发展起来了。

在野生动物那里,利物不受保护,甚至动物自身的肉体和生命都可以随意被消灭,动物要转移利物,只要有足够的武力就可以了,市场根本没有必要。

我们的近亲,灵长类的黑猩猩和猴子,它们的优势等级已经具有了一定的政治权威,离保护私有利物的私有制只有一步之遥,但它们还没有从政治上苏醒,没有形成反对偷、抢的正义原则,所以,它们还未走向文明。显然,交换是文明后应利物交流的需要才产生的,没有文明,交换就不必要,市场就不会出现。

利己心加私有制文明,才演化出市场,发展出市场经济。

可见,利己心是市场经济的基石;私有制,是市场经济的先决条件。其他有利己心的动物,虽具备利己的条件,却不具备私有制文明的条件,它们尚未走向文明,何来市场经济?

第五节　经济学中的人类理性

新古典经济学在利己人假设中,也经常将利己人称作理性人。这实际是说,利己人就等于理性人,利己人在做经济决策时都是理性的。这个假设原则上是不错的,而且也很重要,它是经济学的出发点之一。

这里只想将经济学理性进一步加以明确。我们知道,理性是西方自然科学得以诞生和发展的土壤,它与自然科学联系十分紧密,没有理性,自然科学或许至今也无法在人类社会出现。理性在自然科学方面的作用,就是要求研究结果可以实证,即要求科学研究的结论必须要与客观事实相一致。

多年的民生经济学研究发现,理性可能是分层级的。这里作出适当界定,以备后续之用。

本书将理性分成两个层级:一级理性和二级理性。

一级理性,就是原有的理性概念,在自然科学规律的认识过程中始终起作用。一级理性认识事物是完全理性的,即要求得出的结论与客观事实完全一致。

二级理性,是生命看待事物的基本准则,它描述的结论,与人类的利益完全一致,但不一定与纯客观事实完全一致。二级理性认识的问题,包含了人类利益的原则,它有可能违背客观真实,却是生命认识问题的习惯,符合社会的真实或社会的客观。

二级理性得到的结论,既然有时会违背纯粹客观,为什么还能称作理性?因为它虽然可能违背纯粹的客观,但它却符合社会的客观。例如,后续章节度量出的效用,它虽然不一定完全符合纯粹客观,却符合人类个体真实的经济决策行为。为了不致引起混乱,我们称此为二级理性,以区别于纯粹客观的一级理性。

概括地讲,一级理性要求结论与纯粹的自然的客观相吻合;二级理性仅要求结论与社会客观相吻合。更详尽的情况,待今后使用之时再具体讨论。

第二章

效用与消费

现在有人认为新古典经济学体系失败了,因为面对一次次的金融危机,新古典经济学显得无能为力。但是,在分析新古典经济学体系失败的原因时,各家却莫衷一是,部分学者凭借个人的理解进行猜测和想象。其中有人就认为,新古典经济学失败的原因可能是用了数学的缘故,他们认为数学对自然科学有效,对人类的社会科学可能并不起作用。这种猜测是错误的。本书的后续研究论述将以奇妙的结果证明,新古典经济学的问题不在于使用了数学,而恰恰是因为新古典经济学使用数学不到位,才导致了许多经济问题的结论模棱两可,有些结论完全成了诡辩。从而使新古典经济学在理论上看起来似乎是"放之四海而皆准",在实践上却是"放之四海而无用"。

但是,经过100多年的研究发展,新古典经济学的主体框架构造已经完备。现在它唯一欠缺的,是理论上的"精准到位",把问题研究透彻。要做到这一步,新古典经济学的学者们必须抛弃一些成见,甚至是傲慢与偏见,诚恳地面对不断涌现的新经济问题,突破新古典经济学思想的樊篱,开拓新疆界,接受新理论,实现新的超越。

本章沿用新古典经济学的传统框架,首先研究消费者行为,从经济学基础计量入手,完成效用精确度量,把消费者行为的本质揭示出来,从而开启民生经济学理论体系之新疆域。

第一节　经济学基础计量

经济学基础计量体系是研究经济学的入门课。新古典经济学中,经常假设一个一般数学函数,表示需求、供给等经济学量,可是作者很少明确说明这些量如何度量得到,量纲是什么?新古典经济学一开始,不问是非曲直,随意假设一个函数,就对这些量施加运算,最多仅规定一下函数有什么性质特征,很少说明其经济学意义。所施加运算的量都借用现成的自然科学计量,或适合于生产的计量,从来无人考虑过客观上是否存在一套适合消费者的经济学量。这或许正是新古典经济学的重大失误之处。由于这一失误,许多重要的经济学量迟迟没有度量出来,导致新古典经济学的一些结论,始终都像是雾里看花。

本书研究的结果将证明,经济学基础计量体系十分重要,经济学要想继续发展,基础计量体系必须建立,精准度量这一课必须补上。从本章开始,本书将先行建立经济学初步的计量体系,为后续研究打下坚实的基础。

一、经济学的量

经济学的量究竟有哪些呢？概括起来可分成三大类。

第一类，物质量，即物质的多少。它包含投入物量和产出物量。这些物的计量，就像物理学中的物质计量。

第二类，货币量，这个量在经济学中最为活跃和普遍，现在宏观经济学中都唯一地使用货币单位计量 GDP，但是这里的 GDP 度量表示用货币单位，实际却是对财富物量的计量。货币量，最现实的使用就是价格表示，使我们社会的货币经济欣欣向荣。

第三类，价值量，即人与物的关系量。它包含使用价值量、交换价值量、效用量等。这是经济学中最为麻烦的部分，一些人提出了许多理由，断定某些量无法度量，也无法进行人际比较。而本书将给出价值量的精确度量。这一计量将把经济学向前推进一个时代，敬请读者给予关注。

上述三类经济学量，构成了经济学的基础计量体系。其中，第一类量，其实社会上早有计量方法，物理学的计量体系，生产企业固有的计量办法，一直都可以使用。但是，本书希望找到一套适合消费者使用的计量方法。这种方法就是要求在计量体系中包含消费者的信息。为了实现这个目标，引入消费者的信息，需要先把消费者作为人类个体的有关参量计量出来。这是派生出来的计量，即生命计量。它本不是经济学的量，而是生命科学中的计量。第二类量，货币量，本书没有做更多分析计量，它的经济学意义很清楚，计量也可以是精确的。

当包含了消费者的生命信息的经济学计量完成之后，再来研究第三类经济学量的度量和计量。因此，以下将以生命计量、利物计量、效用计量的顺序展开论述。

二、生命概念与计量

经济社会中参与经济活动的主体是人，人可分成生产者和消费者，以后研究价格时可称为生产方和消费方。在经济社会中，每个人都会默认自身作为"标准度量器具"，来衡量其他经济学量。于是，社会上人的个体差异很自然就被不同人以不同的尺度引进到经济学度量中，所以新古典经济学的多数学者才宣称效用不仅无法度量，还无法进行人际比较。

为了消除这种困难，度量之初，我们首先对消费者做出规范，规定一个"标准消费人"，作为统一的、公共的"标准度量器具"。

1. 标准消费人

规定一个标准消费人，这个人是全社会各项消费指标取平均值的人。这个标准消费人，不管性别，不管年龄，就是一个社会平均消费人，用 A 表示。今后一切度量，都以标准消费人为"标准度量器具"来衡量。现实中的每一个具体的个人，都与标准消费人存在一个准确比例关系，据此比例，标准消费人与每个个人之间可以方便地进行相互折算。

标准消费人对计量很有帮助。每个具体的社会人以自己为标准测量经济学量，就好比每个人手持一个自己制作的秤锤来称量物体，对同一个称量对象，其称量的数量也不可能相同。而标准消费人就像是一个社会统一度量衡以后的秤锤，有了它，全社会度量衡就统一了。每个人依然可以拿自己的"秤锤"去称量物体，称得的结果只要按自己与标准消费人之间真实的比例换算，统一的计量就实现了。

本书后续研究经济学计量时，如不特别声明，都使用标准消费人进行度量。

2. 生命与经济之关系

人类是生命的一个种群,经济是人类这个种群的生存方式。

生命世界千姿百态,光怪陆离。各种生命的生存方式,各具特色,异彩纷呈。

生命这个词是最奇特的概念。在我们的心智中,每个人都理解生命概念,而严格定义它却比较困难。生命最基本的形式是生命个体,人类个体是一个典型的生命体。

(1)生命特征。生命个体具有许多属性,但我们最关心的是生命的生存状态。一般的生命个体,都具有两个状态,即活着和死去。活着就是生命体具有活性,这个活性在时间上延续,我们称之为生存;死亡是生命个体失去活性,并且个体将很快分解消失,死亡是活性的相反状态。

规定一个生命函数 A 来表示生命状态,生命存活,$A=1$;生命死去,$A=0$。生命个体在生存与死亡之间没有中间状态。

(2)死亡点。一个生命个体的生命持续存在,需要众多物品、服务和条件,我们把这些支持生存的物品、服务和条件统称为利物(利物的详尽概念与分类见本章第三小节)。生命的生存与死亡,与利物量的供给具有密切的函数关系。

一个健康生命体具有充分的利物供给时,它将保持活性状态;当利物逐步减少时,它依然保持活性;直至利物减少到一个临界值时,生命体将突然失去活性,进入死亡状态,这个点我们称为死亡临界点,简称死亡点。如果物理计量的利物量用 Z 表示,它的死亡点用 b 表示。利物量经过两次标准化(此概念见本章第五小节)以后的量用 x 表示,死亡点 b 将变换成为 x 的 0 点。

(3)饱和点。生命个体的生存需要利物支持,利物供给的量当然是越多越好,越远离死亡点越好。但是,利物的量达到多少就可以百分之百地安全生存呢?这就是饱和点 a 的量。利物供给达到饱和点以后,生命个体就可以满足安全生存的条件,再多出来的利物,他不会在本周期内消费,而是储存下来,用于以后周期的生存。

在饱和点处,生命状态不发生任何变化,所以此点特征不够明显,有些模糊。但是饱和点的存在却是无可置疑的。我们可以想象,饱和点处生命个体可以毫无压力地幸福生存下去。经过两次标准化以后,利物量 x 的饱和点 a 将变换成为 x 的 1 点。这就说明,利物量 x 从死亡点 b 到饱和点 a 之间的量,成为 1 个标准计量单位(标石,记为 BD,参见 25 页标石单位定义)。

(4)生命函数。生命体的生存与利物供给具有密切的函数关系。假设一个生命个体,仅需要一种独立利物就可以生存,则生命函数是一个一元的阶跃函数:

$$A=1(x)$$

当 $x \leqslant 0$ 时,$A=0$,代表生命的死亡。显然,$x=0$ 是死亡点。

当 $x > 0$ 时,$A=1$,代表生命存活。

(5)生存安全。生命具有死亡点,为了生存,一切生命都会努力使自己的利物供给量远离死亡点,以确保生存不受威胁。这种追求利物量尽可能多的努力趋向,正是人类利己的本能导出的结果。经济学的效用最大化,本质上就是"生存安全最大化"。

(6)利物量最有意义的区间。利物量 x 超过死亡点 0,而又达不到饱和点 1,就表示利物具有稀缺性,这个区间对经济学最有意义。利物量超不过死亡点,生命已经死亡,该利物的所在区间没有研究意义;利物量超过了饱和点,该利物区间失去了稀缺性,也会造成价格灾难。在后续研究中读者自会看到。所以,利物量 x 最有意义的研究区间在 0 到 1 之间,也就是利物具有稀缺性的区间。

3.生命计量

生命有自己的特点,它的存活与死亡是两个不连续的状态。存活用 1 表示,死亡用 0 表示,没有中间状态。例如,0.2 或 0.6 等存活状态是不可能存在的。

(1)生存周期 m 的定义和计量。一个标准消费人存活,就有一个存活持续时间。通常我们以生存周期来描述生存时间。一个生存周期,可以是一秒、一天、一月、一年或更长。为了适应人类经济社会,我们默认人类的一个生存周期为一年。今后,如不特别强调,生存周期都默认为 1 年。有几年就有几个周期。生存周期计量用 m 表示。

(2)生命个数 n 的定义和计量。人类经济的研究对象是标准消费人,生命个数,一般是指活着的标准消费人个数,用 n 表示。但每个真实的社会人,往往会默认以自己为计量标准,在不严格的情况下,n 也可指真实的自然人个数。

(3)生存量 W 的定义和计量。生存量是标准消费人存活的个数与时间(周期数)之积,用 W 表示,$W=n×m$。

1 个标准消费人 A 存活了 3 个周期,则 $W=1×3=3$(人·年),"人·年"是人类生存量的基本计量单位。如果 3 个人存活了 1 个周期,依然有 $W=1×3=3$(人·年)的结果。可见,生存量是一个复合量。在生存量计量中,真实的个人往往默认自己为 1 个(标准)人,生存 1 个周期,默认生存量 $W=1×1=1$(人·年),这与标准消费人的 1 人·年,数量上略有偏差,在不要求精确的情况下可以使用。生存量 W 在以后的效用度量中将起到举足轻重的作用,敬请读者给予重视。

三、利物概念与分类

在新古典经济学中,人们很熟悉经济物品和商品的概念。在民生经济学中,我们要涉及一个新的物品概念,这就是利物。

1.利物的定义

利物定义:一切能够直接支持人类(生命)个体(标准消费人)生存、发展、享受的物品、劳务或条件,统称为利物。

这个新定义十分必要。在我们人类浩繁复杂的商品和非商品中,利物被清晰地剥离出来。请注意这个定义第一规定是"直接"被人使用,间接被人使用不能划归利物范畴;第二规定了利物的作用,只要能够对人的生存、发展、享受有支持作用,都是利物;第三规定了利物的形态,可以是有形的物,也可以是无形服务、劳务,还可以是无形的某种条件,例如温度,就是条件利物。

第一规定,要求被人类个体直接使用,这就限定了利物在消费品范围之内,把资本品排除在外了。第二规定,使利物突破了商品的范围,非经济物品也可以是利物。例如:空间、空气、阳光、水和温度,这些新古典经济学不关注的物品和条件,也被纳入了经济学的视野。第三规定,突破了有形物的界限,把利物扩展到劳务和条件这些无形概念中,使利物概念更加充实。

第一规定,资本品被排除在外,这似乎是一个遗憾,但也无可奈何,这是客观的,不会因为人的偏好而改变。将资本品排除在外,也使本定义无法覆盖新古典经济学的全部经济物品,导致将来处理资本品问题时还存在一些困难和麻烦。

让我们实际感知一下利物吧。例如,电视(包括电视机和播放节目的电视台)、面包、衣物等是利物;而拖拉机、机床就不是利物;人类的住房是利物(新古典经济学习惯性地把住房划归投资品),机器、设备、厂房就不是利物;空间、空气、阳光和水,不是商品,它们却是典型的利物。

关于利物概念的界定,虽然还存在遗憾,但它对新的经济学研究至关重要。

利物这个名称,取意为"对人有利的物品",但定义又不是这么简单,它有严格准确的界限。虽然资本品对人肯定是有用的,但它不能直接被人消费,所以不是利物。

定义中规定,利物是能够被人直接消费的那些"物",与人有直接关系。在利物计量中,也必须利用人与利物的关系。利物与人有何种关系呢?这就是利物对人具有"支持作用",而生命的死亡点、饱和点就是支持作用存在的后果表现。

2.利物的分类

为了方便使用,我们将利物进行分类。社会上的商品光怪陆离,千差万别,但按利物大类来划分,其种类也是非常有限的,如表2-1所示。

表 2-1 独立利物分类表

大类	Ⅰ类 生存品											Ⅱ类 发展品				Ⅲ类 享受品	
小类	A类 (非商品)					B类 (商品)						C类 (有商品化意义)				D类	
独立利物种类	1 空间	2 空气	3 阳光	4 温度	5 饮水	6 食盐	7 食物	8 衣物	9 住处	10 行路	11 生殖	12 健康	13 教育	14 体育	15 艺术	16 休闲娱乐	17 感情生活
原零值/BD	-1	-0.9	-0.5	-0.5	-0.4	-0.3	-0.3	-0.1	0	0.2	0	0	0.3	0.4	0.5	0.6	0.7

第一,大类划分:

Ⅰ类,生存品。不仅包括自己生存,还包括下一代生存。

Ⅱ类,发展品。

Ⅲ类,享受品。通常一切利物在满足主体需要时均附带有享受作用,但此处指纯粹的享受品。按此分法,我们可以列出较详细的独立利物清单。所谓独立利物,是指能单独满足一项完整需要的物。例如磁带与录音机各自不独立,是互补品,不是独立利物,它们可以归类到娱乐品中;大米和白面是替代品,也不是独立利物,它们都归到食物大类中。独立利物指能单独满足一种完整需要的物品类。

第二,小类划分:

A类利物是非经济物品或条件,含有5个种类的独立利物,由自然界充分供给。

B类利物都是经济物品,人类经济存在首先是为了满足这6种类物品的供给。

C类利物为发展而存在,包含4个种类,可视为个体未来生存的利物。

D类利物是享受型利物,包含2个种类,可视为人类个体生存的盈余利物。

第三,独立利物种类划分:

Ⅰ类生存品,含11个种类;Ⅱ类发展品,含4个种类;Ⅲ类享受品,含2个种类。共17个独立利物种类。

这里的划分,只是初步分类。或许随着研究的深入,还会有其他更加精细的划分。

就现在这些分类,每个消费人实际上需要 17 个种类的独立利物,这体现了消费人生活的多样性。这 17 个种类利物之间,是不可相互替代的,也就是说它们是互相独立的利物种类。在同一种独立利物内部,具体产品可能品种繁多,它们之间可能是替代关系。同一时间,消费人只需其中一种具体的利物。例如食物,在同一餐饭中,有任意一个品种就可以满足了。但食物和住处,相互之间却是不可替代的。由于 17 个种类之间相互不能替代,因此任一个消费人,他的消费都需要多种类独立利物同时存在。不同种类独立利物之间似乎存在互补关系。

在同一种类独立利物内部,有些不同亚种的利物之间具有替代关系,例如食物种类中的面包和馒头可以互相替代;也有一些不同亚种利物之间具有互补关系,例如行路利物内部的高速公路产品和汽车产品就是互补关系。而行路利物内部,乘坐飞机、乘坐火车、乘坐汽车、乘坐轮船、步行、骑自行车两两之间却是替代关系;衣物种类中的上衣、裤子、帽子、鞋子两两之间都是互补关系,而大衣、西装、短袖衫之间则是替代关系。

四、利物的计量

1. 利物的物理计量

本书中以 z 表示利物的物理计量值。在现实社会生活中,利物通常都使用方便于生产、包装、运输的计量方法。大多数采用国际单位计量,我们称此为物理计量。这种计量便于人际交换、国际交往,但是这种计量单位与消费人的生存状态没有直接联系,不适合经济学评价和分析。这种计量已经比较成熟,我们只要利用即可。

利物的物理计量如图 2-1(a)所示。图中分别画出了 7 种利物。

2. 利物的饱和点与死亡点

在之前生命与经济的关系研究中已经定义了利物量的死亡点和饱和点,它们使利物度量与生存状态产生了关联。在物理计量的利物量 z 轴上,各种类独立利物均以 a 点表示饱和点,以 b 点表示死亡点,如图 2-1 所示。

3. 利物的标石计量

标石(biāo dàn),是利物适合生命特性的标准化计量单位,对效用度量具有决定性意义。标石用字母 BD 表示,用标石数量表示的利物量以 x 表达。

规定对标准消费人而言,独立利物从死亡点到饱和点之间的量为 1 标石利物量。以后,利物计量都用标石作为基本计量单位。

通过两次数学变换,可以将利物的物理计量 z 变换成标石计量 x。变换简化过程如图 2-1 所示。

图 2-1(a)是原始的物理计量,图中画出了 7 条 z 轴,即 7 种独立利物。图 2-1(b)把 7 条 z 轴的饱和点 a 均变换成了 1。图 2-1(c)保持饱和点为 1,并把 7 条 z 轴上的死亡点都变换成了 0。于是任何不同种类独立利物的 1 标石量(1 BD)之重要性都可"等量齐观"了。

图 2-1 中,z 轴先变换成 y 轴(图(a)→图(b));y 轴再变换成 x 轴(图(b)→图(c))。图(d)画出了 z 轴变换成 x 轴的简化过程。

图 2-1(a)中,b 是死亡点,a 是饱和点。原点 0 代表利物量为 0。以食物为例,在一个生

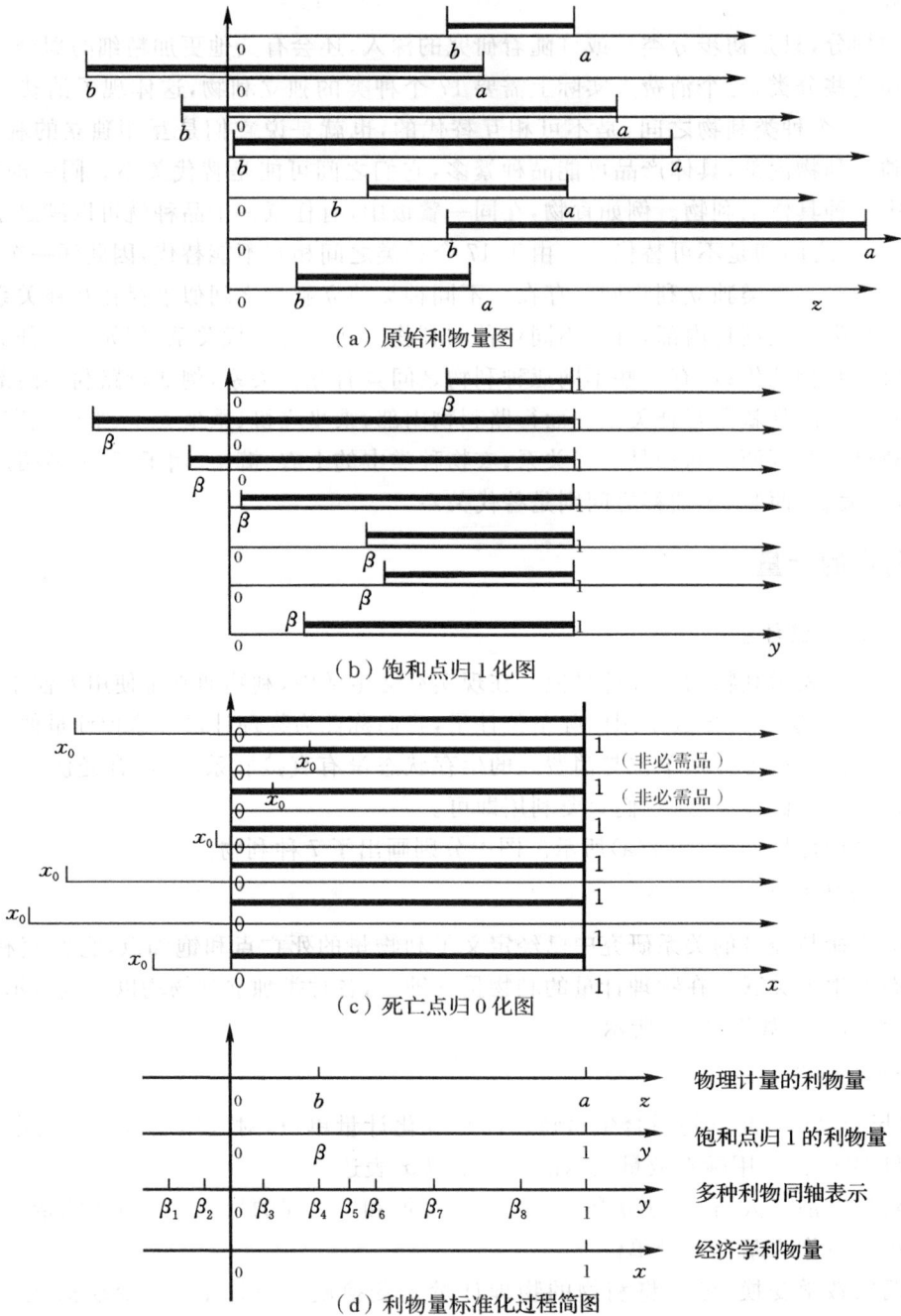

（a）原始利物量图

（b）饱和点归1化图

（c）死亡点归0化图

（d）利物量标准化过程简图

图 2-1　利物量变换图

存周期内,生命要想生存,食物量供给必须大于死亡点 b 所对应的量,否则生命就会终止,即饿死。食物量供给达到或超过饱和点 a 对应的量,生命就会安全生存。我们称 0 到 b 之间的利物量为"门槛量"。利物量只有大于 b 生命才能活着;生命只有活着才有经济意识,才会有效用评价。所以利物量必须在 $z > b$ 的条件下,才有生存意义。

z 轴上的 1 是生产用的 1 个单位,例如食物 1 公斤,衣服 1 套,等等。z 轴的 0,指物理计量的 0 点,即没有利物。

我们定义 b 到 a 之间的利物量为 1 个标石计量单位,即 1 标石 $=a-b$。

用数学变换把物理计量的利物量 z 轴变换成标石计量的利物量 x 轴。把 z 轴上的 b 点变换为 x 轴上的原点 0;z 轴的 a 点变换为 x 轴的 1 点。

在 x 轴上,$x=0$ 是死亡点,$x=1$ 是饱和点;$0<x<1$,利物处在短缺状态,具有稀缺性;$x>1$,利物进入过剩状态,利物失去了稀缺性。

以食物中的大米为例,假若标准消费人需要 200 千克大米就能饱和生存 1 年,51 千克大米能够使该消费人在 1 年里艰难度日,徘徊在死亡点附近而不被饿死,但少到 50 千克就必然饿死。于是,1 标石粮食就等于饱和点量 200 千克减去死亡点量 50 千克,即 1 标石 $=150$ 千克。其他利物同样可用标石计量。

可见,物理计量可以转化为标石计量。我们称其为"利物量的标准化变换"。

有了 z 到 x 变换方法,利物标石计量就完成了。因为利物的物理计量 z 早已成熟,通过变换就可以得到标石计量的 x,以便适合经济学研究。

关于 x 的门槛量,则需要精准测量,这留给以后的经济学人去完成。

4. 必需品与非必需品

图 2-1(d)图中,第二条数轴,将 z 轴上的 b 点变换为 y 轴的 β 点,若 $b>0$,则 y 轴上 $\beta>0$,说明该利物(以食物为例)的死亡点在右半轴上,这就是说,当利物量逐步减少,还没有到物理轴的 0 点,就先到达了 b 点(β 点)。一旦利物量等于 b,生命立刻停止。这就意味着该种利物是生命的必需品。

一般地,如果某种利物有 $\beta\geqslant0$,或者 $b\geqslant0$,该利物就是必需品。

那么非必需品如何表示呢? 一般地,只要 $b<0$,或 $\beta<0$,该利物就是非必需品。

在经济学中,物理计量的利物量永远不会小于 0,由于非必需品的死亡点在小于 0 处,故非必需品的利物量永远无法达到死亡点。所以永远都不会因为非必需品的供应量为 0 而导致生命死亡。这正好是非必需品的利物特性。

所以,只要是独立利物,不管是必需品还是非必需品,都能表示在数轴上。

图 2-1(d)中的第四条轴 x,将第三条轴 y 上不同的 β 点,都归到原点 0 上去了,而饱和点 1 不变。这实际上是将不同种类的独立利物的 1 标石量的重要性或价值量视为相等。它表示,不管是什么独立利物,1 标石利物量都具有同等的重要性或价值。在数学上,这一步变换是非线性的。

5. 标石计量的经济学意义

实现了利物的标石计量,对经济学来说具有重要意义。

(1)标石计量的利物量 x 包含了生命的死亡点、饱和点信息,使这一计量在使用中更加符合人的感觉,更能体现人的行为特征。在这个计量体系里,效用度量才能最终实现。

(2)标石计量实际上把一切利物从死亡点到饱和点的量定义为 1 个标石量,成为基本计量单位。在 x 轴上都用 1 表示,这相当于把任何利物从死亡点到饱和点的量"等量齐观",也就是把不同利物的"重要性"考虑进去了。例如,图 2-1(d)中 y 轴上的 $1-\beta_8$,$1-\beta_3$,$1-\beta_1$,都变成 x 轴上的 $1-0$。显然 $1-\beta_8$,$1-\beta_3$ 都拉长了;$1-\beta_1$ 压缩了。也就是前者(必需品)的"重要性"被不同程度地提高了,后者(非必需品)的重要性被不同程度地贬低了。所以,标石计量里面本身就包含了不同利物的重要性评价。以后任何利物,只要以标石计量出来,它就已经经历了重要性估价。所以1标石的任何利物都具有相同的生存意义。任何利物,只要到达死亡点,生命都将停止;即便是非必需品,如果能够让利物量达到死亡点,生命也会终止。只是在我们现实世界中,非必需品的利物量无法达到死亡点,才成为了非必需品。

所以,任何1标石利物(不管他是什么利物)都具有1个单位的生存价值和意义。以后,只要以标石计量的利物,在量上面就不再区分是必需品还是非必需品。不同种类的任何利物,只要以标石计量了,它们的1标石的重要性就完全没有区别了。

五、物理计量到标石计量的数学变换

此部分内容供经济学专业读者需要深究细节时阅读,一般读者可以跳过,不必费劲,只要承认标石度量的合理性就可以了。

从物理计量到标石计量,实际上经历了两次数学变换,标准化Ⅰ将 z 量变换到过渡量 y,实际上是以饱和点到零点的距离为1个单位,变换了物理计量。标准化Ⅱ是将过渡量 y 变换到标石量 x,它实际是将饱和点到死亡点的距离规定为1个单位——1标石,把物理计量变换到标石计量。

在生命研究中,生命个体的一切意识、理念,必须在生命个体存活的条件下,才可以存在。经济学中消费人对物的评价,也必须在消费人个体存活的情况下才有意义。所以,在利物研究中,我们也把研究的注意力集中在死亡点右侧,专门研究生命存活以后对利物的认识。这样集中的结果,就是在物理轴上仅关注 $z-b$ 的情况。$z-b>0$ 在右侧,生命存活;$z-b<0$ 在左侧,生命已经死亡。重要的情况都发生在右侧,生命存活的区间。

1. z 变换到 y——标准化Ⅰ

标准消费人A在限定的1个周期内对利物L的需求有饱和点和死亡点两个点。而同一个标准消费人对不同种类利物L的饱和点和死亡点的物理计量完全不同,利物性质相差甚远,因此不同种类利物无法相互比较研究,所以必须进行预处理。我们先以 $a—0$ 为1个单位处理 z 轴,称此为标准化Ⅰ。

标准消费人拥有利物L的量L为如图2-1(d)中的 z 轴物理化计量所示,则有

$$\Delta L = z - b \qquad (2-1)$$

只有当 $z>b$ 时,生命A才是活的。$z\leq b$,生命A已经死亡。

当 $z=a$ 时,生命A处于饱和状态,此时A生命安全性最好。

标准化Ⅰ就是如下数学变换:

$$\Delta L/a = z/a - b/a$$

令 $\Delta y=\Delta L/a,y=z/a,\beta=b/a$,则上式可写为

$$\Delta y = y - \beta \qquad (2-2)$$

当 $z=a$ 时,

$$\Delta y = 1 - \beta$$

此处,暂以 $(a-0)$ 为L的1个标准单位,故 $z=a$ 时,为 $y=1$(标准单位);β 就是死亡点。由于 a、b 均为常数,β 对某种具体利物来说也是常数,如图2-1(d)前三条轴所示。第一条轴是物理计量轴 z,第二条是标准化Ⅰ后的计量轴 y,第三条轴是将各种类利物画在同一条轴上,其中饱和点都在1点处;死亡点各不相同,在不同的 β 点上。

式(2-2)就是标准化Ⅰ的结果。

2. y 变换到 x——标准化Ⅱ

研究经济学,前提必须是生命活着,这样才有研究意义。在标准化Ⅰ中我们看到,仅在 $y > \beta$ 时生命才活着,才有研究的必要,一旦 $y \leqslant \beta$,生命就停止了,这是一个不可逆的过程。因此我们更多地关注 $(\beta,1]$ 区间的事情。标准化Ⅱ就是以 a 点为 1,b 点为 0 的标准化变换,利物的标准单位是 1 标石 $=a-b$ 的利物量。在标准化Ⅰ的基础上,就是以 y 轴的 1 为 1,以 y 轴的 β 为 0,把一切不同种类利物的 β 都强制变换到在 0 点上(非线性变换)。变换如下:

$$\Delta L = z - b$$

$$\frac{\Delta L}{a-b} = \frac{z-b}{a-b} = \frac{\dfrac{z}{a}-\dfrac{b}{a}}{\dfrac{a}{a}-\dfrac{b}{a}} = \frac{y-\beta}{1-\beta}$$

令

$$x = \frac{\Delta L}{a-b}$$

则有

$$x = \frac{y-\beta}{1-\beta} \tag{2-3}$$

当 $z=a$ 时,

$$y=1, x=\frac{1-\beta}{1-\beta}=1$$

当 $z=b$ 时,

$$y=\beta, x=\frac{\beta-\beta}{1-\beta}=0$$

当 $z=0$ 时,

$$y=0, x=\frac{0-\beta}{1-\beta}=\frac{-\beta}{1-\beta}=x_0 \tag{2-4}$$

式(2-3)就是标准化Ⅱ的变换。式(2-4)是 $z=0$ 变换成 x_0 的数值。

这个变换的实质就是:

将 $z=a$ 标准化为 x 轴的 1 点。

将 $z=b$ 标准化为 x 轴的 0 点。

将 $a-b$ 作为 1 个标准单位利物量,即 1 BD 利物量。

值得注意的是,标准化Ⅱ是非线性的变换,不是线性变换。由于非线性的变换,把不同利物的 1 标石价值"等量齐观"了。这个变换包含了各独立利物的价值衡量。

六、标准化Ⅱ带来的 0 点变换

在物理计量 z 轴上,"没有利物"就是利物量 $z=0$;当变换成 x 轴,以标石计量,当 $a=1,b=0$ 时,原有的 $z=0$ 就被变换到非 0 的位置上了。这个 0 值即 x_0。x_0 将被变换成不同的数值,这个数值一般不会影响效用值评价,但它却影响消费人的利物门槛量,并可能在约束方程中起作用。

　　只要精确推算出物理计量的 a、b 点,就能够精确算出 x_0。但是,各种利物 a、b 点的设置与计算,是一个经济学的工程技术问题,需要通过大量调查来确定。本书暂不考虑这项工作,仅根据实际情况大体估计一个 x_0 的近似值,以便本书使用。见表 2-2,为方便起见,表中 x_0 值都取为比较简单的值。如果有一天,经济学专家们计算出了 x_0 的精确值,更新一下表 2-2 就可以了。

表 2-2　利物属性及 0 点变换值（暂设）

利物名称	属性	x	x_0/BD	β
空间	必需品	x_5^*	-1	>0
空气	必需品	x_4^*	-0.9	>0
阳光	必需品	x_3^*	-0.5	>0
温度	必需品	x_2^*	-0.5	>0
饮水	必需品	x_1^*	-0.4	>0
食物	必需品	x_1	-0.3	>0
衣物	必需品	x_2	-0.01	>0
生殖	必需品	x_3	0	$=0$
健康	必需品	x_4	0	$=0$
住处	非必需品	x_5	0.01	<0
行路	非必需品	x_6	0.2	<0
教育	非必需品	x_7	0.3	<0
体育	非必需品	x_8	0.4	<0
艺术	非必需品	x_9	0.5	<0
休闲娱乐	非必需品	x_{10}	0.6	<0
感情生活	非必需品	x_{11}	0.7	<0

　　注:表 2-1 中第 6 类"食盐"归入"食物"大类中,表 2-2 中不再单独列出。

　　为了表示出标准化变换后物理计量 0 值的变化情况,我们以标准化 II 的 x 轴为横轴,以标准化 I 得到的 y 轴为纵轴,构建一个直角坐标系。并在每一个 β 值处横向引出一条平行于 x 轴的横线,表示该种利物的标石计量。由于 β 不是连续的,故不同的 x_0 也不是连续的,只有有限条横线,如图 2-2 所示。

　　图 2-2 中必需品 x_0 都在 y 轴正半轴上,非必需品则都在 y 轴负半轴上。表 2-2 中的全部 x 都画在图 2-2 上了。

　　0 点变换线是依据公式（2-4）计算的。这是标准化 II 得到的一个结果。这个结果是原 $z=0$ 点变换到 x 轴时,其 x 值被挤出 0 点,变成了 x_0。而 $x=0$ 到 $x=x_0$ 之间的距离代表的利物量,称为门槛量。

　　在图 2-2 中,$y>0$ 部分,$0\sim x_0$ 都用实线画出,原因是这部分利物是消费人必须先行得到的利物,否则生命无法达到存活状态;在 $y<0$ 的部分,$0\sim x_0$ 用虚线画出,因为这部分是非必需品的门槛量,是天然存在的,不需要购买就可以得到。在未来的消费计算中,只要某种非必需品被消费,则它的门槛量必然存在;但如果该利物没有被消费,则门槛量就不能存在。

在图 2-2 中还有一个情况,那就是画出了消费人的可行消费区域。图中开口曲边梯形 $Do\beta_5^*QR$ 就是一个可行消费域。这是一个开区域,梯形上底不包含在消费域中,梯形下底包含其中。本来饱和点并不是边界,但通过理性的作用,消费者实际消费选择时,一般都不必超过饱和点向右继续消费。这个可行消费域,在计算消费者均衡和其他运算中将起到重要作用。

开口的曲边梯形 $Do\beta_1qR$ 则表示了经济利物的可行消费域。

图 2-2 还画出一条竖直线 CC,它表示消费者均衡向右的发展过程,留给有兴趣的读者进一步讨论,这里不再赘述。

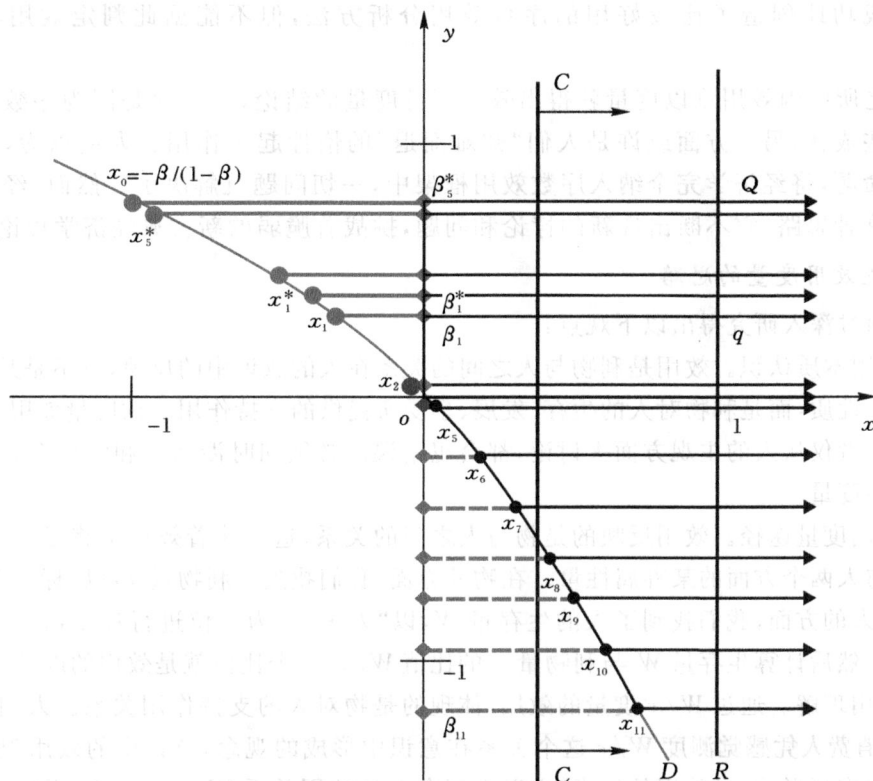

图 2-2 门槛量与 0 点变换

第二节　效用度量——生存与利物关系研究

长期以来,效用能否度量,效用能否进行人际比较,一直困扰着经济学界,至今对这些问题的争论仍在继续。本书作者研究发现,效用完全可以度量。本章的目标和任务就是完成效用度量,解决这个难题。

一、生命与利物的关系认识

1. 效用度量问题的产生

效用度量问题源于杰文斯,他在《政治经济学理论》中,把效用定义为"人消费物品后得到的欢乐和痛苦的度量",明确指出效用可以度量。但是他至死也没有实现效用度量。门格尔和瓦尔拉斯没有明确论述过效用度量问题,但在他们的分析中却把效用看作在数量上是可以比较的。后来,可以度量的基数效用受到许多经济学家的批评,他们认为效用无法度量。其中,希克斯的批评最为有力,他在埃奇沃斯盒装曲线图方法、帕累托效用分析方法的基础之上,形成了序数效用理论,获得了一些非常有用的成果。由于希克斯的成就,越来越多的经济学家都开始怀疑效用度量的可行性。这就形成了所谓的效用度量问题。

笔者认为,效用度量确实存在巨大困难,但绝不是不可度量。由于度量困难,希克斯等经济学家成功地创造了比较好用的序数效用分析方法,但不能据此判定效用本身不可度量。

人们之所以因效用难以度量就得出效用不可度量的结论,一方面是因为序数效用分析取得了一些成就,另一方面或许是人们"知难而退"的惰性起了作用。人们以为,否定了效用可度量命题,将经济学完全纳入序数效用框架中,一切问题就解决了。然而,经济学发展并不支持这种思路,它不断出现新的悖论和问题,挑战着脆弱的新古典经济学理论体系。

2. 实现效用度量的思路

本书通过深入研究得出以下观点:

(1)效用本质认识。效用是利物与人之间的关系在人的意识中的反映,它不是某种利物单方面的内在性质,而是利物对人的生存、发展、享受所提供的支持作用。欲度量效用,仅从物的客观方面或者仅从人的主观方面去讨论,都会犯错误。必须同时涉及人和物两个方面才有可能实现效用度量。

(2)效用度量途径。效用反映的是物与人之间的关系,这意味着效用量将是一个复合量,会包含物与人两个方面的某种属性量。在物的方面,我们找到了利物量 x,以"标石"为单位进行计量;在人的方面,我们找到了人的生存量 W,以"人·年"为单位进行计量,人以标准消费人为基准。然后计算生存量 W 与利物量 x 的比值 W/x,这个比值就是效用的度量。

(3)效用理解。通过 W/x 度量的效用,体现的是物对人的支持作用关系。人们头脑中的效用 u,是消费人凭感觉测度 W/x 这个关系在意识中形成的观念,意识中的效用观念 u 只是效用的外在表现形式,是效用的外壳,它以客观存在的效用关系 W/x 为核心,并随着 W/x 的变化而变化。意识中的效用观念 u,是对 W/x 这个效用本征量的测度和描述,它受制于人体感知、加工、描述的生理局限,使效用观念的表述趋于模糊,长期晦涩不明,从而给效用概念蒙上了神秘阴影,使效用度量步履维艰。

3. 价值研究历程的认识与回顾

1)价值系统结构

效用是一种价值,为了研究价值结构,笔者把人与利物之间的关系概括为图 2-3 所示的价值系统。图中矩形框表示一个价值系统,系统内包含两个实体元素,生命体 A 和利物 L;还包含一个关系,利物对生命的支持作用关系 G。意识 a 是生命体 A 的附属能力,不是独立的元素。利物 L 具有一个客观属性,即利物量 x;生命体 A 具有一个客观属性,即生存量 W,它是生命活性在时间上的累积量,是一个复合量。

价值系统是一个活的有机系统。客观地看,利物量 x 源源不断地输入系统,支持生命体 A 在时间上持续存在,形成一个客观存在的支持关系 G,在 G 的支持下,生命体 A 产生出生存量

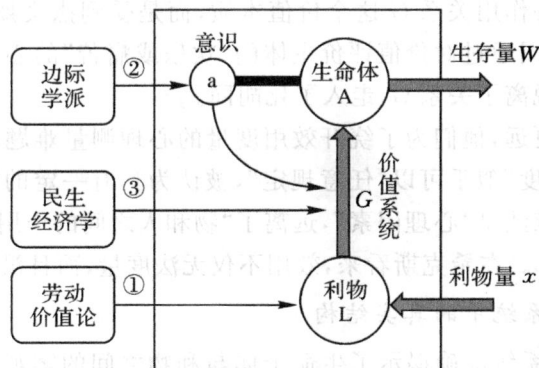

图 2-3　价值系统

W。可以认为,利物量 x 是系统的输入,关系 G 是系统的内在结构,生存量 W 是系统的输出。这是价值系统客观的运动结构。

由于生命体 A 是有意识的人,他的意识要反观这个价值系统,产生一定的理念。当意识反观(感知)关系 G 时,就产生了价值观念或效用观念。很显然,价值观念是意识 a 对关系 G 反观的结果。

2)传统的价值研究方法

面对价值系统这个客观存在的问题,人类很早就开始了研究探索。图 2-3 中将这些研究归纳为 3 类。第①类,劳动价值论思路;第②类,边际学派思路;第③类,民生经济学思路,即本书研究思路,也可称为生存价值思路。图中细箭头分别表示三种思路的研究重点指向。

所谓传统的价值研究方法,是指①和②两类研究方法。劳动价值论将研究重点指向利物(商品),认为价值是商品的本质属性;边际学派将研究重点指向意识,杰文斯认为效用就是人的欢乐和痛苦量的多少,这实际上将效用限定在意识范围之内。

经济学从来也不可能离开价值研究取得进展。最早的价值研究应当归功于亚里士多德,他在《政治学》中首次提到"鞋子既可用来穿,也可用来交换物品;两者都是鞋子的用途"。经过漫长的两千年之后,亚当·斯密明确定义了使用价值和交换价值两个范畴,还进一步提出了劳动价值论。

19 世纪,价值研究出现了分歧,劳动价值论者从商品(利物)背后寻找价值本质,形成了第①类研究思路。杰文斯及其边际效用学派则从效用意识入手开始价值研究,形成了第②类研究思路。

第①类研究思路,是价值研究开山鼻祖的研究思路。这条思路后来将注意力集中到商品上,试图仅从"物"一个实体元素上发现价值的本质,是劳动量的凝结。这一学派最初也默认了价值评价主体——人的存在,后来却遗忘了这个主体,也没有注意到价值的本质关系 G 的存在。

第②类研究思路,在李嘉图劳动价值论破产以后才兴起,它恢复了被劳动价值论遗忘的价值评价主体。在效用价值理论中,作为评价主体的消费人重新受到关注,价值系统仅有的两个实体元素没有被遗漏。其边际效用递减规律正是对价值系统两实体元素之间关系的准确描述。

但是,边际效用学派就此停步,没有进一步深究边际效用递减规律发生的原因,没有进一步揭示利物对生命的支持作用关系 G 这个价值本质,而是受到杰文斯的引导,将注意力局限在生命体的意识领域,试图通过对价值评价主体的"欢乐或痛苦"的心理测量来揭示价值的本质,以便度量效用,这就脱离了关系 G,走入了死胡同。

希克斯和艾伦离题更远,他们为了绕开效用度量的心理测量难题,直接将效用引向"偏好尺度",而且这些"偏好尺度"似乎可以"任意规定",被认为具有一定的"主观随意性"。此处的效用,只是不要测量,但依然是"心理因素",远离了"物和人之间的作用关系 G",更加疏远了另一个实体元素——利物 L。在希克斯看来,效用不仅无法度量,而且没有必要度量。

4. 效用问题在价值系统中的真实结构

图 2-3 所示的价值系统准确揭示了生命个体与利物之间的客观关系。图中 a 表示消费人的意识。边际学派观察到效用出自 a(意识),序数学派则把它推到极致,认为效用仅是意识中的"偏好"。由于它仅存在于意识之中,实际上是无法度量的。因此,效用度量被推向了死路。

如果我们仔细观察图 2-3 这个价值系统就会发现,效用确实由意识 a 表达出来,但意识 a 并不是效用的"原产地",意识 a 对客观关系 G 反映(估测)后用语言表达出来,就成为效用 u。所以,效用表达受到意识 a 的精度限制,容易出现偏差,但效用 u 绝不是"随心所欲"的纯主观表达,而是意识 a 对关系 G 测量(感知)的结果。关系 G 才是效用概念的"原产地"。

效用意识出于人脑深处,我们不能到达;但是效用意识所反映的对象——关系 G 却客观地存在于意识之外,我们应当放弃从人脑深处度量效用的奇异想法,转而直接去度量意识 a 反映的那个对象——关系 G,就可以与意识 a 一样得到效用的精确数量。并且,这样得到的效用不再受意识 a 的精度限制,可以得到精确的效用度量。

5. 民生经济学效用度量的思路与方法

本书的研究方法是生存价值研究方法,也就是价值系统方法。它从系统整体来剖析价值的本质,认定价值或效用的本质内核是利物对人的支持作用关系 G,意识凭感觉测度了这个关系 G,并且经过意识加工用通俗语言表述出来,形成了效用或价值评价 u。这个评价 u,只是效用或价值的外在表现形式,是外壳。作用关系 G 是客观存在的,可测量的,是效用的内核。效用评价形式 u 则是主观的、心理的、无法测量的。但是外壳与内核是统一的、一致的。效用评价 u 随着关系 G 而同步变化。欲度量效用 u,只需度量作用关系 G(内核)就可以了,而对主观的心理感受或评价(外壳)的测量则是完全没有必要的。

本书的效用价值度量从效用 u 度量出发,直接度量利物对人的支持作用关系 G 这个内核。这里所谓的度量,并不是直接用度量器具测量关系 G,而是通过规范化、标准化利物量 x 和生存量 W,用二者的关系推导出效用函数来。这里真正需要测量的量是生存量 W 和利物占有状态量 x。

生存量 W 是一个累积量,即生命活性在时间上的持续。生命个数是可数的,不必复杂测量就可以得到。时间量以 1 个生存周期作为计量单位,通常以 1 年作为 1 个周期,也可以是其他时间段,如 1 秒、1 小时、1 天、1 月、1 周等。对时间的测量,早已是物理学中成熟的技术。于是可数的生命个数 n 与可测的时间——生存周期数 m 之乘积,就得到了生存量 W 的度量。

而利物量 x 和原始的物理计量利物量 z,也都是可测的。生产实践中这种计量技术早已成熟。本书不去研究它,只需将物理计量换算成经济学计量,即以标石为单位的计量。所以,对利物量的度量,也只是一个计量单位的变换。

本书的效用度量,就是要先设法获得 W 和 x,然后再对二者进行适当的运算,从而完成效用度量。

本书的生存价值研究方法具有以下三大特点:

第一,把效用度量纳入价值系统进行研究,避免了遗漏,使价值系统保持信息的完整性。

第二,从效用感觉测度的原理入手,把效用度量引向生命体的"心理"以外,指向客观存在的作用关系 G,获得了效用的可测量性。

第三,在逻辑上,牢记笛卡儿《谈谈方法》中关于可靠性的忠告,找到了可测量的利物量 x 和生存量 W 两个客观的数量,使效用度量建立在坚实、可靠的基础之上,获得了为自然科学认可的客观实证性。

二、效用度量——关系 G 的度量

1. 度量效用

如前所述,度量效用的方法已经找到,只要直接度量了利物对标准消费人的支持关系 G 的数量,就会得到标准消费人之意识评价的关系 G 的效用 u。

而关系 G 有两个比值数量,一个是 W/x,令 $v=W/x$,它表示单位利物产生的生存量,或者是利物被利用的效率;另一个是 x/W,令 $r=x/W$,它表示单位生存量所能得到的利物量,类似于人均 GDP 的意义。

效用 u 可以被定义为消费人对利物的重要性评价,这个定义与利物被利用的效率 v 相吻合,与 r 完全不同。由此我们推知,u 是效用的外壳,v 是效用的内核。为了准确计量效用,直接有

$$u=v=\frac{W}{x}$$

或者

$$u=\frac{W}{x}$$

这就是效用的精确度量。

对于一个标准消费人,有 $W=1$,于是便有

$$u(x)=\frac{1}{x} \quad (x>0) \tag{2-5}$$

式(2-5)中,$u(x)$ 表示效用,x 表示以标石为单位计量的利物量。这个表达式更加符合个人的效用感觉。

式(2-5)就是人们梦寐以求的精确的效用度量函数。

2. 效用理解——生存量密度

W/x 的单位是人·年/标石,这是一个非常重要的经济学量,它表示每 1 标石利物能够产生的生存量。它反映出利物被使用的效率。也可以看作生存量在单位利物量中的密度,因此将它定义为生存量密度

$$u=v=\frac{W}{x} \quad (人·年/标石) \quad (W>0,x>0) \tag{2-6}$$

生存量密度 v 具有十分重要的经济学意义,它就是人类效用感觉得以产生的根源。

对某个社会而言,假若有 n 个消费人,以 1 年为生存周期,则 $W=n\times 1=n$(人·年);这个社会有某种独立利物总量 x(假定这是扣除门槛量之后的总量),则它的生存量密度为

$$v=\frac{W}{x}=\frac{n}{x}$$

如果在数值上有 $n>x$,则 $v>1$,说明利物量 x 相对于消费人口数量 n 比较短缺,因此消费人意识中认为利物比较贵重;如果 $n<x$,则 $v<1$,说明该种利物 x 相对于消费人口 n 较多,利物相对过剩,失去了稀缺性,人们认为其贵重程度也较低。v 的数值,正好反映了人们心目中 1 标石该种利物的贵重程度(或重要性)。这正好是价值或效用评价的本质含义。

3. 价值计量单位

1)能值计量单位——标能

如果在数值上 $n=x$,则 $v=1$,说明利物量与消费人口数正好匹配,利物既不短缺,也不过剩。我们称此时的利物量与生存量为最佳匹配状态。对全社会来说,每一个生存量正好有 1 标石利物做支撑,消费人恰好处于饱和消费状态。此时,消费人能够饱和地生存一个周期。我们就利用这种最佳匹配,规定生存量密度 v 的一个标准计量单位

$$v=1 \text{ 人·年/标石}$$

如果我们要给这个生存量密度的标准单位取一个名称,就叫做"标能",用字母 BN 表示。标能是指 1 标石利物与人在最佳匹配状态(饱和状态)所具有的支持消费人生存的能力。

标能是能值的计量单位,能值是一级理性的价值计量,也就是说,能值大小不随消费人饱和程度 x 变化,它是纯客观的价值度量,永远有 $v=1$,这相当于把消费人永久固定在饱和点上,由他对 1 标石利物做出的价值评价,即为 1 标能。

2)效用计量单位——标效

如果 $x\neq 1$,此时,u 和 v 的计量单位依然是人·年/标石,这个单位与能值计量单位的量纲是相同的,但这里是效用计量单位,另取一名称叫"标效"(即标准效用单位的简称),用 BX 表示。

效用计量单位与能值计量单位本质相同,但表达的意思有差异。效用是二级理性的产物,不同于一级理性的能值。但效用却是消费人实际行为的准则。效用评价或计量,评价者所处的占有状态 x 是可变的,所以,同样的 1 标石利物,因评价者占有状态 x 的不同,给出的效用评价 u 的大小也不同。这种效用评价不符合一级理性的纯粹客观原则,属于二级理性的评价。也就是说,效用评价,不符合纯客观的一级理性,却符合社会的客观,符合个人的经济决策行为。我们特意规定此为二级理性原则。

三、效用表达式的函数性质

亚当·斯密之后的 200 多年来,经济学界对价值的争论经久不衰。现在效用度量已经完成,便可以将使用价值概念梳理清楚。

在人们的心智中使用价值表现出一些客观性,它似乎不能随着情景任意变化。根据这一特征,我们将消费人占有状态固定在饱和点(即 $x=1$)上,此时得到的效用度量数值就是使用价值度量,也就是前面已经描述过的能值度量。仿照效用率的定义,此时得到的使用价值,也就是"使用价值率"。

定义出"使用价值率"的概念,用小写希腊字母 μ 表示,它是指 1 标石利物在"饱和占有"情

境中,对消费人的生存、发展、享受的支持作用。根据效用度量的测算,饱和状态下,1 标石利物正好支持生命体产生 1 人·年的生存量。

依据公式(2-5),$u(x)=1/x$,而将 $x=1$ 代入函数即有

$$u(1)=1/1=1(人·年/标石)$$

所以有 $\mu=u(1)=1$(人·年/标石)。μ 即为使用价值率,也是能值。

于是,

$$\mu=1(人·年/标石) \qquad (2-7)$$

现在,将使用价值率与效用率函数的曲线图像画于图 2-4 中。从图中可以看到,效用率(包含边际效用)是一条典型的双曲线,而使用价值率(能值)是一条水平直线。二者在 $x=1$ 处相交。

比较效用率和使用价值率曲线可以看到,效用 u 随"占有状态"x 的增加而递减,且凸向原点。而使用价值率 μ 则不随 x 变化,是水平直线。这表明,使用价值不随 x 的占有状态变化,它是能值度量,其数学特性也反映出使用价值概念的稳定性,符合一级理性,符合人们对使用价值的心理评价模式。效用价值是随着 x 的占有状态变化的,它是符合二级理性的价值,其数学特性包含了早期效用理论家发现的边际效用递减规律。

为了方便称谓,我们将计量单位"人·年/标石"在使用价值度量中称"标能",用 BN 表示;在效用价值度量中,称为"标效",用 BX 表示。

图 2-4　边际效用 u 与能值 μ 图像

在图 2-4 中,效用函数 $u(x)$ 是一条双曲线,凸向原点,这包含了边际效用递减的机制。曲线以两坐标轴为渐近线。特别值得注意的是,当 $x \to 0^+$ 时,$u \to +\infty$。这些特征,都具有确定的经济学意义,今后将逐步展现出来。

四、效用的人际比较

效用的人际比较难题,源于以前的效用定义。既然效用是"心理感受",不同人的感受就完全是私己的,无法进行比较。这就好比于"子非鱼,焉知鱼之乐耶?"

现在我们找到了效用的本质是生存量密度,或者说是利物被利用的效率,这是客观的,可测量的,人际比较也就自然可以进行了。原有的效用人际比较难题就消失了。不过现在出现了另一个小问题,需要稍加讨论。

公式 $u(x)=1/x$ 中,分子始终是 1,对任何一个人都成立。1 个生命生存 1 个周期,总可以产生 1 人·年的生存量。可是,其分母 x 就不同了。

我们知道,消费人总是习惯以自己的身体作为"度量器具"来测量利物,其使用的利物度量单位将会是自己特有的个人的"标石",我们不妨称"个人标石"单位为"坡石",用 PD 表示。个体不同,其"坡石"也不同,以此度量同量利物,其得到的利物量数值将各异。就像中国人曾经使用市尺,英国人使用英尺,法国人使用公尺,去度量同一匹布,得到的数值肯定不同。解决的

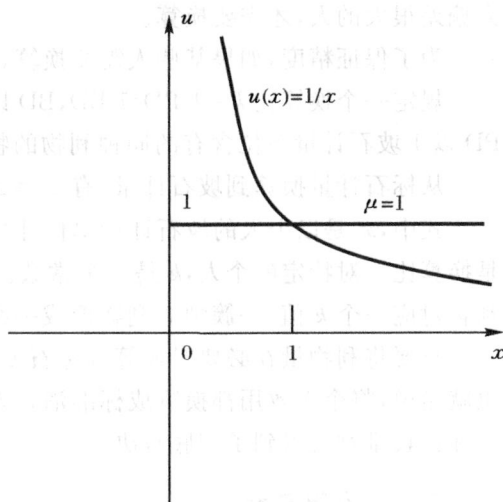

办法很简单,统一实行国际单位制就可以了。

而各人默认自己的"坡石",这个情况却无法强行取缔。于是我们只好妥协,使用单位换算法来解决。具体办法是,规定一个"标准消费人",以他作为人际交流比较的"度量器具"。当需要进行比较交流时,将个人坡石换算成标准消费人的标石度量,交流完毕,再换算回自己的坡石度量,问题就解决了。

因为标准消费人规定为全体人的平均值,对大多数人来说,他们比较接近标准消费人,就其个人效用测度的精确度而言,多数人完全不必换算,误差在许可范围之内。只有与标准消费人偏差很大的人,才需要换算。

为了保证精度,如果某些人需要换算,其方法如下:

规定一个换算比 $k=1\,PD/1\,BD$,BD 以 1 标石单位含有的某种利物的物理计量数值代入,PD 以 1 坡石计量单位含有的同种利物的物理计量数值代入。

从标石计量换算到坡石计量,有 $x_p=x/k$。从坡石换算到标石,则有 $x=kx_p$。

式中,x_p 是以个人的坡石计量单位计量的利物量;x 是标准消费人的标石计量的利物量;k 是换算比。对特定的个人,k 是一个常数。理论上,每个人都有一簇独立利物消费,每种独立利物对应一个 k_i 值,一簇独立利物形成一组 k 值。

只要将利物量在必要时换算成标石度量,不必改变生存量,计算出的效用就具有通用性。也就是说,将个人效用都换算成标准消费人的效用,再进行运算,就没有问题了。这样,效用的人际比较难题就得到了彻底解决。

五、总效用函数

1. 总效用函数的推导

公式 $u(x)=1/x$ 是效用的精确度量,它也是效用率函数。有了这个函数,总效用函数的表达式就可以用积分推导出来。

根据微积分原理,在被积函数 $u=1/x$ 的定义域以内,设消费人初始消费量为 $\varepsilon(\varepsilon>0)$,它可以是任意常数;最终消费量为 $x(x>0)$。在 ε 至 x 之间,按积分原理,可以把 u 曲线与横轴 x 围成的曲边梯形,分割成多个以 u 的数值为高,以 Δx 为宽的小矩形,其每个小矩形的面积 $\Delta s_i = u_i \times \Delta x_i$。

如果把从 ε 到 x 之间的全部小矩形面积累加起来,就是利物从 ε 增加到 x 得到的总效用 Tu。于是,$Tu = \Sigma\Delta s_i$。当 $\Delta x \to 0$ 时,就成为以下的积分式:

$$Tu(x)=\int_\varepsilon^x u(x)\mathrm{d}x = \int_\varepsilon^x (\frac{1}{x})\mathrm{d}x = \int_\varepsilon^x \frac{\mathrm{d}x}{x} = \ln x\,|_\varepsilon^x = \ln x - \ln\varepsilon$$

观察 $Tu(x)=\ln x-\ln\varepsilon$ 这一公式,前项 $\ln x$ 是可变的,后项 $\ln\varepsilon$ 是参变量常数,随 ε 设定而改变。如果我们设定 $\varepsilon=1$,则上式变为 $Tu=\ln x$ 这一简捷形式,即有

$$Tu(x)=\ln x \qquad (\varepsilon=1,x>0) \tag{2-8}$$

也就是说,积分起点选择在饱和点 1 上,总效用函数成为最简洁的式(2-8)。

2. 总效用函数的经济学意义

首先,利用微积分原理,我们观察小矩形面积 $\Delta s_i = u_i \times \Delta x_i$ 的量纲是

（人·年/标石）×标石＝人·年

显然,从量纲上来看,小梯形面积代表的量是生存量。所以,积分累加起来的总效用的经济学意义,就是生存量。但是,这个总效用所累加起来的生存量,并不是真实的生存量,仅仅是消费人在利物量 Δx_i 一份一份增加的过程中,每一步凭感觉测量到的生存量之和。因此可以称其为"虚拟生存量"。而真实情况是,不管 x 怎样变化,1 个人 1 个周期的生存量,只有 1 人·年。

值得认真对待的事实是,人是凭借感觉来作出判断和决定的,总效用计算的生存量,虽然是虚拟的,但是它却决定着人们的经济决策行为。人们总是希望这个虚拟的生存量越大越好。因此,它同样具有现实的经济学意义。

3. 效用函数的特点和用途

(1)效用函数是实函数

$$u = 1/x \qquad (x > 0)$$

总效用也是实函数

$$Tu(x) = \ln x \qquad (\varepsilon = 1, x > 0)$$

它们都是通过生命研究推导得到的实函数,不同于以往经济学中假定的效用函数。以往假设的效用表达式,只要能够符合研究者的某些假定就可以了,而本书中的函数是真实的,是根据生命生存的基本事实推导出的效用函数,它符合经济事实,可以经受经济观察事实和实验事实的检验,既可以证实,也可以证伪。函数曲线如图 2-5 所示。

(2)端点效应。从效用函数和总效用函数的定义域观察,利物量 $x \in (0, +\infty)$,x 左端点即生命的死亡点,右侧没有有限端点。理论上 x 可以从 0 的右边不断接近于 0,只要不等于 0,生命就依然存活。而两个函数在 x 接近 0^+ 的过程中,都是无界函数。

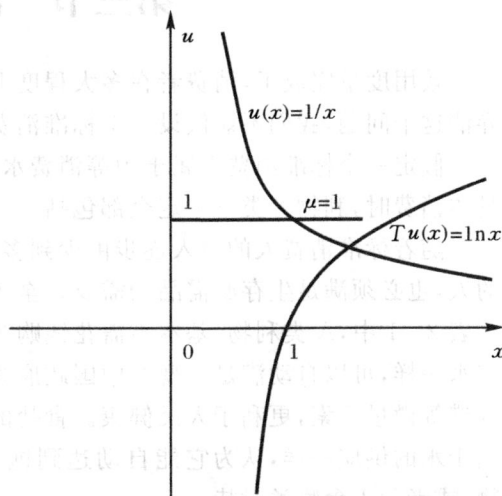

图 2-5 总效用函数图像

这种情况,我们称其为"端点效应"。这个端点效应,使函数无界,却并没有使函数失去意义。这产生了许多后果。

第一,端点效应的存在,使两函数在端点邻域内无界,这给效用现象的研究增加了极大的难度。这可能也是效用、价值概念长期晦涩不明的原因之一。

第二,经济学史上积累了许多悖论,例如吉芬悖论、决策选择中的阿莱悖论等,都可以通过端点效应得到解决。

(3)建立价格模型。有了精确的效用函数,再借助于成本研究结果,就可以建立以前无法想象的精确价格模型。这项工作 2003 年底已经完成,并发表于《生命经济原理》一书中,本书后续章节将写入这些重要内容。

精确的效用度量函数,还会带来许多意想不到的便利,欢迎经济学同行们使用和检验。

六、总效用函数的经济学意义

总效用函数由于选取了 $\varepsilon=1$ 作为积分起点，使得函数非常简洁。

根据 $Tu(x)=\ln x$ 可以看出，当 $x<1$ 时，$Tu<0$；当 $x>1$ 时，$Tu>0$。当 x 从正方向趋向于 0 时，Tu 将趋于 $-\infty$。这包含了什么经济学意义呢？

首先，按照新古典经济学的效用含义，总效用应当是"总满足感"。现在总效用为负值，即表示相反的概念，总满足感的相反概念就是"总缺憾感"，相对于饱和点而言，x 小于 1，意味着该种利物不足，带来了总缺憾感。当 x 大于 1 以后，总效用变为正值，它依然表示"总满足感"。

当利物量从正方向趋于 0，总效用成为 $-\infty$，这个意义是什么呢？总效用的 $-\infty$ 即表示无限大的"总缺憾感"，这就意味着"饿死"或"渴死"，总之代表着死亡。因为利物极其短缺，消费人正在因利物严重短缺，逐步走向死亡。这个左端点，对人类个体的影响非常严重，以后在阿莱悖论的解答中将会看到它的作用。

第三节　消费者行为准则

效用度量完成了，消费者在多大程度上是按照效用决策的？这是我们最为关注的。为了弄清这个问题，我们不妨假设一个标准消费人的消费情况，以便进行消费者行为研究。

假定一个标准消费人属于中等消费水平，按照前述利物分类，他可以同时消费 16 类利物。具体消费时，利物种类不一定全部包括。

随着标准消费人的收入逐步由少到多，他的消费种类也会由少到多发生变化。但是最穷的人，也必须满足生存必需品的需要。至于非必需品，那是随着收入提高才逐步追加进来的。在表 2-1 中，A 类利物，基本不需花钱购买，可以自动满足，达到饱和消费。食盐是商品，其实与水一样，可以自动满足。现在中国政府为了人民健康，食盐由国家以很低的价格专卖，还加入碘等微量元素，更利于人民健康。食盐的消费，花费占据非常小量的钱，依然可以近似地等同于水的供应一样，认为它能自动达到饱和消费。也就是暂时近似地把食盐也划归 A 类利物，或者归入食物类对待。

于是，需要花钱购买之后再消费的利物就从食物开始到休闲娱乐，共 10 个种类独立利物。设标准消费人 A 消费 16 种利物，花钱购买的十种，一个周期总支出 M 元。下面我们就此展开推演。

一、消费者行为模型

有了效用精确度量的函数，我们希望用该函数来准确描述一个标准消费人 A 的消费行为。将 A 的消费行为数学化，为后续研究打下基础。

依据表 2-2 对利物进行的分类，建立标准消费人的总效用函数。

我们知道社会经济存在的根源是人们为了生存需要消费，进一步希望消费使生存条件变得更好。

假定 A 需要的利物都包含进表 2-2 中，依据那里的计量，消费人每消费一种利物 x_j，将得到 $\ln x_j$ 的总效用。现在，A 每生存一个周期，同时需要 n 种利物，依据本题设定，$n=16$。

$x_1, x_2, \cdots, x_n$，则 A 消费各独立种类利物得到的总效用就可以累加起来，得到完整的总效用：

$$Tu(x_1,x_2,\cdots,x_n)=\ln x_1+\ln x_2+\cdots+\ln x_n=\ln\prod_1^n x_j \qquad (2-9)$$

这是以效用量值表达的消费人 A 的完整总效用函数。

这里消费的独立利物种类是有限的,依据表 2-2 初步的归纳整理,大约也就 16 种独立利物。于是,标准消费人消费 $x_1\sim x_{16}$ 共 16 种利物。但 16 种利物各自获取的难度是不同的。消费人 A 要是运气好,生存在适当的地方和适当的时间,$x_1\sim x_6$ 可能会自动满足,消费到饱和点,其取值等于 1。而 $x_7\sim x_{16}$ 这些利物则需要花费代价才能消费,或者自己生产,或者购买他人产品加以满足。

理性的消费者 A 消费各种利物,都只需消费到接近饱和即可,一般不需要把消费量取值为大于或等于 1。式(2-9)中,$x_1\sim x_5$ 对应表 2-2 中的 $x_5^*\sim x_1^*$,$x_6\sim x_{16}$ 对应表 2-2 中的 $x_1\sim x_{11}$。

二、生存安全最大化

我们知道社会经济存在的根源是人们为了生存,人们在确定消费品量的时候会尽量远离死亡点,以确保生存的安全。追求生存安全的动机使人们设法获取尽可能多的利物。所谓尽可能多,是指在一个周期内,尽量接近饱和点的利物量。越接近饱和点,生存越安全。

或许有人有疑问,他为何不一下子买到很多利物,远远超过饱和点呢?事实上他可以这样做。但是,利物有保质期,购买太多一时用不完会变质毁损,那就造成了损失。即使买得很多,使用也仅是够用即可,因为人是理性的,没有人会因为使用太多而撑死自己。鉴于这些原因,人们购买利物总是以买够本期量为主,除非某些利物保质期长,或低值易耗品他们才会一次多买一些。这里假定这种情况不存在。再者,人们保存货币,要比保存实物更加方便,所以,超量的利物购买我们暂不考虑。

于是,标准消费人消费如表 2-2 中 $x_1\sim x_{16}$ 共 16 种利物,仅 $x_6\sim x_{16}$ 需要购买消费。

人的生存安全如何衡量呢?就一种独立利物而言,饱和消费时,生存安全值为 100%;在死亡点处时,生存安全为 0。于是可以用利物量 x 来表征生存安全,称 x 为生存安全系数。如果 $x=0.5$ BD,就称该 A 标准消费人生存安全系数为 50%。如果 $x=1.0$ BD,就称该标准消费人生存安全系数为 100%。如果 $x=1.5$ BD,生存安全系数依然取 100%。超过部分自动溢出。

如果是消费多种独立利物的人,他的安全系数又如何表示呢?

研究发现,多种独立利物量要同时达到饱和点 1,才能保证消费人 A 的安全系数为 100%。各利物量之间是"与"的逻辑关系,任意一种利物为 0,都会导致 A 死亡。所以各利物的安全系数之间是乘法运算关系。若 A 消费 N 种独立利物,其安全系数(用 Ψ 表示)即为各利物量 x 之积,即

$$\Psi=x_1\cdot x_2\cdot\cdots\cdot x_n=\prod_{j=1}^n x_j$$

依据图 2-2 和表 2-2 中的归算,本书中标准消费人具体的安全系数为

$$\Psi=x_5^* x_4^* x_3^* x_2^* x_1^* x_1 x_2 x_3 x_4 x_5 x_6 x_7 x_8 x_9 x_{10} x_{11}$$

令

$$\Psi_1=x_5^* x_4^* x_3^* x_2^* x_1^*$$

这部分利物是必需品，但非经济物品，在自然界中会自动满足，运气好的话，x_i^*（$i=1,\cdots,5$）均可取值为1，故可有 $\Psi_1=1$。

令

$$\Psi_2=x_1x_2x_3x_4$$

这部分利物是必需品，而且是经济物品，具体指食物、衣服、生殖、健康四大类利物。生殖理解为恋爱婚姻，健康指医药卫生保障。这些利物，必须花钱筹办或购买才可消费。这是必须重点考察的利物。

令

$$\Psi_3=x_5x_6x_7x_8x_9x_{10}x_{11}$$

这部分利物全部是非必需品，其中住处 x_5 非常接近必需品，但严格意义上它还是非必需品；行路 x_6 以及其后各利物都是在生存必需品有限满足以后才考虑的利物。

于是有

$$\Psi=\Psi_1\Psi_2\Psi_3=1\cdot\Psi_2\Psi_3=\Psi_2\Psi_3$$

Ψ 是完整的生存安全系数。

对于理性的标准消费人 A，他的行为根源是追求生存安全系数的最大化。即追求 Ψ 的数值最大化。这个最大化就是在饱和点以内的最大化，对于具体的利物，x 达到1，再增加就没有意义了。

但是，对于货币，则是另外一种情况，本书不再讨论。

三、效用最大化准则

在新古典经济学中，有一个基本假设，假定消费者的基本经济行为是追求效用最大化。这个假设在民生经济学中，就不再是假设，而是一条定理。

消费人 A 之所以要消费，是为了生存，生存是一切生命个体的本能行为，是进化的产物。如果某个生命个体不去积极地追求生存，它就会被淘汰。今天在世界上存在的生命物种，无一例外，都具有追求生存的本能。人，是追求生存的普通物种之一。

追求生存，从量上考察，就是要力争使自身的生存安全系数 Ψ 最大化。也就是力争 Ψ 越大越好，用数学语言描述，就是 $\mathrm{Max}\{\Psi\}$。

新古典经济学假设的消费人 A 要追求效用最大化，也就是

$$\mathrm{Max}\left\{Tu=\ln\prod_{j=1}^n x_j=\ln\Psi\right\} \tag{2-10}$$

比较 $\mathrm{Max}\{\Psi\}$ 和 $\mathrm{Max}\{Tu=\ln\Psi\}$，我们发现，$\ln\Psi$ 是 Ψ 的单调递增函数，求二者的最大化在数学上是完全等价的。

由此说明，生存本能决定人类个体追求生存安全最大化，而生存安全最大化则决定消费人 A 追求效用最大化。所以，我们可以得出结论，一切消费者都是追求效用最大化的。这不再是假设，而是一个定理。

虽然，生存安全最大化，与效用最大化等价，但是生存安全只是在 0～1 之间取值，不能包含一切经济行为。要作为普遍研究消费者行为的公式，还是效用最大化更为方便。以后的经济学中，依然使用效用最大化，作为消费者的基本行为准则。

第四节　效用模型与人类个体行为

自从 D. 伯努利将效用问题带进人类视野,人类就一直希望能够利用效用概念去解决我们日常生活中的许多问题。最简洁最直观的办法就是将效用精确地度量出来,一切问题就好办了。可是早期效用发现者也做过一些努力,但均未见效,以后出现了一些有名的经济学家,他们在度量没有结果的情况下,就退而求其次,炮制了一个序数效用,提出一些让步的办法,也解决了一些经济问题。于是,他们开始宣称,效用无法度量,也不需要度量。

诚然,这都是因为效用度量太过困难,逼迫人们去寻找一些替代的办法。这又恰好迎合了一部分学者的懒惰思想,使他们不必面对效用度量难题,还轻易地否定任何关于效用度量的研究,他们在否定别人效用度量成果的时候,信心满满,就像是在自然科学上否定永动机一样有理、有力。

然而,效用度量的问题可以不必考虑了,但人类由于没有效用度量而带来的种种困境一点没有减少。没有效用的真实度量表达式,我们就得花巨大的力量来假定效用的各种规定和所谓的公理。冯·诺依曼等人费尽心血提出了一系列公理,但在几个小小的实验(如阿来实验)面前,就支离破碎了。

本书认为,与其我们花费那么多力量来研究公理,还不如直接将效用度量出来,度量出来的效用就是一些数学函数,其性质一目了然,推演计算解释人类经济行为都非常方便。本书已经将效用精确度量出来。但是,经济学界的惯性,使度量出来的效用很难推广应用,这不能不说是经济学界的某种悲哀。

本书将效用度量过程准确展示出来,限于篇幅,暂不研究阿莱悖论问题,关注这项应用的读者,可参阅即将出版的《民生货币论》中效用理论的应用。本节仅对效用度量结果做一总结。

一、效用度量函数

在利物实现了标石度量的基础上,我们成功地度量了效用,使得效用函数表达式 $u(x)$(这相当于新古典经济学中的边际效用概念)非常简洁:
$$u(x) = 1/x \quad [x \in (0, +\infty)] \tag{2-5}$$
这个效用函数表达式,自变量是实物利物量,计量单位是标石(BD)。

在式(2-5)的基础上积分,选取 $\varepsilon=1$ 作为积分起点,则总效用函数表达式:
$$Tu(x) = \ln x \quad [\varepsilon = 1, x \in (0, +\infty)] \tag{2-8}$$
积分起点(初值)选在 $\varepsilon=1$ 上,函数形式最简。

二、个人效用计量

这一组效用精确度量函数是以个人为主体度量出来的。在度量之前,我们专门把利物进行了标准化计量,以个人的死亡点到饱和点之间的利物量作为一个标石计量单位,所以这个度量包含了个人生命有关生存的重要信息,使得效用度量函数真实地反映了个人行为的特征和性质。

这一组效用函数实现了人类度量效用的梦想,为今后经济学发展建立了可靠的基础。效用的成功度量,与以往经济学最大的区别有两条:

第一，效用度量之前，先行标准化了利物计量。在利物计量时，已经把利物的多少与利物的重要性包含进去了，使同 1 标石不同种类的独立利物对于同一个生命主体具有等量的生存价值，这就使效用度量时不再考虑等量的不同种类利物之间的差异，而专注于利物量与生命生存状况的描述。使得各不同种类利物度量的效用可以累加。

第二，度量效用之时，使用了标准消费人概念，确保了度量出来的效用可以进行人际比较和交流。不同体量的个人只需要与标准消费人比较换算即可得到完全符合个人感觉的个人效用。如果个人与标准消费人体量大小基本一致，其个人效用就接近于标准消费人效用。这个条件对绝大多数成年人都成立。

因为这两条原因，本书度量的效用符合个人感觉，实现了效用的精确度量，还实现了效用的人际比较和传递交流。由于效用可累加，也实现了社会效用的度量。所以，虽然直接度量的是个人效用，却也解决了社会效用的度量问题。

最基础的效用函数表达式，其自变量都是实物计量的利物量 x。它充分反映了生命生存与利物量的关系。但是，在人类社会里，我们演化出了货币，它在一定条件下可以替代实物。现实社会中，真实的经验告诉我们：一个人，只要有货币，可以在世界上任何国家和地区生活得很好。这说明货币可以有条件地替代利物。所以货币的效用函数就显得非常重要，非常符合现实社会。

虽然货币本质上不是利物，但经过消费者均衡时的利物传递作用，似乎使货币具有了效用，在《民生货币论》的研究中，我们得到了一组货币的传导效用函数：

$$Tu(M) = m \cdot \ln(M + B_m) - m \cdot \ln(m) - \ln(\prod_1^m P_j) \tag{2-11}$$

$$u(M) = \frac{m}{M + B_m} \tag{2-12}$$

这一组货币 M 作为自变量的效用函数，在现代社会中更加有用，这彻底解决了个人效用的度量问题。其自变量或者是实物，或者是货币，都能准确反映人类经济行为的特征和规律。本书限于篇幅原因，仅列出货币传导效用计量函数，更具体的问题不在此处深究。

三、效用函数性质的理解

1. 关于边际效用递减规律的理解

在新古典经济学中，为了解释边际效用递减规律，只能举出一些实例，让读者去感受和理解边际效用递减规律。

在民生经济学中，我们不必另行描述一个边际效用递减规律。因为边际效用递减规律已经包含在效用函数中：

$$u(x) = 1/x \quad [x \in (0, +\infty)] \tag{2-5}$$

$$u(M) = \frac{m}{M + B_m} \tag{2-12}$$

上述两个效用函数，分别是自变量 x（利物量）和 M（总货币量）的单调递减函数。函数的单调递减性质，描述了边际效用递减规律。

关于边际效用递减规律的理解，这里必须给出透彻完全的说明。

边际效用为什么会递减？新古典经济学给出的理由似乎是人的生理感觉疲劳。而民生经济学认为这种解释靠不住。因为在民生经济学看来,效用是人与利物之间关系的度量,这个关系是客观的,不能把边际效用递减规律完全归结为消费人自身单方面的原因。

边际效用递减,反映了生命个体测度效用的复杂过程。我们的效用函数,实际是一个"平均量"函数。

第一,平均量效用函数 $u(x)=1/x$ 为什么递减？

这个式子中,分子上的 1,代表 1 个生存量;分母上的 x 代表利物用标石计量的数量。这实际意义就表示平均每 1 标石利物支持的生存量有多少。当然,如果生存量不变(常数 1),利物量越多,平均每标石利物支持的生存量就越少。这就包含了"边际递减"的规律。不过这是"平均量递减",似乎还不是"边际递减"。

第二,边际量效用为什么递减？

设有 $x_1,x_2,\Delta x$ 均大于 0,且有 $x_2=x_1+\Delta x,u(x)=1/x$,则平均量效用之差应表示为

$$\Delta u=u(x_1)-u(x_2)=\frac{1}{x_1}-\frac{1}{x_2}=\frac{1}{x_1}-\frac{1}{x_1+\Delta x}>0$$

这就是边际效用递减的原因。

对于一个消费人来说,他新消费 x_1 时,x_1 单独支持了 1 个生存量,通过感觉测量得到平均量效用 $u(x_1)=1/x_1$,并同时将这一信息记忆(存储)在大脑里;当 Δx 加入后,实际消费的利物量变成了 $x_2=x_1+\Delta x$,现在 x_1 和 Δx 共同支持了 1 个生存量,所以平均每一单位利物量对生命的支持作用降低了,包括 x_1 和 Δx 的支持作用都降低了。可是,我们头脑中已经记忆了 x_1 加入时测量的数据 $u(x_1)$,现在虽然 x_1 的作用也已经降低,但我们并没有重新单独测量(感觉)x_1 已经降低了的作用,而是测量了 $x_2=x_1+\Delta x$ 共同的支持作用 $u(x_2)=1/(x_1+\Delta x)$,并以为这仅仅是 Δx 的单独作用。我们拿先前的 $u(x_1)$ 和现在的 $u(x_2)$ 比较,发现 $u(x_2)$ 比 $u(x_1)$ 减少了,并错以为 $u(x_2)$ 仅仅是新加入的 Δx 的效用。而真实情况却是 x_1 和 Δx 的共同的平均作用降低了。这就是边际效用递减规律的本质原因,好像这里包含着一个生命的"生理误解"。

这里可以看出,所谓边际效用递减,实际是平均量效用在降低。

本书中 $u(x)$ 本质上是平均量效用函数,却也是边际量效用的数值。因此,我们刻意淡化边际效用和平均量效用的称谓,笼统地称 $u(x)$ 为效用(它既是平均量效用,也包含了新古典经济学中称谓的边际效用),$Tu(x)$ 为总效用。

2.总效用经济学意义的理解

我们已经知道总效用 $Tu(x)$ 是 $u(x)$ 的积分。

先看一下积分时构造的小矩形面积 $\frac{1}{x_1+\Delta x}\times\Delta x$,它的单位是 $\frac{人\cdot 年}{标石}\times$ 标石 $=$ 人·年,这是生存量单位,可见积分得出的总效用经济学意义是生存量。

为了简化讨论,我们假设有 $x_1=\Delta x$,则总效用近似为

$$Tu(x)\approx\frac{1}{x_1}\times x_1+\frac{1}{x_1+\Delta x}\times\Delta x+\frac{1}{x_1+2\Delta x}\times\Delta x+\cdots+\frac{1}{x_1+n\Delta x}\times\Delta x$$

从上式可以看出,总效用累加的是每一个新增的 Δx 新加入时测量得到的平均量效用与边际增量之积,即小矩形面积。其结果还是生存量。

回顾标准消费人效用模型,我们知道,在整个效用测量过程中,实际的生存量只有 1 人·年。这是纯粹客观的,真实的。但是,积分得到的总效用却不一定为 1 人·年。这说明总效用与真实的客观事实之间存在差异。这个差异从何而来呢?

很显然,总效用累加的小矩形代表了一个一个利物边际增量 Δx 新加入时消费人凭感觉测量的数据,这些数据都是在不同时点上的测量值。将其累加只是累加了消费人的感觉,而不是真实消费人的生存量。

差异正好来自消费人错把 $x_1 + \Delta x$ 的共同作用看做 Δx 单独的作用,从而产生了差异。但是我们应该看到,每一个被积函数也确实是 Δx 新加入时测量到的,对消费人来说,完全符合他个人的真实感觉。所以,总效用虽然是生存量的量纲,却是消费人误解了的生存量,他与真实生存量(1 人·年)存在着差异。

这种差异形成了两种情况:第一种情况,纯粹客观,对应着我们前述的一级理性,它与自然科学的客观一致。第二种情况,不是纯粹客观的。但是,对消费人来说,它用感觉真实地测量了效用函数(平均量效用或边际效用),从而得到总效用,它也是真实的存在过的,消费人相信自己的感觉,并且以这种感觉为准则进行决策,指导行动,就造成了"社会的客观"事实。社会客观不一定完全符合纯粹的、自然的客观,但全社会人人都照此实施行为,社会客观也是真实的事情。

社会客观如此,我们认识社会客观,就形成了另一种理性,即二级理性。它低于一级理性,但依然未超出理性的界限。

总效用累加的结果量纲是生存量,实际又不是完全真实的生存量。但它可以当作生存量看待。所以,既然是生存量,那当然是越多越好了。消费人追求总效用最大化的行为就可以理解了。

3.平均量效用 u 与总效用 Tu 的无界性质

$$u(x) = 1/x \quad [x \in (0, +\infty)] \qquad (2-5)$$

$$Tu(x) = \ln x \quad [\varepsilon = 1, x \in (0, +\infty)] \qquad (2-8)$$

效用 u 和总效用 Tu 都是无界函数,u 是上无界函数,Tu 是下无界函数。

函数的定义域是 $x \in (0, +\infty)$,当 x 从大于 0 的方向无限接近 0($x \to 0^+$)时,$u \to +\infty$,$Tu \to -\infty$,使函数无界。

而趋于 0^+ 的经济学意义是什么呢?0 点正好就是利物量的门槛量,即生命的死亡点。当 x 从大于 0 的方向无限接近 0 时,$u \to +\infty$,$Tu \to -\infty$。$+\infty$ 就表示生命迫近死亡。当生命由于利物量极其短缺而迫近死亡时,他认为利物极其珍贵,单位利物具有正无穷大的平均量效用,也就是认为单位利物的价值无穷大。

Tu 的负无穷大,表示如果把饱和点($x=1$)处利物的总效用设定为 0,则随着利物量 x 逐步减少,Tu 变为负值,此时 Tu 表示消费人对利物相对于饱和点的总缺乏感;x 越小,总缺乏感绝对值越大;当 x 减少到从正方向接近 0 时,$Tu \to -\infty$,也就是说生命感觉到此时利物量相对于饱和点的总缺乏感为无穷大。此时生命迫切需要利物,否则,生命即刻消逝。

总体来看,两个效用函数,在利物接近 0 时,都为无界函数。这使得效用在研究过程中增加了很多的复杂性,从而使经济社会的研究一次次出现困境。正是 u 的无界性,使总效用计量困难,我们才选择了 $\varepsilon = 1$ 的积分起点来简化总效用函数。

4. 函数的非线性和不对称性

很显然,平均量效用函数为反比例函数,总效用函数是对数函数,这两个函数本身都是非线性的。但它们都是初等函数,关于初等函数的性质,早已有定论。

由于非线性,它们的定义域和值域表现出"不对称"性。

例如,总效用为自然对数函数,它的定义域中:

$x \in (0,1]$,对应的值域为 $f(x) \in (-\infty, 0]$;

$x \in (1, +\infty)$,对应的值域为 $f(x) \in (0, +\infty)$。

如果把自变量当成原因,函数量看成效果,那么,对数函数自左至右,一个同样大小的原因量,导致的效果将越来越弱。

在人们日常生活中,我们看到大量的这种事实。同样 100 元的收入,对于不同的人,其感觉很不同。一个生活在贫困线附近的人,得到 100 元应当是很高兴的事情;而一个年收入 10 万元左右的人,对 100 元收入看得就比较轻;对于一个大富豪,年收入 1000 万元以上,增加 100 元收入,几乎没有一点感觉。原因就是从穷人到富豪,其总效用函数状态点自左至右在变动。

在中国民间,流传着一句俗语"饿时给一口,胜过饱时给一斗",这是符合总效用函数特性的。

5. 端点效应的稳定性

在效用的两个函数中,都具有一个左端点,即 $x \rightarrow 0^+$ 时,平均量效用函数趋于正无穷大,总效用函数趋于负无穷大。

实际上这是人对死亡点的一种反应。我们称作端点效应。

可能有人会质疑,总效用函数当 $x \rightarrow 0^+$ 时,函数为负无穷大,可能与选择的积分起点有关,积分起点不选在 $\varepsilon = 1$,还会有 $f(x) \rightarrow -\infty$ 吗?

这个问题的答案是肯定的。无论积分起点选在何处,只要 $x \rightarrow 0^+$,就有 $f(x) \rightarrow -\infty$。

可以看出,这个端点效应具有稳定性,它与积分起点的选择无关。这说明,无论总效用函数如何构造,端点效应都是无穷大、无界的。

这个函数特点,近 60 年来捉弄了许多经济学家。

例如,在实验经济学领域,学者们曾毫不在意地假设 $u(0) = 0$,他们的理由很简单,效用就是一个偏好序,只具有相对意义,任意假设一个参考点,显然毫无问题。而其实这正是近 60 年来实验经济学最大的困境。

我们要告诫实验经济学的同行们,无论效用函数如何构造,永远肯定有 $Tu(0) = -\infty$,永远不可能有 $u(0) = 0$ 或 $u(0) = C$(任意常数)。

这就是端点效应的稳定性。

这就是说效用的左端点不是有限的,不能作为参考点,否则就会出现奇怪的悖论现象。

四、个人效用与社会效用计量探讨

本书的研究立足于个人效用度量。度量的结果用于个人行为分析,真实地反映了人类个体决策行为、经济行为的规律。本小节要探讨这种个人效用能否推广到社会层面,以帮助解决社会决策的问题。

1. 个人效用统一计量与比较

在研究效用度量之初,我们规定了一个标准消费人。这个标准消费人就是一个统一的度量衡器。就像我们市面上统一的"千克砝码"一样,用它称量的物体质量,是每一个社会人都普遍承认的计量。

而实际中,人类个体计量效用大小,又不像计量物品那样简单,他们在生命进化过程中已经习惯了以自身个体的体量作为"衡器"来衡量外部物品的效用。我们无法通过一纸法令来取缔每个人的私有"衡器",要求人们自觉以标准消费人为统一的衡器进行活动,但是我们可以采取一种妥协的办法,这就是转换法。

每个人自发地以自身体量作为衡器来度量效用,得到的个人标石称作"坡石"(PD),在自己衡量效用时,就以坡石带入效用函数,得到的效用数量,就是合乎个人感受的效用数量。如果需要进行人际效用交流,就必须经过一次转换,变成标准消费人度量的效用,才能交流。如果不加转换,直接交流,必然会造成以前的困境,即认为个人效用是纯粹个人的事情,其他人无法理解和把握,认为效用不能进行人际比较。

如果经过转换,人们都变成标准消费人的效用,那比较就不存在任何问题了。

现在我们也能看到,效用度量的差异,主要是利物度量的差异。只要利物度量准确,效用度量自然不存在问题。

例如,某个具体的消费人 B,其个人的 1 坡石利物量等于 0.7 标石。此人现在拥有利物 0.7 标石,他个人的平均量效用 $u_B(1)=1$ BX,$Tu_B(1)$ 是他个人感觉测度的效用量。用于自我决策和消费,就用 $u_B(1)$、$Tu_B(1)$ 就行了。

如果他还想与其他人交流这种效用感觉,则必须把 $u_B(1)$ 转换成标准效用:

$u(0.7)=1/0.7\approx1.42$(BX),$Tu_B(1)$ 转换成 $Tu(0.7)=\ln(0.7)\approx-0.357$(人·年)。

$u_B(1)$、$Tu_B(1)$ 是 B 个人感觉的的效用计量。

$u(0.7)$、$Tu(0.7)$ 是可以进行人际比较和交流的标准消费人效用计量。

二者的差别仅仅是利物计量单位的差别,每一个人与标准消费人之间的差别是固定的、具体的、可测量的。这里的差别本质上是个体体量的差别,绝不存在神秘性。

2. 社会效用探讨

我们已经准确地获得了个人效用的度量,能否将个人效用通过标准消费人转换成社会效用呢?技术上是可行的。

只要大家都将自己个人的坡石度量换成标石度量,一切问题就都解决了。

在个人效用计量时,我们知道个人不同利物的总效用是可以累加的。是否可以推广这个办法,将全社会各个标准消费人的总效用再度累加,得到全社会的总效用呢?这似乎也行得通。我们设定社会有 n 个消费人,其生存安全系数是 $\Psi_1,\Psi_2,\cdots,\Psi_n$,则有

社会总效用　　　　$Tu=\ln\Psi_1+\ln\Psi_2+\cdots+\ln\Psi_n=\ln(\Psi_1\Psi_2\cdots\Psi_n)$

假定每个人都消费 m 种利物 $x_1,x_2,\cdots,x_m$,以 m 为行下标,不同的个人加上列下标,就有:

$$\Psi_1=x_{11}x_{21}\cdots x_{m1}$$

$$\Psi_2=x_{12}x_{22}\cdots x_{m2}$$

$$\cdots\cdots$$

$$\Psi_2=x_{1n}x_{2n}\cdots x_{mn}$$

则有

$$Tu = \ln(\Psi_1 \Psi_2 \cdots \Psi_n) = \ln(x_{11} x_{21} \cdots x_{m1} x_{12} x_{22} \cdots x_{m2} \cdots x_{1n} x_{2n} \cdots x_{mn})$$

这就是我们推导出的社会总效用函数表达式。

社会总效用函数得到了,但是它符合社会行为要求吗?

大量的研究发现,这个函数对社会行为选择具有一定程度的指导意义,但不具有绝对的意义。

如果用这个总效用函数来规划全社会福利,我们就会得到一个绝对平均主义结果。而绝对平均主义在人类社会是完全行不通的,这是实践已经证明了的。

如果用这个函数来衡量社会行为,那么就有许多行为是相悖的。例如,任何一个人,其某种利物为 0,首先这个个人的生存安全系数为 0,它个人面临死亡,这是正确的。但是依据社会总效用函数公式,我们看到全社会的生存安全系数也变成了 0,也就是说全社会都将"死亡"。这显然不符合社会真实情况。

而且,我们经常会看到,一个社会由于某个人或某一小群人的牺牲,换得整个社会的安全和生存,这种事屡见不鲜。这显然与函数相悖。

这说明,这里推导出的社会总效用函数不能准确地表达社会选择行为。但是这个效用函数也有一定程度的指导意义,它会直接推导出平均主义结果,说明平均主义在人们心目中根深蒂固。平均主义倾向在一定范围内是成立的。例如一个班级中除了老师,学生之间是完全平等的,他们个个要求平均拥有权力,这也是正常的追求。一个社会总体无法平均,但在某个范围内许多人是平等的,他们要求平均拥有某种权利也是合理的。

3. 国家效用探讨

社会效用,看起来有点模糊,一个社会有多少公民,是不确定的。一个国家实际上是一个具有确定意义的社会,人类社会自然进化出了国家组织形式,这个组织深刻地影响了人类的生存与生活。

作为国家,很有必要进行效用度量研究,从而在国家内部进行有意识地生存均衡规划。比如,国家如何安排资源,既要人民实现幸福生活,又要适度发展国防,保证社会长治久安;既要实现消费,又要投资未来;这些都是国家必不可少的选择行为。这些行为有没有一个目标函数可供优化?

从个人的消费者均衡我们得到启发,这是可能的。

但是前述的以个人为基础的效用不能直接套用,因此,我们希望对一个国家,像对待个人一样进行标准化计量,并对一个国家(看成一个 A_3 生命体)的独立利物进行规范计量,从而度量出"国家效用"。建立国家效用模型,并以此为目标,规划国家的重大选择行为,使国家这个社会组织更好地服务人民,造福社会。

国家效用函数的推导,可以参考个人效用建立的程序进行,逐步试探,并进行必要的检验,如果建立的函数模型符合实际则确认,不符合实际就改进或放弃。

更深层次的国家效用研究已经超出本书范围,这里不再赘述,有兴趣的读者可以自行试探研究。

五、新古典经济学无差异曲线推导

新古典经济学建立之时,效用理论已经非常繁荣,经过之后几十年的努力,新古典经济学家发展出了许多经济学方法来解决经济学问题,并且取得了巨大的成就。最著名的就是在序数效用理论的基础上发展起来的无差异曲线方法。

但是,无差异曲线的方法显然还存在一些未搞清楚的问题。现在我们有了精确度量的效用,就可以很容易地推导出无差异曲线,并且可以弄清无差异曲线存在的条件。

另外,像吉芬悖论问题,希克斯用无差异曲线方法认为已经解决,但实际上却疑窦丛生。限于篇幅的原因,有关完整的吉芬悖论求解方法此处暂不深入讨论。

序数效用的无差异曲线是指由两种商品的不同组合,其序数效用相同(即无差异)所推导出来的。"序数效用无差异"刻意回避了"效用相等"概念,可是序数效用不承认效用可以度量,就不便使用"效用相等"的概念,因而取名"无差异曲线",如图2-6所示。

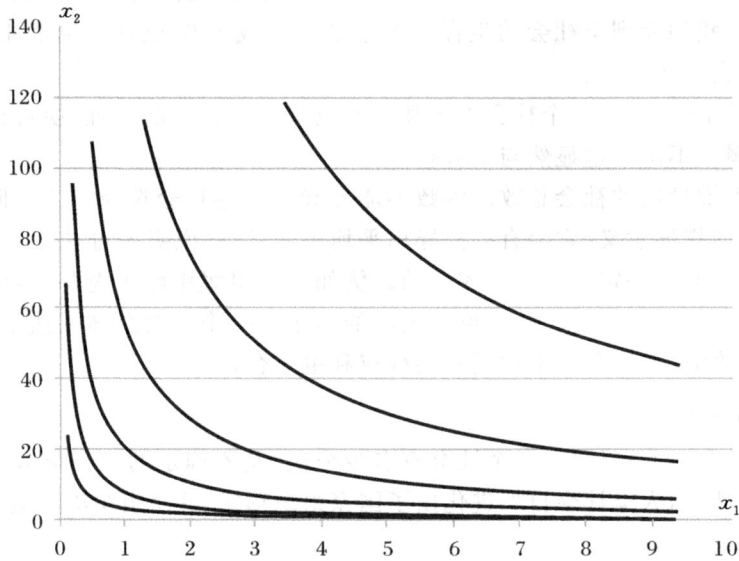

图2-6　等效用曲线(总效用大于0部分)

无差异曲线通常以两种不同商品组合来画出曲线(包括不同种类和不同品种商品)。在精确度量效用的体系里面,我们也以两种不同商品(利物)为例来推导无差异曲线。但是我们的无差异曲线(即等效用曲线)与以前有两个不同点:

第一个不同,这里的两种利物仅指两种不同种类的独立利物。例如,土豆和小麦在希克斯那里就是两种不同商品,在本书中它们却属于同一类独立利物——食物,不应当视为不同种。

不同种类的独立利物之间可以形成典型的无差异曲线。例如,食物 x_1,衣服 x_2,它们形成的总效用 $Tu(x_1,x_2)=\ln x_1+\ln x_2=\ln(x_1x_2)$。令 $Tu=C$(常数),$\ln(x_1x_2)=C$,则有

$$x_2=\frac{\mathrm{e}^C}{x_1}$$

随着 C 的不同,在两种独立利物构成的平面上将形成一簇布满第一象限平面的曲线簇。这就是无差异曲线的精确函数或方程,可以绘制出等效用曲线,如图2-7所示。

这说明无差异曲线是标准的双曲线,图像对称于45°线,绝不存在希克斯在解释吉芬悖论中用到的奇怪形状的无差异曲线。

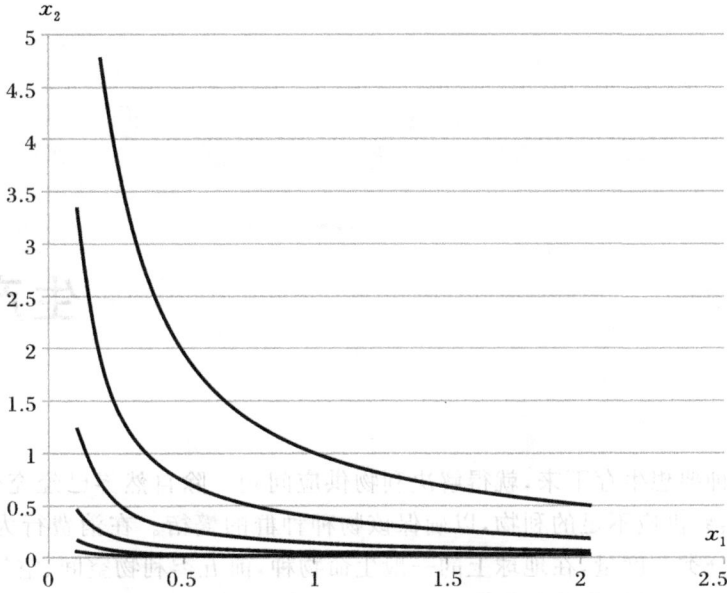

图 2-7　等效用曲线（总效用小于 0 部分）

　　第二个不同，同一种类的独立利物内部的不同种产品，它们之间基本上是替代关系，它们的等效用线应当接近一条直线，它们之间仅有一些细微的偏好差异，例如土豆和麦面有口感上的差异，但对于食物而言可以形成完全的替代。

　　可见，无差异曲线可以在精确度量的效用体系中推导出来，以前无差异曲线的使用在这里依然有效。无差异曲线只是精确度量效用的一部分，就是等效用曲线。

第三章

生产与供给

一个生命物种要想生存下来,就得解决利物供应问题。除自然界已经充分供应的利物之外,还要解决自然界供应不足的利物,以确保该物种种群的繁衍。在消费行为研究中,我们已经将利物进行了分类和度量,在地球上的一般生命物种,前五类利物空间、空气、温度、阳光、水都能自动满足供应。但是,食物的供应,对不同的物种却存在巨大差异。

对于种群个体数量比较大的物种,食物供应往往难以自动满足。在食物缺乏的情况下,找到增加食物供应办法的物种,就可以繁荣起来,找不到办法的物种,就只好以减少种群数量的方式来适应,有些物种可能就此消失灭绝了。

人类和其他几个少有的物种,属于生命物种中的佼佼者,他们找到了增加食物供应的办法,学会了自己生产利物,以弥补自然界供给的不足。

生产行为不是人类独有的。除了人类以外,蜜蜂、切叶蚁、白蚁也会进行生产,它们也依靠生产来增加食物供应,以扩大自己的种群数量。织巢鸟也算是会生产的物种,它用高超的织巢技术筑窝,解决了它们的居住问题。

人类早期的生产,仅仅是解决食物供应问题,以弥补自然界供应的不足。但是,人类的生产没有在食物生产上停滞不前,而是很快将利物生产扩大到其他方面,顺着食、衣、住、行的次序扩展开来。

食物生产,许多食物品种本来就是自然界中存在的,人类只是增加了它们的产量。其他利物,自然界中原本不存在,人类也将它们生产出来了。例如衣服,自然界中不存在,我们人类将它生产出来;住房,自然界原本有一些可以利用,如山洞、悬崖,也可以遮风避雨,起到房屋的作用,但这种资源自然界非常稀少,人类修建住房,也算弥补了自然界供给的不足。尤其是行路交通这类利物,人类原始的行路仅仅是步行。人类个体行路能力是较弱的,我们没有翅膀,不能在空气中飞行,运动速度不可能太快;我们没有在水中游进的能力,不能像水生动物一样利用水路行走,扩大生存范围;我们天生只能依靠自己的双脚在比较平坦的地球表面上行走,若遇上高山河流阻隔,我们的行动范围将非常有限。但是,有了人类的物质生产,我们创造出了各种各样的交通工具,大大扩展了人类的运动能力。上天,我们利用飞行器在空气中飞行;下海,我们利用船只在海洋中任意往来;即使在地面,我们也发明了圆形的轮子,修建了公路(包括高速公路)、铁路、地铁,使人类的运动速度超过了其他任何物种。不仅如此,我们还建造了宇宙飞船,提供了地球物种地外扩展和繁衍的可能。

这一切成就,都依赖于我们的物质生产,生产使人类繁荣发展了。本章将深入研究人类的物质生产行为。

第一节 人类利物的生产

一、利物生产的目的和原因

利物生产的目的,可以分为两层:从社会层面来看,利物生产就是为了支持人们的消费,支持人类的生存;经济发展的唯一目的仅此而已。有时人们会撇下简单的道理,去发掘一些复杂而似乎更加深刻的道理,人们会说,生产是为了发展经济,推动社会进步,把本来非常明确的道理搞得很玄、很抽象。现在各国都在努力发展自己的经济,似乎经济发展本身成了目的。其实,生产,或者说发展经济,就是为了该社会全体成员的生存。当然,这里的生存包括眼前生存和长远生存,当代人生存和后代人生存。所谓社会进步,也包含在生存内容之中。

生存就需要发展经济,发展经济是人类生存的手段,而不是目的。

利物生产的另一层含义是微观的。从生产者个人来看,生产就是为个人创造和积累财富,提高个人的财富拥有量,使自己富有起来。他可能不会想到为了人类生存,而仅仅考虑自己如何发财,如何致富。甚至完全是自利的想法,压根没有想到去帮助他人并与他人共同改善生活环境、提高物质生活条件。

市场经济的原理就是具有这样伟大的魔力,它把人们天然存在的利己心本能引导到全社会一致的远大目标上来。每个生产者可能并不关心他人的事情,仅仅为自己个人发财致富而算计,甚至这个人可能还非常自私,从不想拔一毛而利天下,但他们生产的结果却自动能使全社会成员的生存状况得到改善。

生产的直接原因,首先归因于自然界利物的不足。为了弥补自然界利物的短缺,利用自然力和人的能力,使利物数量增加,这只是一种补足型的生产,是生命迫于自然界利物不足的压力而做出的能动反应。最早最主要的压力来源于食物不足,为了使更多的个体能够得到食物,不致饿死,而进行的人工生产。

人类最早发展出的农业,就是为了解决食物短缺问题。切叶蚁、蜜蜂进行生产,种植蕈菌,采集储存蜂蜜,与人类的农业生产很接近,都是补足型生产。

但是,人类生产不同于其他物种,人类没有在农业生产上停步。补足了食物不足,学会了生产之后,进一步发展生产的内容,演进出创新型的生产。所谓创新型生产,是指生产的产品在自然界中原本不存在。例如,人类的衣物、鞋子,自然界中没有,而我们通过生产创造出来了。生产发展到现代,创新型生产已成主流,我们制造出机器,制造出多种多样交通工具,生产出高楼大厦、汽车、飞机、飞船、轮船、火车等,现在还有计算机、互联网、同步卫星等这些信息处理设施。这些都是自然界原本不存在的东西,通过创新型生产制造出来了。这些物品不是弥补自然界不足,而是全新的创造。这些物品扩展了人类的生存能力,加快了人类的文化进化过程。

创新型生产是生产内容的进化,依靠这种生产,人类强化了自己的生存能力,也强化了人类影响自然的能力,它包括正面影响,也包括负面影响。因此人类生产也需要管控。

二、产出物的扩展与演化

人类最早的生产开始于粮食生产。粮食、食物是人类生产最早的产出物。地球上的生命物种,其个体数量的多少、种群的大小,首先取决于该物种食物的供给。食物充足,该物种即繁荣;食物短缺,该物种即减员,甚至灭绝。人类学会了生产,首先是为了补足粮食的短缺。所以说,生产是粮食短缺压力逼迫出来的生命的能力。

粮食生产开启了人类农业产业的发展。从进化的观点看,人类必然也经历了漫长的"野生动物"阶段。当人类祖先还是野生动物的时候,人类与今天的野生动物没有区别,他们主要依靠采集野果或狩猎其他野生动物为生。这些采集和渔猎活动应当算作人类祖先的劳动。但是,采集和渔猎还不能称作真正的生产。生产应当是把利物从无到有地创造出来,而采集和渔猎只是把无主的野果和野生动物收集起来,变成有主的利物。这个过程有两个方面的功能,第一是将存在于自然中的利物收集存放到劳动者身边;第二是宣告被收集的利物有主了,私有制开始萌芽了。当人们开始习惯和承认"谁采集归谁所有"的时候,私有概念出现了;当人们尊重个人的私有利物,并且以权威来保护私有利物不受侵犯时,私有制就诞生了。这一步,可能是某个人类部落偶然的一小步,却成为人类文明的一大步,成为人类文明史上开天辟地的里程碑。

当私有制产生以后,人们有了创造的积极性,他们不满足于采集和渔猎,便开始了种植和养殖,这就形成了真正的生产。通过生产,把利物源源不断地创造出来。看起来,似乎可以确信,私有制催化了生产行为的发生,并且还将推动生产行为的高级化发展和演化。

采集和渔猎不能算作生产行为,最多能够称作准生产行为。虽然今天人类的现代化生产把采掘业归到第一产业(采掘也算作生产),但那是不严格的划分。如果把采集和渔猎也算作生产,那么野生动物都应当看做是会生产的。狮子捕羊、螳螂捕蝉、蜘蛛捉飞虫、鱼鹰捕鱼、猩猩采摘,都可称为生产行为。这样生产就泛化了,不利于研究。本书严格定义的生产,就是把利物、有用物或服务从无到有地创造出来的过程。

生产行为虽然把利物(早期主要是粮食)从无到有地创造出来,但这还是初步的生产,因为生产的产出物只是弥补了自然界供给的不足。几乎与粮食生产同时期开始的还有野生动物的驯化养殖。养殖业提供了人类所需的蛋白质食物,同时,兽皮也是很好的衣服原材料。在采集和渔猎阶段,人们就会用兽皮制作衣服。当养殖生产开始后,在提供动物蛋白食品之外,还提供兽皮以补足自然界野生兽皮的不足。这就在生产的同时解决了人类的温饱问题。后来,人类学会了种植棉花、种桑养蚕,完全创造性地解决了穿衣问题。

人类开始制作衣服、鞋子、帽子,这就创造了自然界从来没有过的东西。生产向高级化发展了。

应当说,人类在粮食、衣服生产的同时,还开始建设房屋,这几乎是自然界没有的东西,利用生产行为,人类生产出了住房。即便是中国最早的半坡先民搭建的草窝棚,那也是当时人类创造出来的高级产品。这些窝棚,冬御严寒,夏避酷暑,极大地改善了半坡先民的生活条件。

在自给自足的封建社会里出现了手工业。工业革命发生以后,手工业发展成为强大的现代工业,人类的生产行为利用现代科学技术生产出了前所未有的有用物,首先是各种各样的交通工具,其次生产出了代替人类体力的各种机器,当代又发明了代替人类脑力的计算机、互联网。生产的产出物一步一步向高级化迈进和发展。

总体上看,产出物的粮食补足了自然界供应的不足,为人类社会的发展提供了坚实的基础;衣服和住房的生产,从生存条件上看,使人类与野生动物完全区别开了,这成了人类文明可观察的标志;其他机器、工具的发明,增强了人类的行为能力,或者说增强了人类的生存能力;交通工具使人类的运动能力出现了飞跃,使原本比人类运动能力强的动物也望尘莫及;计算机、互联网增强了人类处理信息的能力,也替代了一部分人类的脑力;机械工具的大量使用,替代了人类的体力。人类能力的提高,强化了人类的生存优势。

人类与其他动物相比,主要的优势就是人类的智力。而现代计算机的发明和生产,又可能使人类的智力得到加强和扩展,总体上形成人类更加强大的生存优势。这一切都是生产行为引发的结果。

三、资源、工具、资本的演化与扩展

今天我们所称的资源,有些是天然的利物,例如水、空气、阳光等,有些是可用于生产利物的天然物质,例如矿物、土地等。资源,一般是无主的共有物品,谁先占有,谁就可以使用。但是,当资源短缺时,争斗即不可避免。人类为了争夺土地,争夺某些稀有矿藏,发生的战争也不在少数,因为资源是生产利物或有用物的物质和能量的来源。人类为了生存,今后随着资源的消耗或某些资源的枯竭,资源争夺仍将继续。

资源是生产的必要准备,除了资源以外,另一类人工产品也是生产的必需物品,这就是工具或者说资本品。

人类的生命个体具有很多优秀的特点,这要归功于人类的大脑具有极高的智商。但是,人类身体其他方面还是有许多不足的,至少在生产的某些场合会显示出一些弱势。

例如捕鱼,鹰凭借它的利爪和犀利的眼光,抓鱼轻而易举;熊看起来非常笨拙,但它手上长有利爪,抓起鱼来比人类更利索;我们人类要想用我们的双手抓鱼,就很不容易。此所谓寸有所长,尺有所短。

在生产过程中,人类个体的肉身总会显出各种各样的不足,为了弥补这些不足,克服这些劣势,人类发明了工具。鹰进化出一双利爪,可能经历了几十万年,而人类发明制造工具,仅需要很短的时间,几天、几年,最长几十年。工具一旦发明出来,就可永远复制和改进下去。人类实际上是以大脑之所长,补足和超越了身体器官的局限。

正如我们看到的那样,熊、鹰具有利爪,捕鱼能力大大超过我们人类;但是我们制造出鱼叉和钓钩,似乎能够赶上熊和鹰的捕鱼能力;这还不够,我们进一步制造出渔网,捕鱼能力空前提高,甚至有大船拖网捕鱼,熊和鹰就没有优势了。

生产工具,完全利用了我们人类这颗聪明的大脑,补足和超越了人类身体器官在生产中的局限,使人类的生产能力远远超出了身体的限制,工业革命创造的机器就是最好的例证。现代工业文明就是人类超越自身身体限制的产物。

工具的创新发展,拓展了人类的生产能力,开创了空前繁荣的资本主义经济。工具显然成了一类新的生产要素,不可忽视。工具,来源于人类的劳动创造,又同人类劳动区别开来,其与劳动结合,极大地推动了生产力发展。

工具从劳动分离出来之后,成为独立的生产要素,就称作资本品。资本品把形形色色、千差万别的工具统一起来,用货币计量累加,总和为资本或资本金。所以,资本是工具的抽象化。资本进入经济社会以后,人类的经济进入了崭新的发展阶段,开始了人类的资本主义发展历程。

通过研究资本的诞生和演化,我们发现,资本诞生于人类的聪明头脑,服务于人类的生产活动,给人类带来源源不断的利物产品。

理性地看,资本是物,本身不具有感情,就看我们人类怎样利用它。利用它造福于民,它就具有了高尚的形象;利用它做不正当事情,它似乎也跟着不光彩了。

工具或资本,开始是为了弥补人类的身体在生产过程中的不足,后来发生了超越,开始快速地扩展了人类的能力。今天,人类攀登高峰,深入大洋,飞翔于蓝天,遨游于太空,都不是依靠人体自身的能力,而是工具或资本赋予了我们"超人"的能力。今后,人类漫长的发展之路,或许永远离不开资本的帮助。本书的理想是,尽可能发挥资本的优势,最大限度地发现和屏蔽资本带来的麻烦,使人类的生存更加舒适和安全。

四、财富的保存与抽象化

理性地观察,财富可分为三类:第一类财富,即是没有价格的利物,如水、空气、阳光等;第二类财富,就是人工生产的利物产品,如食品、衣服、住房、电视机、空调、冰箱、洗衣机、轿车等;第三类财富,就是工具或资本品。第二第三类财富都有价格,通常用价格总额来计量财富,因而把货币的多少也称作财富。其实,货币本身不是财富,它只是一种财富符号。只有在货币制度稳定有效的前提下,货币量才能当作财富量。一般情况下,货币制度总是比较稳定和有效的,所以通常人们说某人富有时,就是说他有钱。

钱、货币,是财富的抽象化。多挣钱,就是多创造财富。但是,在理性地研究经济时,一定要把货币与真实财富区分开来。

对于一般大众来说,具体的财富,其产品的使用寿命是有限的,会随着时间推移而贬值;而货币则没有寿命限制,保存财富非常方便,且没有损失。另外,那些使用寿命较长的产品,也经常被人们选择当作财富来储藏。例如,住房,使用寿命很长,现在钢筋混凝土结构的楼房,一般寿命超过百年,已经超过人类个体的寿命,所以,人们非常容易把住房当作财富来储存。为了财富的储存,人们把许多有价值、寿命长的物品当成了财富。像翡翠、玉石、钻石、古董、字画等,人们主要看重它们的储藏价值功能。这实际上是人们希望保存财富而演绎出来的行为。这些财富,它们对人类生存的有用性已经比较弱化了。

第二节　其他物种的利物生产观察

在地球上,会生产利物的生命物种不只是人类,还有其他一些物种。传统上一提到经济、生产,都默认为人类主体。事实上其他物种也有一些称得上是会生产的生命。例如蜜蜂,它们采集花蜜并酿造成蜂蜜,应当是会生产的;切叶蚁,它们把树叶收集起来,切碎,接种菌株,控制适当温度,让树叶上生长出蕈菌,这蕈菌就是切叶蚁的产出物,也就是切叶蚁的粮食;澳大利亚白蚁,能够建造比它自身高出几十倍甚至上千倍的建筑物,作为它们这个种群生息繁衍的堡垒,这类似于人类的建筑业。显然它们都是会生产的。

我们可以观察到,蜜蜂、切叶蚁、白蚁的社会生产,已经具有了分工,它们的分工主要依靠个体的生理变异而完成。例如切叶蚁,专门负责切叶的工蚁前腭非常强大,便于切碎树叶;兵蚁具有非常高大的身形和前腭,适合战斗,保护蚁群的正常生产秩序;它们还似乎有专门的运输蚁,负责把切成大片的树叶运回蚁穴。

　　看来稍微正规一点的生产，都具有分工和专业化倾向，这有利于提高生产的效率。它们与人类生产不同的是，人类并不需要身体的异化来分工，而是以岗位和工具的专门化来分工，以提高效率。用身体生理异化实现分工，需要漫长的时间才能进化出来，所以，生产的进步速度也非常缓慢；而人类依靠管理体制调整岗位，依靠智慧制作专门工具，能够快速改变、重组岗位和工具，实现"岗位异化"，满足分工和专业化的需要。人类的进步速度将非常迅速。切叶蚁、蜜蜂、白蚁几万年甚至几十万年得到的进化成果，在人类社会或许几年、几个月就完成了。

　　迄今观察到的事实是，切叶蚁、蜜蜂的生产，其产出物都是补足型的食物生产。这些食物自然界原本就有，只是量不够，进行生产，就能使种群个体数量大大增加。但是，白蚁的建筑，却是自然界中原本没有的，属于创造性生产。不过它们依靠自身身体的变化来分工，只能依靠缓慢的进化来创造，虽然创新了，但进步还是非常缓慢的。与这些动物相比，人类的生产，不依靠身体"变异"来分工，而是依靠制造工具和岗位异化实现分工专业化，这属于文化进化现象，这种进化一旦开始，就会加速发展、进步。现在的手机快速地升级换代，就是人类文化进化快速性的反映。

第三节　人类利物生产的演化

　　人类的利物生产经历了多个阶段：

　　第一阶段，准生产阶段，即渔猎和采集，这个阶段就是尽可能把自然界已经存在的利物收集到自己身边，方便使用。这个阶段主要是利用人类自己身体的器官，或者一些简单的工具进行。

　　第二阶段，种植养殖，发展出农业。这个阶段是真正的生产阶段，把利物从无到有地生产出来，弥补了自然供给的不足，解决了人类生存的基本问题，使人类种群发扬光大。农业文明，也是人类文明的起点。

　　第三阶段，创造出新工具，一方面，利用新工具创造出新型的利物，即自然界原本不存在的利物，以提高人们的生活水平。这些新型利物如空调、电视、洗衣机等轻工业产品。生产这些新型利物的工具就是典型的资本品。另一方面，一些新工具本身扩展了人类的能力，最重要的是交通工具和信息处理设备。这些物品不是利物，却是现代人类最重要的物品。交通工具扩展了人类的运动能力，似乎给人添加了翅膀，使人们可以翱翔于蓝天，漫游于太空，到遥远的星球去探险或移民。计算机和手机能够高速处理和传递信息，大大提高了人类智能的效率，甚至可以部分替代人脑的功能，扩展了人类计算、处理、传递信息的能力，扩展了人类的智能。

　　资本品工具不是利物，它们以生产够用的利物为限度，过多的资本品也就成了财富中的泡沫。

　　扩展品更不是利物，但它能使人的能力不断得以扩展、强化。这部分产品与人类原本就聪明的头脑结合，使人类的能力空前提高。这些扩展品一般不会过剩，总是多多益善！

第四节　生产效率(技术效率)的提高

只要是生产,就必须考虑效率问题。如果产出物不能多于投入物,生产就失去了意义。但是,生产有时候不是简单地产出物多于投入物。生产情况很复杂,典型的情况下,产出物比投入物多,也有的情况是产出物比投入物更接近人类使用,或者投入物对人类没有直接用途,但产出物却具有用途。无论哪一种生产,要么使产出物多于投入物,要么使产出物好于投入物,要么是产出物比投入物更方便人类利用。这一切,归纳起来就是一个问题,提高效率。

生产效率只是一个技术效率,现在还不能谈及经济效率,但生产效率是经济效率的基础。经济效率则需要与市场价格结合才能够实现。

这里讨论技术效率,本书将分析技术效率提高的原因归纳为三个方面,分别予以论述。

一、科学技术突破人体局限,提高生产效率

人类从哲学中分离出科学,文艺复兴使自然科学理论获得了空前发展和广泛普及,利用科学理论的指导,发展了从前的工匠技巧,成就了建立在客观事实基础上的工程技术,今天,全世界从事工程科学技术研究的专业人员远远多于其他专业人员。

工程技术专业发源于古代的工匠技巧,那时缺乏系统的科学理论指导,完全靠个人经验,总结归纳出一些超过别人的手艺,许多人以此谋生。

文艺复兴之后,随着科学理论的普及,传统的手艺已经不够用了。在总结人工手艺的过程中,人类发明了机器。机器一经出现,立刻突破了人类个体自身器官的局限,它不仅弥补了人类器官在生产中的不足,还可以生产出以前人力不可能生产出的东西。仅仅利用铁匠的人力,无论如何也制造不出公差配合恰当的活塞和气缸,因为铁匠达不到必要的精度。但是,利用车床、镗床生产气缸活塞就轻而易举了。还有,船上卸载货物,人工的办法就是将货物分成小块,用人力一小块一小块扛下来;如果遇到一个无法分割的巨大物体,人工就很难移动和运输。而机器的发明,桁车(或龙门吊)、卷扬机、叉车的出现,使得移动巨大物体也是没有问题的。机器的出现把人工不可能完成的工作完成了,把人工以前可以完成的事情完成得更好、更快、更有效率。机器的出现,首先是对人力的替代,然后就是对人力的超越。机器替代人力,大大提高了生产效率。超越人的能力,就是对人类能力的扩展,它的意义不仅在于生产,还发展了人类的生存能力。

1.机器替代人类体力

机器替代人类体力,这是技术进步最基本的表现。这种情况处处可见,吊车、挖掘机、重型卡车都极大地减轻了人类的体力负担,而且效率是以前人工完成时的百倍、千倍。

只要有生产的地方,人的体力就在被机器全面替代,这是一种趋势,未来这种替代将更加彻底。

机器替代人的体力,将大大提高生产的效率;机器替代人的体力,也更加符合人类的愿望,使人类能够轻松地获取利物,从而减轻体力劳动者的负担。

可是,机器替代人的体力,也挤占了许多体力劳动者的就业岗位,这也成为现代社会的经济问题。后续章节将专门研究这些问题。

2.机器替代人类脑力

计算机发明之前,机器可以替代人的体力,但不可能替代人的脑力。有了计算机之后,情况就完全不同了。计算机开始是帮助人类计算,也就是扩展了人的计算能力。后来,随着计算机的应用和普及,我们发现它不仅可以替代人的脑力,有时甚至可能会超越人的智商,正在发展的人工智能,将来可能会突破人类的智慧,完全替代人脑的功能,这种情况似乎已经不远了。

现在在生产过程中,电脑替代人的脑力、智力已经普遍实现了。机器对人脑的替代,这是工业革命的延续。

机器替代人的脑力,毫无疑问,进一步提高了生产的技术效率。

3.机器替代人力超越人体局限

机器替代人的脑力和体力,也就完全替代了人类的劳动,人类劳动无非是脑力和体力的耗费,现在都被机器替代了,实际上这是机器对劳动的完全替代。

机器对劳动的完全替代,已经非常普遍,它带给人类的利好的同时是存在问题的。

机器替代人类劳动,正面意义非常巨大。

第一,提高了人类财富生产的效率,有了机器的帮助,人类生存所需的利物将被源源不断地生产出来。

第二,减轻劳动者体力和脑力的负担,而并不会使人类生存需要的利物减少。

第三,机器替代人力,超越了人类身体的局限,使人类整体的能力得到扩展,这种扩展依靠文化进化,而不依靠生理进化,速度快。这些能力的扩展,给人类长久的生存提供了条件,这个意义是巨大而深远的。

但是机器替代人力,也会产生"效率悖论",给我们带来巨大的社会问题。

第一,机器替代人力,造成机器对人类工作岗位的挤占,使得社会失业现象非常严重。而大量失业,将导致经济出现困境,一方面大量的财富被机器生产出来,机器的所有者越来越富有了;另一方面,人类个体很难找到工作岗位,就失去了收入来源,也就失去了分配财富的机会。大量人员失业,即使大量财富物品被机器生产出来,却卖不出去,而使经济陷于停滞。这是一个悖论,这个悖论将在第七章予以解决。

这个问题的出现,显然是因为科学技术发展太过迅速,我们靠自然演化发展起来的市场机制暂时还无法适应它。本书后半部分将对此深入研究,以便找到人类的应对之策。

第二,机器替代人力,未来会不会造成机器控制人类的悲剧。这似乎只在科幻电影中见到,但这种隐忧或许不是杞人忧天。我们目前还不能得出结论,这也超出了本书的研究范围。

二、分工专业化充分利用时间提高效率

分工和专业化,是《国富论》的作者亚当·斯密发现的一种经济现象,他对此进行了大量详细的描述,他以制造绣花针生产为例,展开了研究。他指出,由于分工专业化生产,平均每个工人每天可以生产成针4800枚;如果不是分工协作,一个工人一天完整制造20枚都很困难。

分工专业化生产,需要分工和协作。分工,一方面使劳动者的熟练程度提高了,另一方面减少了工步切换的时间,所以提高了效率。

后来,泰勒发展出科学管理理论,深化研究时间的节约,把时间节约推向了极致。可见,时间节约,必然提高生产的效率。但是,泰勒的科学管理把人当成机器一样去研究,人类个体的

生理、心理特性决定了人类时间节约是有限度的,不可能无限度压缩下去。

当机器全面替代人类劳动之后,科学管理就失去了往日的光彩。

但是只要人类个体还参与生产过程,分工和专业化就会提高生产效率,这是确定无疑的。后来人们又发现,分工过细,也不是很有利。所以分工提高效率,也是有一定限度的。

我们前面研究过蜜蜂、切叶蚁、白蚁的生产,它们也进化出了分工机制,它们以身体的异化来实现分工,提高了效率。而我们人类却仅以岗位的异化或专门化来实现分工,也提高了效率。

总而言之,分工专业化,是因为熟练和充分利用时间,带来了效率的提高。

三、规模化充分利用要素资源提高效率

马歇尔发现了规模经济,同样的厂商,生产同一种产品,扩大规模进行生产,就会带来额外的收获,即得到多出来的收获。规模经济的正规含义是,产出量增长的比例高于投入量增长的比例。当规模经济达到一定程度以后,产出与投入之比达到一定高度,不能再增加了,此时已经是适度规模。适度规模下,生产效率已经达到最高。这个适度规模一般具有一个较宽的稳定范围,超出这个范围,规模再进一步扩大,效率又会下降,出现规模不经济。

规模经济又分内在规模经济和外在规模经济,这都是资源和要素被充分利用而引起的经济效率的提高。

内在规模经济,一般主张企业要生产在适度规模上,使投入的所有要素,已经使用的所有资源和设备得到充分利用。一句话概括,没有任何闲置的资源,一切要素都得到最好的利用。这就要求企业规模不能太小,也不能无限地扩大,要在企业内部长期平均成本最低点附近生产。这已经成为人们的共识。

外在规模经济,主张行业要有一定规模。行业的扩大,使技术、管理都能够不断进步;同一地区,企业集中,使外部基础设施得到充分利用,这一切都会使成本节约或资源被充分利用,形成外部经济。这种情况,今天在中国非常盛行。中国各地都在建设开发区、示范区,这都是外在规模经济的现象。西安地处内陆,这些年充分利用了外在规模经济,建立了大量的开发区、经济区、示范区,相当于建立了西安的新经济增长点。西安高新技术开发区、西安经济技术开发区,杨凌农业示范区以及新设立的西咸新区,都展现了外在规模经济的威力。

规模经济,也是提高生产效率的一条出路。

四、直接生产与间接生产

直接生产即投入要素直接生产利物;间接生产是先投入要素生产出工具,再利用工具进行利物生产。间接生产今天在人类生产中普遍使用。

产出物可以分为三类:利物、扩展品、资本品。利物和扩展品,是人类生存所需。利物直接支持人类的生存,扩展品可以扩展人类个体的能力,各种交通工具就是扩展品。它们可以支持未来的人类生存,这都是我们人类直接需要的。唯独资本品,其实是人类本来不直接需要的东西,但要生产利物和扩展品,需要资本品的帮助才能生产出来。

因此我们将直接生产利物和扩展品的生产叫做直接生产;将生产资本品的生产称作间接生产。先生产出资本品,再拿资本品去生产利物和扩展品,可以得到更多的利物和扩展品。间接生产也叫迂回生产,中国有句谚语,"磨刀不误砍柴工",就是指迂回生产可以超过直接生产,

大大提高生产的效率。迂回生产今天已经是生产的主流,各种机器设备不断被发明创造出来,然后用机器设备制造生产出更多更好的利物和扩展品。如果说在工业革命之前生产效率是主要矛盾,落后的生产使利物经常处于短缺状态。那么今天,迂回生产以极高的效率,使利物和扩展品大量地被制造出来,物资短缺的时代已经一去不复返了。

今天经济运行的主要矛盾是如何保证经济系统顺利循环,使生产循环能够顺利延续下去。

五、机器替代人类劳动与效率悖论

在上节我们已经指出,机器替代人力造成了人类的大量失业,这种失业是经济系统尚未适应技术进步所带来的问题,这是经济危机的一种最新表现形式,我们必须给予高度重视,否则,危害将是空前的。

机器替代人力,这是技术进步的一种必然结果,这个结果显然具有巨大的正面意义。同时,它也存在两条负面意义:第一是大面积的失业,第二是人类受控于机器的隐忧。隐忧是未来的,还没有那么紧迫;而机器替代人力造成的失业,可能会导致社会发生巨大的灾难。经济学家们必须找到出路,解决这场危机。

人类的市场经济是自然演化出来的机制,它具有很强的适应性,但是也经常会遇到危机。早期,生产过剩出现了危机,使社会陷于巨大的混乱。后来凯恩斯解决了。近几十年,又出现了金融危机,至今美国金融危机还未消停,欧债危机又是风起云涌。金融危机迄今还没有解决的办法。

失业危机,这是机器替代人类劳动的危机,可以简称为替代危机,它破坏了经济系统的正常循环,可能造成巨大的灾难。但是,我们的社会还没有认识到这一点,仅仅是就事论事,头疼医头、脚疼医脚。这显然难以找到最终解决危机的思路和办法。

本节先将替代危机定义出来,在后续经济子系统研究中将展开更加缜密的研究,并介绍本书解决这场危机的思路和办法。

第五节　量增型生产与质进型生产

本书的生产研究将人类的生产分为两大类,第一类是量增型生产,即投入物与产出物具有相同或相近的性质,或者投入物与产出物可以折算到相同性质的量度上去。这种生产的特点是由少量物品产出多量物品。农业的粮食生产就是典型的量增型生产,其投入物的种子与产出物的果实属同一品种,投入物中的其他要素可以依据投入前的市场价格折算成种子,于是投入物与产出物同质,成为量增型生产。

第二类是质进型生产,投入物与产出物具有完全不同的性质,也无法折算到相同性质的量度上去。这种生产的特点是,产出物不一定比投入物的量多,但是产出物的属性一定比投入物高级,产出物更接近于人类使用,甚至产出物具有投入物不可比拟的属性,这就是质进型生产。质进型生产不好直接计算比例,可它是我们人类生产的最普遍形式,今天发达的现代人类社会都拜它所赐。

如果生产前与生产后市场价格保持不变,一切质进型生产都可以折算成量增型加以研究。

一、量增型生产中的净产品

　　魁奈在研究农产品时提出了"净产品"概念,这个概念对量增型生产的研究具有非常重要的意义。

　　本书以农业的水稻生产为例来研究量增型生产。我国秦岭、淮河以南农作物以水稻为主,东北平原、宁夏河套地区也主产优质水稻,水稻是我国人民生存需要的最主要粮食产品之一。

　　水稻生产,需要的投入物如下:

　　土地,俗称水田,可以种植水稻。本书以陕西汉中单季种植水稻1亩田的平均产量数据为例,由于土地在生产过程中没有消耗,投入前和生产后,1亩田的原物始终没有变化,没有消耗,所以投入消耗为0。

　　种子,就是稻谷,它本身就是粮食,不过在生产中不作为粮食,而是作为水稻作物的种子,能够发芽长出新一代水稻幼苗,俗称秧苗。没有秧苗,稻谷无法生产出来。一亩水田需要的种子暂定为25 kg。

　　肥料和农药,似乎中国语言中肥料,就是由"废料"演化而来的,它本身意思就是没有用的东西。但是,对人类是无用的废料(肥料),对庄稼却是不可缺少的重要材料。以前的生产,肥料都是用农家肥,人类和家养的牲畜排泄物经过发酵以后,作为庄稼的肥料。这些东西本是废物,一般没有其他价值。现代的生产,除了使用农家肥以外,还要使用化学肥料。化学肥料不是"废物",而是其他企业生产的产品,这是需要花钱购买的。还有庄稼病虫害防治的药物也需要购买。我们采取折算的办法,把肥料和农药的花费以生产前的市场价格折算成"种子"的数量,计入投入物。以买农药和肥料的货币总额,折算成可以买回种子的数量,假设每亩肥料和农药花费可买回35 kg种子,累加计入投入物。

　　水,是生产水稻最重要的投入,水要灌溉到农田中,买水、输水,都需要费用。把这些费用折算成种子的量,假设可买20 kg种子,累加到投入物中。

　　劳动,水稻从每年四月(谷雨前后)种植秧苗开始,到稻谷成熟收割回仓,大约经历200天时间(当然一个劳动力200天时间不止经管1亩田,可能2亩、3亩或更多)。这些时间里,农民要辛苦忙碌,播种育秧、移栽(插秧)、施肥、灌溉、除草、防治病虫害及田间管理,需要花费许多农业劳动。这些花费在这1亩田上的劳动以其工资折算成种子150 kg,计入投入物。

　　其他杂项花费,水稻种植过程中还可能有一些其他意外的支出,也以其花费的货币能够买到的种子20 kg,累加到总投入中。

　　以上投入的消耗可以累加:土地+种子+肥料和农药+水+劳动+其他杂项花费,折成种子合计 0+25+35+20+150+20=250(kg)种子。

　　水稻的产出,按现在的农业生产水平,每亩一季可轻松生产750 kg水稻子实,它们与投入前的种子完全一致。于是,量增型生产的产出减去投入,就得到净产品:750-250=500(kg)稻谷。

　　这是精确的净产品的实物表达。它与魁奈的净产品意义相同,但也稍有差异。魁奈的净产品是将投入和产出都折算成货币额,其净产品自然也是货币单位。本书的净产品采取实物计量,可以准确揭示量增型生产的规律。

　　实物表达的量增型生产,其净产品是坚实可靠的的客观存在,可以展现生产的属性。

　　可以看出,1亩田的水稻生产,投入的消耗一共250 kg种子,生产过后得到750 kg种子,扣除消耗,还多出来 500 kg 种子,这就是净产品,是生产的实物剩余,是经济剩余之源泉。马歇尔剩余以此为基础,就愈发坚实可靠了。

一切生产,只要其投入物与产出物能够具有相同属性,就可以做出类似的计算,算出净产品。

二、质进型生产研究

质进型生产,是指投入物与产出物具有不同的属性,但是一定有产出物的属性优于或高于投入物属性。或者对人类而言,产出物比投入物更接近、更方便于人类使用。

例 1,把面粉制作成馒头、面包、饼子,前者被称作生的粮食,不能直接食用;而后者称为熟的食品,可以直接食用。生产前后食物的数量好像没有多大变化,但是产出物比投入物的性质具有了很大的进步,这是质进型的生产。

轻工业制品大多如此,把棉花纺成棉纱,把棉纱织成布匹,把布匹制成衣服都是质进型生产。还有,把没用的牛皮做成皮鞋,也是质进型生产。

例 2,在住房生产中,建筑业用土地、砖瓦、钢筋、水泥建设成楼房,楼房成为可居住的物品,而先期投入的材料则不具有可居住的性质。再说装修,未装修之前,房子是毛房、毛地,装修以后,就成为可以方便生活使用的住房。装修前后,住房面积没有改变,也就是产品量没有变化。可是,毛房、毛地的住房,基本不适合居住,而装修好的住房则使用更加方便。这里的"方便",就是质的进步。

例 3,汽车、飞机的制造是典型的工业生产。生产前的投入有机器、设备、厂房、钢铁或其他金属原材料、劳动等;生产后得到汽车、飞机等产品。

从量上看,这是一个减重加工过程,投入原材料大约 5 t,加工成小轿车,仅剩 1 t 左右;投入原材料 80 t,加工成飞机仅有 10 t 左右。但是,汽车投入前的 5 t 原材料,不能自己高速移动,而生产后的汽车却可以在汽油燃烧的推动下,自己快速运动,成为人类最重要的现代交通工具之一。飞机生产前的 80 t 原材料不能自己飞上天,而生产后得到的飞机,却可以与煤油结合,飞上蓝天,成为人类空间运动的工具。

这三例生产,生产前后物品数量的多少已经不重要,它们共同的特点是产出物比投入物更加有用,即产出物比投入物的性质更加贴近人类的需要,这就使物品的质发生了飞跃或进步。这类生产统称为质进型生产。

质进型生产显然不能用数量来计算。但产出物比投入物更好、更优,这是肯定的。对于物质的属性进步,由于没有办法量化计算,对它的研究也总有一些障碍。而人类的生存具有无比强大的创造性。人们总是对更好的物品给予更高的评价,而更高的评价往往意味着更多货币的自愿支付。于是,人们想到把投入物和产出物都以人们愿意支付的货币量的形式来比较,就可以将生产前后不同性质的物品折算成具有相同性质的货币量来研究分析。

魁奈在研究农业产品时实际上也使用了货币计算。

把投入物和产出物都以其当时的市场价格折算成一定货币量来进行生产前后的对比,产出量必然大于投入量。这里有一个前提条件就是所有物品都以生产前的价格计算。

如果在生产前,产出物的货币量小于或等于投入物的货币量,生产就可能无法进行下去。但有的时候,以生产前的价格计算进行投资决策,生产后产出物价格大跌,就生产出现了亏本,这是经常出现的现象。所以,货币折算以后,生产显得更加抽象,琢磨不透。我们实际上是把投入物和产出物都折算到一个离人类消费更远的另一种物品(货币)上,因此,这样计算更加抽象,更加不容易用人类的感觉来把握。但是,货币计量的好处是,一切产品都可以适用,具有普遍适用性。货币离人类的消费比消费品更远,但是,现在投入物与产出物却折算成了具有相同属性的货币,于是,投入产出就可以直接计算了。

质进型生产,也可以计算净产品。

假如生产一辆汽车(轿车),全部投入合计 5 万元,而市场上的售价是 8 万元,则 8－5＝3(万元)。

这就是轿车生产的净产品。

只是这个净产品由于使用了货币,人们更加乐意与市场上的实际售价互相比较,而市场售价实际是波动的,可能出现净产品等于 0 或小于 0(成为亏本)。所以质进型生产的净产品给人一种不确定、不可靠的感觉。

另外,在逻辑上把投入物和产出物都折算成货币,就需要价格,而价格是本书研究的目标之一,现在却先期给定出来,然后再找出市场价格更加难以理解。而以市场价格计算的货币量剩余也仅仅是生产者剩余,却丢失了消费者剩余,所以货币计算出的净产品不完全,也不可靠。比较起来,还是量增型生产的净产品更加完整且坚实可靠。

三、净产品或净剩余进一步说明

我们之所以研究量增型的净产品,就是因为它完整而且坚实可靠。在正常的生产条件下,人类的生产都是有剩余的。量增型生产的净剩余(净产品)是必然存在的。除非个别时候遇到天灾,净产品可能小于或等于 0,正常情况下剩余必然存在。如果剩余经常小于 0,这就是生产的萎缩,那人类就消失了,早就因生产的入不敷出而破产,粮食生产如果经常这个样子,人类就无法生存下去了。

迄今为止,人类在地球上活得很好,说明净产品小于 0 不是经常现象,仅偶然出现。从平均来看,粮食生产的净产品一定大于 0。

质进型生产,虽然无法直接计算出坚实可靠的实物净产品,但由于质的进步毫不逊色于量的增加,我们理性判断,它的净产品也必然大于 0。我们依据量增型生产的计算比较,加上对质进型生产的认识,可以认定,质进型生产效率不低于量增型生产,所以我们可以放心地说,一切生产,都可以具有净产品剩余。也就是说,一切生产,净产品都是存在的。为了统一质进型和量增型生产,我们称净产品为净剩余。而且这个净剩余是客观存在的。经济之所以能够发展,都是因为净剩余大于 0。

人类的生产都是有剩余的,这就规定了生产是有方向的。我们相信把面粉做成饼子,是生产,它使物品变得更加接近使用。如果反其道而行之,将饼子再加工还原成面粉,那肯定净产品小于 0。

生产总是向着更好、更优、更方便的方向努力,而不会相反。

由此看来,同样数量的物品,比如面粉和饼子,理所当然地,饼子的价格会高于面粉的价格,否则生产就会停止。

不过,也有个别时候可能出现饼子价格低于面粉,这是异常的短暂情况,它是经济调整的过程。例如,饼子生产过多,卖不掉就会烂掉,于是出现甩卖现象。由于饼子过剩,价格锐减,这是对饼子生产量过大的一种抑制,它自动调整使下期饼子生产不再过剩。但这并不表示,饼子的价值低于面粉的价值。

四、净剩余存在性的严格证明

如果生产是量增型的，产出物中包含有投入物，或者就是投入物中的一种，可以将所有投入物都折算成某一种投入物，这种投入物与产出物同种。于是，只要度量那种产出物，就可将投入产出同时度量了。

典型的情况是粮食生产，投入物中的种子与产出物完全一致，我们可以把投入物中的化肥、农药、劳动和土地占用等都折算成产出物粮食，就可以在同一个坐标维度上比较产出与投入的大小。

如果以投入为一个单位，可以计算产出是多少倍；如果以产出为一个单位，可以计算投入占多少比例。

以粮食为例，我们可以看投入 1 标石粮食，能产出多少标石的粮食。

用直方图能直观地表示量增型生产的情况，如图 3-1 所示。

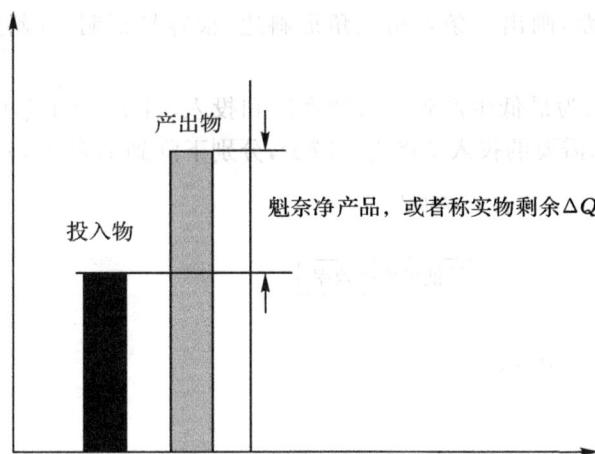

图 3-1　量增型投入产出直方图

其实，大量的生产都是质进型的，在质进型生产中，产出比投入效率往往更高，在无法折算成同种物品时，可将投入用货币度量来计量，产出物还是以物量计量。

例如，一辆汽车、一架飞机、一架飞船等，我们就用它的成品单位计量。其投入折算成货币，以货币投入来计量成本。

成本用货币计量，产出用产成品单位计量，二者性质不同，无法放在同一个坐标轴上，那种一目了然的魁奈净产品剩余就无法得出，但我们可以通过一系列严格的推导，用相互垂直的二维坐标轴分别表示投入和产出，就可以可靠地推导出质进型生产的直方图。

如图 3-2 所示，纵轴表示产成品计量，横轴用货币表示成本。如果产成品是利物，纵轴就可以直接以标石刻度；如果不是利物，就无法用标石计量，只能以产成品自然单位计量。

在图 3-2 中，纵轴表示产成品量，横轴表示投入物的量。P_0 表示 1 单位产品，I_0 表示 1 单位投入物。当投入为 I_0，产出为 P_0 时，射线 L_0 的效率正切值为 $\tan\alpha_0 = P_0/I_0$，α_0 为效率角。当效率逐步提高时，L 的仰角会逐步增大，效率正切值也会逐步增加。效率正切值是质进型生产的特征参数。

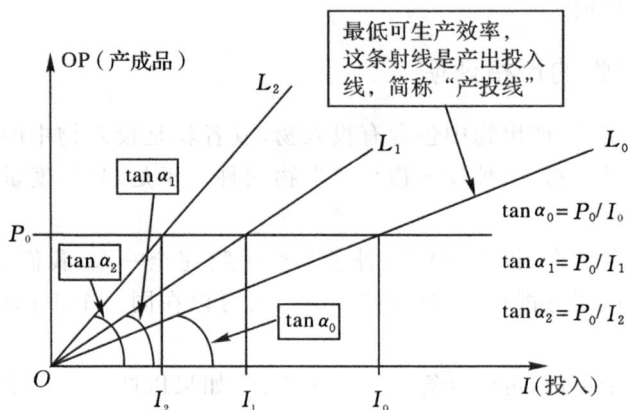

图 3-2 质进型生产效率

图 3-2 是用笛卡儿坐标表示的质进型生产,图 3-3 则是用几何表示的质进型生产。图 3-3 以投入、产出为截距,画出一条直角三角形斜边,很容易证明,其斜边与横轴夹角也是效率角。

我们假定 P_0 和 I_0,为最低生产效率时的产出和投入,且 P_0 为 1 单位产量,随着效率的逐步提高,生产 1 单位 P_0 需要的投入 I 将逐步减少,分别下降到 I_1 和 I_2,效率角将逐步增大。

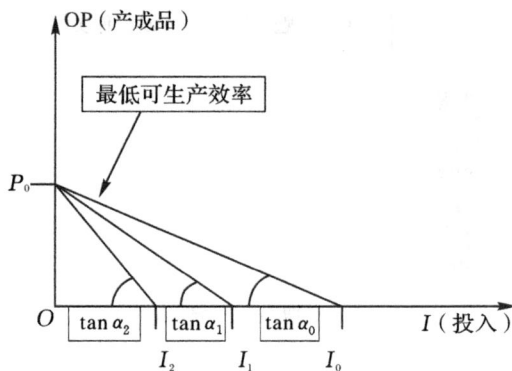

图 3-3 质进型生产效率

请注意图 3-3 中的"最低可生产效率",这是本书专门定义的一个概念。图 3-4 是其另一种表达,它表示 P_0,I_0 是对应的最低可生产效率参数。也就是说,投入 I_0,生产出 P_0,具有最低的效率,但它同时又是可生产的效率,即此效率下生产还是合算的,可以继续生产下去,相当于马克思的简单再生产情况。这种情况下我们可以认定它没有剩余,也不亏损。

质进型生产的这种情况肯定存在,但现实中难以准确找到。本书假定最原始的第一次生产该种产品近似于这种情况,如图 3-4 所示。

利用最低可生产效率的情况,我们可以设计这样一种等效当量,即一个 I_0,可以生产得到一个 P_0,所以可以把 P_0 看作是 I_0 在产品坐标轴上的当量。以后不管效率如何变化,我们都确认"最低可生产效率"情况下 P_0 和 I_0 这种固定的当量变换关系。

于是,给定投入 I_0 不变,我们就可以得到图 3-4,也就是说,投入一个 I_0,在最低效率下,

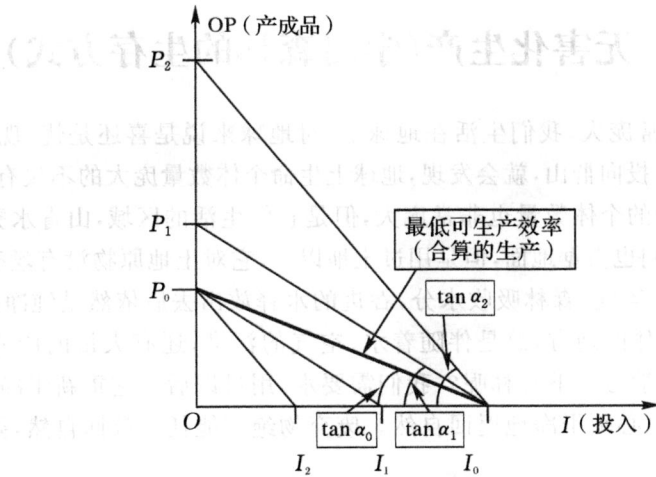

图 3－4　质进型生产效率

可得到 P_0；在较高效率下，可以得到 P_1；在更高效率下，可以得到 P_2。

于是，P_0-I_0、P_1-P_0、P_2-P_0 就是不同效率下准确的净剩余，如图 3－5 所示。

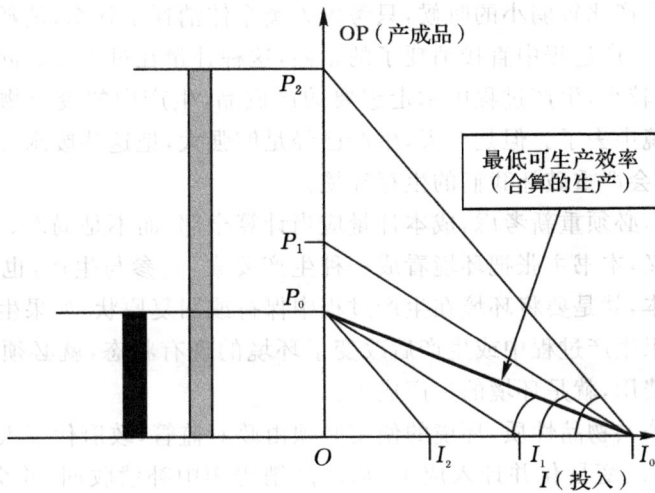

图 3－5　质进型投入产出直方图

注意，右图 3－5 中，相同斜率的线具有相同的效率；曲线越陡，效率越高。

通过折算，无论质进型还是量增型生产，都能清晰地用直方图表示出净剩余或净产品的存在。后续章节中用价格分割净剩余就是非常可靠的。

第六节　无害化生产(学习森林的生存方式)

现代人类种群数量非常庞大,我们生活在地球上,对地球来说是喜还是忧,现在很难说清。但是我们将眼光投向大地,投向群山,就会发现,地球上生命个体数量庞大的不仅有人类,还有植物,树木,尤其是森林,它们的个体数量也非常庞大,但是它们生活的区域,山青水秀,生机盎然。森林需要水,需要气体,它们也占据地面,但是用过土地以后,它对土地原物没有丝毫损害。森林吸收二氧化碳,呼出纯净的氧气;森林吸收水分,吞进的水释放出去后依然是纯净的水。

看看我们人类今天居住的地方,总是伴随着水、空气的污染,还有大量的废弃物污染了土地甚至地下水。我们何不学习一下森林呢? 我们需要水,用过以后让它重新干净地返回自然;我们需要空气,利用之后也必须干净地返回自然。废弃物绝不能任意放回自然,要无害化处理之后再让它回到自然中去。

如果我们学会了森林的生存方式,我们也会成为地球的骄傲;人类不能成为地球母亲的负担,甚至成为地球母亲的"病虫害"。

一、生产向环境中释放的废物

早期在人类的生产比较弱小的时候,只考虑人类个体消耗了什么,消耗了多少。早期的成本计量,也仅仅计入生产过程中直接消耗了的东西,这种计量在过去没有问题,一直沿用。

早期生产,规模较小,生产过程中拿走想要的产成品,生产中的废弃物——废气、废水、废渣就直接释放到环境中去了。但是今天,生产已经足够强大,把这些废水、废气、废渣继续直接释放到环境中去,就会严重破坏我们的生存环境。

所以,现代生产,必须重新考虑,成本计量应当计算全部,而不是局部。

根据成本的含义,本书主张把环境看成一种生产要素,它参与生产,也要按生产要素一样计量成本。环境成本,就是要将环境在生产过程中保持或回复原状,如果生产中能够保持环境原状,那是最好;如果生产过程中或生产后改变了环境的现有状态,就必须要恢复原状。保持或恢复环境原状的费用,就是环境的生产成本。

由于环境具有公共物品性质,环境的使用必须由政府监管,政府代表人民保护和恢复环境原状,企业应将环境改变量化并计入成本,从产品销售额中补偿收回,并交给政府,用于环境恢复。

二、为获取经济利物而破坏非经济利物的悖论

现代人类是高智商的物种,人们为了发财致富,为了过更好的日子,就加强生产;但是,生产又在不断破坏环境,使我们的生存环境日益恶化。这显然成了一个悖论。追根溯源,源于人类生产能力的强化与废物处理能力的不足之间的矛盾,或者就是只在乎生产,不在乎环境的改变;因为产品是私人的,而环境则是公共的,生产者倾向于漠不关心。

本书提出,要解决环境问题,首先要建立全成本概念,把环境计入成本,并依靠政府监管,才能解决这一突出的问题。

私人的生产者,在意自己腰包掏出了多少,而不在意那些"无代价"的环境要素是否被损害。例如空气,取用无费用,某些生产者认为这东西不重要;水,一般也自动满足供应,部分生

产者也不当回事。实际上这两种利物非常重要。生产者一定要会算计,看生产的有价利物是否能够抵偿无价的损害。前些年关停了一批小造纸企业,就是一个例证。

第七节 人与自然的交换

其实,生产也是一种交换。生产是人与自然的交换,人投入要素到自然中,从自然中得到产品,就像从自然中换回了产品。生产者投入的是各种要素,折算为成本,就是生产者向自然支付的代价,这个代价就是成本价。所以生产是以成本价与自然交换产品。一般来说,成本价都是比较低的。

相对于人与人的交换,人与自然的交换更加真实。由于自然不具有人格和意识,它会以成本价格"卖出"产品给生产者。无论是谁,只要生产,就会以成本价获得产品。自然界不会要求太高价格,只有生产者生产水平高低决定他们各自的成本。如果掌握了降低成本的方法,就可以不断降低成本,大自然不会嫉妒你的才华。

一、可供给的利物量

生产是为了弥补自然界提供的利物不足而发展起来的。发展生产就是要增加利物量的供给。在消费部分我们已经全面讨论了利物的分类,本节讨论利物的产出。

利物的量是可以计算累加的,一个生产者产出部分利物,同种利物加总起来就成为全社会得到的该种利物的总量。在一个周期内,利物总量将被销售分配到各位消费者手上。各位消费者得到的利物量,就是他个人可得到的利物量,这个利物量,就是消费者的占有状态。

全社会每位消费者的占有状态都高起来,这个社会就富裕了。从源头上来说,人们的富裕程度,取决于可获取的利物量,最终取决于利物生产能力的高低。

二、投入产出优化(技术效率提高)

新古典经济学家在生产方面的研究还是比较到位的,他们在优化方面提出的无差异曲线方法,一直是有效的。

本书的优化不排斥新古典方法。这里只是介绍优化的结果在民生经济学中的表示。

图 3-5 不仅对质进型生产有效,也适合于量增型生产。

图中先以 P_0 为常数,寻找投入 I 的最小化,随着效率的提高,逐步将 I_0 降低到 I_1,再继续降低到 I_2,还可以进一步降低。

这就表示了新古典经济学给定的等产量线,降低等成本线的情况。在一定技术条件下,这种降低是有限的。随着成本的不断降低,越到后来,成本的降低将越困难。

现在考虑另一种情况,以图中 I_0 为常数,不断提高产品量 P,这种努力能够使 P 从 P_0 提高到 P_1,再继续努力,使 P_1 上升到 P_2。这个过程表示了新古典经济学中给定成本,寻找尽可能高的等产量线。

在新古典经济学中,当生产者达到最优时,可以形成等产量线与等成本线相切的图形,得到一个暂时的均衡条件。

在图 3-5 中,$\tan a_0$、$\tan a_1$、$\tan a_2$ 就是结果。当效率提高到在当时技术和管理水平下无法再提高时,此时的效率正切值就是其特征值。

第八节　生产要素研究

我们把生产中使用的各种东西统称为生产要素,只要投入生产中的事物就都是生产的要素。在生产技术水平和管理组织水平确定的情况下,要素的数量和质量将决定生产的产出水平。

一、萨伊三要素与马歇尔四要素

法国经济学家萨伊提出的三要素(劳动、土地、资本)迄今依然具有生命力。马歇尔提出的四要素(劳动、土地、资本、企业家才能)说法,在当时似乎起到一定作用,但今天看来不太准确。其实,企业家才能应当归到劳动中去,它属于人的智力、脑力,而劳动就是体力和脑力的支付。把企业家才能专门划分出来,显示了对企业家才能的重视,也带来了要素之间的歧视。

萨伊的三要素稍加修整,就是今天最合适的要素分类。

萨伊的三要素,劳动、资本不必修正,只是土地要素,今天可以扩大为环境要素。环境要素包括土地、自然资源和自然环境,以及社会类环境。可以简化说成资源环境。

所以本书的要素看法,就是修正后的萨伊要素分类,即三要素:劳动、资本和资源环境。

二、要素之间的关系

要素都属于物的范畴,而劳动是劳动者(人)的一种能力,人的体力和脑力支付的过程就是劳动。一定要把劳动和劳动者区分开来。劳动是人的附属能力,可以看成物。

资本,无论是资本品还是资本金,都是物,这个应当没有异议。

资源环境,是一个笼统的称谓,它基本属于物的范畴。

要素的所有者,基本都是人或法人。

劳动者是劳动的所有者,资本家是资本的所有者,资源环境的所有者一般应当是法人。在当代中国,资源环境要素为全民所有,由政府代管。这是法人所有的东西。

三、要素间的平等与不平等

要素都是物,它们在参与生产时才叫要素。

既然要素都属物的范畴,它们之间就没有贵贱之分,无论其所有者是谁,它们在生产过程中的原始作用都是一致的,都是生产财富物品的前置因素。至于某种要素在具体的生产中所做的贡献大小,那是生产组织者安排和要素自身品质差异的结果。

要素平等,就是要素之间对生产的原始作用平等,不能因为要素所有者的性质导致要素之间的歧视。要素都是物,天然是平等的。

当要素投入到生产中,原始的平等就消失了。各种要素都要服从生产组织者的权力安排,各就各位,相互配合,进行利物生产。

虽然要素本质上是平等的,但是在生产过程和生产之后分配成果时却又表现出不平等。资本主义社会中三要素分配的模式基本上是马克思批判过的萨伊的"三位一体"分配模式,在此模式中,劳动受到严重的不公平对待。

而在社会主义市场经济中,三要素之间的分配依然沿用了新古典传统,仍旧认可了"三位一体"分配模式,这也是不平等的。资本是可以占有利润的;土地也可以占有剩余;而劳动则无权分享剩余,只有得到工资的权利。

"三位一体"分配,就是:

资本方　收获　利润

土地方　收获　地租

劳动者　收获　工资

这个分配模式是不平等的,这是劳动者贫困化的模式。之所以说它不平等,是因为资本的利润,土地的地租都是净剩余的分享,而工资实际上只是劳动的成本。

这实际上是资本拿回本金之后还分享剩余,土地拿回土地原物的所有权之后也分享剩余,唯独劳动仅收回自己的成本——工资,无权分享剩余。哪怕企业再能赚钱,净剩余也与劳动者无关。这当然是严重的不平等,也是劳动者贫困化的根源。

四、各要素性质的差异——劳动弱势

资本主义社会三要素分配的严重不平等,是如何自发形成的呢?其根源在于三要素各自不同的性质特点。

首先,资本,资本具有最高的自由度。资本金是要素,资本家是要素的所有者。资本基本是货币,资本所有者既然有资本要素(就是有钱),他可以不消费,拿钱投资,以获取未来收益;也可以不投资,直接用资本金消费。所以资本所有者是完全自由的。

其次,土地,包括其他资源,它们是物,其所有者(地主)是人。所有者投入土地或资源要素到生产中,就是为了获取净剩余。土地所有者要投入土地,就能够帮助生产出物质产品——净产品;它不投入就无法生产出净产品。于是,投入就可以收获剩余,不投入就不分享剩余。

其实资本家和地主都同时具有两种生产要素,作为人自身的劳动要素和资本或土地生产要素,他们总可以在使用要素之间做选择。他们都具有一定自由度。

再次,劳动,劳动是劳动者身体发挥的作用,是劳动服务。劳动要素比较特殊,它是人的身体发挥的作用。服务产品无法预先制造好等待使用,也无法存储,只能即产即用。劳动和劳动者的身体是无法分开的。劳动是劳动者唯一与生俱来的能力和生产要素。劳动者和劳动要素是一体的,不可分开。一般依靠劳动生存的人,仅有劳动一种要素,无法选择,没有自由度。

同时,劳动表现出一个特性,就是人的个体必须要吃饭,生存。大多数人生来就只有劳动一种要素,于是多数人想到了用劳动换饭吃的办法。因为他只有劳动一种要素,那么他的自由就受到很大限制。吃饭生存,成为劳动要素背负的负担。因为劳动者只有这个唯一的要素,吃饭生存就会逼迫劳动要素的所有者去接受不平等的分配方式。因为一天不出卖劳动要素,劳动者就得饿一天肚子。由于这个属性特点,劳动要素与资本、土地不同,在分配中处于极端的劣势,所以资本主义社会自发形成了最不利于劳动者的"三位一体"分配。

其实,劳动者无权分享净剩余,这是资本主义社会演化的结果,不是人为设计出来的,萨伊也只是总结了这种分配模式,或许还有为其辩护的想法,但绝不是这种模式的制订者。"三位一体"分配严重地不公平,可是西方学者对其却视而不见,这或许是阶级意识在作祟吧。

五、要素所有者参与生产的目的

要素所有者是人,其参与生产的目的就是为了得到净产品剩余。各要素合作进行生产,正常情况下产出物必然大于投入物,会产出净剩余。在有净剩余的情况下,各要素所有者都有一

个愿望:先收回投入,保持或恢复投入物生产前的原状,称为收回成本;然后各要素所有者都希望分得一份净剩余。这个要求是合情合理的,也是可以实现的。

各要素所有者要求收回成本,这是没有争议的。当生产有净剩余存在时,成本当然已经包含在新产品中了,收回成本是必须的。这是所有制规定的。

但是,各生产要素都要求分得一份净剩余,这是历来争议最大的。早期资本主义社会之所以遭到诟病,就是因为净剩余全部被资本家独占,这显然有违正义原则;后来劳动价值论学派,认为净剩余全部为劳动所创造,因此一切应当归劳动者独占。于是产生了长达200多年的意识形态争论和对立。

其实,任何一方谋求某种要素独占净剩余,都是违背正义原则的。持有独占剩余主张的学者,都在要素之间建立了一个歧视原则,认定净剩余仅由某一种要素所创造,其他要素都只是辅助条件。辅助条件当然不应当分享剩余。这种观点必然在现实中造成要素所有者之间的对立,使生产系统陷于困境,净剩余必然越来越小,大大降低生产系统的效率。

早期资本主义阶段,资本想当然地独占了剩余,造成劳动者的贫困化,引起了阶级对立;后来劳动价值论出来帮助贫穷的劳动者呼喊,要求改变这种现状,这本身是向着正义方向迈进的。但劳动价值论者提出一个矫枉过正的理论,要求劳动者取代资本家独占剩余,这又悖离了追求正义的初心和原则,在经济现实中也必然遭受挫折,这已是有目共睹的事实。

西方经济学中,有些人提出边际生产力分配原理,其实那是变相地支持资本独占的理论,他们貌似实证地客观公允,其实贩卖的是资本独占理论,应当受到批评。

要素所有者的要求,争论焦点集中在净剩余的分配方面。

本书的主张将一贯一致地坚持无歧视原则,三要素应当共同参与生产,先各自收回成本,再平等地分享剩余,总结成为分配的"三源两步法",以替代"三位一体"分配模式。"三源两步法"的详细内容参见本书第六章。

实现了平等地分享剩余的"三源两步法"分配,生产系统将更加和谐,效率更高。当前社会的主要任务,重点是实现劳动者参与剩余的分享,经济系统才能够健康发展。

第九节　生产的总原则

人类要生存下去,就得进行生产。而要使生产健康发展,就得遵守生产的总原则。任何人破坏了这些总原则,即便他的语言异常华丽,他的粉丝布满天涯海角,他的权威通天入地,都逃脱不了失败的命运。

生产的总原则是:

①各要素所有者都有权收回成本;

②各要素所有者都有权平等分享剩余。

一、收回成本是生产的最低要求

要素所有者都是人,他们都是利己的个体,他们参与生产都抱着个人利己的目的而来,都奔着净剩余而来。但是,在取得净剩余之前,他们都要求先收回成本。

成本就是要素保持或恢复投入前的原状的费用。

投入前的原状,要素已经是私有的,它受到法律的保护。投入生产后,在新的产品中扣回成本,这依然是对私有产权的保护,符合法律,符合正义。

当然,生产也是有不确定性的,如果生产失败,各要素都将蚀本。这种情况各要素所有者在决定参与生产之前就已经有思想准备了。如果出现亏本,无法收回成本也是理所当然。

但是,如果经营成功,净剩余存在,成本必然已经收回到企业,各要素收回成本应当不存在任何问题。

在有剩余情况下,收回成本是要素所有者的最低要求,应当受到道德支持和法律保护。

二、追求剩余是一切要素所有者合理的要求

要素所有者参与生产,就是为了获得净剩余,因为正常的生产存在净剩余,所以净剩余必然为各生产要素所有者共同占有。企业完成销售以后,净剩余就归企业占有,也就是要素所有者共同占有了。接下来就看企业内部如何分配净剩余,这时就应当依据剩余分享原理进行分配。剩余分配方式的优劣,将影响整个人类社会的发展进步和健康,同时直接影响到下期生产的效率。

对分配的研究非常具体,这里仅确认一条,生产参与者各方,在有剩余情况下,都必须分享到一些剩余。其量的多少这里暂不做深入研究,但定性地看,所有要素方都必须享受到一些剩余,这是确定无疑的。

如果全部剩余被一方或两方独占或瓜分,有一方完全没有分到剩余,这就是违背正义原则的,甚至存在着剥削或严重剥削。

三、追求剩余合理而且可行

追求剩余是要素所有者的天性,这项要求在生产净剩余存在的前提下,具有完全的可行性。人作为天地间生存的生灵,也完全有权利在参与生产之后分享到一份剩余,因为剩余是他们的要素所做贡献的报酬,理所当然归各要素所有者取得。

这里遵循着一个最高的原则,就是"谁创造,谁拥有"。要素所有者参与了净剩余创造,所以他们与其他要素所有者共同取得一分剩余,颠扑不破。

关于剩余分配的更多内容,在后续章节中还将详细研究。

第十节　生产要素的两类消耗研究

生产要素在生产过程中具有不同的表现和命运。为了深化研究生产过程,本节专门探讨生产要素的两类消耗。

第一类消耗是要素有形的磨损或牺牲,需要在生产成果中扣回加以补偿;第二类消耗是要素的服务或贡献,是要素被占用的时间消耗,也是要素参与净剩余分享的依据。

一、生产要素在生产过程中的两类消耗

从经济学研究进展来看,今天的生产包含三大类要素:劳动 L、土地 N、资本 K。

这些要素在生产中,存在两类消耗:

第一类,要素自身直接的磨损和消耗,例如,劳动者每参与一个周期的生产就会变老一些,这就是劳动力消耗;资本,如果换成具体的非货币形式,如原材料、机器、设备、厂房等物质资

料,它们在生产中也会逐步磨损和消耗。原材料属于流动性资本,自身可能在生产中完全消失;机器设备厂房属于固定资本的实物形态,它在生产中将发生缓慢地磨损,磨损多少,就扣回多少,直至报废消失。唯独土地要素,在生产前后不会磨损和改变,这是比较特殊的事例,当然没有发生磨损,生产后就不"扣回"。

第二类,生产要素被占用的时间消耗,我们给它取名"波量"。它指要素在时间上被占用,在生产期间不能另作他用,必须为本周期生产服务。我们把这种消耗称作波量消耗。

一种要素的数量与时间之乘积称为波量。例如,1 个劳动力,服务生产 1 天,具有波量 $B_L=1$ 人 $\times 1$ 天 $=1$ 人·天(这就是人们习惯上称谓的 1 个劳动日)。

1 万元资本被使用 1 天,产生波量 $B_K=1$ 万元 $\times 1$ 天 $=1$ 万元·天(或 1 万元·日)。

1 亩土地被占用 1 天,产生波量 $B_N=1$ 亩 $\times 1$ 天 $=1$ 亩·天。

如果我们能够确认一个当量——1 个标准的劳动力相当于多少亩土地或多少万元资金在生产中的作用——那么这个计量就非常有用。

我们不妨以 1 个标准劳动力做基准,n 亩土地与之相当,成为 1 个土地当量;k 万元资金与之相当,成为 1 个资金当量。这里的 n 和 k,可以通过应用经济学家们的测定来确定或规定。以后劳动力就用 1 人(标准劳动力)为当量单位;土地每 1 个 n 亩为 1 个当量计量单位;资本或资金以 1 个 k 万元为 1 个当量计量单位。

这里暂时假定各种当量已经确定,劳动力称 1 个人,土地称 1 个 n,资本称 1 个 k。

在波量的意义上,1 人·天(劳动)相当于 n 亩·天(土地)或相当于 k 万元·天(资本),或者,1 人·年(劳动)相当于 n 亩·年(土地)或相当于 k 万元·年(资本),总体都称为 1 个当量波量。

这样,不同的要素,其波量可以累加。例如,土地 3 个当量,劳动 6 个当量,资本 1 个当量,加总起来,共 10 个当量(波量)。

这就是要素被占用的度量,是要素的第二类消耗,时间消耗。

这两类消耗,在生产中的作用是什么?到底是第一类消耗创造了产品,还是第二类消耗创造了产品?这是需要弄清的基本问题。

本书认为,第一类消耗为生产作出了牺牲,它应当优先补偿;第二类消耗为生产作出了贡献,它应当享受剩余。

可以类比来理解,就好比一场战争,生产的产成品就像战争取得了胜利,第一类消耗就像战争中的牺牲和伤残,第二类消耗就是参战人员为取得胜利而进行的服务,属于为战争胜利作出的贡献。

在生产过程中第一类消耗不是必然存在的,它可以有,也可以没有,例如土地就不消耗;而第二类消耗则必须存在。

我们看土地,在产前产后,其质和量都没有发生变化,没有第一类消耗。资本,若是作为实物资本参与生产,原材料、机器设备、厂房就会有第一类消耗;若作为资金参与生产,如果没有通货膨胀的话,产前产后资本金没有第一类消耗。但是,第二类消耗,每种要素都有。

劳动要素,第一类消耗和第二类消耗同时存在。

劳动的第一类消耗,就是每参与一个周期的生产,劳动者将缓慢地衰老一个周期,这是不可逆的消耗。劳动的第二类消耗,就是在生产周期中被占用。他必须服务一个周期,为产品的产出作出自己的努力。这个消耗是时间性消耗。

对劳动的第一类消耗的补偿就是工资,也就是补偿劳动的成本,让劳动要素恢复原状。

所有要素的第一类消耗,都要在生产成果中优先等量扣除,作为补偿。

劳动的第二类消耗,与资本和土地平等。各要素的第二类消耗应当分享生产成果的剩余,即净剩余部分。

二、第一类消耗的界定及政策

第一类消耗本来是应当界定清楚的,但实际经济中这类消耗不一定能够清楚地界定。

(1)土地要素的第一类消耗是0,土地在使用过程中既不消耗也不增加,在生产前后,它的质和量将保持不变。

(2)资本要素的第一类消耗要分情况:

①资本作为资本金参与生产,除了通货膨胀以外,在生产前后货币资金的质和量都不发生变化。本金还是本金,扣回本金后资本金就不存在第一类消耗。

②作为物资原材料的资本,在生产之前是一堆物资,生产后就完全消失了,我们能够看到产品,却再也找不回原材料了。

③作为机器设备厂房的资本,也是物资,但这些资本在生产前后会发生变化。随着时间推移,它会有磨损,质会下降、变坏,虽然变化量并不明显,但从长时间看,能够确认它的消耗。这些消耗以折旧形式扣回,进行补偿。

资本,只要存在第一类消耗,就得等值扣回,加以补偿。

(3)劳动的第一类消耗,就是劳动者每参与一次生产,就会变老一点,这与机器设备厂房的磨损是一样的。这种磨损,也应当等值扣回,加以补偿。

所有要素的第一类消耗都应当"等值扣回",加以补偿,以便使要素保持或恢复原状。但是这个"等值扣回",却存在着客观和社会主观的因素。

所谓客观,就是说它们的量本来是可以准确测定的,有精确地计量。但是实际经济中又往往不按照它们的精确计量来计算,从而表现出一些社会认可的主观性。

例如,机器设备厂房,在生产中的磨损是可以精确计量的,但是由于精确计量麻烦多,所以就按时间(使用寿命)来不精确地分摊折旧,这样非常方便。仅为方便还不够,西方社会在20世纪为了加快技术进步,希望厂商加快机器设备的更新,所以提出了加速折旧法政策,允许厂商提前折旧,以便有资金加快设备更新。

这种政策虽然不客观,违背了"等值补偿"原则,却得到全社会人们的认同,因为它有利于社会发展。

三、劳动第一类消耗的界定与政策

劳动的第一类消耗,有点像机器设备的老化磨损一样,甚至更加复杂一些。

首先,劳动的第一类消耗也是客观的,可以得到客观的精确计量。劳动恢复原状的要求是,第一,给予劳动者本人生存一个生产周期的生活资料;第二,给予劳动者养育一个后代一个生产周期的生活资料;(如果详细一些,还有)第三,给予劳动者本人补偿其受教育的分摊费用。为了简化起见,我们这里只讨论第一、第二两项。

按原则来讲,第一、第二项生活资料,都应当按照饱和点的数量来计算,这就是客观计量的。但是,人类历史的发展,从农耕时代开始,直到工业革命发生,在漫长的历史长河中,人们的生存条件从来就没有普遍达到接近饱和的程度,如果要求历史上各阶段都按饱和供给生活资料来计量,显然不合理,也不是真实的历史。

所以,劳动的第一类消耗的补偿,精确测定是可以完成的,但是不必要的,也是不可能实现的。饱和供给生活资料只是现代社会才可能实现的一个极限情况。历史上人们生活资料的供给,应当考虑当时社会生产力水平,这个量值一定比饱和供给量值低得多。

估计在渔猎时代后期或农耕时代早期,生活资料供给的饱和度应当不会高于30%。或许经常在10%~20%。随着社会发展进步,到工业革命以后,资本主义黄金时代,供给饱和度是否达到了61.8%? 或许有这个可能。

生活资料的供给的饱和度,随着社会进步在不断增加,增加的生活资料,不仅是单纯量的增进,还有消费品品种的增加。

例如,在农耕时代早期,消费品应当主要指食物。在封建社会时期,消费品就逐步扩展开了:食物品种丰富了,衣服多姿多彩了,住房开始变得讲究和宽大了,行路有了马匹、牛车、马车代步,等等。

消费饱和度提高10%,或许消费品的品种也会增加若干种。当饱和度接近1时,消费品的增加主要不是量,而是质和品种的增加。

所以,劳动的第一类消耗,在不同历史时期,可以根据当时的社会生产力水平来确定一个当时社会可接受的水平。

在威廉·配第时期,当时经济学界提出最低工资制,实际就是在确定当时社会劳动第一类消耗补偿的数量。这项工作即使在今天也非常具有现实意义,全社会确定一个当时社会普遍能够实现的补偿数量,作为劳动的成本,或日工资,或年薪,作为一个底线,不可逾越,以此计量劳动的成本,这是恰当的。

值得特别指出的是,劳动工资只是劳动恢复原状的补偿,在劳动者拿回工资之后,劳动者参与生产,在整个生产周期里,他和其他要素一起被占用,存在第二类消耗,即劳动波量的消耗,所以在净剩余产品的分配中,应当与其他要素资本、土地共同分享净剩余。资本金得到利息,土地拿到地租,劳动者拿到分红或奖金,这在逻辑上是非常通透的。

在确定劳动第一类消耗的时候,要注意几个问题:

(1)劳动第一类消耗是一个历史性数据,它的变化不可能太快,随着时代进步要逐步调整,不能太快,也不能几十年几百年不动。只要全社会生活水平改变了,就应当作出适当调整。对于现在中国社会的情况,笔者认为每3年调整一次比较合适,因为今天的中国正在快速发展中。而对于一个比较成熟的社会,每5年检查一次是否需要调整,也应当比较合理。

(2)确定劳动第一类消耗的数量,应当以全社会消费水平的平均值为基础,要去掉那些穷奢极欲的消费,也要去掉那些极度贫穷的消费极端,取社会真实的平均情况来确定一个标准劳动力的日工资、月工资或年工资。确定工资,要考虑到这是关系人们福祉的大事,应尽量准确,数量稍偏大一点,向劳动者一方倾斜一点也是可以的,因为我们研究经济的目的就是为了人们更好地生存;但是偏向也不可过大,否则会影响生产,并最终影响人们的生活福利。

(3)日工资数量是按消费周期计算的人均消费量。其计算以当时社会生产力确定,以消费品饱和度来衡量。随着社会进步,利物量饱和度应当从10%开始逐步提高,理论上饱和度上限是100%,实际上当饱和度递增到61.8%以后,再递增就要小心,继续递增是否会有其他副作用,现在还未可知。

第十一节　成本论

生产论和成本论，都是新古典经济学的重要组成部分。由于新古典经济学经历了上百年演变和改进，其结构已经比较完整。在成本论这一部分，新古典的研究也已经达到了较高程度。但是，新古典为了构造一套完整体系，有些地方也显得牵强，有些地方依然存在遗漏或不完善。本书对新古典正确的地方不再花费精力，而专门研究它还并不完善的地方。

关于成本的定义似乎不存在争议，但是这里还需要专门清晰地确定一下它的含义。所谓成本，就是生产过程中被使用的要素，在生产前和生产后，保持或者恢复原物、原状的费用。

在生产过程中，有一些要素被投入以后就找不回来了，消失了。这种要素在生产完成之后就要恢复其原状；有一些要素在生产过程中，其原有状态始终不发生变化，也不消失，这些要素就一直保持原状。

在生产过程中消失了的东西，生产完成之后就要恢复。恢复不可能得到原物，只是要求把恢复原状的费用支付给要素所有者即可，这就是成本。成本的形态基本上都是通过折算成一定的货币值来表示的。

生产过程中一直保持原状的要素，例如土地，它在生产前、生产中和生产后，都保持着土地原物的性质和大小，它是在生产过程中保持原状的典型。保持原物的原始形态不改变，生产完成之后，它的所有权没有变化，仍归土地所有者拥有，它的形态、大小、性质以及产权，都是生产前的状态，土地所有权回归给土地所有者，就是收回了成本。

一、各要素成本的界定

本书采用三要素划分的模式。第一类，劳动要素，它指劳动者对生产系统有目的的支付脑力和体力劳动的过程；第二类，资本（或者资本金），它是指所有者将实物的工具或资产（或者资本金）投放到生产中，服务于生产过程的东西；第三类，包括土地在内的自然资源、自然环境、社会政治经济文化环境等，其中，自然资源（如土地、水、空气、矿藏等）是有形物，它们有自己的原物原状，只要在生产之后保持或者恢复了原状，就算收回了成本。

现在我们分别界定三类要素各自的成本。

1. 劳动要素的成本

依据成本的定义，即劳动要素保持或恢复原状的费用。

劳动要素参与生产，需要劳动者本人进入生产现场，但其实生产过程使用的是劳动而不是劳动者。劳动是劳动者的能力发挥作用的过程，要使劳动者保持投入前的原状那是不可能的。一个人早晨参与生产，晚上回家，次日好像还能继续发挥前一天相同的劳动能力。所以，似乎早晨和晚上，劳动者保持了原状。其实这是一个误解。

早晨上班的劳动者和晚上回家的劳动者，似乎保持原状，同样问题，那么年轻时早晨的劳动者和年老时晚上回家的劳动者保持原状了吗？显然，一天的跨度太小，劳动者的消耗不容易观察出来，如果一个人在企业工作 10 年以上，看起来就明显了，劳动者在生产中缓慢地消耗了自己。

劳动者在生产中消耗了自己的劳动，保持原状是办不到的，它只能要求恢复原状。

做到以下事情就相当于恢复了劳动者的原状。

第一，支付能够让劳动者个体自己正常健康持续地活着所需要的费用，即衣食住行的费用或生存费用。

第二,劳动者自己活着还不够,他会慢慢老化,逐渐失去劳动能力,为了恢复劳动者原状,劳动者要生儿育女,养育儿女的费用,也是恢复劳动者原状的费用。劳动者经过几十年上班参与生产,其个体将老化,但是他的子女正在成长,当上一代劳动者衰老时,他的子女又成长为新一代劳动者。这就是恢复了劳动者原状。

可能还有第三部分,就是赡养老人的费用。这一块要根据社会养老制度而定,如果实行家庭养老,劳动成本就应当包含这一部分;如果实行社会养老,以养老保险形式扣取,那就应该在企业养老制度里面计算,而劳动成本不计入这一部分。

上述两部分或三部分加总起来,就是劳动的成本。企业以货币形式发放给劳动者,这就是工资。工资是不可折扣的,如果企业或老板连工资都不想支付,那么这个企业或老板就违背了正义原则,应当受到谴责,甚至受到法律的制裁。

2.资本要素的成本

资本可以分为两类,一类是实物资本,另一类是资金资本。

如果是实物资本,在生产过程中,机器、设备、厂房都会磨损,因此,需要在生产之后恢复原状。现代企业提出折旧回收的办法,就是成本。

例如,经过一年,机器磨损了10%,年末就收回折旧10%,以便重置机器设备厂房,使资本保持到年初的规模和能力。资本的所有权从量到质,均没有发生变化。

旧资本品+更新的资本品,这就是资本的原物原状和原有规模,折旧是资本的成本,它的所有权是资本所有者的。

如果是资本金,期初企业借入100万元投入生产,期末收回100万元就是成本。当然前提是货币购买力稳定不变。如果通货膨胀严重,应当补齐通货膨胀的损失,就算恢复了原状。

值得注意的是,现实的企业把利息看做资本金的成本,这是绝对错误的。利息不是成本,而是剩余的分享,不能混淆了成本和剩余的本质。如果货币稳定,资本金的成本就是原货币量本身。100万元周转一年,期末收回100万元,不需要投入前的货币原物,只要货币量不减少,就是原状。

3.资源环境要素的成本

这一块要素比较复杂,我们先做一下划分:第一,土地要素;第二,资源要素,如水、空气、森林和矿藏等;第三,自然环境,如空间、空气、水域,人类和其他生命赖以生存的大自然;第四,社会环境,如政治制度、法律法规、经济政策、国防和文化习俗等软环境。这是保障生产正常的外部软性环境,对生产是有贡献的。

土地所有制这里不探讨,我们假定土地是某个所有者所有,那么土地要素的成本是什么呢?

正如前面已论述,土地在生产前、生产中、生产后,其性质和数量都是不变的。它的原物原状在生产过程中始终不变,但是它却支持了生产的进程,对生产过程的贡献不能抹杀。

由于土地在生产过程中始终保持原物原状,生产后土地的成本就是原物本身。原来属于谁,生产后还属于谁,这就是土地的成本。注意这是符合本书成本定义的,要么保持原物原状,要么恢复原状。土地保持了原状,成本就是原物本身。

资源要素包括生产过程中吸收的水、空气,利用的森林、矿藏等,这些要素原本是自然中存在的物资,它们原本没有人类价值,一般地小量使用不需要支付代价。但是,生产中大量使用这些要素,有可能造成资源短缺,甚至影响到一般人群和其他物种的生存。

例如,生产大量用水造成饮用水的水荒;生产大量利用空气可能会改变大气的成分,也会对人类和其他生物造成伤害。

关于森林,少量利用其中的某些资源,它会自动恢复,而大量的采伐将造成大片森林的消失。一旦大片森林消失,森林带来的生态效益也将消失。森林担负着地球二氧化碳吸收和循环的任务,没有了森林,这种循环遭到破坏,地球的二氧化碳可能会越积越浓,带来温室效应等生态灾难。

为此,大量地使用环境中的无代价利物,必须支付管理者制订的代价,国家可以代收费用,并且还要限量使用,以便恢复其原状。例如用水,现在已经实行了分级水价,以保护水资源。空气的大量使用也应收费。森林资源的利用,以保持原状为界限,伐一棵树要将它的生态损失计入成本。恢复森林需要的资金,就是砍伐森林应当支付的成本代价。

矿藏本来是无代价的,要从地下开采出来,附加了人工代价,才具有了价格。但是,地下埋着的矿藏是全体人民拥有的,国家应当代表人民监管这些资源,适当收取资源费用,用于全民福利。同时,开采资源矿藏还要预收恢复资金,当矿脉开采完毕以后,应当处理矿区,尽快恢复当地生态环境。这些费用都应计入矿藏使用成本。对一些特殊矿藏,使用以后会破坏环境,还应当预先收取环境保护和治理费用,以便防止或后期治理污染。

自然环境要素主要是控制生产过程以及以后向环境排放废物。生产过程的成本应当要计入向环境排放的废气、废水、废渣,并将这些废物做完全无害化处理的费用。这些费用应当以基本恢复环境原状为标准,要计入成本。

社会环境是一种软性环境,生产的产品应当利于社会环境的优化,而不是相反。因为社会环境对生产有制约性影响,它间接参与了生产,为净剩余的产生提供保障。但如果生产过程没有改变社会现状,或者没有使社会环境变差,社会环境本身在生产前后没有改变,保持了原状,则社会环境本身就是其"原物成本"。

分析了各种成本之后,在此提醒读者注意,要牢牢把握成本的定义,即保持或恢复原物原状的费用,以此原则来规范成本计量。

概括起来,三类成本,劳动就是其工资;资本就是其本金,或原旧物加重置物;土地的成本就是原土地本身,资源应当是监管和保护环境原状的费用,自然环境就是保持和恢复原状的费用,社会环境成本就是原物本身。

按照以上原则计算的成本就是全成本,我们称为这种理论为全成本理论,它包含了全社会的成本。

二、传统成本概念的误区

传统的成本以企业是否支出为判定原则,这条原则造成许多错误的计算,例如,把利息当仁不让地计入成本,就是因为利息是企业实实在在支付出去的费用。而自己企业没有支付的费用,即便是生产过程造成的损失,也不计入成本,这也是以前成本核算方法的错误所在。今天,大规模生产处处皆是,因为错误的成本计量,使环境污染屡禁不止,生产越发达,经济越进步,人们的生存环境越恶劣。

使用保持和恢复原状定义成本,思路准确无误,厘清了所有生产成本的思路,使成本成为阳光下的概念,没有丝毫含混。

概念的清晰,必将导致经济秩序的优化和社会环境的优化。

三、全成本观念

这里专门讨论一下全成本观念。从前的成本是以企业为界,看是否发生了支出,有支出则有成本,无支出就无成本。

本书奉行全成本观点,就是在生产过程中,只要为生产起过作用的东西,都应当计入成本。计量成本以产品形成中保持和恢复原状为界限。

全成本观念强调以下几个要点:

第一,保持原状的东西,只要原物的原状在,成本就是原物本身。

第二,生产过程中消耗了的东西,以恢复成同样原物的费用计量成本。

第三,对无价格要素,更强调要恢复原状。例如,使用了水和空气,释放回自然时,必须与吸入时性质一致,也就是质量水平不降低。

全成本观念计算产品成本的重点是生产后,各要素保持或恢复了生产前的原状。这样计量成本,无论经济如何发展,环境只会越来越好,不会变差。

实行全成本观念,企业向河流不是能排多少废水,而是必须排放与吸入前一样质量的水,排放空气的质量也必须与吸入时一样,真正做到像森林一样生活。

四、成本再理解

有些时候我们对成本的理解还会有不解之处,有人或许会有疑问:这里的保持和恢复原状,那企业似乎没有使用要素,生产前和生产后一样,要素没有一丁点儿损失,那为什么叫企业使用了要素呢?

实际上,企业对要素的使用,主要是占用一定时间。在企业使用要素期间,要素不能挪作它用。例如,一亩地,在用于种玉米的期间,不能再种植其他作物;一个劳动力,在某企业雇佣期间,不能再为其他企业服务;一万元货币,在 A 企业使用时,不能再为 B 企业使用。

正是因为各要素在为企业服务时,被共同"占用"了一定的时间,共同创造了净剩余,所以生产之后,在各种要素恢复或保持原状之后,各要素还要共享净剩余。在净剩余分配中,各要素要平等地分享到部分剩余,这才符合正义的原则。

新古典经济学公开说明,劳动拿工资,土地拿地租,借入资金拿利息,自有资本拿剩余,似乎天经地义。

其实,劳动的工资,就是劳动的成本;而地租,则是土地分享的净剩余;利息也是净剩余;利润也是净剩余。这样对应起来,我们发现,"三位一体"分配中,唯独劳动被歧视了,劳动仅收回成本,未参与剩余的分配。其他要素则不仅收回了成本,还分享了剩余。所以,马克思批判"三位一体"分配模式是完全正确的,新古典经济学从分配原理上就形成了误区,必须加以纠正。

五、生产各环节的成本

依据生产成本的定义,我们可以分析生产过程中各个环节的成本。

生产过程一般可分成原材料生产环节、产成品生产环节、运输和储藏环节、销售环节。

把这些环节称作价值链也是比较合理的。如果这些价值链上每个环节分别是一个企业,则均可成为价值创造的组成部分。

原材料生产、制成品生产,均是典型的生产企业。劳动价值论者认定这是生产领域,而生产领域是创造价值的;接着是运输储存企业,劳动价值论者认为运输也创造价值;唯独销售企业,是商业企业,劳动价值论者认为它不创造价值。

本书认为,生产的各个环节,或各环价值链,都创造了价值,我们称各环节对产品的生产经营循环都有贡献。因而,各环节企业都有权收回成本,分享剩余。

于是,原材料和制成品企业的生产成本就是前面典型的生产成本计量法。运输企业生产成本也好计算,就是各要素恢复原状的费用。而储藏企业也如生产企业,也可按照恢复或保持原状的规定来计量其成本。

最后,销售企业成本,历来最具争议,本节将详细讨论之。

销售企业成本问题主要集中在营销费用或广告费用上。

按照原始的成本计量,只要企业有支出,就是成本。而广告费用、营销费用则牵连到消费者。一些不法商人利用传销手段,洗脑、欺诈消费者,也需要费用支出,而这些支出最终还需要消费者买单,这就像一个人被谋杀,还要为谋杀行动的费用买单一样荒谬!

就算不是违法商人,正常的商人,他们大规模反复广告,也可能使消费者不厌其烦,但是,最后广告费用还要计入成本,让消费者买单,依然不合理。

从种种迹象来看,将营销费用和广告费用计入成本似乎缺乏依据。笔者初步认为这些费用应当从净剩余中扣回,不能计入成本。但是,这个问题比较复杂,本书还暂时拿不出确凿的结论,留待其他有志者去深入研究。

六、成本代价与利物量关系

成本代价和利物量的关系研究是西方经济学的重点之一,新古典经济学的成本理论研究比较到位。

1. 成本与利物的新古典主义关系

新古典经济学把成本归纳为短期成本和长期成本。短期成本有7种,分别对应7条曲线:总成本、总固定成本、总变动成本、平均固定成本、平均变动成本、平均总成本、边际成本。长期成本分为3种:长期总成本、长期平均成本、长期边际成本。

纵观新古典成本研究的特点,它始终局限于企业内部,因为这些成本函数中的产量都是企业内部的生产量,不是市场中的产品量。但是,在市场中应用的时候,却未加以说明,就直接把企业内部成本当成市场中全体企业的共同成本曲线加以引用,这本身就存在一个逻辑上的混乱。它就好像是假定市场中所有企业都具有相同性质,在成本函数上表现出"齐步走"的情况。而这种假定显然与实际情况相距甚远。

2. 社会平均成本概念

处在市场中的企业,每个企业都有一个额定的生产量 q_i 和自己特定的平均成本 P_i。市场中全部企业的总产量为 $Q = \sum_{i=1}^{n} q_i$,市场中的全部产品的平均成本为 P_c,

$$P_c = \frac{\sum_{i=1}^{n} q_i P_{ci}}{\sum_{i=1}^{n} q_i} \tag{3-1}$$

我们现在还不清楚它以什么样的方式传递信息,似乎市场对这一信息比较敏感并具有一定透明度。式(3-1)就是我们定义的社会平均成本。虽然各个企业每次投放市场的产品量和成本都各不相同,但在一定时期内,在技术条件和生产组织方式没有突变的情况下,这个社会平均成本应当是比较稳定的。

虽然各个企业内部的生产成本,尤其是平均成本,会沿着 U 形曲线变化,社会平均成本却并不以 U 形曲线变化,它是一条水平线,这条水平线会变化,随着时间推移它会上下平移,但并没有什么 U 形、S 形的规律。

这个加权平均成本的公式(3-1)体现了一个特点,大企业的成本主导了市场的成本,因为大企业的产品量多,其权重也大,如果某个领导型企业占有市场 50% 的份额,则它的成本就占市场 50% 的权重。所以在产业经济中,我们会看到一个产业的领导型企业具有定价权,其他企业定价跟随领导型企业的价格而变动。

3. 成本与利物的客观关系

社会平均成本不随市场上的产品量的多少而变动,它是一条水平线,至少在我们观察期间,水平线不会改变。如果某种原因导致社会平均成本发生小幅度改变,它也是水平线的上下平移而已,如图 3-6 所示。

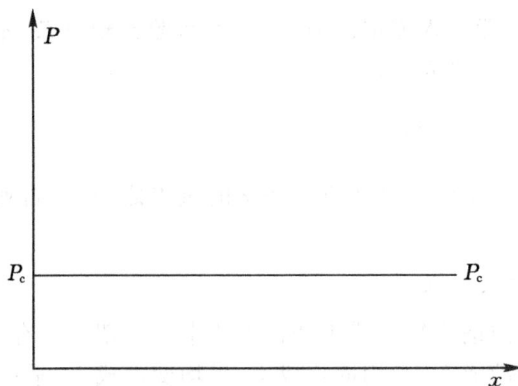

图 3-6 社会平均成本曲线

这样,我们就能得到一种函数关系,即社会平均成本随市场上利物量变化的函数关系是一条水平线。

七、成本钳位机制

在成本研究中,笔者发现了一个古老的经济学机制,这就是成本钳位机制。这个机制从人类学会农业生产时就开始发生作用,直到今天依然强烈地作用于经济的各个方面,经久不衰。

1. 成本钳位机制描述

简单来说,成本钳位机制就是成本把市场价格紧紧抓住,使市场价格与成本相差无几。钳位原本是一个机械制造方面的词汇,原意是指用钳子把物件夹紧在某一位置上不动,本书在这里借用它,指成本位置上就像有一把钳子,把市场价格牢牢抓住,市场价格会随着成本变动,但它自己不能自由变动。在极端情况下,即严格的钳位情况下,市场价格完全等于成本。

这里有两个价格,一个是成本,成本是生产者与自然交换时支付的价格,也就是产品被生产出来时,消耗到自然中去的全部费用;另一个是市场价格,市场价格是消费者与生产者之间交换的价格,这是人与人之间的交换价格。

我们称成本为自然市场价格,或称自然价格。成本具有客观性,在一定历史时期,人类的科学技术水平和管理组织水平决定了成本价格的客观性。

我们称生产者与消费者之间的交换价格为社会市场价格,简称价格。人与人之间的价格具有较少的客观性,它有自己的运动变化规律。它受到二级理性的作用,有时甚至达到疯狂的地步,但大多数情况下,这个价格能够起到调节资源配置的作用,即亚当·斯密所说的"看不见的手"之作用。

市场价格受到成本一定强度的钳位作用,使产品的市场价格始终与成本价格可比拟。在这种情况下,成本钳位机制或强或弱起着一定作用。

成本钳位机制有两种极端情况,其一是成本钳位作用完全割断,成本对市场价格没有丝毫影响,产品市场价格就可能出现"天价"。这种情况属于成本钳位机制完全失效的一个极端。例如部分城市的房地产价格就是典型一例。其二是成本钳位作用完全有效,产品的市场价格完全等于成本价格,生产者分配到的剩余始终为 0。这种情况如果长期存在,生产者会严重地贫困化。

2. 成本钳位机制的作用原理

为了说明成本钳位原理,我们先做以下假设:

设一个人需要一种产品 A,可以通过两种方法得到。第一种方法:自己生产 A,生产成本为 P_c,P_c 就是他得到 A 产品的价格;第二种方法,在市场上购买得到,其购买价格为 P。

此人有以下属性:第一,他是利己的,即总希望以最小的代价得到 A 产品;第二,他是完全自由的,它可以任意选择自己生产 A 或者购买 A。

于是,此人在获取 A 之前,都要做一个比较,他会比较一下 A 的两种获取方法的价格。

①若 $P > P_c$,则选择较小价格的 P_c,即自己生产 A 产品。

②若 $P < P_c$,则选择较小价格的 P,即购买 A 产品。

③若 $P = P_c$,则可以随意选择,可以购买,也可以自己生产。

这样,①中的 $P > P_c$ 情况就无法稳定存在,因为人们都愿意选择价格较低的自己生产的 A 产品,享受价格 P_c,而不愿意选择较高的购买价格 P,长时间如此,人与人交换的市场将消失,或者根本就不出现市场价格 P。

在②中 $P < P_c$ 的情况也无法稳定存在,因为人们都去购买 A 产品,无人自产。而出卖 A 产品的人,将因入不敷出而消失。

只有③的情况是稳定存在的,自产和购买可以并存。也就是说,社会市场要存在,其价格必须等于成本。

市场价格高于成本,生产者愿意,生产者可以很好地生存下去,但是消费者不买账,生产者的产品卖不出去。

市场价格低于成本,消费者愿意,但生产者无法长期存在下去。只有当 $P = P_c$ 时,生产者愿意而且能够生存下去,消费者也愿意。于是平衡稳定的市场上,只有 $P = P_c$。

这就是精准的成本钳位机制。

3. 成本钳位机制作用的条件

在成本钳位机制作用原理中,我们给出了得到 A 产品的两种方法:

第一种方法：自己生产 A，生产成本为 P_c，P_c 就是他得到 A 产品的自然价格；

第二种方法：在市场上购买得到 A，其购买价格为 P。

也规定了社会上个体人的两种属性：

第一，每个个体都是利己的，即总希望以最小的代价得到 A 产品；

第二，每个个体都是完全自由的，它可以任意选择自己生产 A 或者购买 A。

前面获取 A 的方法，规定两种，自己生产 A 时成本都是 P_c，这一规定非常单一，使得模型偏离了现实社会，但是这样却使原理的描述简化。用于现实社会时，我们将放宽某些限定，由此就会派生出衍生情况，即可得到与现实社会相近的结果。例如工匠原理，后文再详述。

现在我们专门讨论社会人的两个属性。第一，每个人都是利己的，这已经在本书第一章进行了详尽的论述，只要是社会人，这个条件都满足。第二，每个个体都是完全自由的，他们可以自由选择自产还是购买。这个条件非常关键，现实社会往往因为这项条件限制，才出现了各种各样的奇怪经济现象。

所以，我们可以得出结论：成本钳位机制起作用的条件，可以确定两条：第一，利己人；第二，自由人（人们可以在自己生产和购买他人产品之间完全自由地选择）。这两个条件中，第一条在人类社会自动满足，第二条却不一定经常能够满足。不能满足的情况可能有：其一，技术条件限制，A 产品无法自己生产；其二，社会政治法律限制，不允许自己生产 A 产品。

当限制出现时，成本钳位机制的作用就会被割断，出现新的经济现象。

成本钳位机制作用被割断的经济社会，出现许多光怪陆离的经济现象，这里暂时不能尽数，等到市场类型划分之后再行展开研究。

4. 钳位机制中的"工匠原理"

前述的成本钳位机制隐含了一个假定：每一个生产者毫无差别。他们进行生产时，技术和生产条件无差别，所以生产的同一种单位产品也无差别，所花费的成本代价也无差别。这个隐含的假定太过严格，已经脱离了社会现实。

实际的社会是有差别的。

首先，生产者的个人才能、天赋、技能不同，使生产者个人之间存在较大差别；其次，生产的同种单位产品会有质量差别（但是，本文为了方便讨论，暂规定产品质量无差别，也就是同质）；最后，也是最重要的一点，同种同质的单位产品生产成本有差别。

我们规定，社会平均成本依然用 P_c，而私人成本用 P_{ci} 表示。

实际社会中不同的生产者生产同一产品 A，其各自的平均成本 P_{ci} 是不同的，有高有低，而且各生产者都有自己降低成本的高招，这是机密，每个生产者都不愿意把自己的秘诀轻易透漏给别人，从而长期保有这些优势。

于是各自的私人成本差异会形成利益 $\varepsilon = P_c - P_{ci}$，若 ε 为负值，生产者就没有利益。ε 为正值，生产者就有实实在在的利益，且 ε 越大利益越大。

在这有差别的社会里，社会平均成本 P_c 基本上是透明的。市场价格 $P = P_c$。对于 ε 为负的人，他们肯定不愿意生产产品 A；对于 ε 为正值，并且 ε 很大的人，就成为产品 A 的生产专家，在古代社会他们被称为"工匠"，例如木匠、泥瓦匠、铁匠、皮匠、裁缝、理发师等。

在成本钳位机制最严格的作用下，他们凭借自己的独特技艺，使自己的 ε 较大，他们遵循 $P = P_c$ 的价格出售自己的产品 A，但是依然得到自己独有的利益（利润）ε，从而长期生存下去。

各国在农耕时代的工匠们都按照这个原理生存下来，直到工业革命以后，这种情况才发生了变化。

概括地说,工匠原理是成本钳位机制起作用的情况下存在的社会经济现象。他们没有打破 $P=P_c$ 的规律,却通过私人成本的降低获得了 ε 利益而存在于社会中。

如果工匠将降低私人成本的办法扩散到社会上,其他人也能如法炮制,则社会平均成本 P_c 就降低了,于是市场价格 P 也会依据 $P=P_c$ 的钳位作用而降低。于是,工匠的 ε 利益就会降低。有些工匠可能就因此消失了。

工匠原理是成本钳位机制中衍生的情况,总体上钳位机制还存在,甚至还最严格地发生着作用,钳位机制还是经济的主导力量。这种情况符合农耕时代的经济特征。

八、生产效率与经济效率

在生产中,不管是研究给定投入,如何使产量最大化,还是研究给定产量,如何使投入成本最小化,都是在研究生产的效率如何提高。

关于效率,新古典经济学最为重视,而且作为帕累托标准的唯一判据。新古典经济学也研究出两种效率:技术效率和经济效率。在新古典经济学中,技术效率是指生产效率,即以实物的产出量/投入量为效率公式;而经济效率是指以整个企业的货币计量的利润为指标,利润率越高,经济效率越高。看起来似乎经济效率是综合的,生产的技术效率是局部的。又似乎,企业家非常重视经济效率,而不太重视技术效率。在民生经济学中,我们力争将经济效率和技术效率之间的关系研究清楚,描述清楚,让人们有个清晰的思路。

1. 生产的技术效率

生产的技术效率,就是指生产结束后,其全部产品量与全部投入量的比值。这个比值越大,说明效率越高。在前面的图 3-2 中给出了这个效率表达的原理,本书设定技术效率为 η_t,经济效率为 η_e。则有 $\eta_t=\tan\alpha_i$。技术效率越高,意味着如果是量增型生产,则净产品越多;如果是质进型生产,则相对于最低可生产效率,其净剩余也越大。

从图 3-2 上看,射线 L 的仰角越大,技术效率越高。这是经济中实实在在的效率,这个效率无论怎么高,都是好的,丝毫没有潜在问题。所以技术效率是经济社会最重要的效率,它总是越高越好。

但是,技术效率往往不被企业 CEO 当回事,因为这只是车间主任干的事,最高领导不太关注。CEO 最关注经济效率 η_e,因为经济效率是直接度量的货币利润,它是企业命运的风向标。

2. 企业的综合经济效率

企业的经济效率包含着生产的技术效率,它包含了人与人交换的"效率",这在后续章节还要精细地研究。经济效率是一个笼统的概念,其中的技术效率是纯粹的效率概念,它是人与自然交换的效率。而人与人交换中,一个人的高效率,就意味着另一个人的损失和不公平。所以,笼统的经济效率,是厂商技术效率与人与人交易的综合效率,这个效率很有可能包含着不公平。

第四章

市场价格理论

本书前三章的研究,为本章消费方与生产方的价格博弈做好了准备。消费方与生产方,进入市场进行交换,本质上就是对生产成果进行分配。接下来,本章研究价格模型理论,来揭示人与人交换的价格形成原理。

第一节　市场交换原则与利物三维模型

我们已经拥有了足够的资料来研究生产方与消费方在市场上相遇以后,他们对利物交易的思路和原则,下面分别展开讨论。

一、市场交换原则

在前述生产研究中我们已经发现,生产在正常情况下总会产生净剩余,而且人们的生产都是为了获取净剩余才展开的。所以生产总规律是收回成本和尽可能多地获取剩余。这就揭示了我们在市场上进行交换活动必须遵循的原则。

我们知道,生产成果中不仅有原投入物,还有新产出物。对于原投入物,它的产权是清晰的,是有所有权的,当然应当保护。但新产出物,即净剩余部分,它的产权还没有确认。交换中,属于未确认产权部分,参与各方均有主张分享剩余的动机和权利。我们应当遵循什么原则来进行新产权确认。这就是交换原则必须面对的问题。

为了适应经济的实际情况,我们总结出如下四条原则:

①自愿原则:经济活动(生产经营)是有风险的,可能面对已有产权的损失。如果经营失败,则参与各方将分担损失,所以经济活动的各参与方须是事前自愿的。这归纳为"自愿原则"。

②保护产权原则:如果经营成功,参与各方均有权先扣回原投入,即恢复原物原状或补偿成本,对已有产权进行保护。这归纳为"保护既定产权原则"。

③无歧视原则:扣除成本之后的净剩余,归各参与方共同占有。在净剩余分配过程中,市场机制有效时,依靠市场机制分配;市场机制不灵时,也可适当使用政府机制或法权介入分配。其遵循的最高原则是,各参与方、要素方均有平等分享净剩余的权利,绝不允许存在歧视。这归纳为分配的"无歧视原则"。

④政府能动性原则：在政府和法权必须介入的情况下，法条制定也得遵循上述三原则，即遵循自愿、公平、无歧视原则。政府和法权在不得已时介入分配（充当裁判角色，不得为政府自己谋利），在遵循自愿、公平、无歧视原则之外，还可以做出微调。微调以利于经济运行、利于人类生存为目的，而采取适当微量的倾斜和调整。这归纳为政府机制的"能动性原则"。

这四条原则是本书从经济实践的研究中提炼出来的，以后随着研究的展开，将会看到这些原则的威力。或者还有一些疑问，留待在经济子系统章节中再做详细回答。

严格遵循这些原则，最高目标就是为了促进经济发展，增进人类文明，提高人类生存能力。

二、生产方与消费方的博弈舞台——利物三维坐标

在消费研究中，我们得到了消费者的观点，对1标石利物在不同占有状态 x 下的效用函数度量关系，参见第二章图2-4，该图表明了1标石利物与消费人的效用函数关系，是消费方的认知。在生产与成本研究中，我们得到图3-6，这是生产者眼中看到的1标石利物产出所需花费的成本。

图2-4和3-6分别反映了消费者和生产者对1标石利物的不同观点。但是，这两张图有一个共同点，都是与1标石利物的关系。于是我们将共同点加以利用，让两张图的 x 轴重合在一起，让效用 u 轴与成本 c 轴相互垂直。就构造出一套新的三维直角坐标系，这就是利物的三维坐标模型，如图4-1所示。

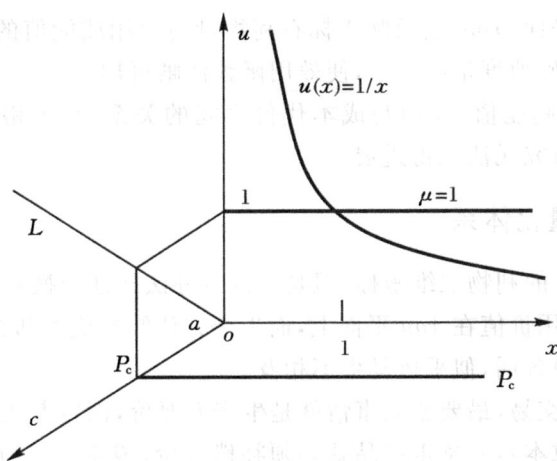

图4-1 利物的三维坐标表示

在图4-1中，xou 平面是效用平面，反映消费方信息；xoc 平面是成本代价平面，反映生产方信息。现在新构成一个 cou 平面，称为价值——成本平面，简称价本平面。它构成了一个新的关系，即价值与成本的关系。

价值与成本之间的关系，以前还没有研究过。但是，这里可以做一简单推导，即可定义清楚。

在一级理性情况下，1标石利物永远具有1标能价值。这个论断绝对正确，以前已有论述。

图4-1中的 u 轴代表价值度量，在一级理性下，它代表能值度量；在二级理性下，它代表

效用度量。虽然能值与效用度量的情况不同,但度量单位的量纲却是一致的。

在一级理性下,1标石利物永远具有1标能价值。所以,u 轴上的1标能与1标石利物量永远一致。于是,这个价值与成本构成的平面相当于前面第三章的图3-2。在图3-2中,成本是投入,OP 是产出。现在成本依然是投入,但产出换成了能值,而不再是产成品量 OP。其实这是一致的。1个 P_c 投入,产生1标石产品;1标石产品,则产生1标能价值。现在价值是产出。于是,图3-2中的效率线 L 和效率角 α 就完全可以移植到价本平面上,没有丝毫问题。我们把图3-2中的图形移植到图4-1上,如图所示,这里的射线 L 就是代表效率大小的特征线,它的存在非常重要。由于它的存在,后续推理才能顺理成章。

我们称这条 L 射线为"价本线",它反映了一个客观事实:$1P_c$ 产生1标石利物,而1标石利物再产生1标能价值。只是我们现在直观地看,成了 $1P_c$ 成本直接产生了1标能价值。这是一个客观关系,在一级理性下可以得到证实。

对于 L 价本线,它的 α 角越大,说明生产效率(技术效率)越高,它体现着真实的生产效率。科学技术的进步,在图4-1上看到的将是 L 射线的不断扬升,即仰角 α 逐步变大。

这样我们就得到了一张利物三维坐标表示图,它非常有用,将成为本书数学模型的基础。

利物三维坐标模型定义了三个平面,它们各有自己的重要作用。

代价平面 xoc,表示了利物量与成本代价的关系,我们未来的价格说到底也是一种代价(对消费者来说),它就应当在这个平面中反映出来。

价值平面(或效用平面)xou,它反映1标石利物量与效用或能值的关系,它是经济活动的发动机。本书将效用精确地度量出来了,使效用函数清晰可用。

价本平面 cou,构建起能值、效用与成本代价之间的关系,是价格问题研究的可靠通道。没有这个平面,本书的研究无法取得进展。

三、交换关系的量化体系

现在建立了图4-1的利物三维坐标,但是还没有办法描述交换双方的交易逻辑关系。因为消费方的观念——效用价值在 xou 平面上,而生产方认知的成本却在 xoc 平面上,交换双方还是牵连不到一起,各说各话,似乎风马牛不相及。

考虑买卖双方进行交易,最要紧的事情就是生产方要价,消费方还价,他们的逻辑就是:生产产品需要花费代价(成本),要拿走产品就必须补偿代价(成本)。这应当是买卖双方都能够接受的交换原则或共识,没有这个共识,交易就不会开始。

1. 消费方估计的成本 P_u

对于卖方,他自己的产品,生产时花费了多少成本,卖家自己心里清楚,但买家(消费方)不知道。所以,消费方就会开始估计这个产品的成本。他们如何估计呢?研究发现,消费者估计成本时并不是完全理性的,也就是不会按照一级理性来估计成本,而是按照二级理性来估算成本,即按照效用大小来估算成本。

他们的逻辑是:同样1标石利物,在不同的占有状态下,其效用大小不同。在占有状态 $x=1$ 时,1标石利物具有1标效效用;$x=0.5$ 时,1标石利物具有2标效效用;$x=0.1$ 时,1标石利物具有10标效效用……

在估算成本时,他们将按照效用大小来估算。他们会认为成本大小与效用大小成正比,

1 标石利物的成本,当它具有 1 标效效用时,应当具有 1P_c 成本;当它具有 2 标效效用时,应当具有 2P_c 成本;当它具有 10 标效效用时,应当具有 10P_c 成本……

归纳起来,消费方对 1 标石利物成本的估计公式为 uP_c,令消费者估计的成本为 P_u,则有

$$P_u = uP_c = \frac{1}{x}P_c \qquad (4-1)$$

这里 P_c 是生产方认知的成本代价;P_u 是消费方估计的成本代价,只是比 P_c 多乘了一个系数 u,这个 u 就是效用。

现在,我们还是很难理解,消费方为什么会这样估计成本,这似乎很愚蠢。但事实则是,这样估计有利于消费者的生存。所以这种看似错误和近乎愚蠢的估计方式,却被自然选择保留下来了。

公式(4-1)中的 P_u 应当在 xoc 代价平面上,于是可以画出图 4-2。

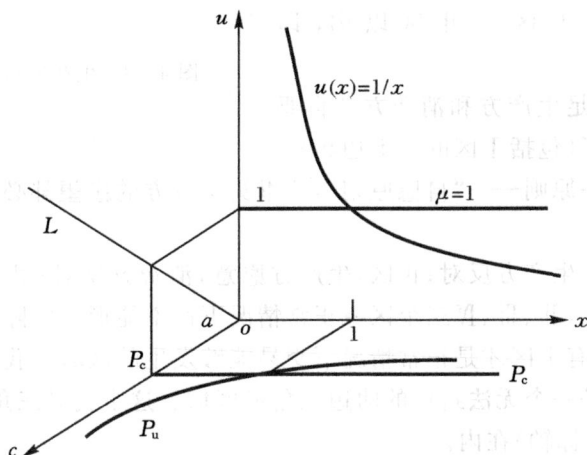

图 4-2　利物三维坐标的 P_u 成本表示

图 4-2 中的 P_u 是这样得到的:

空间柱面 $u=1/x$ 和空间平面($\tan\alpha=$常数),这两个空间面将交汇成一条空间曲线。

在 $u/c=\tan\alpha$ 中带入 $u=1/x$,消去 u,得

$$x \cdot c = \cot\alpha \qquad (4-2)$$

其中 $\cot\alpha$ 是常数。已知 $x=1$ 时,$c=P_c$;带入公式(4-2)得 $\cot\alpha=P_c$。于是有 $xc=P_c$,故

$$c=P_c/x$$

此处,变量 c 就是我们需要的消费者估计成本

$$P_u=c=P_c/x$$

这就是公式(4-1)的来历。

我们还可以这样理解,P_u 为空间曲线 $u=1/x$ 和 $u/c=\tan\alpha$,($\tan\alpha$ 为常数)在 xoc(代价平面)上的投影。

P_u 线在代价平面上,它是消费方估计的 1 标石利物的生产成本,如图 4-3 所示。

2.代价平面上的交易三角区

有了 P_u,消费方就来到了代价平面上,同生产方站在同一个坐标平面上,就可以讨价还价了。

为了从图上看得更加直观,我们从图 4-2 中的 u 轴的负方向看上去,专门画出代价平面 xoc 上的成本 P_c 和 P_u,得到图 4-3。

图 4-3 中,P_u 和 P_c 两条线将代价平面划分成四个区域,Ⅰ区、Ⅱ区、Ⅲ区、Ⅳ区。生产者生产是为了多赚一些,虽然成本只有 P_c,可他们总希望销售的价格在 P_c 之上,即希望价格落在Ⅰ区＋Ⅳ区之内。设销售价格为 P,就应当有 $P \geqslant P_c$。

作为消费者,他们估计 1 标石利物的生产成本为 P_u,但由于是估计出来的,总有一些不踏实,害怕吃亏,通常总希望实际售价低于 P_u,最高不要超过 P_u,若超过则认为吃亏了。所以消费者希望价格落在Ⅰ区＋Ⅱ区以内,即有 $P \leqslant P_u$。

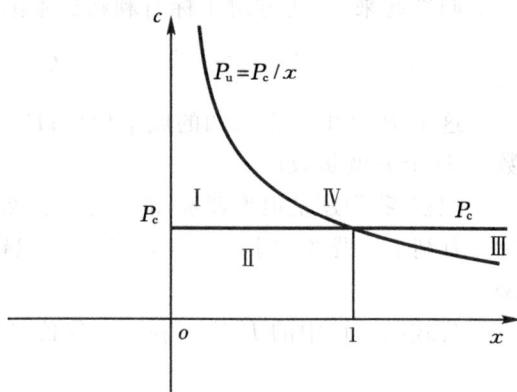

图 4-3　生产方与消费方成本线图像

于是,能够同时满足生产方和消费方各自要求的区域就只有Ⅰ区了(包括Ⅰ区的上下边界)。

因为有交换的第一原则——"自愿原则",这里买卖双方的愿望都必须满足,所以只有Ⅰ区才能满足第一原则。

Ⅱ区,消费方愿意,生产方反对;Ⅳ区,生产方愿意,消费方反对;最差的是Ⅲ区,生产方与消费方同时反对。因此,Ⅱ、Ⅲ、Ⅳ三个区域正常情况下都不能形成实际的交易。

于是,我们认定只有Ⅰ区才是正常情况下交易能够发生的区域。我们定义这个区域为"交易三角区",它实际上是一个无法封口的曲边三角形区域。这个交易三角区包含它的三个边界(P_u 线和 P_c 线以及 c 坐标轴)在内。

3.给交易三角区安装上投入产出直方图

在研究量增型生产时,我们已经用魁奈净产品概念证明了净产品剩余的客观存在性。同时,我们在同一维度上,用直方图表示产出与投入量的对比。

现在,在交易三角区左端,我们可以将投入产出直方图安装上去,表示出生产领域净产品与观念领域交易三角区的关联关系,如图 4-4 所示。

如果是量增型生产,我们看到投入物都折算成种子,产出物就是谷物果实,与投入物同性质,仅有量的扩张。现在,令投入 IP $=P_c$,并保持产出 OP 与 IP 的高度比例。OP $-$ IP 就是客观上存在的净产品 ΔQ。现在规定 OP 的量为 1 标石,由于 IP 与 P_c 是同一个东西,OP 与 IP 也同质,所以 OP 也能画到 c 轴上,又因为 OP 与 IP 的量化比例就是效率,是可测的,所以 1 标石利物就可以准确地画到图中 OP 位置。

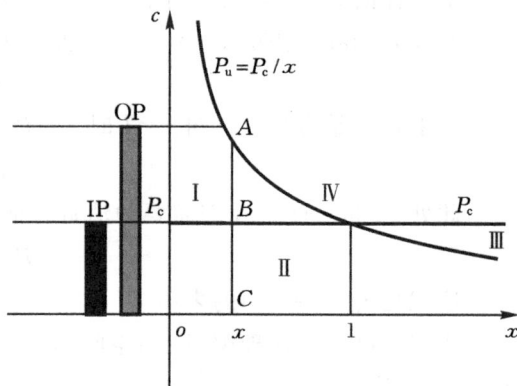

图 4-4　净剩余直方图与交易三角区

在图 4 - 4 右边,交易三角区中,我们任意假定,该消费者对利物 x 的占有状态是 x,那么过 x 平行于 c 轴做直线,被 P_u 和 x 轴截得线段 AC,我们称其为"状态线"。在状态线上,BC 段为成本 P_c,线段 AB 为交易三角区中消费者感觉到的观念中的剩余。图中情景,显然有 $AB<OP-IP=\Delta Q$,即观念剩余小于客观的净产品 ΔQ。这种大小关系是偶然的,没有必然性。要视占有状态而定。占有状态 x 越接近 0,观念剩余就越大,其大于净产品的机会就越多;占有状态 x 越接近 1,观念剩余就越小,它小于净产品的机会就越多。

如果在利物 x 供给正常的社会,观念剩余小于净产品应当是常态,尤其在工业革命之后,社会生产效率很高,观念剩余小于净产品的情况很常见。如果 $AB<OP-IP=\Delta Q$ 成立,观念剩余就被客观的净产品可靠地支持着,经济就在实实在在的区域里运行,一切顺利。如果 $AB>OP-IP=\Delta Q$,则观念剩余就超过净产品,超过部分即形成了经济的泡沫。如果这种泡沫积累得足够大,经济系统就有崩盘的危险! 关于经济泡沫,更多的研究待后详述。

4. 对 P_u 线、交易三角区的理解

我们花了一些时间建立了消费方和生产方在逻辑上进行交换博弈的基础平台——交易三角区,这个三角区的出现,依赖于 P_u 线的导出,而 P_u 线是消费者在效用度量的基础上估计出的"生产成本"。由于这个 P_u 线是消费者的估计,多少带有一些"唯心主义"倾向,是想当然的产物,因此它不可能真实。在图 4 - 3 中,我们能够清楚看到,P_u 线要么高于真实成本 P_c,要么低于 P_c,非常少的时候才有 $P_u=P_c$,而此点只有 $x=1$ 时才成立,且仅有一点。

由于交易三角区的出现,我们得出结论,只有 $P_u>P_c$,即在 $x<1$ 的区间里,交易才可能发生,在其余区段交易无法进行。

在 $x<1$ 的区间,始终有线段 $AB>0$,即观念中的剩余大于 0。将要发生的交易只能在这个不封口的三角形区域进行。生产方和消费方通过讨价还价,将形成一个实际的交换价格 P,而 P 将是线段 AB 上的一点,如图 4 - 5 所示。于是价格线被分成三部分,线段 BC,补偿生产者成本;线段 PB,作为生产者分享到的部分净剩余,称为生产者剩余;线段 PA,为消费者分享到的剩余,它是价格 P 分配给消费方的剩余,称为消费者剩余。

请注意,这里的观念剩余、消费者剩余、生产者剩余全部是准确的线段,能够准确计算出来。马歇尔对消费者剩余的描述"一个人对一物所付的价格"是指此处的 P,"决不会超过、而且很少达到他宁愿支付而不愿得不到此物的价格"是指此处的 P_u。P_u-P 即是马歇尔定义的消费者剩余。由于马歇尔时代,价格计量不是精确的,即使是他那闪光的思想,也无法计算。后来西方经济学把马歇尔剩余定义为不封口的三角形面积,当然更加无法计算。而在本书价格模型中,各种剩余都是线段,概念清晰,计算方便准确。此处计算与马歇尔剩余的思想完全吻合。

可以看出,交易的本质是对净剩余的分割。在图 4 - 5 中,我们确定价格,就是考虑如何分割观念剩余 AB。因为线段 BC 代表成本,而成本是产权明确的,属于生产者,消费者要拿走,

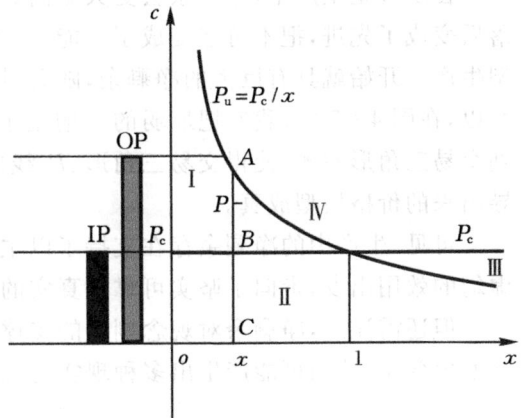

图 4 - 5 交易价格 P 与交易三角区

就得以相等产权交换,这部分属于"等价交换"。

线段 AB 属于对应的净剩余部分,它由生产方创造出来,但产权还未确定,它最终到底属于谁还未定。交易过程,就是要确定净剩余的产权归属。不求甚解的人会贸然断定,既然净剩余是生产方创造的,当然其产权应当归生产方所有。如果这样,那就会犯严重错误!

可以这样说,如果生产者不进入市场,自产自用,净剩余当然属于生产方。现在,生产方要在市场上出售产品,就需要消费方的配合或参与,消费方不参与,产品无法销售,生产经营循环就无法完成,于是生产方最多只能得到一个净剩余。如果消费方参与,产品顺利卖出,生产方将只能得到部分净剩余,但是生产经营循环将继续进行。经过一定时间之后,生产者可以得到"多个"部分净剩余,其总和远远大于单个净剩余。实际上,把另一部分净剩余让给消费方,生产者将得到更多的净剩余。(这大概就是中国文化中的"舍"与"得"的关系。)生产方舍去了部分净剩余,使其变成了消费者剩余,而换取了生产循环的继续。在多个循环中,生产者得到了更多的净剩余。其结果是,消费者得利,生产者更得利,全社会都得利。

我们虽然在观念剩余方面言之凿凿地论证了价格行为的得利,形成了生产方、消费方、全社会共同得利的局面,但这一切都是在观念领域中的论证。如果没有图 4-5 中左边直方图上净产品的支撑,这一切都将是南柯一梦。幸好,我们的直方图上的净产品是坚实可靠存在的。

四、净剩余对交易三角区的支撑

在生产行为研究中,我们严格地论证了净产品的存在性。量增型生产净产品不仅可观察,而且,随着经济社会的进步,生产效率的不断提高,净产品也会越来越多。

在质进型生产中,净剩余会更大更高。因为质进型生产本身就蕴含着巨大的质的飞跃,使落后变成了先进,把不可能变成了可能,大大扩展了人类的生存能力和生存空间。所以,质进型生产一开始就具有巨大的净剩余,随着科学技术的进步,这个净剩余还将进一步扩张、加大。所以,在图 4-5 中,我们把最弱的量增型生产的净剩余直方图,以 IP 与 P_c 相等为桥梁,安装到交易三角形左侧,使得交易三角形、P_u 线成为真实的净剩余的代表,从而使交易三角形中推导出来的价格模型成真。

可见,生产中的净剩余存在支持了以主观形式为主的效用推导结果,从而使人类的经济从虚幻的效用出发,走向了坚实可靠的真实的经济世界。

但还需注意,净剩余对观念剩余的支撑又不是完全精准的,它会依据效率和占有状态的对比发生变化,从而可能产生出多种现实的经济现象。例如,隐性剩余和经济泡沫有时会出现。

五、交易三角区与"经济泡沫"

净剩余对交易三角区的支撑关系如此重要,在讨论价格模型之前,有必要对净剩余和观念剩余各自的变化关系做一系统的研究,如图 4-6 所示。

我们要提醒读者,净剩余的存在,是不依赖主观效用的。它的存在取决于生产领域内的科学技术水平和管理组织水平,也就是决定于生产的效率。净剩余的存在,我们已经证明它具有客观性,随着科学技术进步,管理水平提高,它也会按照自己的规律不断提高,净剩余会越来越大。尤其是进入现代社会,工业革命之后,这已经是不争的事实。但是这个净剩余不管怎样提高,现实社会中它总是有限的,如图 4-6 所示。图中 $OP - IP = \Delta Q$ 就是那个客观的净剩余。既然净剩余是客观的,我们假定它暂时不变,为常量。

而观念剩余,即图 4-6 中 x_1、x_2、x_3 分别对应的状态线 AC。x_1、x_2、x_3 分别是消费者处在三种不同的占有状态。

第一种状态,如果消费者恰好处在 x_2 状态,线段 AC 正好等于 OP,净剩余 ΔQ 也恰好等于观念剩余 AB。这种情况是最理想的状态,观念剩余正好完全地表达了净剩余,此处的经济模型将是最精准的,这个模型从理论上精准地揭示了人类经济社会运行的基本原理。但在经济实践中,这个"精准"并不常在,其他情况也会经常出现。

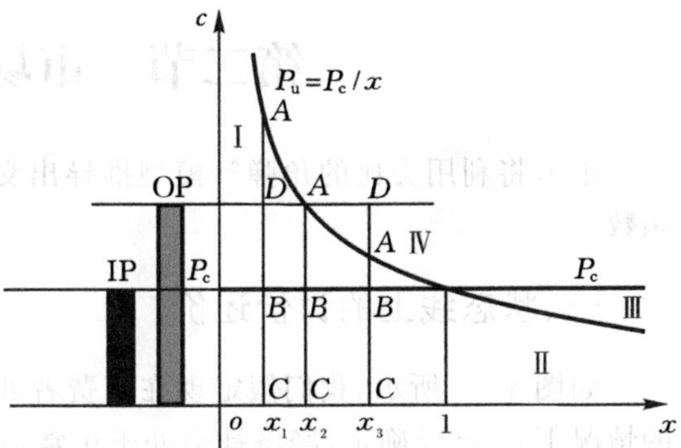

第二种情况,这是好的情况,即状态 x_3,尤其是现代社会,这属于多数情况,生产效率越来越高,净剩余越来越大,这种情况容易普遍存在,具有强烈的、现实的现代经济学意义。

图 4-6　净产品与观念剩余的相对变化

在 x_3 情况下,消费者感觉到的观念剩余还是 AB,$AB < \Delta Q$,$DA = \Delta Q - AB$,DA 是正的,我们定义它为"隐性剩余",消费者并不知道它的存在。这个隐性剩余 DA 被消费者不知不觉无偿地消费了,他们不知情,也不感激,可是它的存在却是真实的。隐性剩余虽然不被消费者知觉,但它的存在有利于社会经济的发展和稳定,使观念剩余更加牢靠,使经济系统的分配原理更趋于真实。

第三种情况是 x_1 的状态,这种情况下,消费者感觉到的依然是观念剩余 AB,但是 AB 大于净剩余,其差额是 $DA = \Delta Q - AB$,DA 是负的。我们定义此时的 DA 为"经济泡沫"。人们感觉观念剩余很大,但这是虚幻的,"巨大的观念剩余" AB 只存在于消费者的脑海里,并没有一个"巨大的实物净剩余"做支撑。观念剩余与净剩余的差额就是经济泡沫。

这个经济泡沫 DA 对现实经济是十分有害的。在一定条件下,这个泡沫是可积累的,如果这个经济泡沫积累得足够多、足够大,很可能毁坏经济系统,造成严重经济危机。今天这种危机的表现可能就是金融危机。2008 年美国的金融危机,当属此种情况。

不过,经济泡沫 DA 的存在,不一定都能即时地引起危机。在现实经济中,往往是正的"隐性剩余"和负的"泡沫剩余"同时存在,它们相互抵消一部分,整体宏观经济可能是隐性剩余为主,也可能是泡沫剩余为主。如果是隐性剩余为主的经济,我们通常就看不到泡沫引起的危机。即使是泡沫剩余为主的经济,如果泡沫积累得不是很多,也不会引起经济危机。

如果不是长时间的泡沫存在,偶然地出现经济泡沫,它是对某种产品短缺的正常反应,则通过市场价格的调节,很快会使供给增加,价格下跌,恢复到第二种状态下,对这种泡沫就不必太介意。但如果经济泡沫过大,并且长期存在,隐性剩余无力平衡它,则必然引起严重后果。其一,可能破坏经济系统,造成经济危机;其二,可能造成严重的贫富差距,使经济失去公平正义,使社会稳定性变差,甚至可能导致政治动荡。

归纳以上研究,第一种状态,x_2 是经济的理想状态,它准确展现人类社会经济运行的基本原理。第二种状态,即 x_3 状态,隐性剩余为主的经济,则是经济社会比较理想的现实状态,如果人类经济社会经常处于这种状态,它将呈现出长期的良性发展趋势。第三种状态,x_1 的状态,这是泡沫为主的经济,如果长期存在,泡沫积累会越来越严重,迟早会发生破坏性的经济危机。

第二节　市场交换的价格模型

本节将利用类比的角弹簧模型推导出交易三角区中的价格模型,并给出完整的一般价格函数。

一、状态线上的讨价还价

如图4-7所示,我们假定现在消费者处于前述 x 的第二种状态,即观念剩余小于净剩余的情况下, x 已经确定,经济社会处于正常运行状态。社会文明日久,私有制已经比较完善,此时人们的市场行为都受到文明制度的潜移默化,对已有产权给予充分尊重,但对未明确的产权,依然在利己心驱使下产生激烈的争夺。我们假定,生产方与消费方双方都清楚自己的底线,生产方底线即生产成本 P_c,消费方底线即他以效用估计的成本 P_u, P_u 就是马歇尔所说的"宁愿支付而不愿得不到此物的价格"。消费者的状态 x 已确定。但是双方都不知道对方的底线。即使略有知晓,也不能确信,只能以讨价还价的方式来试探对方。

假设双方可能达成的价格为 P,它落在观念剩余 AB 线段上。于是买卖双方都站在自己的底线上,消费方站在图4-7的 A 点上,生产方站在图4-7的 B 点上,努力把价格点 P 向对方推去,当双方的推力达到平衡时,价格点 P 就停在这一点上,市场价格就产生了。

这个过程背后存在着一个逻辑:既然是文明日久,私有制已经深入人心,人们充分尊重私有产权, BC 就是生产方明确的私有产权,生产方会极力保护自己的已有产权,消费方也必然会认可,虽然现在消费方并不知道 BC 的真实的量有多大,但如果确定,一定会尊重,从而不会试图占有生产方的成本。所以,双方能够争夺的,只有观念剩余 AB。

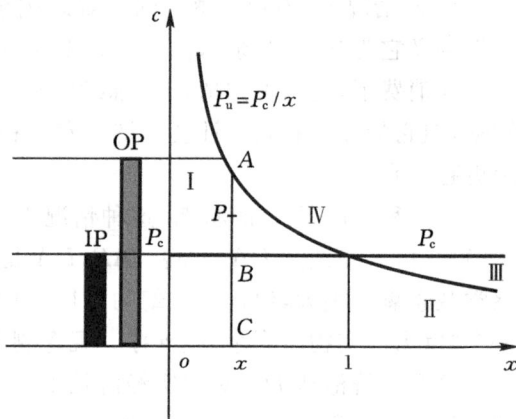

图4-7　价格模型的诞生

本问题中,隐性剩余已经存在,但消费方自己不知道,生产方也不知道,所以就当不存在。其实质相当于博弈还未开始,只要买卖成功,生产方已经先行让出了"隐性剩余"给消费方,但消费方却一无所知。于是双方就全力以赴展开博弈,当仁不让地公开争夺观念剩余 AB,形成了讨价还价的利益竞争。只要讨价还价的谈判不破裂,竞争对双方总是有利的,以后我们再行证明。所以,讨价还价只是竞争,而不是斗争。讨价还价只能决定各自利益的多寡,双方一定都会有一些利益存在。而如果谈判破裂,则是双方利益的完全丧失。只要谈判成功,各自利益总会大于0;如果谈判失败,双方利益都将等于0。正因为这个缘故,在讨价还价的谈判中,只要双方有诚意,是真实的买卖,都会客气谨慎地对待对方,以尽量使谈判不致破裂。中国有句俗语"漫天要价,就地还钱",就是说,要价无论多高都可以,还价无论多么低也不为过。不能因为要价过高而指责卖方,也不能因为还价太低而批评买方。如果因为讨价还价高低而批评、指责对方,甚至羞辱、谩骂对方,甚至引发冲突,则为市场的公序良俗所不齿。

二、讨价还价能力——角弹簧类比模型

我们将图4-7中状态线 AC 水平地画到图4-8上，AB 是观念剩余，BC 是生产成本。我们假定有两副完全相同的角弹簧，各自的固定臂分别固定在 A、B 两点上。角弹簧夹紧时（初始位置）夹角都为0，现在由生产方和消费方两人尽力将弹簧的可动臂撑开一个夹角 θ_1、θ_2（如图所示），他们的讨价还价能力，都体现在各自弹簧夹角撑开的角度上。撑开的夹角越大，代表他们讨价还价能力越强。两弹簧的两个可动臂之间不固定，可以自由滑动交叉，交叉点为 E 点，没有摩擦，完全自由。当两方都用尽最大能力，将弹簧撑开到自己所能达到的最大夹角时，出现稳定平衡，E 点就稳定下来。此时，E 点的铅垂线与 AB 交于 P 点，P 就是现实市场上形成的真实交易价格。

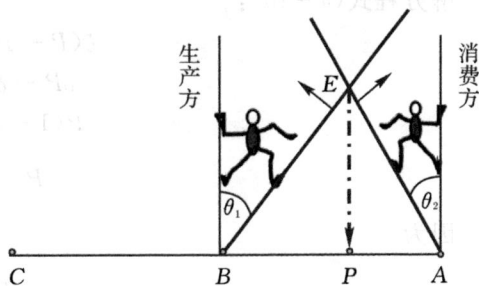

图4-8 角弹簧价格博弈模型

显然，生产方、消费方各自的讨价还价能力可以由他们各自撑开的夹角的正切函数 $\tan\theta_1$、$\tan\theta_2$ 表达出来，这两个函数的绝对数值暂时还看不出意义，我们最关心他们之间的相对比值，令

$$\delta = \frac{\tan\theta_2}{\tan\theta_1} \tag{4-3}$$

我们称 δ 为消费方与生产方的势力比（即讨价还价能力之比）。

$\tan\theta_1$、$\tan\theta_2$ 是双方的绝对竞争能力，而 δ 则是双方相对竞争能力对比。在解出价格模型的过程中，只要有相对能力比 δ 值就足够了。

三、真实的市场价格 P 求解

由图4-8中可以看出，实际的市场价格就是图中的线段 PC，而在这条线段中，BC 是不必要竞争的，天然属于生产方，只有线段 PB 才是竞争的结果，才需要求解。

现在先搞清楚，线段 $BC = P_c$，是生产的平均成本；线段 $AC = P_u$，是消费者估计的最高成本；线段 PC＝市场价格 P；线段 PB＝生产者剩余；线段 AP＝消费者剩余。

只要把生产者剩余 PB 求解出来，价格就找到了。

从几何上看

$$PB = EP\tan\theta_1 \tag{4-4}$$
$$AP = EP\tan\theta_2 \tag{4-5}$$

又有

$$PB = P - P_c \tag{4-6}$$
$$AP = P_u - P \tag{4-7}$$

将式（4-5）两边分别除以式（4-4），得到

$$\frac{AP}{PB} = \frac{EP\tan\theta_2}{EP\tan\theta_1} = \delta \tag{4-8}$$

即

$$\delta = \frac{AP}{PB} \tag{4-9}$$

将式(4-6)、式(4-7)带入式(4-9)，即得

$$\delta = \frac{P_u - P}{P - P_c} \qquad (4-10)$$

式(4-10)中只有四个参数，而 δ、P_u、P_c 三个参数都是已知的。只有市场价格 P 唯一一个未知数，通过方程(4-10)恰好能求出未知数 P。

解方程式(4-10)：

$$\delta(P - P_c) = (P_u - P)$$
$$\delta P - \delta P_c = P_u - P$$
$$P(1 + \delta) = P_u + \delta P_c$$
$$P = \frac{P_u + \delta P_c}{1 + \delta} \qquad (4-11)$$

因为

$$P_u = \frac{1}{x} P_c$$

带入式(4-11)可得

$$P = \frac{\dfrac{1}{x} + \delta}{1 + \delta} P_c \qquad (4-12)$$

式(4-12)变形可得

$$P = P_c + \frac{\dfrac{1}{x} - 1}{1 + \delta} P_c \qquad (4-13)$$

式(4-12)、式(4-13)都是市场上普遍适用的一般的价格函数。式(4-12)是紧凑型表达式，式(4-13)是经济学意义最明确的表达式。

式(4-13)等号右侧的第一项就是生产者的成本，第二项则是生产者分享到的剩余，两者之和即是消费方支付给生产方的市场价格。

生产者剩余、消费者剩余也能同时求解出来。

令社会剩余为 β，生产者剩余为 β_1，消费者剩余为 β_2，则有

$$\beta = \left(\frac{1}{x} - 1\right) P_c \qquad (4-14)$$

$$\beta_1 = \frac{1}{1 + \delta}\left(\frac{1}{x} - 1\right) P_c \qquad (4-15)$$

$$\beta_2 = \frac{\delta}{1 + \delta}\left(\frac{1}{x} - 1\right) P_c \qquad (4-16)$$

至此，精确的价格模型建立起来了，各类剩余也能够精确计算出来。

四、价格 P 的另类表达式

如图4-8所示，在求解价格的过程中，我们规定了

$$\frac{AP}{PB} = \frac{EP \tan\theta_2}{EP \tan\theta_1} = \frac{\tan\theta_2}{\tan\theta_1} = \delta$$

其实我们还可以另行规定

$$\frac{PB}{AP} = \frac{EP \tan\theta_1}{EP \tan\theta_2} = \frac{\tan\theta_1}{\tan\theta_2} = \xi = \frac{1}{\delta}$$

那么,求解价格 P 的公式完全可以是另一种形式,由式(4-10)变成

$$\xi=\frac{P-P_c}{P_u-P} \tag{4-17}$$

求解出价格 P,得到

$$\begin{aligned}P&=\frac{\xi P_u+P_c}{1+\xi}\\&=\frac{(\xi P_u+P_u)-P_u+P_c}{1+\xi}\\&=\frac{P_u(\xi+1)-P_u+P_c}{1+\xi}\\&=P_u+\frac{-P_u+P_c}{1+\xi}\\&=P_u-\frac{P_u-P_c}{1+\xi}\end{aligned}$$

所以,我们有

$$P=\frac{\xi P_u+P_c}{1+\xi} \tag{4-18}$$

$$P=\frac{\frac{\xi}{x}+1}{1+\xi}\times P_c \tag{4-19}$$

$$P=P_u-\frac{\frac{1}{x}-1}{1+\xi}\times P_c \tag{4-20}$$

比较一下式(4-13)和式(4-20),两式都是价格 P 的表达式,都可以作为价格模型存在。

式(4-13)的经济学意义表示市场交易价格等于成本+生产者剩余;而式(4-20)表示,市场交易价格等于消费者的心理底价 P_u减去消费者剩余。两个表达式不同,仅仅因为 ξ 和 δ 互为倒数。但是价格的经济学含义是完全一致的。

今后本书采用式(4-13),而不使用式(4-20)。

五、一般价格 P 的经济学意义

在图 4-9 中,我们可以清晰地解答一下市场交易的过程。现在关于市场交换的一切内容和含义都包含在其中了。

第一步,看生产领域(左侧直方图),生产者投入要素 IP,产出了 1 标石利物 OP。得到 OP 以后,一般情况下,IP 就全部消失了。

第二步,生产者拿着 OP 来到市场上(交换领域),以 OP 为标的物,在市场上开价叫卖。消费者开始还价。

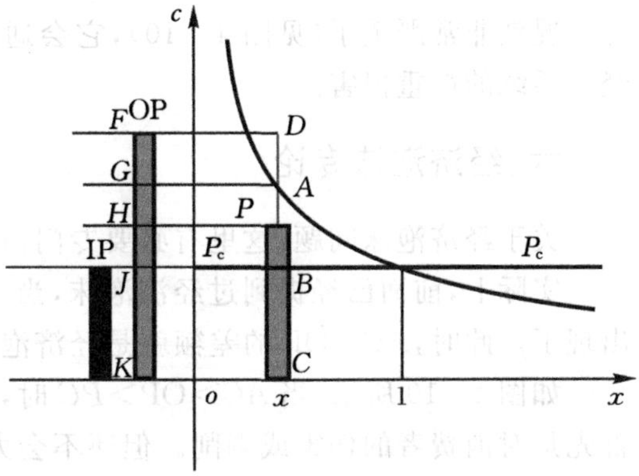

图 4-9　价格模型的含义

经过讨价还价,达成一致价格 P,交易完成。

在图 4-9 上,交易完成包含了以下含义:

第一,交易完成后,标的物 OP 即 1 标石利物的产权,从生产方手上转移到消费方手上。

第二,消费方支付了 P,即最右边的价格直方 P 的产权从消费方手上转移到生产方手上,完成了交易。

第三,看价格 P 支付的含义,我们将价格 P 和标的物 OP 都用一些点分割成若干部分,各部分均有特定的含义。

(1)价格中的 BC,对应 OP 中的 JK,它表示对生产成本的补偿。实际是 JK 与 BC 的"等产权交换",经济学史上叫作"等价交换"。但那时的"等价交换"意义含混不清,这里首次清晰表达,"等价交换"就是"等产权交换"。

(2)价格中的 PB,对应 OP 中的 HJ 部分。HJ 是生产的净剩余中通过交换活动确认为生产者剩余的部分,其产权确定为生产者所有,所以,消费方要以 PB 为代价来换取 HJ,这也是"等产权交换"。

(3)状态线上部的线段 AP 部分,对应于 OP 中的 GH 部分。GH 是交换活动中确认为消费者剩余的部分,其产权已经确定为消费者所有,故消费方将无偿享用,不必另外支付代价,价格中没有包含这部分产权的支付或交换。为什么消费者可以无偿占有消费者剩余 GH 呢?这是经济系统对消费者参与经济活动的奖励。因为他的参与,经济系统就活了,经济系统成为一个活的有机系统。这是消费者对经济系统作出的贡献,所以他分享消费者剩余 GH 理所应当,符合公平正义的原则。

(4)状态线最上部的线段 DA,对应于 OP 中的 FG 部分,这部分是隐性剩余,也被消费者无偿享用了。FG 是净剩余的一部分,在交换活动中,被无意识地确定为消费者的产权。这是消费方参与经济活动得到的"超级奖励"。实际上消费者并不知情,生产者也不知情,所以把它定义为隐性剩余。

隐性剩余的存在是不确定的,如果它是正的,就是隐性剩余;如果它是负的,就成了经济泡沫。

隐性剩余是消费者不知情地得到的好处;而经济泡沫则是消费方不知情地受到的损失。如果经济泡沫积累得不是太多,泡沫与隐性剩余可能抵消一部分,消费方总体不会遭受太多损失。若整个经济系统正常,消费方的利益一般不会受损。暗中的隐性剩余对全社会没有丝毫坏处,而且有利于经济系统健康发展。

如果经济泡沫严重,首先是消费方利益受损,当泡沫扩大时,生产者剩余也将包含泡沫,这种情况就非常严重了(见图 4-10),它会通过生产者的利润进入 GDP 计量,长期积累将造成经济系统的严重损害。

六、经济泡沫专论

关于经济泡沫问题,这里有必要专门讨论一下,因为它已经是经济社会的重大问题了。

实际上,前面已经提到过经济泡沫,当实际产出 OP 小于状态线上的线段 AC 时,泡沫就出现了。此时,$AC-OP$ 的差额就是经济泡沫。

如图 4-10 所示,当 $AC>OP>PC$ 时,经济泡沫仅仅表现为消费者剩余的泡沫,经济泡沫首先是对消费者的伤害或剥削。但还不会太严重,不至于造成全社会的问题。

当 $OP<PC<AC$ 时,生产者剩余的一部分也变成了经济泡沫,情况已经很严重了。这时生产者剩余包含的泡沫将进入 GDP,使国家整个经济出现泡沫积累,虽然某些领域的隐性剩余会抵消一部分泡沫,但总体上这种泡沫很严重,抵消不完全,长期积累,整个宏观经济将受到严重威胁和伤害。

在图 4-10 中,我们画出由于生产效率逐步降低造成的经济泡沫,称为效率型经济泡沫。事实上,经济泡沫是生产效率与消费方占有状态 x 的相对运动造成的,即使生产效率不降低,若 x 向 0 点太接近,则进入灾荒阶段,也会造成经济泡沫,甚至出现严重的经济泡沫,如图 4-11 所示。

图 4-11 是典型的灾荒型经济泡沫。生产效率看起来也不低,因为 OP 远远大于 IP。但是,x 太接近于 0 点,使观念剩余 AB 过大,从而有 AC 远大于 OP,并且 $PC>OP$,经济泡沫进入了生产者剩余,进一步进入 GDP,情况就严重了。

在现实经济中,部分垄断型产品大概都属于此类经济泡沫,其效率或许不算太低,但垄断与欺诈和错误的经济政策,都促使了泡沫的积累。

我们为什么要定义经济泡沫? 经济泡沫是由货币体现出来的,而没有实际物品作为支撑,货币成为虚幻的财富。此时货币仅起到分配的作用,而且是不公平的分配,可能导致严重的贫富分化,使经济系统的调节作用逐步丧失,出现奇怪的经济现象。这一切都是经济泡沫对经济系统造成的伤害。本书仅将经济泡沫清晰地揭示出来,进一步的实证研究需其他学者再作努力。

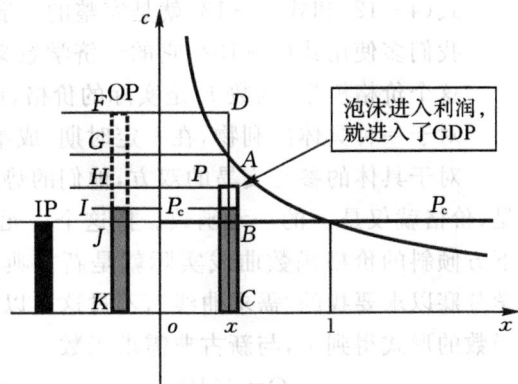

图 4-10　经济泡沫示意图

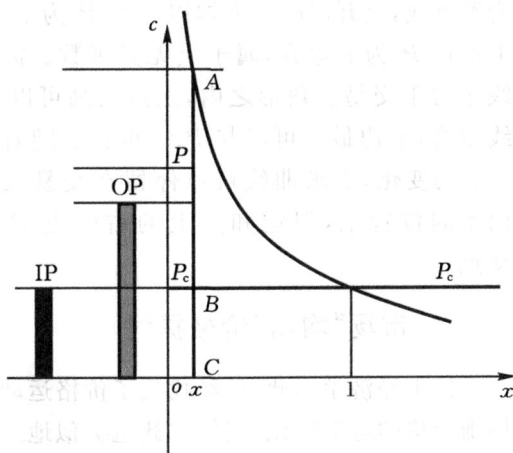

图 4-11　灾荒型经济泡沫

值得注意的是,灾荒型泡沫短期存在,不会引起危机。短期的灾荒型泡沫可能是真遇到了灾荒。此时,即使是泡沫的生产者剩余,也是对生产者的奖励和刺激,他们为了这个“利益”,也会开足马力生产,从而可能将社会尽快从灾荒中解救出来。

但是如果灾荒型泡沫长期存在,就说明那不是灾荒。例如,某些地区的房地产价格长期处于灾荒型泡沫中,但实际并没有出现灾荒。这种泡沫对经济的伤害是严重的。

七、一般价格模型(需求曲线)

我们前面已经解出一般的价格函数表达式:

$$P = \frac{\frac{1}{x} + \delta}{1 + \delta} P_c \qquad (4-12)$$

$$P = P_c + \frac{\frac{1}{x} - 1}{1 + \delta} P_c \qquad (4-13)$$

式(4-12)和式(4-13)就是完整的一般价格模型,两式意义完全一致。

我们多使用式(4-13),它的经济学意义更加明确。

这个价格模型,函数 P 是实际的价格,而自变量仅有 3 个:成本 P_c,势力比 δ 和利物量 x。

对于一种具体的利物,在一定时期,成本 P_c 是比较固定的,可以当做常数。

对于具体的参与交易的双方,他们的势力比也是确定的,可以暂时假定势力比 δ 不变,于是,价格就仅是 x 的一元函数。把这个一元函数画到坐标图上,如图 4-12 所示,图中的向右下方倾斜的价格函数曲线实际就是新古典经济学梦寐以求要找的"需求曲线",不过这里以价格函数的形式得到了,与新古典需求函数

$$Q = f(P)$$

是反函数关系。本书中求出的需求函数,其右端以饱和点 1 为边界,是闭区间;而左端以坐标轴为渐近线,是开区间。下端以成本 P_c 为下边界,上端以 P_u 为上边界,属于上无界函数。需求曲线包含于交易三角形之内,上边最高可以与 P_u 线重合,下边最低可以与 P_c 线重合。随着势力比 δ 的变化,需求曲线可以停留在交易三角区内不同位置上,但饱和点上的右端点 D 是不动点。

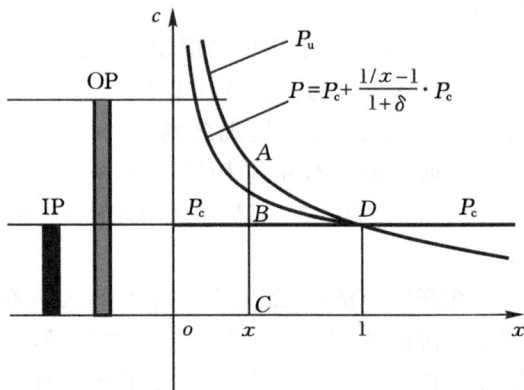

图 4-12　一般价格模型

八、市场"均衡"价格探讨

民生经济学至此,已经找到了价格运动的客观形式。如果人们已经习惯了新古典经济学均衡价格的运动变化,我们在此也类似地给出一个准均衡价格模型。我们这里的需求曲线是客观真实的存在,不需要任何假设。我们这里没有供给曲线,只有供给量的变动。在本书观点看来,新古典经济学中的供给曲线本身就是人工"捏造"的。我们的需求曲线可以发生变动,它仅仅是因为 δ 的变化。需求曲线有一个不动点(右端饱和点)。

δ 的取值范围是 $\delta \in [0, +\infty)$,在价格公式中,δ 越大,需求曲线的位置越低;δ 越小,需求曲线的位置越高。

图 4-13 中,需求曲线 P_3 位置上的 δ 较大,P_2 位置上的 δ 较小,P_1 是原始位置。请注意,这里的需求曲线位置变化不是平移,而是以不动点(饱和点)为中心的摆动。

在相当于新古典供给曲线的问题上,我们仅需要一个供给量,它也是我们前面定义过的占有状态量 x 对应地状态线 AC,可以理解为供给量的坐标线,供给量 x 减少,AC 状态线就左移;供给量 x 增加,AC 就右移。这相当于新古典经济学垂直的供给曲线平移的情况。

找准了需求曲线和 AC 状态线(供给线),我们就可以像新古典经济学一样讨论"均衡价格",这是市场上现实的价格变动规律。

在图 4-13(a)中,我们画出了状态线保持不变,δ 发生变化的情况。它们分别形成三个均衡价格 $P_1(x)$,$P_2(x)$,$P_3(x)$。从图中可以看出,有 $P_3(x) < P_1(x) < P_2(x)$ 的不等式关系。

这个图示说明,即使"供给量不变",买卖双方的讨价还价能力发生变化,均衡价格也会变化。

　　而这里的"供给量不变"之假定,并不是指"供给力量不变",它是指"总供给量被市场覆盖范围内的人均占有量保持不变"。它可以是供给量和市场覆盖的消费者平均占有状态不变,从而保持平均供给量不变。

　　这幅图表明,供给量保持不变的情况下,如果生产方提高了讨价能力,价格也会被推高;生产方相对消费方讨价能力降低了,价格也会掉下来。

　　看来这里的准均衡价格并不是新古典津津乐道的"最优价格",而就是一个现实的市场价格,不过它相对地稳定着,所以可称为准均衡价格。

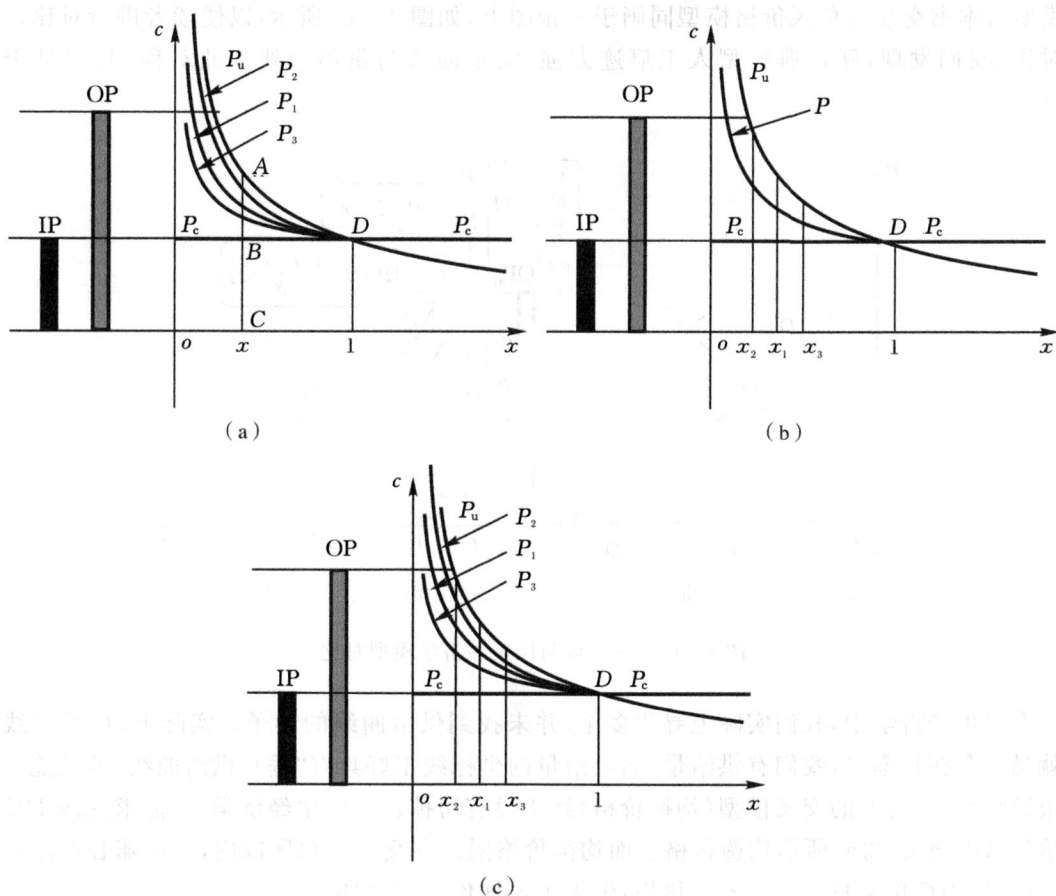

图 4-13　均衡价格模型

　　在图 4-13(b)中,我们假定了 δ 不变,需求曲线仅有一个位置。而供给量坐标线位置发生变化,分别有 x_1,x_2,x_3 三个不同供给量,将产生 3 个交点,分别是:$P(x_1),P(x_2),P(x_3)$,且有 $P(x_2)>P(x_1)>P(x_3)$ 的大小关系。$P(x_1)$ 是原有均衡价格,$P(x_2)$ 是供给线左移后的均衡价格,$P(x_3)$ 是供给线右移时的均衡价格。

　　这个价格变化表明,需求曲线不动,若供给量增加,占有状态增加,均衡价格就会下降;若占有状态变低,均衡价格就会上升。这也就是物以稀为贵的规律。

　　再看图 4-13(c),这里供给线和需求曲线均可以变化,原始均衡在 $P_1(x_1)$ 点上,当状态线变成 x_2,x_3,需求曲线变成 P_2,P_3 时,将产生四个新的均衡点 $P_2(x_2),P_2(x_3),P_3(x_2)$,

$P_3(x_3)$。这些均衡点都在交易三角形区域内部。也能符合均衡变动的要求。

值得重视的是,第一,现在真实的均衡价格,都限定在交易三角区以内,绝不是第一象限那么大区域内的任意移动;第二,均衡价格再也没有最优价格的含义,它只是一个现实的交易价格,是否是最优价格,还要由其他因素决定。

九、民生经济学与新古典均衡价格模型之比较

新古典经济学最得意的杰作似乎就是他们的均衡价格模型,我们将新古典经济学均衡价格模型与本书交易三角区价格模型同画于一张图上,如图4-14所示,以便读者进行对比。通过对比,我们发现,新古典模型人工痕迹太强,需求曲线与供给曲线如此对称,我们是否怀疑过?

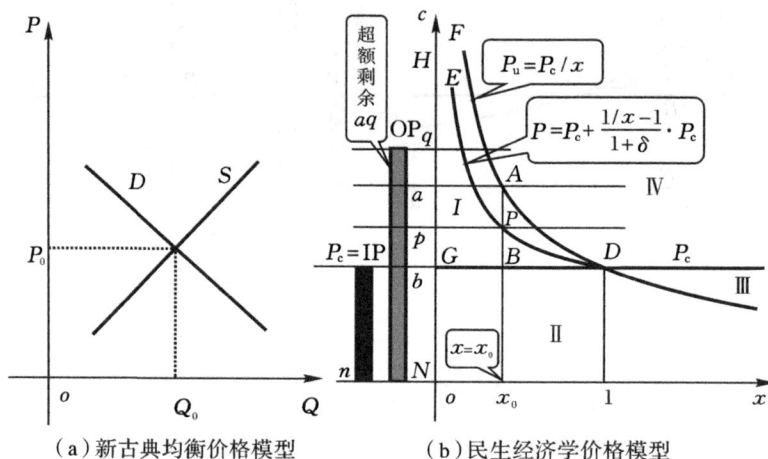

图4-14 新古典与民生经济学模型对比

在民生经济学中,我们实际上寻找多年,并未找到供给曲线的影子。实际上,供给曲线可能就是不存在!幸好,我们有供给量,而供给量的坐标线正好具有"垂直供给曲线"的功能。于是很勉强地,新古典的交叉模型(均衡价格)终于没有垮掉。在民生经济学中,需求曲线 DE 与供给量 AB 交叉,得到所谓均衡价格。而均衡价格限定在交易三角区以内,不可随心所欲地移动。同时,均衡价格只是一个普通价格,失去了最优价格的光环。

实际上,新的价格模型中,供给线只是一个坐标线,其经济学含义非常简单。而需求曲线则是精确的价格函数,它包含了市场参与者各方的重要信息,价格函数的深化研究,将带来革命性的经济学突破,第五章将会给出具体的研究成果。

经济学研究具有两层境界,第一层次境界,就是基本层面上要能自圆其说,也就是具有逻辑上的自洽性;第二层次境界,是要符合事实,客观部分能够实证,主观部分要符合人性规律,合乎人性。实际上这也是客观的,属于社会的客观。

新古典经济学其第一层次境界达到了,其均衡模型就是这样一个典范,它似乎能够放之四海而皆准,但是又好像放之四海而无用。只能让新古典体系无法被驳倒,但要用新古典经济学理论去解决现实经济问题却无能为力。表4-1给出了民生经济学与新古典经济学价格模型的比较,主要归纳了12个方面。

表 4 - 1　新古典经济学与民生经济学价格模型之间的比较

编号	比较内容	新古典价格模型	民生经济学价格模型	重要性
1	曲线数量	两条:需求曲线;供给曲线	一条:价格曲线,状态线不是供给曲线	
	来源	两条曲线均通过假设得到	未使用假设,直接计量、数学推导得来	
	证明	需求曲线证明严格,供给曲线证明存在严重的逻辑错误	价格曲线推导而来,推导就是严格的证明民生经济学不承认供给曲线存在	重要
	曲线位置	需求、供给曲线位置不固定可任意平移,范围在第一象限	价格曲线右端固定,不能平移变动范围限于三角区以内,较小	
2	均衡区域	均衡可以在第一象限任意移动具有无限的解释力	准均衡范围有限,限于交易三角形以内解释力有限,但精准	重要
3	适应性	适用于一切商品	仅适用于利物,非利物商品只能小心借用	
4	商品范围	可以是商品品种,也可以是商品种类,可能是食物大类,也可以是具体的面包、馒头、面粉等	仅指利物种类,不考虑具体品种例如,我们考虑商品种类,食物——而不具体到面包、牛肉、白糖等,它是一个大类——食物,或衣物,或住房	
5	精确程度	笼统、模糊、不能精确计算。无法实证	价格模型是精确的,一切可计算,可实证	重要
6	包含因素	考虑价格因素、经常性因素在内价格是主要因素经常性因素有技术成本、偏好、预期、相关产品价格,各因素不可度量。价格是原因,需求量是结果	归纳为三大因素,价格是结果,三大因素是原因、三大因素包括:状态量 x,势力比 δ,生产成本 P_c。每种因素可度量,新古典所列因素民生经济学模型中基本包含进去	
7	引出概念	消费者剩余、生产者剩余是不封口三角形面积,无法计量。也无经济泡沫概念	观念剩余、消费者剩余、生产者剩余可计量净剩余概念准确,各种剩余精确且可计量给出经济泡沫概念,可精准计量	重要
8	价格形态	仅有价格概念,无法计量求解	价格精确计算,可观察测量,证实,证伪	重要

续表

编号	比较内容	新古典价格模型	民生经济学价格模型	重要性
9	市场性质	研究市场性质依靠新的假设	价格形态决定市场类型,价格模型划分市场类型,不需要重新引入假设	重要
10	公平正义	没有公平概念,均衡模型中找不到公平的任何因子和依据 帕累托干脆放弃了公平,只有效率	公平有了依据,P_a线和P_c线是买卖双方各自的底线,或心理公平依据,感觉上的公平 再配合净剩余实体产品,得到实际接近公平的观念。可将效率与公平并列研究	极其重要
11	有效性	有效性问题不清晰	市场机制有效性可以清晰表达	
12	实在性	没有实物产品与观念模型的关联,仅有观念模型。显得虚幻	实物净剩余与观念价格模型直接安装对接,使观念模型具有实物支撑,思路清晰。具有可观察的实在性,客观性	重要

新古典经济学解决不了现实具体的经济学问题,可能正是源于它无法精确计量,任何事情都只能从假设出发。例如,新古典经济学解决不了房地产问题,也解决不了"三农"问题,更解决不了劳动分配不公问题。

民生经济学比起新古典经济学,至少在以下三个主要方面取得进展:

第一,精准,民生经济学建立了精准的价格模型,使人类的市场交易过程可以精准描述和研究计算,对价格现象可以透彻分析。

在没有精确价格模型的近 200 年时间里,前辈经济学家曾经以人类的最高智商,反复探讨经济学的许多现象,但总是说不透彻。如今得到精确表达的价格函数(需求曲线),多少问题都可以在数学推到下得到解释和解决,为经济今后的发展打下了坚实的基础。

第二,公平,民生经济学在人类经济学史上,首次找到了公平价格——纳什价格,称为"公平极"。并且划分出精准的公平带,成为好市场。从此经济学的公平问题可以研究了(见第五章)。

第三,实用,民生经济学理论具有广泛的实用性,依据民生经济学理论,面对现实的经济学问题,逐个解剖,找出原因,提出解决问题的方案。

民生经济学以上三大优势中,第一项最为根本,它是后两者的基石;第二项是好运气带来的成果,找到了公平极,使公平问题重回经济学领域,造福人类社会;第三项主要是精准价格模型为市场理论研究提供了平台,使本书的市场理论研究趋于完整。

第三节　价格模型的重要性质

我们已经推导出了市场交易的精确表达的价格模型,本节将研究这个模型的一些性质,以供后续研究时应用。

一、价格模型的标准化

现在我们已经建立的完整的价格模型，如式(4－12)、式(4－13)两式：

$$P = \frac{\frac{1}{x} + \delta}{1 + \delta} P_c \tag{4-12}$$

$$P = P_c + \frac{\frac{1}{x} - 1}{1 + \delta} P_c \tag{4-13}$$

还有三种剩余的表达式：

$$\beta = (\frac{1}{x} - 1) P_c \tag{4-14}$$

$$\beta_1 = \frac{1}{1 + \delta}(\frac{1}{x} - 1) P_c \tag{4-15}$$

$$\beta_2 = \frac{\delta}{1 + \delta}(\frac{1}{x} - 1) P_c \tag{4-16}$$

式中可以方便地看出，各种价格函数都与三大因素相关。这三大因素是产品生产的成本 P_c、人均利物供给量 x、买卖双方的讨价还价势力对比 δ。

第一大因素 P_c 以乘数因子存在于价格模型中，由式(4－12)可以看得清楚。而式(4－12)可以简化成

$$P = p \times P_c \tag{4-21}$$

其中，

$$p = \frac{\frac{1}{x} + \delta}{1 + \delta} \tag{4-22}$$

P_c 从全社会看是1标石利物生产所花费的平均成本，它的单位是元/标石。这本来就是一个价格单位，它表明在当时生产技术和管理组织水平限定下，人类与自然进行交换所必须支付的价格。这个成本价格具有社会历史的客观性，不同种类的利物生产其平均单位成本可能大相径庭。作为价格函数的一个重要因子，它使得不同种类利物的价格模型千差万别。从式(4－21)的结构中可以清晰看出，不同产品的价格模型的差异主要来自成本 P_c，如果式(4－21)两边同除以 P_c，则有

$$P/P_c = p$$

所以，在价格模型中，P_c 可以看做是价格量的"单位"，而 p 可以看做是一个"系数"。在单位确定以后，价格变化主要决定于"系数"。我们将价格"系数" p 称作标准化价格，它是以 P_c 为单位的价格函数。

标准化价格对应于式(4－12)、式(4－13)，分别有

$$p = \frac{\frac{1}{x} + \delta}{1 + \delta} \tag{4-22}$$

$$p = 1 + \frac{\frac{1}{x} - 1}{1 + \delta} \tag{4-23}$$

如图 4 - 15 所示，标准化以后的价格模型图像特征没有变化。

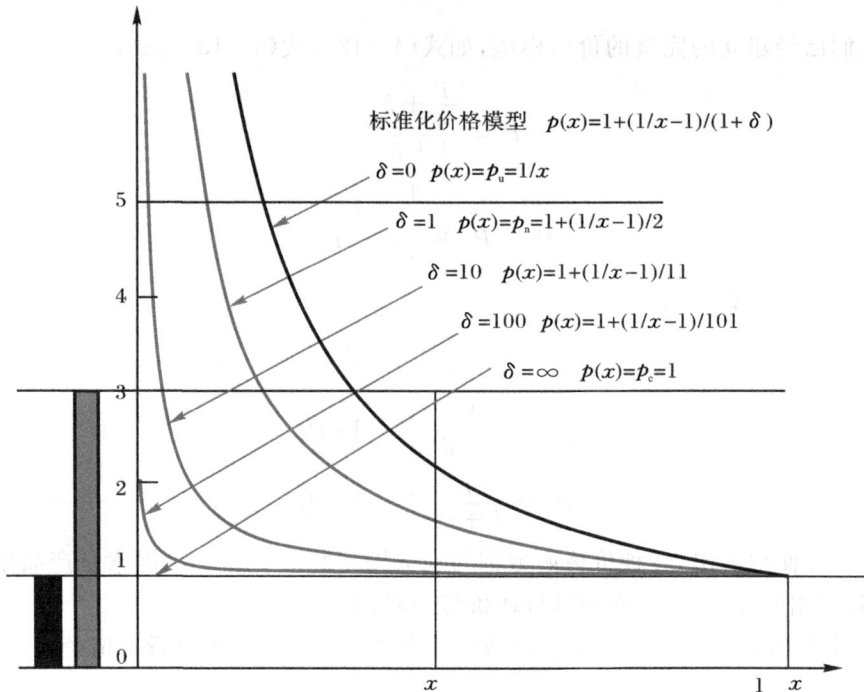

图 4 - 15　标准化价格模型（以 P_c 为单位）

同样，式(4-23)的经济学意义也是最清晰的，它的第二项就是生产者剩余的表达式。

我们用 Δ 表示总剩余系数，Δ_1、Δ_2 分别表示生产者剩余和消费者剩余的系数，同时，用 ΔQ 表示实体净产品剩余，则有

$$\Delta = (\frac{1}{x} - 1) \tag{4-24}$$

$$\Delta_1 = \frac{1}{1+\delta}(\frac{1}{x} - 1) \tag{4-25}$$

$$\Delta_2 = \frac{\delta}{1+\delta}(\frac{1}{x} - 1) \tag{4-26}$$

如果我们把生产方、消费方讨价还价的能力定义为价格竞争力系数，简称竞争力，用 σ 表示，生产方的竞争力系数用 σ_1 表示，消费方的竞争力系数用 σ_2 表示，则有

$$\sigma_1 = \frac{1}{1+\delta} \tag{4-27}$$

$$\sigma_2 = \frac{\delta}{1+\delta} \tag{4-28}$$

在所有系数定义清楚之后，我们再来看标准化价格函数，它可以做一变化，于是有

$$p = 1 + \frac{\frac{1}{x}-1}{1+\delta} = 1 + \sigma_1 \Delta \tag{4-29}$$

现在，价格模型的经济学含义就更加清晰了。

式(4-29)中等号右侧的第一项，1 表明这是 1 个单位的成本，也是整个标准化价格函数

的计量单位。第二项由两个因子相乘而得到,前一个因子是生产方在市场上讨价还价时相对于消费方的竞争力 σ_1;后一个因子是生产方与消费方共享的社会剩余 Δ,它其实是消费方观念中的总剩余,由消费方的占有状态决定。这个因子,虽由消费方思想中产生,却为生产方与消费方共享,这就是消费方单独为经济系统做出的贡献。标准化的生产方剩余 Δ_1 和消费方剩余 Δ_2 都可以准确表达出来,如式(4-25)和式(4-26)所示。

价格函数是生产方在价格行为中全部所得,其中第一项 1 是单位成本,原本就是生产方所有的,在价格行为中对它不能另行分割,要确保生产的投入全部收回,这是对生产方既定产权的尊重。

价格函数第二项 $\sigma_1\Delta$ 是生产方对消费方观念中存在的社会剩余的瓜分,瓜分的能力体现在 σ_1 中。

消费方没有先期投入,所以他得到的是生产方瓜分剩下的部分,即 $\sigma_2\Delta$。这样,我们可以清晰地看出市场经济中新增净产品的分配逻辑,生产方由于单独生产出了净剩余,对产品的产出作出了独有的贡献,所以在分配中,他瓜分到生产者剩余 $\sigma_1\Delta$;消费方虽然对净产品没有直接贡献,但他们在观念中产生了社会剩余 Δ,也对整个经济系统作出了贡献,生产者剩余才得以实现。由于消费方的这一贡献,所以他在价格行为中也瓜分到消费者剩余 $\sigma_2\Delta$。

这个逻辑是我们事后理解的。实际上,市场经济是"进化"的产物,我们在经济学上通常称作"演化"的产物。两者意思是同样的。

进化,是生命科学的重要概念,我们在这里可以做如下理解。

观念中的社会剩余,其实是由效用原理导出的,而效用是生命进化过程中演化出来的,人类个体具有效用行为机制,其他动物也具有明显的效用行为机制,这在效用研究中已经说明。社会剩余因为是观念中的,所以是虚拟的,如果没有实物净产品的支撑,这个概念就没有用处。

生产中产生的产品净剩余,它是实实在在的新增产品,它的客观实在性毋庸置疑。但是,这个"实在"也不是高人一等,它如果没有观念剩余的存在,将无法分配出去。当然你可以说,它是生产者的,直接确认为生产者所有就天经地义了。可是,如果这样做,经济系统就不存在了。生产者可以独占实实在在的净剩余一次,那他就只能一次性地得到 1 个净剩余,而无法形成经济系统循环,便无法得到更多的净剩余。

所以,我们可以清晰地看出,生产方与消费方在价格行为中,虽有竞争,但本质上是一种经济合作关系。生产方竭尽全力创造净产品 ΔQ,净产品 $\Delta Q = OP - iP$;消费方在观念中"创造"了社会剩余 Δ,ΔQ 和 Δ 在市场上结合,使虚拟的观念剩余 Δ 变成了真实,而实体净剩余 ΔQ 也实现了分配,新增产权就得到了确认。

这种机制不是人为设计的,而是人类历史上两种不同机制似乎"偶然"地碰到一起,形成了非常奇妙的市场经济机制,比智能化的人为设计更加巧妙。不过,这种机制是经过漫长进化才得到的,进化本来就是依靠大量时间的消耗,一次一次试错式的淘汰才选择出了现在我们能够看到的这种市场机制。

在这一段论述中,我们隐含了一个概念,那就是公平。生产方、消费方在价格行为过程中各自都作出了自己的贡献,各自也都分享到自己的所得,在正常情况下,市场机制的公平理念存在于其中。只有在某些不正常的情况下,或者极端情况下,才失去了公平。这个问题后续研究将专门论述。

至此我们得到了标准化的价格模型式(4-22)和式(4-23)，以后的研究可以充分利用这两个表达式。

二、价格函数的负斜率及其经济学意义

在标准化以后，价格函数的一般表达式如式(4-22)或者式(4-23)，它们都确定了价格量 p 与利物量 x 的一种关系。按以往新古典经济学的习惯，他们喜欢把利物量当做函数，把价格量当做自变量，那只是式(4-22)、式(4-23)的反函数。

新古典经济学的这个习惯，本质上没有什么问题，但是我们应当明确，在微观经济学的任务中，找出价格是中心任务。我们在本章，依据已经建立的价格模型的自然状态，把价格看做函数，把利物量看做自变量，把 x 解出来就可以了。

原价格函数

$$p=\frac{\frac{1}{x}+\delta}{1+\delta} \tag{4-22}$$

把 x 解出来得到

$$x=\frac{1}{p(1+\delta)-\delta}=\frac{\frac{1}{1+\delta}}{p-\frac{\delta}{1+\delta}}=\frac{\sigma_1}{p-\sigma_2}$$

简洁表达为

$$x=\frac{\sigma_1}{p-\sigma_2} \tag{4-30}$$

式(4-30)就是价格函数标准化以后，一般价格函数的反函数，它也是一个一般函数式，这就是新古典经济学习惯了的需求函数。但此处这个函数是精准推导出来的，是完全真实的，不是假设的。今后在研究函数性质时，式(4-22)和式(4-30)可以互换，用什么函数，完全依据读者的习惯。为了完整，本节把两种形式函数的斜率都求解出来，供读者自由选择。

1.价格函数求导

为了厘清价和量的关系，我们对价格函数或需求函数求导。

1)各参量和变量的值域

在求导之前，我们先将价格函数中的各种量的取值范围搞清楚，也就是确定函数的定义域和值域。

首先假定，这里讨论的一切变量和参数都是连续的，并且可以用实数来表达。

在标准化价格函数中，有三个变量：x、δ 和 p。

第一个是利物量，定义域 $x\in(0,1]$。本来 x 可以取大于 1 的值，但是，由于交易三角形的限定，$x>1$ 时观念剩余就消失了，价格机制也将失效，所以，x 的有效区间不包括大于 1 的区域。就生命生存来说，$x>1$ 也没有必要。但是，$x=1$ 包括在内，这是一个左开右闭的半开闭区间。$x\neq0$，定义域的左端点是开的，因为 $x=0$，生命已经死亡了，死的生命体是不具有意识和观念的。价格模型在此点也会失效。

第二个是势力比 δ，这是一个参数，取值范围是 $\delta\in[0,+\infty)$，它是一个非负的实数，经济学意义是买方与卖方讨价还价能力的相对大小。其左端点是闭的，右端点是开的。

第三个是价格量 p,这是函数,它的值域是 $p \in [1, +\infty)$。这个值域中,当 x 取最大值 1 时,p 取得最小值 1。当 x 无限接近于 0 时,p 将接近正无穷大。可见价格函数是上无界函数,价格飞涨的时候,没有封顶的点。

与之相关的还有

$$\Delta = \left(\frac{1}{x} - 1\right) \tag{4-24}$$

$$\Delta_1 = \frac{1}{1+\delta}\left(\frac{1}{x} - 1\right) = \sigma_1 \Delta \tag{4-25}$$

$$\Delta_2 = \frac{\delta}{1+\delta}\left(\frac{1}{x} - 1\right) = \sigma_2 \Delta \tag{4-26}$$

$$\sigma_1 = \frac{1}{1+\delta} \tag{4-27}$$

$$\sigma_2 = \frac{\delta}{1+\delta} \tag{4-28}$$

这些参数的取值范围可从公式推出:

$$\Delta \in [0, +\infty)$$
$$\Delta_1 \in [0, +\infty)$$
$$\Delta_2 \in [0, +\infty)$$
$$\sigma_1 \in (0, 1]$$
$$\sigma_2 \in [0, 1)$$

2)价格函数的导函数计算

先对式(4-22)求导:

$$p' = \frac{\mathrm{d}p}{\mathrm{d}x} = \frac{\mathrm{d}}{\mathrm{d}x}\left(\frac{\frac{1}{x}+\delta}{1+\delta}\right) = \frac{1}{1+\delta}\frac{\mathrm{d}}{\mathrm{d}x}\left(\frac{1}{x}+\delta\right) = \frac{1}{1+\delta}\cdot\frac{-1}{x^2} = \frac{-\sigma_1}{x^2}$$

所以有

$$p' = \frac{\mathrm{d}p}{\mathrm{d}x} = -\frac{\sigma_1}{x^2} \tag{4-31}$$

再对式(4-30)求导:

$$x' = \frac{\mathrm{d}x}{\mathrm{d}p} = \frac{\mathrm{d}}{\mathrm{d}p}\left(\frac{\sigma_1}{p-\sigma_2}\right) = \sigma_1 \frac{d}{\mathrm{d}p}\left(\frac{1}{p-\sigma_2}\right) = \sigma_1 \frac{-1}{(p-\sigma_2)^2}$$

所以有

$$x' = \frac{\mathrm{d}x}{\mathrm{d}p} = \frac{-\sigma_1}{(p-\sigma_2)^2} \tag{4-32}$$

有了式(4-31)、式(4-32),就可以对利物量 x 和价格量的变动关系进行讨论。我们分两种情况分别研究。

2. 价格导函数的经济学意义

第一种,非极端情况讨论。

所谓非极端情况就是指各参数和变量都不在端点处,在这种情况下,始终有

$$p' = \frac{\mathrm{d}p}{\mathrm{d}x} = -\frac{\sigma_1}{x^2} < 0$$

$$x' = \frac{\mathrm{d}x}{\mathrm{d}p} = \frac{-\sigma_1}{(p-\sigma_2)^2} < 0$$

一句话概括,价格函数的斜率是负的。用经济学的语言表述为,价格量与利物量(需求量)始终是反方向变动的,这就是亚当·斯密和马歇尔两位前辈大师多年前描述过的结论。

亚当·斯密把这规律描述成"看不见的手"的作用,马歇尔把它描述成"马歇尔需求定律"。这些描述的数学语言,就是价格函数(或需求函数)的斜率为负。也就是 $\mathrm{d}x$ 和 $\mathrm{d}p$ 是永远反方向变动。

本书研究出的价格函数,以严格的数学推导,证明了前辈经济学家 200 多年来的发现,而这些证明并不需要高深莫测的数学理论,一般具有大学本科数学基础的人都容易理解它。

第二种,极端情况下的价格函数讨论。

这时还要分成 3 种情况:

情况 a:x 不在端点处,而 σ_1 处在 0 端点处,于是有

$$p' = \frac{\mathrm{d}p}{\mathrm{d}x} = -\frac{\sigma_1}{x^2} = -\frac{0}{x^2} = 0$$

此时,价格函数的一阶导数恒定为 0,说明此时,"看不见的手"已经失效。

情况 b:σ_1 在 0 点是开区间,它能够无限接近于 0,是一个趋势极限概念,如果这时 x 也趋向于 0,有可能出现

$$p' = \frac{\mathrm{d}p}{\mathrm{d}x} = -\frac{\sigma_1}{x^2} = -\frac{\lim t\, \sigma_1 \to 0^+}{\lim t\, x \to 0^+} = 0 \ \text{或} \ -\infty$$

如果 $p' = \frac{\mathrm{d}p}{\mathrm{d}x} = 0$,与 a 情况一致。

如果 $p' = \frac{\mathrm{d}p}{\mathrm{d}x} = -\infty$,说明此处价格函数斜率的绝对值无穷大,且是负的。斜率无穷,说明价格函数是垂直线;斜率为负,说明利物量与价格反相关关系依然存在。这说明如果 $\sigma_1 \to 0$,x 不为 0 的部分价格函数斜率为 0,价格曲线为水平直线;x 接近 0 的地方,价格函数斜率无穷大,价格函数的曲线是竖直的直线。可见,此时价格函数曲线就是纵横两条直线。横线是 P_c 线,纵线是纵坐标轴。也就是说,需求曲线此时成为两段互相垂直的直线。这在后续 C 极价格研究中将具有非常重要的意义。以后再详细讨论。

情况 c:σ_1 还有另一个端点,即 $\sigma_1 = 1$,此处,无论 x 怎么样取值,都有

$$p' = \frac{\mathrm{d}p}{\mathrm{d}x} = -\frac{\sigma_1}{x^2} = -\frac{1}{x^2} < 0$$

实际上,$\sigma_1 = 1$ 时,价格函数 $P = P_u = (1/x)P_c$。

这也是一个极端情况,但负斜率依然存在,"看不见的手"依然起作用。价格机制在此处依然有效。

值得注意的是,在某些端点上,马歇尔定律失效了,"看不见的手"也不起作用了。像吉芬悖论、阿莱悖论等著名悖论描述的现象,都与极端情况有关。本书关注市场的有效性,多在非极端情况下讨论。极端情况的经济学悖论、争论,解决的办法将集中在另外的专著中研究。实际上,吉芬悖论和阿莱悖论,在民生经济学体系中已经得到完整的解答,有兴趣的读者可阅读笔者即将出版的其他专著。

3. 市场机制的有效性

在非极端情况下，或者在某些极端情况下，只要 $p'=\dfrac{\mathrm{d}p}{\mathrm{d}x}<0$ 成立，价格和需求量之间就存在反相关关系。这个反相关关系，斯密称为"看不见的手"，马歇尔称作"需求定律"，正是本书定义的"市场经济有效性"。

价格函数或需求函数的负斜率表明，在经济社会中，市场价格和利物需求量（供给量）之间，可以形成一个类似控制论中描述的负反馈机制。这个机制在人类社会中自发地演化出来，我们称作市场机制。

这个机制的作用原理，用经济学语言描述如下：

由于价格函数的负斜率存在，利物量越大，价格量就越小；利物量越小，价格量就越大。

在现实经济社会中，当某类利物量非常少的时候，即该利物短缺，它的市场价格就很高，生产者就会得到很多生产者剩余，即利润很大，生产经营的积极性很高，他们开足马力生产，很快使利物的短缺得到缓解，人们的消费水平得到提高。

但是，当继续开足马力生产时，利物量就会越来越多，价格也会越来越低，生产者剩余就会越来越小，利润越来越低，直至利润接近于 0，生产积极性受到打击，原生产者就会减少这种利物的生产，把生产资源转移到其他价格更高的产品上去。这个过程看起来是自发进行的，它实际是负反馈机制作用的结果。

这种机制自发地调节配置着生产资源，使产品不至于过剩，也不至于太短缺。这就是"看不见的手"的作用。

我们说的价格机制，也称为市场机制，它的本质是负反馈的，也可以说成是"逆风向调节"，利物量太少，价格机制就会使供给量增长；利物量太多，价格机制就会使供给量逐步减少。从而将供给稳定在一定的范围内。价格机制起到稳定供给的作用。在控制论中，负反馈机制就具有稳定的功能。在社会经济活动中，这种负反馈机制的稳定作用依然是成立的。

如果价格机制正常发挥作用，我们就说市场机制是有效的。（也叫作市场机制的有效性。）

显然，负反馈机制的存在是有条件的，正如我们前面看到的不同情况，总有些时候，负斜率会消失，此时，价格机制或市场机制就会失效，市场的有效性就会遭到破坏。

由此可见，市场机制是非常优秀的一种机制，但是也有失灵的时候。当市场有效性消失的时候，我们必须认真分析原因，提出恰当的应对策略。

三、价格模型上的交易动力研究

本节我们讨论一个新话题，交易动力问题。

在价格模型中，我们看到三大因素在起作用，第一个因素是成本 P_c；第二个因素是占有状态 x，或者说是供给量 x；第三个因素是讨价还价能力比 δ。

在完整的价格函数，如式（4-13）中我们可以清楚地看到这三大因素。该式经标准化以后，变成式（4-23）。

再继续变化，得到

$$p=1+\frac{\frac{1}{x}-1}{1+\delta}=1+\sigma_1\Delta \tag{4-29}$$

标准化以后的公式(4-29)中,平均成本 P_c 已经作为一个价格计量单位隐含在单位量中,剩下两大因素则显现出来:竞争力系数 σ_1 和观念中的社会剩余 Δ。现在观念剩余是买卖双方共同的东西,它的大小由双方共同享受和承担,在这个因素上双方利益一致。而竞争力系数 σ 则是各有不同。

$$\sigma_1 = \frac{1}{1+\delta} \tag{4-27}$$

$$\sigma_2 = \frac{\delta}{1+\delta} \tag{4-28}$$

σ_1 代表生产方的竞争力,σ_2 代表消费方的竞争力。当这些竞争力与社会剩余 Δ 结合,就产生了实际效果,就有

$$\Delta_1 = \frac{1}{1+\delta}\left(\frac{1}{x}-1\right) = \sigma_1\Delta \tag{4-25}$$

$$\Delta_2 = \frac{\delta}{1+\delta}\left(\frac{1}{x}-1\right) = \sigma_2\Delta \tag{4-26}$$

1. 交易动力定义

为了进一步研究市场行为,我们定义一套参数来表达参与交换双方的积极性。在前述标准化以后的价格模型中,Δ_1、Δ_2 已经表达成生产者剩余和消费者剩余,现在为 Δ_1 和 Δ_2 给出新的意义:Δ_1 是生产方的一次交易动力,Δ_2 是消费方的一次交易动力,这两个动力都是参与者单方面的交易动力。

我们还要新定义 F 为市场交易动力,$F = \Delta_1 \times \Delta_2$。这是二次交易动力。

一次交易动力表达式为(4-25)、(4-26)。还需新定义一个二次的竞争力系数 f。

$$f = \sigma_1 \sigma_2 = \frac{1}{1+\delta} \cdot \frac{\delta}{1+\delta} = \frac{\delta}{(1+\delta)^2} \tag{4-33}$$

据此,市场交易动力 F 的表达式可以推导出来:

$$F = \Delta_1\Delta_2 = \frac{1}{1+\delta}\left(\frac{1}{x}-1\right) \times \frac{\delta}{1+\delta}\left(\frac{1}{x}-1\right) = \frac{\delta}{(1+\delta)^2}\left(\frac{1}{x}-1\right)^2 = f\Delta^2$$

所以有

$$F = \frac{\delta}{(1+\delta)^2}\left(\frac{1}{x}-1\right)^2 = f\Delta^2 \tag{4-34}$$

交易动力 F 表达了市场上双方参与交易的积极性,它是竞争力系数 f 与社会剩余 Δ 的平方之积。这两个因子我们将做专门讨论。

2. 交易动力 F 与势力比 δ 的关系

交易动力公式(4-34)中的第一个因子是竞争力系数:

$$f = \sigma_1 \sigma_2 = \frac{\delta}{(1+\delta)^2}$$

它是讨价还价竞争力的体现,反映了双方的利益对抗关系。上式中 $\sigma_1 + \sigma_2 = 1$,因为

$$\sigma_1 + \sigma_2 = \frac{1}{1+\delta} + \frac{\delta}{1+\delta} = 1$$

所以,生产方与消费方的竞争力系数是互补的,是此消彼长的对立关系。在式(4-25)、式(4-26)中可以看出,在占有状态 x 不变的情况下,一次交易动力 Δ_1、Δ_2 都唯一地决定于 δ。

(1)消费方力量很强的情况。$\delta = \dfrac{\tan\theta_2}{\tan\theta_1}$，当消费方竞争能力 $\tan\theta_2$ 相对于生产方竞争力 $\tan\theta_1$ 很大时，δ 很大，此时，生产方竞争力系数 σ_1 很小，交易动力 Δ_1 也很小，消费方竞争力系数 σ_2 很大，交易动力 Δ_2 也很大。

当这种情况达到极限时，$\delta \to \infty$，$\sigma_1 = 0$，$\Delta_1 = 0$；而 $\sigma_2 = 1$，$\Delta_2 = \dfrac{1}{x} - 1 = \Delta$，这时，消费方全部占有了社会剩余，生产方没有分享到任何剩余，所以生产方此时一次交易积极性为 0，消费方却具有最大的一次交易积极性。

而市场上总体的积极性要靠双方意愿才能形成，所以只有总体市场的交易动力 F 才能充分反映这一数量。任何单方面的积极性再高都不能决定市场，只要有一方积极性为 0，总体积极性也就必然为 0，实际的市场就会呈现"不死不活"的状态，没有兴旺可言。此种情况下：

$$f = \sigma_1\,\sigma_2 = 0 \times 1 = 0$$
$$F = f \times \Delta^2 = 0 \times \Delta^2 = 0$$

(2)生产方力量很强的情况。当生产方竞争能力 $\tan\theta_1$ 相对于生产方竞争力 $\tan\theta_2$ 很大时，δ 很小。此时，消费方竞争力系数 σ_2 很小，交易动力 Δ_2 也很小，生产方竞争力系数 σ_1 很大，交易动力 Δ_1 也很大。

此种情况达到极限时，$\delta \to 0$，$\sigma_2 = 0$，$\Delta_2 = 0$；而 $\sigma_1 = 1$，$\Delta_1 = \dfrac{1}{x} - 1 = \Delta$，这时，生产方全部占有了经济剩余，消费方没有分享到任何剩余，所以消费方此时一次交易积极性为 0，生产方却具有最大的一次交易积极性。

但是基于同样理由，我们必须考察整个市场的交易动力，就有

$$f = \sigma_1\,\sigma_2 = 1 \times 0 = 0$$
$$F = f \times \Delta^2 = 0 \times \Delta^2 = 0$$

通过这两种极端情况我们看到，尽管在极端情况下，都依然有一方的一次交易积极性最大，但另一方一次交易积极性却为 0，从而使整个市场的二次交易动力变为 0。这种情况非常符合市场实际。可见二次的交易动力定义能够反映市场交易积极性的真实状况。

3. 最强交易动力与价格模型探讨

我们已经明确，势力比 δ 的取值范围是 $\delta \in [0, +\infty)$，在这个取值范围内有 $\delta \to 0$ 或 $\delta \to \infty$，都有 $f = 0$。

从表达式看出，这个竞争力系数 f 具有极大值。求取极大值，可以通过配方法得到，也可以用求导方法得到 f 的极大值 $f_{\max}$。

此处给出配方法求取 f 极大值的过程：

$$f = \sigma_1\,\sigma_2 = \frac{\delta}{(1+\delta)^2} = \frac{1+\delta-1}{(1+\delta)^2} = \frac{1}{1+\delta} - \frac{1}{(1+\delta)^2} = \frac{1}{4} - \frac{1}{4} + \frac{1}{1+\delta} - \frac{1}{(1+\delta)^2}$$
$$= \frac{1}{4} - \left(\frac{1}{4} - \frac{1}{1+\delta} + \frac{1}{(1+\delta)^2}\right) = \frac{1}{4} - \left(\frac{1}{2} - \frac{1}{1+\delta}\right)^2$$

上式中二次项取值为 0 时，f 将获取最大值。$f_{\max} = 1/4$，当且仅当 $1+\delta = 2$，$\delta = 1$ 时成立。$\delta = 1$，这时竞争力系数 f 取得最大值，也就是交易动力 F 取得最大值的唯一条件。而 $\delta = 1$，意味着 $\tan\theta_1 = \tan\theta_2$，也就是生产方与消费方讨价还价能力相等时，整个市场的交易动力最强，它反映市场的实际情况是"购销两旺"，市场非常活跃，经济呈现繁荣景象。

$\delta=1$，$f_{max}=1/4$，这时市场呈现出最佳状态。而此时，交易的价格是什么样子呢？我们将$\delta=1$带入价格函数、剩余表达式，就可得到如下一组解：

$$P = P_c + \frac{\frac{1}{x}-1}{1+\delta}P_c = P_c + \frac{\frac{1}{x}-1}{2}P_c$$

$$\Delta_1 = \frac{1}{1+\delta}\left(\frac{1}{x}-1\right) = \frac{1}{2}\Delta$$

$$\Delta_2 = \frac{\delta}{1+\delta}\left(\frac{1}{x}-1\right) = \frac{1}{2}\Delta$$

这一组解，给我们许多信息。

(1)竞争均衡的价格。当市场竞争力势均力敌时，价格达到一个"竞争均衡价格"，这个价格是买卖双方势均力敌博弈的结果。博弈达到均衡时，这个价格就表现出来了。为纪念博弈论大师约翰·纳什，我们将此价格取名为"纳什价格"，用P_n表示，

$$P_n = P_c + \frac{\frac{1}{x}-1}{2}P_c \qquad\qquad (4-35)$$

$$P_n = 1 + \frac{\frac{1}{x}-1}{2} \qquad\qquad (4-36)$$

(2)观念剩余公平分配的依据。纳什价格是一种竞争均衡价格，按照新古典经济学的意思，均衡就是一种最优情况。纳什价格是竞争力量形成的市场最优结果，它的最优体现在哪里呢？就体现在公平理念上。在人们可感知的范围内，纳什价格确实是最公平的，它对观念中社会剩余的瓜分是均等的，买卖双方各得一半剩余，不偏不倚，这使得买卖双方都感觉到对方尊重了自己的利益，所以才表现出市场上最大的二次积极性。在可感知的范围内，双方都觉得对方和自己占有的一样多，没有多占剩余，所以感觉上是公平的。

当然，这个感觉上的公平实际上是靠不住的，例如隐性剩余的存在，真实的产品分配未必绝对公平，但在人们可感知的范围内，这种公平确实存在（不要求太精确），仅从人的感觉上看，这是经济学史上第一次找到了感觉公平的依据。

(3)最优价格是平均主义结果。我们也会看到，纳什价格情况下市场交易动力最强，达到了最优的市场交易。但是，这种结果却包含了平均主义理念。不管生产方、消费方对产品或经济做出的贡献如何，一律"二一添作五"，各取一半，就达到了经济参与人各方心理的最优状态。这是典型的平均主义价值观。不管我们赞许还是批评这种结果，客观的市场交易行为正在接受它的巨大作用，不以我们的好恶而改变。

本书的研究中还有多处得到了平均主义结果，也是客观的结果，以后再详细论述。

(4)纳什价格的客观性。纳什价格最大的特点就是各得一半剩余。如果价格函数中的一切因素都能精确得到，纳什价格就非常容易计算。但是，在实际的交易中，消费方对P_u的数值仅仅是一个估计，不可能有精确值，生产方更不清楚这个估计值的大小。于是在博弈中，生产方先"叫价"，消费方再"还价"，在消费方第一次还价中，生产方就在估计消费方的P_u值。如果"叫价"没有将消费方吓跑，还价没有将生产方吓跑，双方就有进一步讨价还价的可能。通常在讨价还价的后期，如果有中间人来调解，要求对各自坚持的最后价格之差进行平分，各让一步，往往可以达成最后交易，这在市场上是司空见惯的事情。可见平均主义心理一直伴随市场存

在着。纳什价格确有一定的客观性。读者不妨在市场上进行检验。

（5）共同的观念剩余 Δ。在式（4-34）中，交易动力表达式的第二个因子$\Delta^2=(1/x-1)^2$由市场上消费方的人均占有状态（也即平均供给量）决定。它对交易动力的影响是：占有状态越低，交易动力越强；占有状态越高，交易动力越弱。极端情况有

$$x \to 0, \Delta^2 \to +\infty$$
$$x \to 1, \Delta^2 \to 0$$

交易动力的这个因子是买卖双方共同利益的体现，不包含利益对抗。但是就生产方的愿望来看，他希望占有状态越低越好，因为占有状态越低，观念剩余越大，生产方越好要价；就消费方意愿来看，理性的时候，他们当然希望占有状态越高越好，占有状态越高，消费者越接近饱和状态，消费者的生存状态越安全，越好，幸福程度越高。从意愿来看，占有状态高低双方还是有分歧的。但是一旦占有状态成为现实，Δ 存在了，就成为双方共享的东西，不包含竞争因素。

为了协调生产方和消费方对占有状态的态度，我们另辟黄金分割小节进行专门研究。

4. 交易动力函数的图像

为了进一步说明交易动力，我们将交易动力的定义式（4-34），重新列于下：

$$F = \frac{\delta}{(1+\delta)^2}\left(\frac{1}{x}-1\right)^2 = f\Delta^2 \tag{4-34}$$

这是一个交易动力函数，这个函数存在于交易三角区上空，我们就在与交易三角区平面垂直的方向定义一个交易动力轴，形成一个三维坐标交易动力模型。可以用数学方法计算出交易动力数值，并用等高线画出交易动力的空间曲面。这是一个形似半块空心牛角的曲面，如图4-16所示。上下边沿就是 $\delta=\infty$ 和 $\delta=0$ 两个极端，该曲面还有一条脊线，这是交易动力最强的点组成的一条线。这条线上 $\delta=1$，脊线在 xoc 平面内的投影就是纳什价格曲线，如图4-17所示。我们看到的是交易动力等高线在 xoc 平面上的投影，同时画出一条纳什价格。

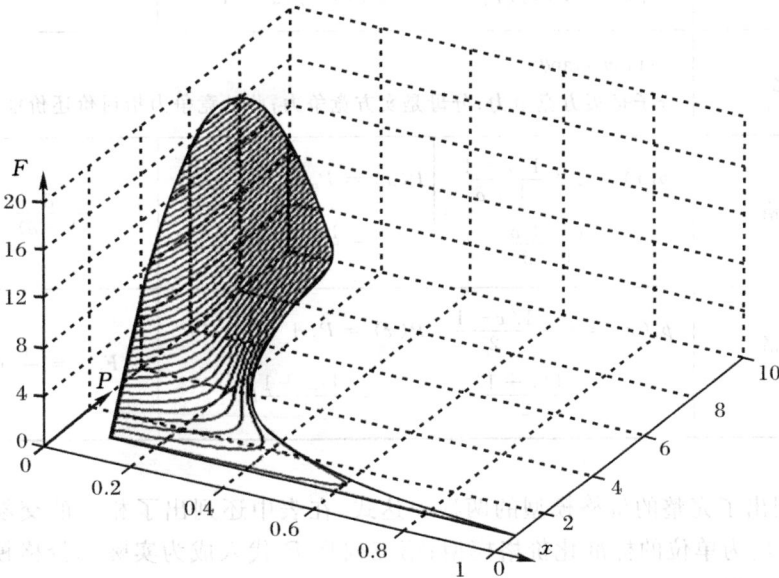

图4-16　市场交易动力模型

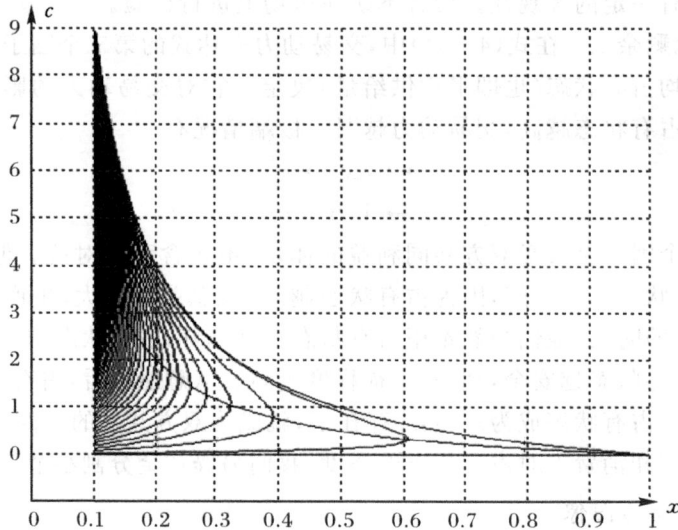

图 4 - 17　纳什价格与等动力线关系

四、完整的价格模型列表

到现在为止,我们已经对价格模型及其基本的性质进行了较为充分的研究。为了今后更方便地应用,本节将价格模型的各种情况总结为表 4 - 2。

表 4 - 2　完整价格模型

分类	标准化价格表达式 $p(x)=P(x)/P_c$	普通价格表达式 $P(x)=p(x)\cdot P_c$	标准化交易动力表达式
势力比	$\delta=\tan\theta_2/\tan\theta_1$ 分子是买方竞争力;分母是卖方竞争力;此处竞争力指讨价还价能力		
一般价格	$p(x)=1+\dfrac{1/x-1}{1+\delta}$ $=\dfrac{1/x+\delta}{1+\delta}$	$P(x)=P_c+\dfrac{1/x-1}{1+\delta}P_c$ $=\dfrac{1/x+\delta}{1+\delta}P_c$	$F=\dfrac{\delta}{(1+\delta)^2}\cdot\left(\dfrac{1}{x}-1\right)^2$
纳什价格 $\delta=1$	$p_n(x)=1+\dfrac{1/x-1}{2}$ $=\dfrac{1/x+1}{2}$	$P(x)=P_c+\dfrac{1/x-1}{2}P_c$ $=\dfrac{1/x+1}{2}P_c$	$F_{max}=\dfrac{1}{4}\left(\dfrac{1}{x}-1\right)^2$

表 4 - 2 列出了完整的价格模型的两种表达式,在表中还列出了相应的交易动力表达式。第二列表示以 P_c 为单位的标准化价格模型;第三列将 P_c 代入成为实际的价格模型;第四列是相应的交易动力表达式。

为了便于使用,我们以生产者剩余竞争因素为标尺,将社会剩余分成 10 份,将每一份作一条价格曲线,共 11 条价格线,列表给出,见表 4-3。为了观感清晰,表 4-3 中价格函数使用成本加剩余的形式写出。表 4-3 中的交易动力百分比是以 $\delta=1$ 时的纳什价格交易动力为 100% 计算出来的比值,它反映了交易动力与生产方竞争力系数 σ_1 的关系。这个表非常重要,后续研究将会使用它。

为了使用时便于指代或称谓,我们将这 11 条曲线编号,列于最右边一栏。

表 4-3　具体价格模型与交易动力计算表

δ	$\sigma_1=\dfrac{1}{1+\delta}$	标准化价格 p	一般价格形式 P	交易动力 F	动力百分比	编号
$+\infty$	0	$p=1$	$P=P_c$	$F=0$	0%	1
9	$\dfrac{1}{10}$	$p=1+\dfrac{1}{10}\left(\dfrac{1}{x}-1\right)$	$P=P_c+\dfrac{P_c}{10}\left(\dfrac{1}{x}-1\right)$	$F=0.09\left(\dfrac{1}{x}-1\right)^2$	36%	2
4	$\dfrac{2}{10}$	$p=1+\dfrac{1}{5}\left(\dfrac{1}{x}-1\right)$	$P=P_c+\dfrac{P_c}{5}\left(\dfrac{1}{x}-1\right)$	$F=0.16\left(\dfrac{1}{x}-1\right)^2$	64%	3
$\dfrac{7}{3}$	$\dfrac{3}{10}$	$p=1+\dfrac{3}{10}\left(\dfrac{1}{x}-1\right)$	$P=P_c+\dfrac{3P_c}{10}\left(\dfrac{1}{x}-1\right)$	$F=0.21\left(\dfrac{1}{x}-1\right)^2$	84%	4
$\dfrac{3}{2}$	$\dfrac{4}{10}$	$p=1+\dfrac{2}{5}\left(\dfrac{1}{x}-1\right)$	$P=P_c+\dfrac{2P_c}{5}\left(\dfrac{1}{x}-1\right)$	$F=0.24\left(\dfrac{1}{x}-1\right)^2$	96%	5
1	$\dfrac{5}{10}$	$p=1+\dfrac{1}{2}\left(\dfrac{1}{x}-1\right)$	$P=P_c+\dfrac{P_c}{2}\left(\dfrac{1}{x}-1\right)$	$F=0.25\left(\dfrac{1}{x}-1\right)^2$	100%	6
$\dfrac{2}{3}$	$\dfrac{6}{10}$	$p=1+\dfrac{3}{5}\left(\dfrac{1}{x}-1\right)$	$P=P_c+\dfrac{3P_c}{5}\left(\dfrac{1}{x}-1\right)$	$F=0.24\left(\dfrac{1}{x}-1\right)^2$	96%	7
$\dfrac{3}{7}$	$\dfrac{7}{10}$	$p=1+\dfrac{7}{10}\left(\dfrac{1}{x}-1\right)$	$P=P_c+\dfrac{7P_c}{10}\left(\dfrac{1}{x}-1\right)$	$F=0.21\left(\dfrac{1}{x}-1\right)^2$	84%	8
$\dfrac{1}{4}$	$\dfrac{8}{10}$	$p=1+\dfrac{4}{5}\left(\dfrac{1}{x}-1\right)$	$P=P_c+\dfrac{P_c}{10}\left(\dfrac{1}{x}-1\right)$	$F=0.16\left(\dfrac{1}{x}-1\right)^2$	64%	9
$\dfrac{1}{9}$	$\dfrac{9}{10}$	$p=1+\dfrac{9}{10}\left(\dfrac{1}{x}-1\right)$	$P=P_c+\dfrac{9P_c}{10}\left(\dfrac{1}{x}-1\right)$	$F=0.09\left(\dfrac{1}{x}-1\right)^2$	36%	10
0	$\dfrac{10}{10}$	$p=\dfrac{1}{x}$	$P=P_c\cdot\dfrac{1}{x}=P_u$	$F=0$	0%	11

五、价格模型上的黄金分割研究

在研究交易动力函数时,我们已经发现,交易动力的大小与两个因子有关,一个是 $\dfrac{\delta}{(1+\delta)^2}$,另一个是 $\left(\dfrac{1}{x}-1\right)^2$。前一个因子是买卖双方博弈的结果,后一个因子是由占有状态 x 决定的。上节已经讲到这一问题,这里进行详细讨论。

1. 观念剩余和净剩余(净产品)关系再探讨

我们知道 $\Delta=\left(\dfrac{1}{x}-1\right)$,这是消费方观念中的社会剩余,这个剩余不同于净剩余(净产品),它存在于消费者的观念中,而进化史偶然地让它与真实的实物净剩余 ΔQ 结合起来,才使

得观念剩余 Δ 有了实用价值。市场上的买卖交易,其实质就是对观念剩余 Δ 进行直接分割和分配。

我们能够清楚地看到,Δ 的大小,几乎与真实的 ΔQ 的大小没有关系。如果 ΔQ>Δ,那么通过对 Δ 的分割,就能间接地实现对 ΔQ 的分配,ΔQ−Δ 的差额就成为消费方隐性剩余而被消费方独家享受了。如果 ΔQ<Δ,那么对 Δ 的分割就会有泡沫产生,Δ−ΔQ 的差额以泡沫形式先被消费方以消费者剩余而吸收,当情况严重时,生产者剩余也会混进泡沫。

一般情况下,某些产品存在隐性剩余,另一些产品存在一些泡沫,相互抵消之后,泡沫或隐剩余就比较小了。这种情况下,整个经济系统就是有效的。但是,情况走向极端,经济系统就不一定能够实现调节功能。例如,对于严重的泡沫,隐性剩余无法抵消它,泡沫积累太大,经济系统就会不断出现问题,就可能导致经济危机。可见,Δ 的值是至关重要的,它的大小涉及买卖双方的微观利益,也牵涉到整个经济系统的宏观有效性。

观念剩余 Δ 是市场分配中人们唯一能够感知和依据的东西,那么,对于这个重要概念,买卖双方对它的意愿和态度是怎样的呢?

(1)生产方对 x 的意愿。$\Delta=\left(\frac{1}{x}-1\right)$,$x$ 的定义域为 $x\in(0,1]$。$x<0$ 没有实际意义,现实经济中,利物 x 都取正值。$x=0$ 也不在定义域中,因为此时 Δ 趋于无穷大,而失去实际意义。$x>1$,函数也超出了交易三角区,交易也无法进行,所以在市场研究中,这一区域也无意义。

值得注意的是,利物 x 定义域是左开右闭的半开闭区间,即饱和点在定义域中。另外,利物 x 的度量单位必须是以标石计量的,而且 x 表示的是一个生存周期内,消费方的人均占有量。

由于 Δ 的值越大,生产方才越有可能索要更高的价格,分配到更多的净剩余。所以生产方的意愿非常明显,他们总希望 Δ 越大越好,也就是希望 x 越小越好。这个推断进一步解释,就是生产方希望利物量 x 越短缺越好。

这个结论可以从两方面看,一方面,生产方从自己多得利的角度出发,总希望消费者占有的利物是短缺的,x 越小越好;另一方面,生产者在进行生产时,就注重选择,寻找那些短缺的尚未满足的利物进行生产。这在现实社会中被通俗地说成是生产"高附加值"产品。其实,所谓生产高附加值产品,不能被误解和曲解,它本意是指生产市场上短缺、人们急需的产品。只有短缺的产品,才能实现"高附加值",得到较高的"生产者剩余"。

当代,有些人对这个理念不清楚,曾经有许多人,甚至有影响的人物,也会讲一些含混不清的话语。例如,某高新区一位主任曾经就在电视上讲,高新区的企业生产的产品具有高科技含量,所以也是具有高附加值的产品。人们或许误解为,"高科技产生高附加值"。

实际上,高科技含量不一定能够创造高附加值。本节已经讨论清楚,高附加值不是生产出来的,而是"短缺出来"的。寻找未被满足的产品进行生产,才是创造"高附加值"的正确路径。

(2)消费方对 x 的意愿。消费方需要利物 x,是为了生存。x 越大,意味着该消费者越接近饱和点,越远离死亡点 $x=0$,生存状态越安全。所以,消费方对 x 的意愿也非常明确,x 越大越好。

综合上述两方的观点,生产方和消费方都从自身利益出发,来确定自己对 x 大小的意愿,而他们双方的意愿是矛盾的。

针对这一矛盾的意愿,市场上有没有一个可以兼顾生产方和消费方利益的办法呢? 这是本节需要认真研究的。

2. 黄金分割点兼顾生产方和消费方的意愿

我们用数学模型来研究买卖双方意愿的兼顾问题。

(1)生产方意愿的表达。就用社会剩余表达式 $\Delta=\left(\frac{1}{x}-1\right)$,其中 x 越小,剩余越大,生产者索取剩余的空间就越大。

(2)消费方意愿表达。就是 x 越大越好。

但是,生产方意愿是二维的,x 为横轴,Δ 为纵轴,就是价格模型中的成本轴,c 轴。

而消费方的利物量 x 只是一个自变量,无法表达在成本轴上。为了将消费方意愿表达在 c 轴上,我们构造一个函数,$y=x$,这是一条过原点的 45°线,y 和 x 的量值完全相等,消费方的意愿,希望 x 越大越好,也就是希望 y 越大越好。而现在 y 就落在 c 轴上了。y 和 Δ 现在都在 c 轴上,方向一致。

现在我们来处理双方意愿,生产方希望 Δ 越大越好,消费方希望 y 越大越好。但是在一个统一的市场上,双方能够得到的是同一个 x。双方对利物 x 大小的选择,存在矛盾。x 较大,满足了消费方意愿,但 Δ 会较小,生产方不满意;x 较小,Δ 较大,生产方满意,但 y 较小,消费方不满意。要兼顾生产方与消费方两方的意愿,需要折中,我们让 Δ 和 y 都尽可能地大,达到 x 成为市场上同时确定 Δ 和 y 的同一个量,且两方意愿都达到可能的最大,就形成了一个均衡,此时两方意愿都得到最好的照顾。那么这个均衡点在哪呢?

实际上这就是解如下一组方程:

$$y=x$$
$$\Delta=\left(\frac{1}{x}-1\right)$$

y 和 Δ 都要尽可能大,当两个都达到一个较大的数值时,它们碰到一起,具有共同的 x,此时就是现实中可能达到的兼顾双方意愿的最大值。如图 4-18 所示。

令 $y=\Delta$,就有 $y=\left(\frac{1}{x}-1\right)$ 和 $y=x$ 两个方程,消去 y,得到: $x^2+x-1=0$,解得

$$x=\frac{-1\pm\sqrt{1-4\times1\times(-1)}}{2\times1}=\frac{-1\pm\sqrt{5}}{2}$$

x 不能取负值,舍去负值。仅剩下 $x=\frac{\sqrt{5}-1}{2}$,这恰好是黄金分割点的精确数值。它的近似值是 $x=0.618$。

于是我们得知,为了兼顾生产方和消费方双方的最大利益,在 $x=0.618$ 标石时,可以达到这种均衡。

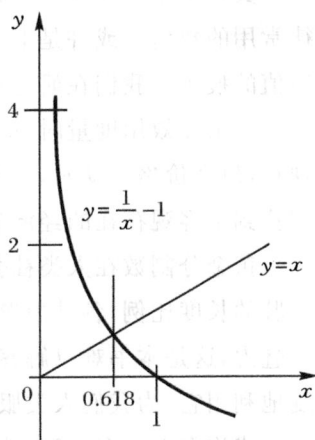

图 4-18　黄金分割模型

当 $x=0.618$ 时，$\Delta=y=x=0.618$。这时，观念剩余空间为 0.618（即黄金分割值）。如果我们再进一步将价格确定为交易动力最强的纳什价格，则可以计算出最公平且买卖双方利益都最大化的价格。

将 $x=0.618$ 带入标准化的纳什价格，即得

$$P_n = 1 + \frac{1/x - 1}{2} = 1 + \frac{\dfrac{1}{(\sqrt{5}-1)/2} - 1}{2} = 1.309$$

所以，最好的价格也即黄金分割点价格应当是 $P_n = 1.309 P_c$。

此时，生产者剩余 Δ_1 和消费者剩余 Δ_2 分别是

$$\Delta_1 = \frac{\Delta}{2} = \frac{\dfrac{1}{(\sqrt{5}-1)/2} - 1}{2} = 0.309$$

$$\Delta_2 = \frac{\Delta}{2} = \frac{\dfrac{1}{(\sqrt{5}-1)/2} - 1}{2} = 0.309$$

可见，黄金分割点的存在，兼顾了生产方和消费方双方的最大利益，实现了生产方和消费方意愿中矛盾的调和。

3. 黄金分割点的经济学意义

在价格模型中计算出黄金分割点，这本身是一件不寻常的事情。本节对以往的研究做一个梳理，讨论一下黄金分割点在经济学上的意义。

1) 黄金分割数是自然界中的美点

黄金分割数是一个很奇妙的数，它跻身于冰冷的数值序列之中，却有着令生命热血沸腾的美感和力量。

黄金分割数（0.618…），与自然对数底数（2.718 28…）都是无理数，也都是客观的自然规律常用的数值。或许是上帝偏爱这些数值，在创造世界的时候，信手拈来，处处留下使用这些数值的痕迹。我们在研究自然和人类社会规律时，不经意地发现了它们的存在。

本书在效用度量时，推导出的总效用表达式，就天然地找到了自然对数，当时我就很惊讶；现在，研究价格运动时，又无意间发现了黄金分割数的存在，更令人好奇。这是否说明，本书确实找到了客观存在的经济学规律？这是眼前没有答案的问题，有待未来历史去验证。

黄金分割数在人类社会中被广泛利用，这是众所周知的。舞台上主持人站的位置，人体上下肢的长度比例，各种矩形中长宽比，都以符合黄金分割数为最美。黄金分割数为何具有如此的魅力，这是本书难以解答的。不过，既然自然界中有这个奇妙的数值存在，我们不妨最大限度地利用它，为我们人类服务，这肯定是没错的。

或许有人还有疑问，黄金分割数和自然对数底数，都是自然界的数值，在研究社会的经济学中它们有用吗？

其实，我们人类社会只是自然界演化的一个分支，是自然的一个组成部分，我们不自觉地在遵循着自然界的规律。如果借口人类社会不同于自然界，就以为社会可以有一套完全脱离

自然的独立运行规律,那肯定是愚蠢的。

人类社会是自然界的一部分,在社会经济规律中出现自然界的一些规律性特征,这是必然的。本书找到了这些自然特征,很可能说明本书的研究接近了真理。希望后来的经济学家验证之。

2)黄金分割点与资本主义"黄金时代"有联系吗?

在资本主义经济史上,出现过两个"黄金时代":1850—1914年是第一个"黄金时代",其间经济高速发展;1950—1973年是第二个"黄金时代",在此期间,发达资本主义国家国民生产总值年均增长率为4.9%。

虽然资本主义黄金时代,仅仅是西方学者对一个经济高度发展时期极具感情色彩的称谓,但是,本书找到的黄金分割点,确实也具有经济高度发展的特征。

在黄金分割点附近,消费者达到61.8%的饱和度,人们刚刚从饥饿中挣脱出来,物品短缺现象依然存在,人们具有很强的购买欲望;从生产方来看,生产的产品可以卖到较高的价格,最大利润空间在61.8%左右,即使按照最公平价格——纳什价格出售,也具有31%左右的利润。这时在市场上看到的是"购销两旺"的景象,这就是黄金分割点处的经济特征。

我们来看资本主义两个黄金时代,它们都是经济高速增长时期,第一次是工业革命以后经济的一次腾飞,经济从短缺向饱和过渡的过程中经过了黄金分割点,出现了购销两旺的市场特征,堪称黄金时代;第二次黄金时代,是二战时期世界经济遭到严重破坏,战后经济从较低水平开始恢复,许多国家利用相对和平的国际环境进行经济建设,市场从物品短缺向饱和方向过渡,从而必然经过黄金分割点,而出现市场"购销两旺"的特征,又一次出现了黄金时代。

通过这些研究,本书认为资本主义黄金时代,与黄金分割点是有联系的。可能黄金时代就是对黄金分割点现象的一种感性描述。

3)黄金分割是又一个平均主义结果

黄金分割点是在调和生产方与消费方的意愿时出现的现象,黄金分割点能最大限度地满足生产方、消费方双方的意愿。使得生产方的最大利润空间达到0.618,使消费方的饱和度也达到0.618,实际上这又是一个平均主义的均衡,要兼顾双方利益和意愿,不得不让他们达到可能的最大利益。离开这一点,一方利益增大,另一方利益必然受损。只有在黄金分割点上,两方的利益才能同时最大。

关于平均主义结果,本书中多次提及,这或许是由人类生命深处的基因决定的,它总会以各种形式表现出来。这或许也正是本书接近真理的旁证。

六、价格函数的弹性研究

在新古典经济学中,需求函数的弹性是一种很具有特色的研究,由于弹性的存在,是提价还是降价,在理论上已经说清。只是因为新古典经济学的价格模型不是推导出的精确表达式,通常是研究者任意假设一条向右下方倾斜的直线,就代表了需求曲线。这样随意假设的需求曲线,它唯一的信息量,就是负斜率。想利用这样的函数找出什么有用的依据,显然很勉强。尽管如此,弹性研究还是有一些成就的。本书至此,已经完全建立了精确的价格模型,这个模型含有的信息量非常丰富,它必定含有许多有用的信息。本节研究它的弹性,希望能得到有价值的结果。

1. 价格函数的弹性计算公式推导

新古典经济学中的弹性,是指函数量变动的百分比与自变量变动的百分比之间的比值。在民生经济学中,没有供给曲线,我们的函数就是价格函数,其反函数就是需求函数。但是,这里的需求量还是人均利物量。考虑到人们研究新古典经济学的习惯,我们将这里的价格函数做一变通。

假设市场覆盖范围内有 n 个消费人,他们的平均占有状态为 x,则全市场的利物占有量就是 nx。仍使用 Q 作为市场上总需求量。此时,需求量和市场上的总占有量一致。于是 $Q = nx$。我们使用式(4 - 30)进行推导。

$$x = \frac{\sigma_1}{P - \sigma_2} \tag{4-30}$$

$$Q = nx = \frac{n\sigma_1}{P - \sigma_2} \tag{4-37}$$

于是,我们可以有两种弹性表达式来表达需求弹性系数 E_d:

(1)以价格 P 为自变量的弹性表达式。

$$E_d = \frac{\frac{\Delta Q}{Q}}{\frac{\Delta P}{P}} = \frac{\Delta Q}{\Delta P} \frac{P}{Q} = \frac{\Delta nx}{\Delta P} \frac{P}{nx} = \frac{n\Delta x}{\Delta P} \frac{P}{nx} = \frac{\Delta x}{\Delta P} \frac{P}{x} = \frac{dx}{dP} \frac{P}{x}$$

在上式中我们看到,在弹性计算中,市场覆盖人数 n 被约去了,以后不考虑参数 n 的存在并不影响弹性计算结果,甚至使用标准化价格也可以。

我们对已有需求函数求导数:

$$x' = \frac{dx}{dP} = \frac{-\sigma_1}{(P - \sigma_2)^2} \tag{4-32}$$

将此代入弹性计算即得

$$E_d = \frac{dx}{dP} \frac{P}{x} = \frac{-\sigma_1}{(P - \sigma_2)^2} \frac{P}{\frac{\sigma_1}{P - \sigma_2}} = -\frac{P}{P - \sigma_2}$$

去掉负号,仅考虑弹性的绝对值,有

$$E_d = \frac{P}{P - \sigma_2} = \frac{1}{1 - \frac{\sigma_2}{P}} \tag{4-38}$$

(2)以占有状态 x 为自变量的弹性表达式。我们可以占有状态 x 为自变量推导出弹性公式:

$$E_d = \frac{dx}{dP} \frac{P}{x} = \frac{1}{\frac{dP}{dx}} \frac{P}{x}$$

已有

$$P = \frac{\frac{1}{x} + \delta}{1 + \delta} \tag{4-22}$$

$$P' = \frac{\mathrm{d}P}{\mathrm{d}x} = -\frac{\sigma_1}{x^2} \tag{4-31}$$

代入弹性公式得

$$E_\mathrm{d} = \frac{\mathrm{d}x}{\mathrm{d}P}\frac{P}{x} = \frac{1}{\frac{\mathrm{d}P}{\mathrm{d}x}}\frac{P}{x} = \frac{1}{-\frac{\sigma_1}{x^2}}\frac{\frac{1}{x}+\delta}{1+\delta}\frac{1}{x} = -x\left(\frac{1}{x}+\delta\right) = -(1+\delta x)$$

去掉负号,取绝对值,则有

$$E_\mathrm{d} = 1 + \delta x \tag{4-39}$$

(3)两个弹性表达式(4-38)、式(4-39)是一致的。

将 $x = \frac{\sigma_1}{P-\sigma_2}$ 代入式(4-39),有

$$E_\mathrm{d} = 1 + \delta x = 1 + \delta\frac{\sigma_1}{P-\sigma_2} = 1 + \frac{\sigma_2}{P-\sigma_2} = \frac{P-\sigma_2+\sigma_2}{P-\sigma_2} = \frac{P}{P-\sigma_2}$$

可见,式(4-38)、式(4-39)是完全一致的。在实际应用时,可视情况方便进行选择。

2.具体价格函数的弹性计算

为了准确计算弹性,我们依然利用表4-3的划分,算出弹性,列于表4-4。

表4-4　需求价格弹性计算表

δ	σ_1	标准化价格 P	交易动力 F	动力百分比	价格弹性 E_d $E_\mathrm{d}=1+\delta x$ $E_\mathrm{d}=\dfrac{1}{1-\frac{\sigma_2}{P}}$	编号
$+\infty$	0	$P=1$	$F=0$	0%	平段 $E_\mathrm{d}=+\infty$ 竖段 $E_\mathrm{d}=1$	1
9	$\frac{1}{10}$	$P=1+\frac{1}{10}\left(\frac{1}{x}-1\right)$	$F=0.09\left(\frac{1}{x}-1\right)^2$	36%	$E_\mathrm{d}=1+9x$	2
4	$\frac{2}{10}$	$P=1+\frac{1}{5}\left(\frac{1}{x}-1\right)$	$F=0.16\left(\frac{1}{x}-1\right)^2$	64%	$E_\mathrm{d}=1+4x$	3
$\frac{7}{3}$	$\frac{3}{10}$	$P=1+\frac{3}{10}\left(\frac{1}{x}-1\right)$	$F=0.21\left(\frac{1}{x}-1\right)^2$	84%	$E_\mathrm{d}=1+7x/3$	4
$\frac{3}{2}$	$\frac{4}{10}$	$P=1+\frac{2}{5}\left(\frac{1}{x}-1\right)$	$F=0.24\left(\frac{1}{x}-1\right)^2$	96%	$E_\mathrm{d}=1+3x/2$	5
1	$\frac{5}{10}$	$P=1+\frac{1}{2}\left(\frac{1}{x}-1\right)$	$F=0.25\left(\frac{1}{x}-1\right)^2$	100%	$E_\mathrm{d}=1+x$	6
$\frac{2}{3}$	$\frac{6}{10}$	$P=1+\frac{3}{5}\left(\frac{1}{x}-1\right)$	$F=0.24\left(\frac{1}{x}-1\right)^2$	96%	$E_\mathrm{d}=1+2x/3$	7
$\frac{3}{7}$	$\frac{7}{10}$	$P=1+\frac{7}{10}\left(\frac{1}{x}-1\right)$	$F=0.21\left(\frac{1}{x}-1\right)^2$	84%	$E_\mathrm{d}=1+3x/7$	8

δ	σ_1	标准化价格 P	交易动力 F	动力百分比	价格弹性 E_d $E_d=1+\delta x$ $E_d=\dfrac{1}{1-\dfrac{\sigma_2}{P}}$	编号
$\dfrac{1}{4}$	$\dfrac{8}{10}$	$P=1+\dfrac{4}{5}\left(\dfrac{1}{x}-1\right)$	$F=0.16\left(\dfrac{1}{x}-1\right)^2$	64%	$E_d=1+x/4$	9
$\dfrac{1}{9}$	$\dfrac{9}{10}$	$P=1+\dfrac{9}{10}\left(\dfrac{1}{x}-1\right)$	$F=0.09\left(\dfrac{1}{x}-1\right)^2$	36%	$E_d=1+x/9$	10
0	$\dfrac{10}{10}$	$P=\dfrac{1}{x}$	$F=0$	0%	$E_d=1$	11

3. 需求价格弹性的变化规律

从表 4-4 弹性计算中可以看出以下规律：

①所有的弹性均大于或等于 1，最小值为 $E_d=1$。

②弹性的极大值为无穷大。

③当 x 无限趋向于 0^+ 时，一切价格函数的弹性都将变成最小值 1，新古典经济学认定 1 是单位弹性。当 δ 无限趋向于 0 时，弹性也变成最小值 1。

当价格为无穷大时，弹性也变成最小值 1。

在交易三角形图形上，c 坐标轴、P_u 线，都是弹性值最小（为 1）的地方。

④当 $\delta \to +\infty$ 时，若 x 不在 0 附近，则弹性 $E_d \to +\infty$，具有无限大的弹性；若 x 无限趋近于 0^+，还会有 $E_d=1$。

这时，价格函数曲线被折成两段，水平直线段，弹性为无穷大，这就是新古典经济学津津乐道的完全竞争情况；垂直直线段，弹性为最小值 1。完全竞争情况进入灾荒区后，它的价格弹性也会减小到 1。

⑤价格弹性的取值范围 $E_d \in [1,+\infty)$，最小值为 1，并不像新古典经济学描述的那样，价格弹性可以小于 1，等于 1 或大于 1。

在新古典经济学中，弹性等于 1 是单位弹性，小于 1 是缺乏弹性，大于 1 是富有弹性。这种规定显然是学者们臆想出来的。以前价格模型无法实证，人们未经证明就全面接受了，当精确价格函数出来后，弹性计算很快就证伪了上述结论。

现在，我们需要重新定义，弹性有两个极端，最缺乏弹性就是弹性为 1；最富有弹性就是弹性为无穷大。

以前的实用性结论：弹性大于 1，富有弹性时，降价有利；弹性小于 1，缺乏弹性时，提高价格有利。现在这个结论不成立了。

我们能够看到，弹性一般都会大于 1，都富有弹性，降价总是有利于生产方的。但是当弹性最小时，弹性为 1，在民生经济学中，这就是缺乏弹性的。此时，提价和降价对整个市场没有利也没有害。但是，对生产者个人，它的产品量是一定的，只要能卖出去，提价往往对个人是有利的。

所以,现在的结论是,当需求价格弹性为 1 时,只要生产者不愁卖不出去,他们就会提价。能够提价的地方有两处:一处在 c 坐标轴上,当 $x \to 0$ 时,进入灾荒区,价格飞涨是必然的,因为弹性为 1,提价至少没有坏处,对个体生产者来说,一定量的产品可能卖到更多的货币,有利可图,另一处就是在 P_0 线上,这显然是具有垄断能力的厂商,他们不愁卖,故而弹性为 1,就可以大胆涨价。

通过这些计算和分析,民生经济学的结论更加具体,而且可观察,可检验,可以被证实或证伪。

4. 价格弹性的经济学意义

本节全面地计算了需求价格弹性,并且给出了需求价格弹性的精确表达式。借助于价格弹性的研究,我们对各种可能的市场价格模型,基本上有了一个恰当的把握。

本章研究的价格函数的各项重要性质,都将在市场类型划分中得到应用。在划分市场类型之后,我们会更加清晰地看到现实经济与价格模型及其性质之间的重要关系。这些重要的性质往往规定了我们现实经济的发展方向和模式。

第五章

市场类型理论

第一节　市场类型划分

现在，一切工作都准备好了，我们将对市场类型进行划分。市场类型在新古典经济学中被称为"市场模型"，新古典经济学规定了著名的四大类市场：完全竞争市场、垄断竞争市场、寡头垄断市场、完全垄断市场。新古典的这种划分具有重要意义。但是，新古典的市场划分是思考、猜测、假设的结果，依据还显得不够充分，划分的结果与得出的某些结论以及某些证明都显得有些牵强。在这样的划分下构造出的福利经济学的帕累托体系，似乎要给新古典经济学锦上添花，但是不可靠的依据使匆忙证明出的帕累托最优也只停留在书本上，成为新古典经济学家们自我安慰的一剂"良药"，而对经济社会的发展和经济学的进步则意义不够。

本书依据民生经济学基本理念建立的精确价格模型以及对价格模型重要性质的研究，对市场类型进行了完整精准的划分，给出了民生经济学"三极五带"的完整市场类型，以便我们对现实经济社会的各种市场现象进行实践研究。

一、民生经济学市场类型划分

我们已经在表 4-4 中，让生产方的竞争力系数 σ_1 按照 0.1 步长递增的方式，计算出了交易动力 F 及其百分比数值，以及需求曲线的价格弹性函数。依据这些数据，现在可以进行初步的市场类型划分，并将划分的初步结果列于表 5-1 最右边一列。

需要注意的是，表 5-1 中 5 号和 7 号曲线相比表 4-4 做了些微修改，把 σ_1 的值从原来的 $6/10$ 变成了 $\frac{\sqrt{5}-1}{2}$，把 σ_2 的 $6/10$ 也变成 $\frac{\sqrt{5}-1}{2}$（这是黄金分割点），这样或许更加接近于自然。

表 5-1 中，实际划分出了一些有用结果，让我们分别进行具体讨论。

1.三条极端需求曲线形成三极

1）C 优势极（简称 C 极）

C 表示消费方，这是消费方具有最大优势的需求曲线，即势力比 δ 最大，此处 $\delta=+\infty$。其特点是：

（1）两段相互垂直的直线作为需求曲线。当 x 不在 0 附近时，需求曲线为 $P=1$，或 $P=P_c$，这是一段水平需求曲线，可简称"平段"。

当 x 无限趋向于 0^+ 时,此处的需求曲线变成垂直,几乎与纵坐标轴重合。可简称为"竖段"。

竖段只是 x 的一个点,除这个点以外,其余点处曲线都是水平的。

表 5-1 市场类型初步划分列表

编号	δ	$\sigma_1 = \dfrac{1}{1+\delta}$	$\sigma_2 = \dfrac{\delta}{1+\delta}$	标准化价格 P	交易动力 F	动力百分比	需求价格弹性 $E_d = 1 + \delta x$	民生市场类型
1	$+\infty$	0	$\dfrac{10}{10}$	1	0	0%	平段 $+\infty$ 竖段 1	C 极 C 带
2	9	$\dfrac{1}{10}$	$\dfrac{9}{10}$	$1+\dfrac{1}{10}\Delta$	$0.09\Delta^2$	36%	$1+9x$	C 分界
3	4	$\dfrac{2}{10}$	$\dfrac{8}{10}$	$1+\dfrac{1}{5}\Delta$	$0.16\Delta^2$	64%	$1+4x$	垄断性竞争带
4	$\dfrac{7}{3}$	$\dfrac{3}{10}$	$\dfrac{7}{10}$	$1+\dfrac{3}{10}\Delta$	$0.21\Delta^2$	84%	$1+7x/3$	垄断性竞争带
5	$\dfrac{\sqrt{5}+1}{2}$	$\dfrac{3-\sqrt{5}}{2}$	$\dfrac{\sqrt{5}-1}{2}$	$1+\dfrac{3-\sqrt{5}}{2}\Delta$	$0.236\Delta^2$	94.4%	$1+\dfrac{\sqrt{5}+1}{2}x$	E 下界
6	1	$\dfrac{5}{10}$	$\dfrac{5}{10}$	$1+\dfrac{1}{2}\Delta$	$0.25\Delta^2$	100%	$1+x$	E 极 E 带
7	$\dfrac{\sqrt{5}-1}{2}$	$\dfrac{\sqrt{5}-1}{2}$	$\dfrac{3-\sqrt{5}}{2}$	$1+\dfrac{\sqrt{5}-1}{2}\Delta$	$0.236\Delta^2$	94.4%	$1+\dfrac{\sqrt{5}-1}{2}x$	E 上界
8	$\dfrac{3}{7}$	$\dfrac{7}{10}$	$\dfrac{3}{10}$	$1+\dfrac{7}{10}\Delta$	$0.21\Delta^2$	84%	$1+3x/7$	竞争性垄断带
9	$\dfrac{1}{4}$	$\dfrac{8}{10}$	$\dfrac{2}{10}$	$1+\dfrac{4}{5}\Delta$	$0.16\Delta^2$	64%	$1+x/4$	竞争性垄断带
10	$\dfrac{1}{9}$	$\dfrac{9}{10}$	$\dfrac{1}{10}$	$1+\dfrac{9}{10}\Delta$	$0.09\Delta^2$	36%	$1+x/9$	P 分界
11	0	$\dfrac{10}{10}$	0	$\dfrac{1}{x}$	0	0%	1	P 极 P 带

(2)在水平段上,价格弹性 $E_d = +\infty$。这一段需求曲线,正好是新古典经济学定义的完全竞争的需求曲线。

(3)公平性,在水平需求曲线上,生产方在交换中得到的剩余为 0,$\sigma_1 = 0$。$\sigma_2 = 1$,消费方得到了全部剩余 Δ,也就是消费方独占了剩余。所以这种情况也可看作是消费方垄断。这是最不利于生产方的一种价格曲线,是极端的不公平,所以称为一个极。生产方 $\sigma_1 = 0$,生产者没有积累,生产也不会大发展,长期持续下去,生产者会非常贫穷。

(4)市场效率,交易动力 $F = 0$,其实这是因为生产方未得到任何剩余,他们的一次动力为0,从而导致整个市场上的二次动力为0。因此,这个市场不会旺盛,它经常处于"不死不活"的状态。主要是生产者没有生产的积极性,所以不会产生整体很高的经济效率。但生产领域中的效率还是可以有高有低的。

(5)市场有效性,需求曲线斜率 $p' = 0$,是所有需求曲线中唯一一条具有非负斜率的曲线。这意味着此处"看不见的手"失效,市场无法自动配置生产资源。

2)P 优势极(简称 P 极)

P 表示生产方,这是生产方具有最大优势的需求曲线,势力比 δ 最小,$\delta = 0$。

(1)这条曲线的表达式是 $P = \dfrac{1}{x}$ 或 $P = \dfrac{1}{x}P_c$,这就是 P_u 线,是消费者估价的底线。

(2)弹性,P 优势极具有最小的弹性,$E_d = 1$。整个市场上提价或降价不会改变收入大小,但对于具体的厂商,产量确定,如果不担心产品卖不出去,提价会带来好处,所以厂商具有提价冲动。

这种厂商就是新古典经济学定义的完全垄断模型。

(3)公平性,在这条曲线上,$\sigma_1 = 1$,$\sigma_2 = 0$。这意味着生产方独占了全部剩余 Δ,消费方在交换中得到的剩余为0。这是极不公平的另一个极端,没有丝毫公平可言。

(4)市场效率,交易动力 $F = 0$,市场效率也不会很高。因为消费方一次动力为0,消费方参与市场交易的积极性很低。但是,由于生产方独占了剩余,生产者具有极强的积极性,又具有较快的积累,生产能力扩张得也较快,技术效率提高的能力很强。因此这种情况整体效率不会太高,但也不一定最低。可以这样理解:生产效率可以高,生产者的经济效率一定很高,但市场交换动力很低。

(5)市场有效性,$p' < 0$,负斜率存在,"看不见的手"依然有效,可以自动配置生产资源,市场有效性存在。

3)E 公平极

E 表示公平,公平极是指达到公平的极端,因此称为公平极。

(1)公平极情况下,价格是纳什价格:

$$P_n = 1 + \frac{1}{2}\left(\frac{1}{x} - 1\right) \quad \text{或} \quad P_n = P_c + \frac{P_c}{2}\left(\frac{1}{x} - 1\right)$$

既然是公平极,它的主要特征就是公平。

(2)公平性,此处有 $\sigma_1 = \sigma_2 = 1/2$,至少在感觉上,买卖双方认为各自都得到了一半的剩余,在妥协地照顾对方情绪的交易中,这是最公平的交换,受到市场上所有参与者的认可。

(3)市场效率,交易动力 $F = F_{\max} = (1/x - 1)^2/4$,这是交易动力最强的一个极。由于是"公平的极端",极大地调动了市场参与者的积极性,交易动力最强,市场交换效率最高。由于生产者剩余也较高,他们具有积累能力,生产技术将不断改进,技术效率也会不断进步。所以整个市场的经济效率会很高。

(4)市场有效性,负斜率存在,市场上"看不见的手"起作用。市场有效性不存在任何问题。

(5)弹性,$E_d = 1 + x$,取值区间为 $[1, 2]$。

2.四条分界线把交易三角区分成五带

在表 5－1 中编号为 2、5、7、10 的四条曲线,代表了四条分界线,将交易三角区划分为五条价格带。为详细讨论,我们将表 5－1 再细化修订为表 5－2,代表性栏目保持不变,增加了斜率计算栏和新古典市场模型对比栏。

表 5－2　市场类型详细划分

编号	δ	$\sigma_1=\dfrac{1}{1+\delta}$	标准化价格 P	动力百分比(%)	需求价格弹性 $E_d=1+\delta x$	斜率 $p'=\dfrac{-\sigma}{x^2}$	民生市场类型	与新古典对应
1	$+\infty$	0	1	0	平段 $E_d=+\infty$ 竖段 $E_d=1$	$p'=0$ 非负斜率	C 优极	完全竞争
C 带	$[9,+\infty)$	$[0,0.1]$	$1+\sigma_1\Delta$	$[0,36]$	很大	$p'<0$ 负斜率小	C 优势带	垄断竞争
2	9	$\dfrac{1}{10}$	$1+\dfrac{1}{10}\Delta$	36	$E_d=1+9x$	$p'<0$	C 分界	垄断竞争
Mc 带	$[1.618,9]$	$[0.1,0.382]$	$1+\sigma_1\Delta$	$[36,94.4]$	较大	$p'<0$	垄断性竞争带	垄断竞争
5	$\dfrac{\sqrt{5}+1}{2}$	$\dfrac{3-\sqrt{5}}{2}$	$1+\dfrac{3-\sqrt{5}}{2}\Delta$	94.4	$E_d=1+\dfrac{\sqrt{5}+1}{2}x$	$p'<0$	E 下界	垄断竞争
6	1	$\dfrac{5}{10}$	$1+\dfrac{1}{2}\Delta$	100	$E_d=1+x$	$p'<0$	E 公平极	垄断竞争
E 带	$[0.618,1.618]$	$[0.382,0.618]$	$1+\sigma_1\Delta$	$[94.4,100]$	标准弹性 $E_d=1$	$p'<0$	E 公平带	垄断竞争
7	$\dfrac{\sqrt{5}-1}{2}$	$\dfrac{\sqrt{5}-1}{2}$	$1+\dfrac{\sqrt{5}-1}{2}\Delta$	94.4	$E_d=1+\dfrac{\sqrt{5}-1}{2}x$	$p'<0$	E 上界	垄断竞争
Cm 带	$[0.111,0.618]$	$[0.618,0.9]$	$1+\sigma_1\Delta$	$[36,94.4]$	较小	$p'<0$	竞争性垄断带	垄断竞争
10	$\dfrac{1}{9}$	$\dfrac{9}{10}$	$1+\dfrac{9}{10}\Delta$	36	$E_d=1+x/9$	$p'<0$	P 分界	寡头垄断
P 带	$[0,0.111]$	$[0.9,1]$	$1+\sigma_1\Delta$	$[0,36]$	很小	$p'<0$	P 优势带	寡头垄断
11	0	$\dfrac{10}{10}$	$\dfrac{1}{x}$	0	$E_d=1$ (最小)	$p'<0$	P 优极	完全垄断

整个交易三角区划分成的五个价格带中,三个为特征价格带,还有两个过渡价格带。现在先讨论三个特征价格带。

1)C 带

1 号线是已经讨论过的 C 极,2 号线称为 C 边界。在 C 极与 C 边界之间,为 C 优势价格带,简称 C 带。它以 C 极为特征,代表了消费者处于优势、生产者处于弱势的一类市场,2 号分界线称为 C 带边界。在 C 带范围内,生产者最大剩余(毛利润)不超过 10%。极端情况是在 C 极上,生产者零利润,这种状态长期持续,生产者将严重贫困化。

在 C 带中,C 极描述的情况包含其中,其余价格线上,生产者弱势程度有所减轻。除了 C 极上的极端情况外,总体价格还是偏低的,生产者只能收回成本,基本没有积累,艰难度日。C 极是新古典定义的完全竞争情况,C 带中其余价格也是接近于完全竞争的。这个 C 带中的生产者就是现代社会的弱势阶层。中国的农业生产者就是其中典型。这种经济一直延续着几千年以来的老规矩,没有根本的改变,它与现代工业经济形成了巨大的反差。

而新古典经济学却以 C 极为经济的最高理想,这里可能存在严重问题。

2)P 带

在表 5-2 中,10 号和 11 号价格线之间,称为 P 优势带。11 号线是已经论述过的 P 极,10 号线是 P 带的边界。在 P 带范围内,生产者处于优势,P 极是极端优势情况,其余价格也都处于很强的优势中。这个价格带中包含了新古典定义的"垄断"和"寡头垄断"两种市场类型。

3)E 带

这是以 E 极为中心的一个价格带,两边以 5 号、7 号线为边界,6 号线是 E 极,是 E 带的中心。这是一个公平交易的价格带。在这个价格带中,生产者剩余和消费者剩余各接近一半(在 E 极上是精确地各占一半),市场参与者都感觉到了公平和利益。生产者有利润,可积累,可持续发展;消费者有剩余,有参与市场的积极性。市场交易动力在 94% 以上。总体交易动力高低,现在完全取决于占有状态 x 的大小。产品短缺,x 较小,剩余就高,双方参与交换的积极性都高;产品接近饱和,x 接近于 1,观念中的剩余就小,生产方和消费方双方的积极性都会下降,从而阻止产品过剩。市场机制在这个区域内有效性很高。这是一个理想的价格带,能够保证经济健康、持续地发展。

新古典经济学把这个最重要的价格带忽略了,或者说从来没有找到过,笼统地将其划归到"垄断竞争"市场模型中。

除这三大特征价格带之外,还有两大过渡价格带。

4)Mc 带

M 代表垄断性,c 代表竞争。这个价格带的全称是具有垄断性的竞争带,其中心词是"竞争",这个带是"竞争价格带",但带有一些垄断性。

Mc 带夹在 C 边界与 E 下界之间,是 C 带到 E 带的过渡带。

这个价格带中,生产者还是显示出一些弱势,势力比 $\delta \in [1.618, 9]$,分配到的生产者剩余(毛利润)σ_1 在 10% 到 38.2% 之间。交易动力 F 在 36% 到 94.4% 之间。

从各方面指标看,这还是一个较好的价格带,对经济发展具有很强的实用意义。这里需注意,Mc 带与新古典的"垄断竞争"范围上有很大区别。

5)Cm 带

C 是竞争性,m 是垄断,意思是指"具有一定竞争性的垄断",它的中心词是"垄断",但具有一些竞争性。它是垄断价格带。

Cm 带夹在 E 上界(7 号线)与 P 下界(10 号线)之间。它是从公平带向垄断带过渡的一个价格带。

在 Cm 价格带中,势力比 $\delta \in [0.111, 0.618]$,生产者变得比较强势,价格具有垄断特征,但竞争性依然存在,生产者对价格控制也是有限的。生产者剩余(毛利润)分配 σ_1 在 61.8%～

90％之间。交易动力 F 再次降到 36％到 94.4％之间。

Cm 带与 Mc 带比较，交易动力数值范围一致，但生产者与消费者之间的强弱对比倒转了。这里生产者利润比较高，具有典型的现代工业价格特征。如汽车、钢铁产业，就有此类特征。它是属于大范围垄断的，但内部的竞争性也很强。最重要的是它的毛利润比较高，厂家有一些控制价格的能力。所以，在理论上，它是一个过渡价格带，但在实用方面，它也具有强大的现实意义。

3. 市场类型划分的结果

在市场类型的划分过程中，我们循序渐进，先初步划分，再详细讨论。到现在基本形成了"三极""四界""五带"的市场类型格局。

所谓三极，就是 C 极、E 极、P 极，这是市场上三大极限价格特征，有这三极，市场价格的特征就可以准确把握。

所谓四界，就是四条边界价格（表 5-2 中的 2、5、7、10 号价格线），它们分别是三个特征价格带的边界，如图 5-1 所示。

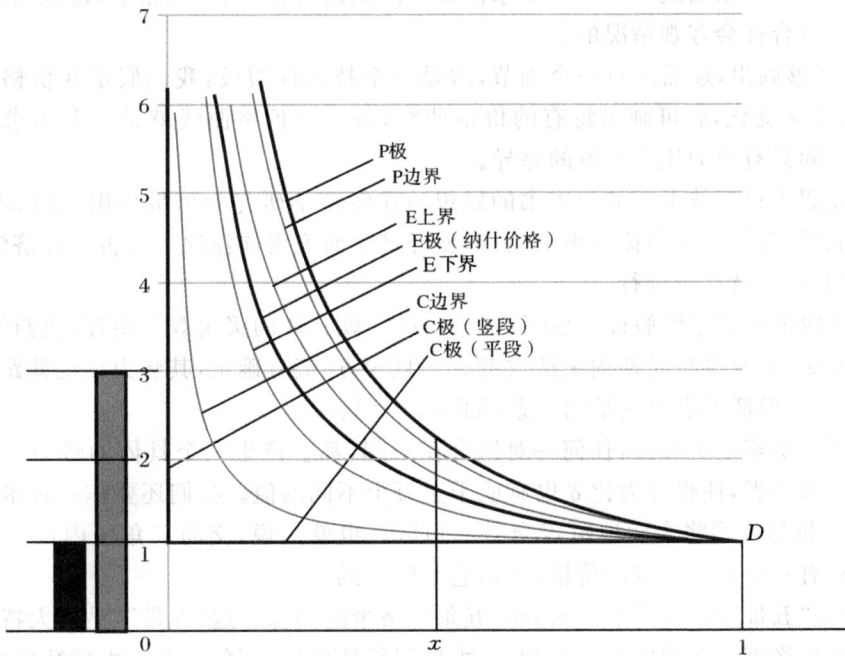

图 5-1　"三极""四界"价格曲线

"三极"和"四界"，它们本身就是价格线，"三极"具有特征意义，"四界"只是分界价格线，不具有其他含义。

再看"五带"，是指 C 带、E 带、P 带这三个特征带，外加 Mc 带和 Cm 带两个过渡带，这样就把交易三角区完全彻底地包含进去了。

图 5-1 是"三极""四界""五带"的价格曲线图。这个图是通过精确计算画出的，其中"三极"价格加黑加粗了，"四界"用细线画出。特别要注意的是，C 极价格线是两条相互垂直的直线，竖段与坐标纵轴重合，平段是 $p=1$ 的直线。从图上可以看出，价格曲线在 δ 逐步变大的过程中，就被逐步挤压到坐标轴附近，当 δ 趋于无穷大时，价格线就被挤压到相互垂直的两条直

线上去了。所以,同样一条价格线,却成了两条相互垂直的直线,这是很奇怪的现象,但是这个现象在现实社会中是真实存在的,不是幻象。

新古典经济学把农产品界定到最接近完全竞争的市场模型中。按照新古典经济学理论,农产品具有无限大的弹性,价格线是水平的。但是同样是新古典经济学,又称农产品——粮食产品是缺乏弹性的。显然这样的描述互相矛盾。如果把农产品当成完全竞争的,就应当具有无限弹性;但粮食产品是缺乏弹性的论述好像也没有错,两种矛盾的论述,怎么会同时正确呢?

现在,有了 C 极的相互垂直的价格线,这两种看似矛盾的论述确实能够同时正确了。

我们现在来看,如果农产品(粮食)生产和交换符合我们的 C 极价格类型,在稍离开死亡点的任何地方,其价格线都是水平的,此时确实具有无穷大弹性。在死亡点附近,即灾荒出现时,价格线变成铅垂线,此时按照民生经济学体系计算,其价格弹性为 1,成为最小弹性,这实际上就是缺乏弹性。

在相互垂直的需求曲线上,"水平需求曲线"和"缺乏弹性"同时成立了,这说明图中计算出来的价格线是符合社会客观情况的。

图 5-1 能够画出,还需注意一个细节,这是一个技术性假设:我们假定在价格模型中,势力比固定,只让 x 变化,就可画出特有的价格曲线;每一条价格曲线就是一条需求曲线,不同的需求曲线之间只有势力比 δ 数值的差异。

我们作此假定只是技术上的。本书的思想是在经济学研究中尽量少用假设,不得已时再使用。如果滥用假设,往往会掩盖事实真相,使经济学研究滑向泥淖。新古典经济学的假设太多了,甚至离开假设就寸步难行。

我们用 δ 固定的技术性假设,也比较符合实际。就具体的买卖双方而言,他们的讨价还价能力应当是确定的,至少短时期内无法改变。一旦卖方、买方确定,其势力比也就跟着确定了。只要 δ 不变,就能保证需求曲线是同一条,如图 5-2 所示。

市场上买家卖家千千万万,任何一对组合在一起,都会产生一个具体的势力比值,因为成千上万不同的参与者,使得势力比 δ 也有成千上万个不同的值。我们还要作一技术性假设,让 δ 连续变化,则价格模型将全面地覆盖交易三角区。也就是说,交易三角区内任一点(除饱和点以外),都只有一条过这一点的价格曲线,它是唯一的。

图 5-2 是"五带"图,就是本书划分的五条价格带的图像。这"五带",是三大特征价格带,外加两个过渡价格带。在图中可以看到,三大极限特征价格,都包含在三大特征价格带中。四条边界价格围成了两个价格过渡带,Mc 带和 Cm 带。

4. 市场类型划分的依据

本书的市场类型划分,全部依据都在表 5-2 中反映出来。表中无法把各项指标全面列出,故经过省略,只剩下一个基本量值和其他三大性质。

基本量值是指势力比 δ 和 σ,δ 是价格函数导出的根源,也是 σ 竞争力系数的根源,而 σ 又反应出最后价格分配的结果。表中仅列出 δ 和 σ_1,消费方的 σ_2 未列出。本书划分的市场类型都是按照 σ_1 的数值来进行划分的。划分的原则照顾了交易动力、弹性、负斜率等另外三个方面的价格模型性质。例如 E 带的提出,就是在发现 E 极的基础上,找到黄金分割镜像带而确定的。在那里,交易动力最强,市场有效性最高,公平性最好,显然成为民生经济学最理想的市场模型。

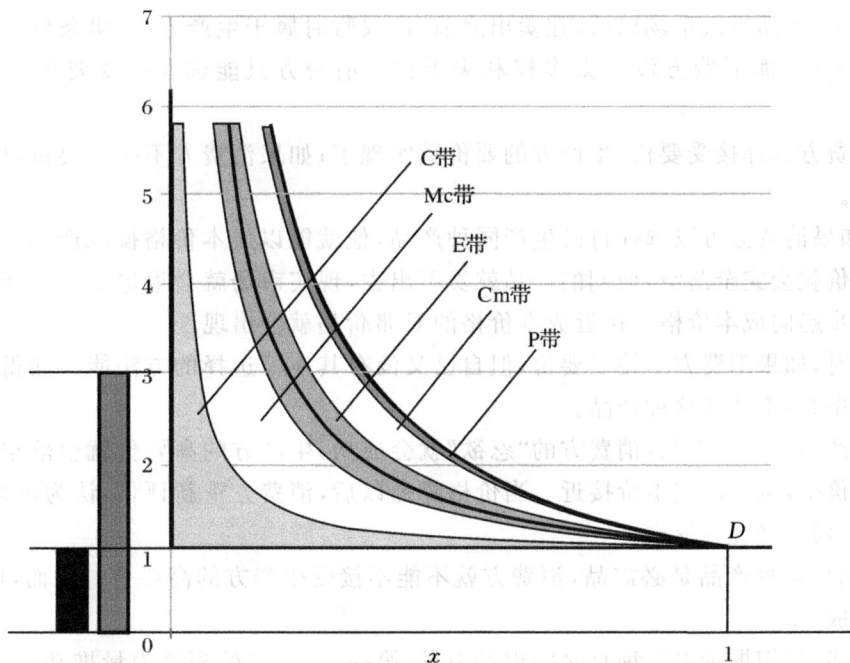

图 5 - 2　五条价格带图像

依据这些信息,我们看到新古典经济学以完全竞争市场为最理想市场模型,显然失之偏颇。其所谓完全竞争,就是本书的 C 极。这个 C 极,生产者 0 利润,交易动力为 0,曲线水平化,没有负斜率,"看不见的手"已经失效了。经济无法调节,资源无法自行配置。这是什么理想市场? 相信读过本书的人,都会毫无悬念地抛弃新古典经济学这种"理想市场"。

二、促成市场类型形成的三股力量

市场类型划分之后,我们将注意力转移到市场类型形成的原因上来。为什么历史上不同国家、不同历史阶段会出现特色各异的社会经济形态呢? 促成它们演化的力量是什么?

总体上看,市场类型分为五种,这五种类型在现实社会中都能找到原型。到底是什么力量作用,使它们呈现出这五种不同状态的?

在纷繁复杂的市场作用因素中,我们找到了三种直接作用的力量:

第一种力量,市场参与者的利己心、利己动机,它主要为生产方的力量发生作用,促使生产方尽可能索要高价,从而降低 δ 量值。

第二种力量,成本钳位机制作用,这是一种纵向竞争力,它帮助消费方增强了竞争力,削弱了生产者索要高价行为的效果,使生产方索要高价行为受到一定限制,从而使市场价格被迫降低,它实际是市场上的买方竞争力提升的因素,它提高了 δ 量值。

第三种力量,横向竞争力量,如同行厂家提供的产品、本产品的替代品、潜在进入者等,它们构成横向竞争力量,促使产品价格下降。这种力量实际上是降低了生产方的讨价还价能力,从而增大了 δ 量值。

对我们揭示出的第一种力量,或许有读者会有疑问,利己心应当是买卖双方都具有的属性,为什么它成为生产方的力量,而不能成为消费方的力量。

这是因为,产品进入市场以后,在卖出之前,产权暂时属于生产方;如果条件许可,生产方会尽力提高要价,而消费方没有太多权利去干预。消费方只能选择接受要价,或者不接受要价。

如果消费方选择接受要价,生产方的要价就实现了;如果消费方不接受要价,生产方的要价就失败了。

此时,如果消费方可以选择自己生产同种产品,他就能以成本价格换取产品。于是,生产方较高的要价就会完全落空,他们的产品就卖不出去,现实市场就会逼迫生产方降低价格,使市场价格逐步趋向成本价格。接近成本价格的 C 带价格就会出现。

与此同时,如果消费方不接受要价,但自己又没有其他可选择的方法能够获得同种产品,那他只有一条路,不消费这种产品。

如果该产品不是必需品,消费方的“忍欲”就会成功,生产方的高要价就会落空,也就不得不逐步降低价格,从而向成本价接近。当价格降低以后,消费方重新评估,认为可以接受的时候,较低的市场价格就会形成。

但是,如果这种产品是必需品,消费方就不能不接受生产方的高要价。从而,P 带垄断价格就可能形成。

综上所述,我们揭示出三种直接的市场力量:第一,生产方的利己力量推动市场的高价格形成;第二,成本钳位机制促成市场低价格的形成;第三,横向竞争力量也促成市场价格的下降。这三种直接的力量交互发生作用,形成市场的各种价格形态。

1. 生产方利己心的作用

生产方和消费方都具有利己心,在市场上他们之间的立场是对立存在的。生产方希望价格越高越好;消费方希望价格越低越好。但是,产品来到市场上,首先以生产方的财物或产权而存在,它的所有权属于生产方,只有生产方具有处置权。消费方在买回产品之前不具有对产品的处置权。所以,消费方的利己心在价格形成过程中不会直接产生作用。

生产方的利己心直接作用到产品市场价格上,或者说直接作用在要价上,从生产方的立场来讲,价格总是越高越好,这里没有半点儿道德力量的影子。

如果市场上没有促成价格降低的因素存在,那么,所有的市场价格都会是非常高的,生产方不会嫌弃价格太高,只会抱怨价格不够高。如果我们指望生产者良心发现,对极高的市场价格进行压制,那就像指望太阳从西边出来一样。

2. 成本钳位机制作用

成本钳位机制,在市场上起到了压低市场价格的作用。

成本钳位机制作用的本质,就是降低了生产者讨价还价的能力,从而使势力比 $\delta = \dfrac{\tan\theta_2}{\tan\theta_1}$ 的数值增大。在公式里面,成本钳位机制的作用就是减小 θ_1 的值,成本钳位机制作用最强的时候,θ_1 的值无限趋近于 0。

成本钳位机制作用只有减少 θ_1 的能力,没有反向能力,即使把成本钳位机制完全割断,生产者讨价还价的能力也不一定因此而立刻增强。但是,如果没有成本钳位机制作用,生产者在利己心力量的驱动下,他们就会不断提高价格,这时没有成本钳位机制的压制作用,价格就可能涨上去。从而表现出 δ 越来越小的趋势。

成本钳位机制具有压低市场价格的单向作用,这是准确的结论。

3.横向竞争力量的作用

横向竞争力量不是一种单一的力量,它是多种竞争,同行竞争、替代品竞争、潜在入侵竞争,这是迈克尔·伯特提出的五力模型中描述的力量。这些竞争力量总体来说和本产品处在同一个价值链环节上,是横向关系。这些力量的介入,使消费方具有多条选择路径,从而降低了原有卖家的垄断能力,使原有卖家索要高价的能力有所下降。

横向竞争力量与成本钳位机制具有相近的作用,都是降低了卖家索要高价的能力,从而促使价格走低,走向合理。

这种横向竞争力量的存在,对现代市场的发展具有重要意义,没有它,许多市场将会走向怪异。

4.三种市场力量的交互作用

市场价格在生产方利己心和成本钳位机制、横向竞争三种力量的交互作用下,可高可低地变动,从而形成了纷繁复杂的市场价格形态。从力量的强度上看,成本钳位机制的作用力要高于生产者的利己心力量。一旦成本钳位机制完全发生作用,虽然此时生产者的利己心依然存在,但价格只能顺着成本钳位机制而一路下滑,直至利润为0,生产者毫无能力加以改进。

只有当成本钳位机制作用减弱时,生产者的利己心才能作为一种市场力量而发生作用,使市场价格逐步抬高,直至 P 极价格。

横向竞争力量也具有较强的能力,当成本钳位机制无法作用的时候,如果没有横向竞争力量,那又会出现许多疯狂的市场。例如汽车市场、家电市场,这些产品消费方是无法自己生产的,成本钳位机制无法作用,可由于横向竞争力量的存在,这些市场价格也比较正常。

5.成本钳位机制作用的极端情况

在成本钳位机制原理研究时推导了一个极端情况:

(1)一个市场,一群无差别的利己人,需要一种产品 A,且每个人都会生产。不同的生产者能力无差别,生产者与消费者也毫无差别。没有个人才能、天赋、技艺的差别。

(2)产品 A 的品质、标准无差别,认可一个共同标准。这可以通过技术标准化和计量标准化实现。

(3)成本 P_c 无差别,即每个个人的私人成本 P_{ci} 与社会平均成本 P_c 完全一致,$P_c = P_{ci}$。社会上任何个人 i 无法保有 $\varepsilon = P_c - P_{ci} > 0$ 的优势。

(4)每一个人对以上产品 A 和成本 P_c 的信息完全知晓。

(5)每一个消费者可以完全自由地选择自己生产或购买该产品 A。

满足以上五个条件,则成本钳位机制的作用就会自动发生,而且具有最强烈的作用。

这是成本钳位机制作用的极端情况,由于消费者可以自由选择自产或购买,他们就有了在市场价格 P 和成本价格 P_c 之间选择的自由,如果生产者试图提高报价,使 $P > P_c$,则消费者在利己心驱动下,就会选择自产,达到以较低的成本价 P_c 获取产品 A 的目的。于是,生产者提高要价的企图就会落空,不得不回到成本价上销售。

这个过程,相当于在市场上严重地削弱了生产者的讨价还价能力。这种极端情况下,消费者的讨价还价能力并没有改变,而生产者讨价还价能力却变成为 0,即 $\tan\theta_1 = 0$,于是,$\delta \rightarrow +\infty$,价格函数就是 $p = 1$ 或 $P = P_c$。

这是市场类型 C 极发生的机制和原理。可见,严格的成本钳位机制作用,或者说极端的成本钳位机制作用,使 C 极得以出现。

也可以说,C 极的形成,是成本钳位机制强烈作用造成的结果。

6.成本钳位机制作用的非极端情况

所谓非极端情况,就是成本钳位机制依然发生作用,但是没有达到最强作用。就像第三章描述的"工匠原理",就是这样一个例子。例如生产鞋子,钳位机制的三大条件基本上都能够满足。但是其中的大前提中,不同的生产者之间完全无差异这个条件不存在。

现在,不同的生产者——鞋匠,生产技能有差异,最终导致 P_{ci} 各不相同。但是由于鞋匠们保有独特技能的原因,其独特技能不容易被社会公开知晓,所以,市场价格看起来依然是 $P = P_c$,但实际的社会平均成本 P'_c 考虑了工匠们真实的最低成本后,会有 $P'_c < P_c = P$,从而使生产者剩余不为 0,这就进入了非极端的 C 优势价格带。

这里可以知道,所谓消费者优势,其实消费者竞争力并无改变,只是因为生产者竞争力弱化,使消费者相对竞争力加强,表现出优势。这种情况下,成本钳位机制依然发生作用,但是作用的强度有所减弱。生产者能够获取高于成本的利润,但利润幅度有限。在市场类型划分中,将其定为 σ_1 不超过 10%。

7.势力比 δ 与成本钳位机制的关系

成本钳位机制是一个定性描述的经济学原理,我们无法将其量化。但是在价格模型中,曾经定义过一个参数——势力比 δ,这个参数是在构造价格模型的角弹簧模型中定义的,它是消费者撑开角弹簧角度的正切值与生产者撑开角弹簧角度的正切值之比。

现在在市场价格模型分类分析中,我们看到成本钳位机制作用愈强烈,δ 的值愈大。钳位机制作用达到极端,$\delta \rightarrow +\infty$。这似乎说明,$\delta$ 的数值与成本钳位机制作用正相关。在一定范围内,可以说,δ 的大小代表了成本钳位机制作用的大小。

但是,正如前面指出的那样,成本钳位机制在压制生产者讨价还价能力上的作用非常明显。但是它没有相反的作用力,要把价格曲线推向 P 极,成本钳位机制没有这个反向作用。于是我们提醒读者注意,成本钳位机制虽然在增大 δ 数值方面作用明显,但即使完全割断成本钳位机制作用,也不见得立刻有 $\delta = 0$。这就是说,成本钳位机制只有增大 δ 的单向作用,而没有减小 δ 的能力。

当然,要减小 δ,必须先减弱成本钳位机制作用。减弱成本钳位机制是减小 δ 的必要条件,而非充分条件。

8.市场价格调节的手段

在市场类型与成本钳位机制结合之后,我们发现,微观价格调节具有可能性。

在新古典经济学里面,关于横向竞争力量的作用已经被关注到。新古典注重竞争,支持竞争,认为竞争产生效率,尤其推崇横向竞争,但是他们似乎忽略了纵向竞争,没有看到成本钳位机制的巨大作用。现在我们已经清楚,在压低价格方面,成本钳位机制和横向竞争力量都是可以起作用的,而且成本钳位机制作用更加强大。

如果我们希望某种产品的价格降低,可以设法向市场添加一些成本钳位机制的条件,就可以增大 δ,达到降低价格的目的。如果希望提高价格,那就必须先行割断成本钳位机制,同时减少横向竞争力量的介入,然后还要寻找一些提高垄断性的因素,加以扩展,以减小 δ 数值,达到提高价格之目的。

用这种方法可以实现微观价格的市场调节,不借助政府权力直接干预,而是用经济手段调节经济。以后在应用问题研究时,将使用这些手段。

在调节市场价格方面,成本钳位机制是剧烈的调节手段;横向竞争力量是稍微温和一些的调节手段。二者各有作用。

三、民生市场与新古典市场模型比较

从图 5-2 中可以看出,本书的市场类型划分共有五条价格带,也就是五种市场类型。从竞争性最高到最低,依次是:C 优势带、Mc 垄断性竞争过渡带、E 公平带、Cm 竞争性垄断过渡带、P 优势带(纯垄断)。共五大类型市场。

新古典市场划分从竞争性最高到最低依次是:完全竞争、垄断竞争、寡头垄断、垄断四大类型。民生经济学与新古典市场划分之间有一些联系。但是民生经济学的市场划分不是假设的,我们依据买卖双方的竞争力、交易动力、弹性等性质进行划分,具体依据 σ_1 的数值进行划分。划分的目的是为了更好地把握市场。下面我们将尽可能详尽地研究这些问题。

1. 两种市场划分的区别与联系

新古典的寡头和垄断市场,对应于本书的 P 优势带;新古典的完全竞争,对应于本书中的 C 极;本书中的 C 优势带(除 C 极外)、Mc 带、E 带、Cm 带,全部被新古典笼统地归入"垄断竞争"之中。可见,新古典经济学对这部分内容的研究还是非常粗糙的,它没有具体的价格模型,当然也无法深入进去。

新古典经济学处理四种市场模型的分界也非常困难,它无法给出边界,无法细致研究。为了准确描述市场类型,我们专门绘制了图 5-3 和图 5-4。

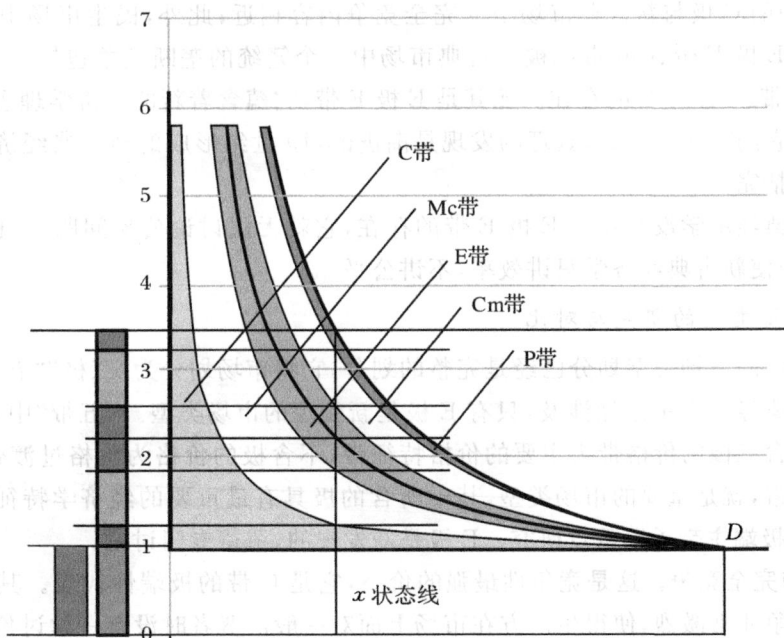

图 5-3 经济剩余被价格线分割成五段

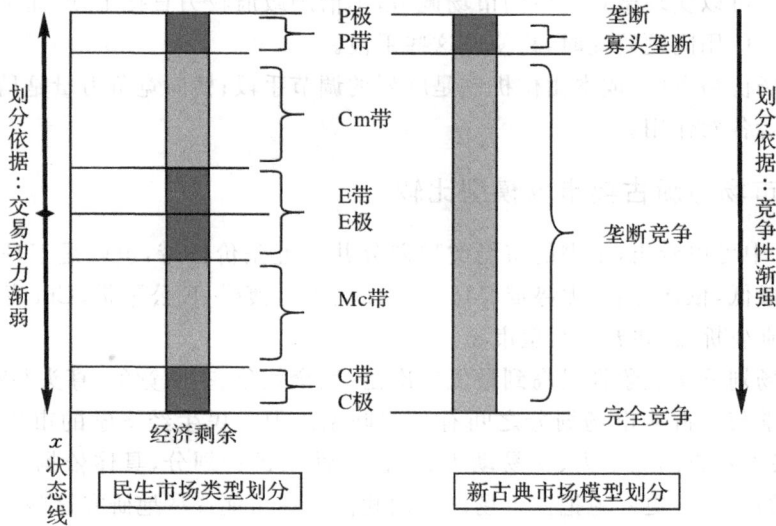

图 5-4　民生市场与新古典市场类型对比

图 5-3 的 x 状态线,就是供给量坐标线,被三个特征价格带边界曲线分割成五段,这就是图 5-4 中的民生市场类型图。这六条边界,分割的是社会剩余或观念剩余 Δ。图 5-4 中,左边划出了"三极""五带",中间画出了对应的新古典市场模型图示,右边画出了竞争性增强的方向箭头。这实际上是消费方竞争力增强的方向。

民生经济学的市场(民生市场)类型中,P 极、P 带与新古典市场中的垄断和寡头垄断相对应;民生市场中的 C 极与新古典市场中的完全竞争内容相近;此外,民生市场中的 C 带(C 极除外)、Mc 带、E 极 E 带、Cm 带都被新古典市场中一个笼统的垄断竞争包括了。新古典市场没有注意到 C 带、E 极 E 带的存在。尤其是 E 极 E 带,它蕴含着新的经济学理念,新古典经济学不应当忽略它的存在。但是,真理的发现是渐进的,19 世纪形成的新古典经济学,不可能把一切真理都概括完。

由于新古典经济学没有发现 E 极 E 带的存在,它就无法讨论公平问题,它也无法找到公平的支点,从而使新古典经济学只讲效率,不讲公平。

2. 重要市场类型的研究与对比

民生经济学的市场类型划分已经是完整的划分,它将市场划分为"三极""五带",这"三极"有两极在新古典经济学中已经涉及,只有 E 极是新发现的市场类型。"五带"中,有三个主带,两个附带。包含三极的价格带为主要的价格特征带,不含极的价格为价格过渡带,称为附带。含极的三个主带,就是重要的市场类型,其中所含的极具有最重要的经济学特征,以下先对 C 极和 P 极两个极端主带予以重点研究。E 极是新发现的,留待专门讨论。

(1)C 极与完全竞争。这是竞争性最强的价格,它是 C 带的极端性代表。其市场特征是,生产方内部竞争非常激烈,使得生产方在市场上面对一般消费者时没有一丝讨价还价的能力,只能以社会平均成本 P_c 出售自己的产品,见表 5-3。

这里的 C 极,相当于新古典经济学的完全竞争市场,而完全竞争又是新古典经济学体系赖以生存的支点。

　　C极与新古典完全竞争市场模型对比研究,其主要结论都简要地归纳到表5-3中。但是,在两者的条件方面,略有不同。

　　C极的无差别条件不是绝对的(有差别也不影响结论),它只是为了方便描述。

　　C极产品质量、成本是公开透明的,这不等于"信息完全",没有神秘性。

　　C极的关键条件是消费方拥有自由选择权;自产还是购买完全自主。如果消费者能够自产自用,则必然以自己的成本为价格获得产品。如果生产方要价高于成本价太多,消费方就会选择自产,就会享受成本价格 P_{ci}。所以不管买家卖家有多少,消费方在自产与购买之间若能自由选择,C极就会存在。我们找到的现实代表性市场就是粮食生产经营市场。

表5-3　C极与完全竞争对比

内容	民生市场类型	新古典市场模型	比较
全称	消费者极端优势价格:C优极(也是生产者极端劣势价格)	完全竞争价格	称谓不同
公式	$P=P_c$	$P=P_0$	基本相近
曲线	两段垂直的直线: x离开0位置稍远,水平直线; x趋于0^+,竖直直线	水平需求直线	大部分曲线相同为水平直线
原因	$P=P_c+\dfrac{1/x-1}{1+\delta}P_c$ 当消费者讨价还价力量极强时$\delta\to+\infty$,$P\to P_c$,水平直线; 当$x\to0^+$,$P\to+\infty$时,竖直直线	单个厂商面对的需求曲线是从均衡点引出的水平直线(基本属于人为假设,水平曲线的推导不可靠)	前者有精确价格模型可推导,后者只能假设而成
依据	(1)成本钳位机制的强烈作用:消费方可自由选择自产或购买。 (2)迈克尔·波特五种竞争力:买方讨价还价能力是五力之一	(1)单个厂商面对的需求是水平直线。 (2)长期均衡时价格等于平均成本最低点数值P_c。	前者依据坚实,后者或有疏漏(待证)
成立的条件	(1)无差别:市场主体无差别;产品A质量、标准无差别;产品A成本无差别。 (2)市场参与者均知晓产品质量和成本P_c的信息。 (3)选择自由:自产或购买完全自主	(1)大量的买者和卖者; (2)产品完全同质; (3)资源完全流动; (4)信息完全	前者宽松,可有真实市场;后者条件苛刻,没有现实市场,只可接近,似虚幻
现实市场	粮食经营市场完全符合此类型	农产品(接近此模型)	前者真实,后者虚拟
弹性	分两段相互垂直直线分别计算: (1)x离开0点,$E_d=1+\delta x\to+\infty$; (2)$x\to0^+$时,$E_d=1$	弹性无穷大	前者依据精确价格计算而来,后者以假设得出,但基本一致

续表

内容	民生市场类型	新古典市场模型	比较
斜率与市场有效性	$p'=0$（$x\neq0$），负斜率消失，价格的负反馈调节功能完全消失。市场有效性丢失	无研究	前者依据精确价格模型，发现重大问题；后者未发现问题
交易动力	一次交易动力：因 $\delta\to+\infty$， $\Delta_1=\dfrac{1}{1+\delta}\cdot\left(\dfrac{1}{x}-1\right)=\sigma_1\Delta=0$ $\Delta_2=\dfrac{\delta}{1+\delta}\cdot\left(\dfrac{1}{x}-1\right)=\sigma_2\Delta=\Delta$ 即生产方剩余为0，交易动力0，市场动力：$F=\Delta_1\times\Delta_2=0$。 生产方无积极性，故整个市场运行不灵，缺乏动力	无研究	前者建立模型，准确计算，得出交易动力极差的结论；后者无此研究
后果	生产者得0剩余，无积累源泉；持续日久，生产者必然贫困化	认为效率高，市场会越来越优化	前者发现重大问题，后者粉饰太平
评价	(1)生产者极端不利的市场类型，他参与市场的积极性极低。 (2)市场有效性消失。 (3)市场公平性缺失：生产者之间平等，生产者与消费者间极不公平。 (4)市场效率：技术效率可高可低，技术的高效率缺乏必然性；生产者交换效率为0，导致整体经济效率偏低	(1)认为效率最高。 (2)新古典经济学成立的理论基石，帕累托最优实现的条件。没有这个模型，新古典体系无法成立。 (3)认定为最理想市场模型，体现了自由主义价值观和精神	前者重证据，理性推导，客观评价；后者想当然地得出效率最高的结论
评价结论	民生经济学否定C极为最理想的市场类型	新古典认定完全竞争市场是最理想的市场	两者结论相反，前者否定，后者肯定

看看完全竞争市场条件，需要大量的卖者和买者，这个大量几乎是无限多。这就很容易剔除一切现实市场。纵观完全竞争的四大条件，连新古典学者自己也承认，条件非常苛刻，现实市场几乎没有合乎条件的。这似乎暴露出新古典学者刻意排除一切现实市场，让他们的完全竞争模型不接受实证检验。不检验，当然也就无法推翻和否定。

通过对C极和完全竞争的对比研究，我们也形成了民生经济学三大评判标准：第一，市场效率；第二，市场有效性；第三，市场公平性。

市场效率，首先是生产的技术效率，它的高低，一要看科学技术水平，二要看管理组织方式（例如分工专业化）；其次是交换的效率，交换效率主要取决于交易动力和交易积极性，它不是由一方决定的，而是取决于买卖双方，故必须依赖于二次交易动力 F 的大小。

市场有效性,取决于价格函数的负斜率,这就是斯密"看不见的手"的作用。价格函数(或需求曲线)越平缓,斜率越小,产品量变化越大,而价格变化却越小。到 C 极的情况,产品量无论如何变化,价格都不变化。于是,价格自动调节资源配置的作用就完全消失了。水平价格曲线市场调节功能将完全消失。市场有效性消失。

市场公平性,这是新古典学者不愿涉及的问题,其实他们也无法讨论这个问题。新古典学者崇尚自由主义精神,强调平等,但他们只强调了不同的生产者之间的平等,或不同的消费者之间的平等(称为横向平等);而忽略了生产者与消费者之间的平等(称为纵向平等)。崇尚完全竞争,就是忽略了生产者的苦难,支持不平等的存在。

在观念剩余范围内,完全竞争与完全垄断是不公平的两个极端,新古典学者反对垄断,却支持完全竞争,笔者实在不知他们如何看待公平问题。

效率、有效性和公平三个标准,是民生经济学判断经济优劣的三把尺子。民生经济学寻找的理想市场,也必须经过这三把尺子的衡量。

C 极或完全竞争市场,在效率尺度上不能确定高低,市场有效性却消失了,公平性也完全消失。两把尺子都否定了它,效率尺子的衡量虽然现在还不能确定,但最终结论必定是完全否定。C 极或完全竞争市场绝对不是理想市场。

C 带以 C 极为特征,只是竞争性略有降低。但是生产者分配的剩余不足 10%,其他条件接近 C 极。新古典学者主张农产品接近完全竞争,本书认为,除粮食以外的农产品基本上都在 C 带以内。可以这样断定,粮食(谷物)在 C 极上,其余农产品基本都在 C 带以内。这正是"三农"问题的症结所在。

(2)P 极与垄断。在民生经济学模型中,当势力比 $\delta=0$ 时,生产方竞争力达到极大,使价格 $P=P_c/x=P_u$。此时消费者剩余 $\Delta_2=0,\Delta_1=\Delta$,即生产方完全占有了观念剩余 Δ。于是消费方剩余 $\Delta_2=0$,整个市场交易动力 $F=\Delta_1\times\Delta_2=0$。

P 极与垄断对比见表 5-4。

表 5-4　P 极与垄断对比表

内容	民生市场类型	新古典市场模型	比较
全称	生产者极端优势价格:P 优极	垄断	称谓不同
条件	独家、多家皆可,关键看是否有 $\delta\to0$	独家经营(充分而非必要条件)	多家也可达到垄断
价格	$P=P_u=\dfrac{1}{x}P_c$	向右下方倾斜的曲线	前者精确后者模糊
原因	一般价格 $P=P_c+\dfrac{\frac{1}{x}-1}{1+\delta}P_c,\delta\to0$ 时即得到 P 极价格 P_u	无表达式	前者计算、推导可靠;后者模糊
公平性	$\sigma_1=1$,生产方独占了剩余 $\sigma_2=0$,消费方 0 剩余,这是极端不公平的市场	最低	前者计算精确;后者依据图形推理

续表

内容		民生市场类型	新古典市场模型	比较
弹性		$E_d=1+\delta x=1+0x=1$,这是最小弹性	没有精确数值	前者计算出最小弹性为 1
交易动力		$F=\Delta_1\times\Delta_2=0$,消费者参与市场交易的积极性极低	无研究	新问题
市场有效性		$P'=-\dfrac{P_c}{x^2}<0$,负斜率存在,市场有效性依然存在	认为会失效,失灵	
效率		生产的技术效率不受影响,可高可低;市场交换效率很低,整体经济效率较低	很低	
现实市场实例	P极	电、自来水、天然气、房地产	垄断:电、自来水、天然气	后者不认为房地产是垄断
	P带	电信、石油等	寡头:石油、钢铁等	
结论		公平性极差,价格机制依然有效;市场积极性极低;不是好市场。反对 P 优极市场	效率极低,市场失灵。反对垄断	结论基本一致,反对垄断

P 极市场绝对地不公平,消费方利益受到伤害。整个市场动力也严重不足。市场的公平性消失。但是这个市场的负斜率依然存在,所以它的市场有效性没有消失。市场的效率还是无法确定。虽然新古典经济学有论证,认为这个市场效率低,但是规模经济也往往存在,这可以增进效率。企业有垄断利润,可以快速积累、壮大规模,更有利于技术开发,效率或许也会提高。所以,垄断效率也是未定的。

新古典经济学在定义垄断时,提出市场上只能有一家销售本产品,其他人不能在市场上销售同样产品。独有一家生产者,这是完全垄断的充分条件,而不是必要条件。

判断是否(P 极)垄断,要看价格模型中的 δ 大小。只要 $\delta\to0$,就说明卖方力量已经足够强大到垄断。不管卖家个数有多少。

这就是说,独家经营是垄断,非独家经营,只要 $\delta\to0$,也是垄断。这是民生经济学与新古典经济学对垄断的不同看法。

在 P 极周围,除 P 极以外,还有较强垄断性的一个价格带,称为 P 带。P 带内的价格,对应于新古典经济学的寡头垄断。它的垄断性有所降低,但依然存在。它们占有的生产者剩余保持在总剩余 Δ 的 90% 以上。

寡头是垄断的非极端情况,它以完全垄断为极限。新古典经济学把它当作单独的一个市场来描述,但也没有太多结论。

3. E 公平极与 E 公平带探讨

公平极简称 E 极，它就是纳什价格曲线，在这条曲线上，观念剩余由生产者和消费者平分，各占一半。在感觉上、观念中，买卖双方绝对平等地分享了剩余，此时他们应当是心平气和、双方满意、皆大欢喜的（见表 5-5）。

表 5-5　E 极 E 带特点

项目	内容要点	备注
全称	公平极（E 极）	公平的极端
条件	买卖双方势均力敌，$\delta=1$	买卖双方平等
价格	$P_n = P_c + \dfrac{1/x-1}{2}P_c$	纳什价格
原因	$P = P_c + \dfrac{1/x-1}{1+\delta}P_c$，而 $\delta=1$，故有 $P = P_c + \dfrac{1/x-1}{1+1}P_c = P_c + \dfrac{1/x-1}{2}P_c$	计算得到
弹性	$E_d = 1+x, E_d \in (1,2]$	
公平性	$\sigma_1 = 0.5, \sigma_2 = 0.5$，生产方、消费方各得 Δ 一半剩余，这是观念中极端公平的市场，是公平的极端	买方、卖方之间完全公平
交易动力	$F = \Delta_1 \times \Delta_2 = 0.5\Delta \times 0.5\Delta = 0.25\Delta^2 = F_{max}$，交易动力达到最大，人们参与市场的积极性极强	交易积极性最强
市场有效性	$P' = -\dfrac{P_c}{2x^2} < 0$，负斜率存在，市场有效性存在	
效率	生产效率可高可低，是客观的，由于交易动力最强，交换效率很高。二者结合，整体效率最高	交换效率极高，技术效率正常
现实市场	现代大型超市、网店类似这种市场。但具体应当实证计算，$\delta=1$ 或接近于 1 是标志	
E 极市场	公平、效率、有效性三大指标都高，这是民生经济学找到的最理想市场	理论上最理想的市场
E 带市场	以 E 极为中心，向两边扩展两个对称边带，称为公平带，或 E 带。 在 E 带中，市场有利润，可以积累；消费者有剩余，积极参加市场交换，提高经济效率；市场有效性正常。 这是一个经济可以良性发展、可持续发展的价格带	现实中最理想的市场

在 E 极的两边,从 0.382Δ 到 0.618Δ 之间,形成一个价格带,这个价格带以 E 极为中心,其范围以内的价格基本上保证买卖双方均有剩余可得,且双方分享的剩余比较接近,差别不太悬殊。这就构成了一个较为公平的价格带。而在 E 极上,达到公平的极端。

E 极和 E 带是民生经济学发现的全新的市场类型,新古典经济学没有找到这个价格带。按它们粗略的划分,E 极和 E 带被淹没在垄断竞争中。新古典经济学的垄断竞争太过笼统了,并没有什么具体结论。

E 极和 E 带研究不需要比较,但是我们还可以列出表 5-5 来简要总结这个市场的特点。通过三大评判标准的判断,可以得出:E 极是公平的极端,交易动力的极端,效率很高,市场有效性正常。从这些指标来看,E 极是人类社会最理想的市场。我们否定了完全竞争市场作为最理想市场的新古典结论,取而代之的是公平极作为最理想的市场。而 E 带就是现实市场中真实的公平带。在这个价格带以内,买卖双方基本平等,生产者与生产者、消费者与消费者之间也基本是平等的。在这个价格带中,市场调节有力,生产者有剩余、有积累,可以发展;消费者有剩余,提高了交换的积极性,推动经济向前发展。所以,公平极是理想市场,公平带是好市场。

四、市场类型与现实经济

人类经济发展是一个历史进程,经济机制与社会客观的物质生产情况应当是互相协调的,不同的社会生产力决定着不同的经济机制。为了研究这些问题,本部分探讨以下几个理论问题。

1. 价格的功能之一是净剩余的分配

在以往的经济学中,一提到分配,我们自然联想到要素的分配。实际上,价格的本质性的功能就是分配,它在分配什么东西呢?

生产者产出的产品是:成本+净剩余,成本是原投入转换而来的新产品;净剩余是新增加出来的新产品。

原投入(要素)的产品是已经确定的,它属于生产者,不可再变更,不可受到侵害。而净剩余既然是新增加的新产品,其产权还未确定。我们前面讨论过,如果生产者自己使用所生产的产品,新增部分的净剩余当然确切地归生产者所有。其依据的原则是:谁创造归谁所有。

但是,净剩余全归生产者,生产者就只能得到这一个周期的净剩余。这不是经济系统的行为,只是生产者的个体行为。

在经济系统中,净剩余其实不是生产者一方创造的,经济系统的最大特点是活的系统,它是循环的。生产者产出的产品,必须销售出去,而后再开始下一个生产经营循环。为了循环可以正常进行,消费方必须参加,实际上消费方的购买也是对经济系统的贡献,或者说是对净剩余的产出作出了贡献。所以,在销售产品时,消费者也分得一份净剩余。

虽然消费方分享了一份净剩余,看起来好像让生产者吃亏了。其实生产者没有吃亏,由于生产经营循环存在,生产者每一个循环都生产出 1 个净剩余,即便每次分出一半,两个循环就能得到 1 个净剩余,循环持续下去,生产者就可得到很多个净剩余,且无限延续,得到更多。

可见,在经济系统中,价格的功能就是用来分配净剩余的。

2. 生产的技术效率决定于社会历史进程

为了研究技术效率，我们先定义一个新概念：产出量与投入量之比，我们称之为"产投比"，用 η 表示。

如果产出量用 Q 表示，$Q=Q_c+\Delta Q$，Q_c 是与要素投入相当的那部分新产品；ΔQ 是净产品，或净剩余。投入物用 R 表示，如果是量增型生产，则 $R=Q_c$。所以有

$$\eta=\frac{Q}{R}=\frac{Q_c+\Delta Q}{R}=\frac{Q_c+\Delta Q}{Q_c}=1+\frac{\Delta Q}{Q_c} \tag{5-1}$$

我们定义 $\Delta Q/Q_c$ 为净剩余率，用 $\gamma=\Delta Q/Q_c$ 表示。于是有

$$\eta=1+\gamma \tag{5-2}$$

η 和 γ 反映了技术效率的高低。

η 可以分为三种情况：

(1) $\eta<1$，这种情况产出小于投入。在意外情况下会出现，但不会经常出现。否则社会将衰退、消失。这种情况下净剩余率是负的。

(2) $\eta=1$，这是简单再生产的情况，净剩余率等于 0。

在简单再生产的情况下，似乎生产与不生产没有区别。实际上生产还是比不生产好。因为我们的投入不一定全是物资，还有劳动。在劳动者以外的人看来，生产与不生产确实一样，以工资购买的劳动刚好等于它的产出。生产组织者不亏不盈。但对劳动者本人意义不同，劳动只是人的一种能力，不出卖劳动，劳动就不存在，也就是劳动无法转换成产品。生产组织者不盈不亏的生产，却让雇佣的职工将劳动转化成了产品。这些产品恰好支持了劳动者的生存。所以，即使是简单再生产，也要继续生产，否则劳动者就会挨饿。

早期的社会，生产效率比较低，可能有过很长时期的简单再生产。

(3) $\eta>1$，这种情况属于有剩余生产，这是人类社会向高级化迈进的必要条件。没有净产品剩余，文明无从谈起，社会不会发展。有了净产品剩余，才产生了所有权、阶级、社会分工、交换等概念和范畴。此时，净剩余率 γ 为正，我们的交换与市场研究，只能在这个范围内展开。

3. 净剩余率选择适应的价格类型

虽然净剩余率 γ 的历史数据我们很难找到，但是，它实实在在地代表了生产的技术效率，这个净剩余率随着社会历史的进步，它必然从小到大，不断增加。净剩余率增加的越多，越能支持交换，把交换中的观念剩余落到实处。但是，净剩余率是历史的、客观的，它的增加是一个漫长的历史过程。因为净剩余率支撑着观念剩余的分配，它也决定着社会选择其恰当的经济机制。

从生产发展的历史看，低技术效率，或者说较低的净剩余率，只能选择 C 极 C 带价格类型，并且长期稳定。当技术效率很高，也就是 γ 很大时，社会将选择 C 极 C 带以外的价格类型，从而带来经济的新发展。从长期历史来看，净剩余率将选择与其相适应的价格类型，从而决定了社会的经济结构。

五、效率表达式的经济学意义

我们已经给出了效率表达式：

$$\eta = \frac{Q}{R} = \frac{Q_c + \Delta Q}{R} = \frac{Q_c + \Delta Q}{Q_c} = 1 + \frac{\Delta Q}{Q_c} \qquad (5-1)$$

$$\eta = 1 + \gamma \qquad (5-2)$$

在 η 中，对 R 这个参数的误解最多。对 R 参数的不同理解，会得到不同的结果，人们的理解也会多样化，从而可能出现混乱局面。

R 可以理解为第一类消耗，这样计算的效率也是可以变化的。随着时代发展，其效率不是很客观。例如，R 中的劳动，我们规定它的成本，是随着时代发展变化的，越是接近现代，劳动的成本即社会平均工资也会越高，这样，效率在不同时代就不好比较了。

如果把 R 看成第二类消耗，即要素占用的消耗——波量消耗。那么，效率公式计算结果将是客观的，不同时代的效率也可以比较。

1. R 参数作为第一类消耗的效率表达

即便是第一类消耗，历史上对第一类消耗的界定也是时有错误的。通常，在企业界，把 R 看成支付出去的代价。这是自然演变而来的，它包含一些错误的认识。

企业传统方法，以企业边界上发生支出为准则，计算 R。企业以自己眼睛看到的事实为基础，只要本企业支付出去的，就算作成本。这个原则下，企业将贷款利息看作成本，似乎无可非议。其实，支付的利息当作成本计入，支付的地租也当作成本，这在逻辑上都是完全错误的。支付的利息、地租虽然确实是支出，可它不是成本，那是资本金和土地要素对剩余的分享。计入成本，就掩盖了利息、地租的剩余性质。虽然现实中的企业都这样做，但这并不等于他们是正确的。

企业没有向边界以外支付代价，但是第一类消耗依然存在。例如，自有的门面房，自己使用，它也具有第一类消耗的效果。这是可以用机会成本计入的。

有些支付发生了，也不能计入 R。例如，各种罚款。通过这些分析，我们可以清晰地规定，R 作为第一类消耗，能够计入的数据有以下几个方面。

第一种，劳动消耗，在当时社会认可的条件下，为劳动支付的工资总额，这是劳动的消耗。用 L_1 表示。

第二种，货币型资本消耗，在产成品形成以后，投入的资金全部变成产品，而资金消失了。资金的全部本金成为消耗。物质型资本的消耗，直接消耗的原料、材料，还有固定资产的磨损（折旧）成为第一类消耗。用 K_1 表示。

第三种，土地消耗为 0，生产前企业拥有的资产是原料（材料）、劳动、资金＋土地；生产后，企业资产变成产成品＋土地。土地的大小、品质没有改变，其消耗为 0。故土地的第一类消耗为 0，用 N_1 表示，即 $N_1 = 0$。所以，所有要素的第一类消耗之和是 $R_1 = L_1 + K_1 + N_1 = L_1 + K_1$。

以三类要素的直接消耗为准则进行计算，这是正确计算第一类消耗的计算方法。由于 L_1 随时代缓慢变化，所以 R_1 也缓慢变化，基本上是逐渐变大的。但在一两年时间里，变化一般不明显。

由于 R_1 缓慢增加，相应的 Q_c 也会缓慢增大，于是，公式（5-1）的比值就不是很客观，在不同的时代,同样的效率比值 η 无法比较。

更有甚者,企业依据历史演化出来的习惯,把利息支付、地租支付都加到 R_1 中,算出的效率就很难说明问题。

这里计算的这个效率 η,也是价格形成的真实情况。

正确的 R 参数计算情况下的效率:我们把全部产成品 Q 分成两部分,第一部分用于补偿正确的 R 消耗,用 Q_c 表示;第二部分为净产品或净剩余,用 ΔQ 表示。此时有 $Q=Q_c+\Delta Q$,R 对应于 Q_c。

从短时期看来,R 不会变动,此时效率越高,以 R 为标准,Q 就越大,或 ΔQ 越大。这时效率比较客观。

在长时期看,即便效率不变,由于劳动工资提高,即劳动成本提高,R 会上升,计算出来的效率似乎也有下降。但实际上效率可以不变。

2.R 作为第二类消耗的效率表达

R 参数作为第二类消耗,即各要素不考虑其牺牲了什么,仅看它的波量消耗,这是度量了各要素被占用的时间,或者说各要素为生产服务了多少、贡献了多少。

或许有人会有点疑问,占用时间不应该等于贡献。我们可以假定,要素在被使用过程中都正常发挥了作用。如果某个要素未被充分利用,那只能责怪管理者失职。我们假定所有要素被充分利用,就可以认为占用时间就等于贡献。

在这种假定下,公式(5-1)将是完全客观的,不受时代变迁影响,效率表达非常客观,不同时代的效率也可以纵向比较。

但是迄今为止,经济实践中没有人使用这一计量,本书先列出来,建议人们习惯这种计量,以使经济学效率描述更加准确和可靠。尤其是在剩余分配的时候,以波量计量分配将更加准确和公平。本书以后还将进一步论述波量问题。

3.产品分配原则

企业在生产经营中,正确的产品分配原则现在基本可以找到规律。

(1)在补偿分配中,要以正确计算的第一类消耗为基准进行分配。其实这不是真正的分配,只是补偿牺牲部分,保持或恢复了要素原状。

(2)在净剩余的分配中,要以第二类消耗计量为准,即以波量为基准进行分配,这才是真正的分配。实现了这种分配,经济机制就向着公平迈出一大步,最终会走向正义分配。

4.正确计量 R 参数的规则(要素波量计量)

(1)第一类消耗的计量,应当准确把握计算的时间限制。生产经营往往是循环往复,持续不断的。但是,我们可以将生产经营划分成一个一个的生产经营周期(不是经济危机周期,勿混淆)。

一个完整的生产经营周期,可包括以下 8 个环节:①要素(货币、劳动、土地)投入;②生产制造半成品(部件);③装配完成产成品;④验收合格入库;⑤储存;⑥运输;⑦销售完成;⑧收回货币。

我们计算第一类消耗,要有一个计算时间规定,投入之前就是第①步,生产之后就是第④步。在第④步这个环节点上,一切消耗都变成了产成品,没有消耗的土地也一直存在。所以计算消耗,固定在第④步这个点上。如果从第⑧步计算消耗,似乎货币资金也没有消耗,那就错了,其实第⑧步上看到的货币,已经不是第一步的货币。而在第④步上计算消耗,就不会出现这种误解了。

(2)计算 R 参数的第一类消耗,只计算生产过程中消耗掉的东西。没有消耗就不能计入。土地没有牺牲,其第一类消耗就是 0。

货币资金完全变成了产成品,完全消耗了;劳动要素,计劳动者"磨损"入消耗,对应工资;实物资本计"磨损"入消耗,对应折旧。

特别强调,土地的地租,资本金的利息,属于剩余分配的范畴,不能计入消耗。否则,逻辑上完全错误,就产生了混乱。利息和地租都必须从剩余中扣除,不能在成本中体现。这个原则应当为全社会周知,不能再继续混乱下去了。

与生产没有直接关系的费用也不能计入生产成本。例如,罚款和应酬的费用,广告、促销费用等。

(3)第二类消耗:波量计算。以一个标准劳动力为计量单位,土地和资金用当量计量,以要素当量乘以时间周期 1 年为 1 个波量单位,进行计量。

什么是波量? 波量是指某种要素的 1 个单位被占有 1 个周期的时间,例如,土地,1 亩被占用 1 年,则波量为 1 亩·年;劳动,1 个劳动力被占用 1 年,则波量是 1 劳·年(或人·年);资金,1 万元被使用 1 年,则波量为 1 万元·年。

使用波量还有一个困难,就是劳动、土地、资本金之间的波量如何换算、累加的问题。我们希望测定一组劳动、土地、资本的当量来换算,以便可以累加。

例如,假设 1 亩地,与 1 个劳动力,与 5 万元形成当量。就是说,1 个劳动力,相当于 1 亩地,或 5 万元的要素。这样劳动、土地、资本都可以换算成统一性质的要素当量,计算也就非常方便了。这里只是假设,实际上一个劳动力相当于多少土地,又相当于多少万元的生产力,需要在全国范围内测算确定。

如果测定计算有困难,也可宏观上进行近似折算:例如,假设中国全国全年参与生产的劳动力波量 5 亿劳·年,参与生产的资本波量 80 万亿元·年,参与生产的土地 40 亿亩·年。我们再做一个基础假设:假设全国劳动、资本、土地总量对生产贡献完全对等,各占 1/3。于是,劳动:资本:土地=5 亿劳·年:80 万亿元·年:40 亿亩·年,用 5 亿去除各项,化简得到

$$劳动:资本:土地=1 劳·年:16 万元·年:8 亩·年$$

结果的含义是:1 个劳·年劳动力、16 万元·年资本、8 亩·年土地,它们的生产力相等。

这样,我们就可以认为,1 劳·年与 16 万元·年、8 亩·年对生产经营的贡献相当。也就是说,1 个劳·年当量,等于 16 万元·年资本当量,也等于 8 亩·年土地当量。或者说,1 劳·年是 1 个要素当量,16 万元·年也是 1 个要素当量,8 亩·年也是 1 个要素当量。已经假设认定,每一个要素当量对生产经营的贡献是相等的。

当然,上述当量比例是假设的,实际比例可以从全国真实数据测出。

第二节　经济演化历程与市场类型之关系

现代经济是长期历史演化的结果,但是,演化的原因和条件却是隐藏在经济现象背后的,不容易被人们一眼看出。本节从历史演化的角度,研究现代经济形成的过程,以及各个历史阶段被采纳的市场类型和经济结构。

一、农业出现以前的效率与经济

在农业出现以前，我们人类是否已经步入文明，这似乎是一个还无法确定的事情，今天我们只能推断，或许其他学科如考古、历史学科等能够给出一些有说服力的结论。

经济学研究农业出现以前的经济，只能凭借类比式的推断来猜测和假设。农业出现以前，人类的祖先依靠什么方式获取生存必需的物质资料？

在消费研究中，我们已经论述清楚，人类生存的利物分三大类四小类（参见表 2-1）：其中 A 类是非经济物品，如空间、空气、阳光、温度、水等物品和条件，不需要人类付出成本就可以充分满足。B 类物品和 A 类物品一样是生存品，不同的是自然界没有自动满足，而需要生命付出辛苦和努力才能得到，因此，这就成了要付出代价才能得到的经济物品。食盐，本来也是自然界自动满足的物品，但由于人类居住在地球的不同区域，而地球上食盐的分布不均匀，有些地方食盐不能满足，必须从远处运输得到。所以，食盐不是生产制造的产品，而是运输得到的。食盐的代价主要是运输费用。在食盐之后，最为紧迫需要的物品就是粮食或食物。地球上一切物种，其繁荣或衰败，都因食物的丰缺而定。为了生存，生命的天生本能就是找食物。而找食物的方法，就是生命的生存方式。

早期人类与其他野生动物应当没有太大的区别。人类会做的，现在的野生动物都会做。人类需要食物，就要捕猎、捕鱼、采摘野生果实。捕鱼捕猎得到肉类食物，采集野生果实得到素食。这种情况，今天的野生动物都是这样做的。自然界中生长了可供捕食的动物和可供采摘的果实，人类付出一些捕捉的辛苦和努力，就可以得到。这是我们与自然界的"交换"，主要是付出人的辛苦和努力，也就是付出一些劳动就可以得到食物。动物和果实在自然界中成长的过程不需要人类努力，自然界也不会与人类计较交换的平等性。显然人类在这种交换中，是付出较少的。

可是，这样的生存方式是被动的。自然界中今年资源丰富，人类就可以"幸福生存"；自然界中资源欠收，人类就在饥饿和死亡线上挣扎。这种生存方式如果也能称为经济的话，那只能叫做渔猎经济。

这个时期可能非常漫长，渔猎（生产）效率极低，不会经常存在剩余产品，所以交换也是非常偶然的。或许多年里出现一次交换，但也可能是随机的物物交换。交换的规则也不明显。

为了克服自然界资源供给的不稳定性，人类不知从哪个年代开始利用自己的智慧，发展出养殖、种植生产，这是真正的生产。养殖的动物、种植的植物与自然状态下生长的动植物相比，受自然界因素的影响较少，生产的稳定性大大提高，人类生存的连续性也大有好转。人类进入种植养殖时代，人类这个物种灭绝的风险就大大降低了。

在种植养殖还没有出现的渔猎经济时代，只要自然界中某种资源偶然地消失一段时间，依靠该种资源生存的物种就会随着这种"偶然"而灭绝。今天考古发现的许多已经灭绝的物种，有许多都是因为这个原因从地球上永远地消失了。

人类是幸运的，在漫长的渔猎时代，没有灭绝，进而找到了种植养殖的生产方法，这就在一定程度上摆脱了自然界对人类生存的制约。灭绝的风险就大大降低了。

种植和养殖，开启了人类社会的一个崭新时代，这就是农业经济时代，也称农耕经济时代。农耕经济时代比起渔猎时代，利物供给的稳定性提高，生存风险降低（或灭绝的可能性大大下降）。农耕经济时代，利物生产的效率有所提高，提高的效率主要用来提高人们生存的饱和度。

在渔猎时代,人们和现在的野生动物一样,找到食物就吃,找不到就要挨饿。忍受饥饿的能力就是生存能力。当农耕经济发展以后,人们的食物量,就会从以前的饥一顿、饱一顿,平均在死亡点附近的利物占有状态,向饱和方向前进一步,而生存在离死亡点较远一些的点上。生存的安全性提高了。

其实,进入农耕经济时代的物种,不止我们人类一种。前已述及,像蚂蚁、切叶蚁、白蚁,都进入了它们的"农耕时代"。普通黑蚂蚁养殖蚜虫,以获取蚜虫的排泄物为食,就像我们人类养奶牛一样;切叶蚁种植蕈菌,和我们人类种植谷物类似;白蚁自己修建它们的城市建筑物,也和我们的建筑业类似。

只是我们还不敢说它们有了经济,因为体型太小,思维的物质基础很低,还看不出它们的智能性创造,现有结果都是本能进化的产物。

从人类来看,农耕经济时代显然是文明的第一步。

二、农耕经济时代生产效率与交换类型

人类的农耕经济时代是漫长的,从开始养殖、种植到工业革命发生,人类的农耕经济时代或许延续了 1 万年左右,至少 7000 年,古埃及金字塔中被发现的小麦粒就是证据。从种植养殖开始,直到工业革命发生,农业的生产效率一直在持续提高。但是,进展却比较缓慢。

我们已经涉及到生产的效率,如上节给出的效率计算公式:

$$\eta = \frac{Q}{R} = \frac{Q_c + \Delta Q}{R} = \frac{Q_c + \Delta Q}{Q_c} = 1 + \frac{\Delta Q}{Q_c} \qquad (5-1)$$

$$\eta = 1 + \gamma \qquad (5-2)$$

漫长的农耕经济时代,生产技术效率应当是比较低的。γ 应当大于 0,但是估计不会超过 10%。在这样的生产效率情况下,人们用剩余物资进行交换,交换的价格落在 C 带中是比较恰当的,长达万年的时间里,似乎没有证据见到人们抱怨交易价格太低。剩余农产品的交易已经形成了习惯,基本以成本价格出售,大家都很认可,接受得也很自然。

显然,生产效率的净剩余率不高,适应了 C 带交易价格,人们长期无异议,很习惯这种价格。

三、工业革命是双重革命

发生于英国的工业革命,一下子改变了人们的交易习惯。工业革命以科学技术为核心,首先是迅速提高了生产的技术效率,使得技术效率大大提高,至少使 $\gamma > 30\%$。那些质进型生产,$\gamma > 100\%$ 也不奇怪。于是,原有的交换市场价格就不适应现代生产的需要了。所以,工业革命的发生,不仅要开创科学技术的大发展时代,不断提高人类的生产技术效率,还要改革原有的市场交换类型。否则,技术效率与交易体制将严重冲突。

恰好,工业革命同时完成了两项革命:

第一,科学技术革命,创造了空前的生产高效率。

第二,开创了新的市场类型,使以 C 带为主的交换类型发生了变化。

工业革命如何改进了市场交换类型?

这主要是因为,工业革命创造了机器,以机器为主的生产,无论在产品的品种花样或者精度上,都是以前手工业无法完成和实现的。工业革命以后的产品,轻工、机械、电子产品,都是

家庭手工业无法实现的产品,它们都必须在工厂企业中大规模大批量地生产。这就不同于农业产品。过去的农产品,只要是一个人类个体,给他土地和种子,就会生产。以前的小手工业产品,也可以在家庭为单位的组织中生产出来。可是现在的工业产品,家庭中或手工工场中都难以生产。这实际上在经济学原理上,堵死了人们"自产自用"的选择路径。这就从客观上割断了成本钳位机制的作用。于是在工业生产者个人利己心的驱动下,他们的要价就会离开 C 带,向 P 极方向靠近。从而使工业生产者的剩余分配超过 10%,甚至达到 30% 以上。这实际也是一次价格革命、机制革新。

当然,在这次价格革命中,那些仍然依靠家庭为单位生产的产品依然保持了 C 带交易价格,这就是农产品。

前面我们已经说明,现代工业生产,净剩余率较高,可能有 $\gamma > 100\%$,所以生产者利润达到或超过 30% 看起来还是很合理的。消费方也得到了不少,这样的结果应当是双方满意的。

试想一下,如果工业革命仅仅是提高了生产的技术效率,而没有改进交换类型,也像农业一样,依然停留在 C 极或 C 带中交换,那工业革命的成果将受到严重限制,恐怕不会产生我们今天看到的辉煌。

当然,如果生产的技术效率 γ 已经等于 100%,而交换依旧在 C 带中,生产者剩余不超过 10%,这的确也是一种严重的不公平。

而令人欣慰的是,这场革命中,第一是实现了科学技术革命,第二是同时无意识地实现了交换类型的革新,这主要是指它无意识地割断了成本钳位机制,从而把价格推向了 E 极附近。今天研究工业革命史的学者,应当充分看到这一点。

四、现代经济形成的原因和条件

我们说工业革命是双重革命,不是夸大其词。没有工业革命,人类的生产效率无法提高;没有工业革命,也没有市场类型的更新。同时还可以说,没有工业革命,现代经济也不会出现。

现代经济是什么,主要是资本主义生产方式的大发展。资本作为一种独立的生产要素主导了生产领域,资本主义的生产才爆发式地增长起来。而资本从哪里来呢? 主要靠积累得到。积累的前提是利润,如果沿用 C 极 C 带的交换方式,积累是非常缓慢的,没有快速发展的可能。

试想一下,如果工业革命把生产的净剩余率提高到接近 100%,而生产者的利润还局限在 10% 以下,甚至接近于 0,这样的经济体系有公平可言吗? 更不用说有资本主义的发展了。

实际的工业革命,在技术效率上有了空前的提高,在交换类型上也实现了创新,使全社会生产的技术效率大大提高,也使生产者剩余同步提高,从而形成了快速积累的机制,开始了资本主义生产的大发展,演化出光怪陆离的现代经济。

所以说,现代经济的形成,主要得益于工业革命的双重贡献。

今天我们所说的现代经济应当包含第一、第二、第三等三大产业。但现代经济,主要指第二产业的发展,以制造业为主的工业。工业革命在不到 300 年的时间里,创造了众多的奇迹。任何一个国家或地区,只要工业发展了,就可以很快富强起来。今天在地球上,凡是工业国,都代表着先进和发达,而凡是农业为主的国家,都意味着贫穷和落后。这是什么原因呢? 难道曾经养育我们人类文明的农业,成了现代文明的负担和包袱吗?

五、现代农业问题的根源研究

我们说现代农业,是指工业革命以后的农业。各国农业的主要任务依然是生产谷物为主的粮食。在中国,大米生产,是作为农业的主流产品。20世纪末,中国农业领域发生了一场革命,这就是袁隆平院士的杂交水稻技术推广,这是一场空前的技术革命,也可以看作是工业革命在农业领域中的继续。

可是,袁隆平的技术革命,也仅仅是提高了大米生产的技术效率,只不过提高的幅度非常大。在19世纪末和20世纪初的中国陕南农村,1亩田一季收获稻谷250千克,就非常满意了。但在杂交水稻技术推广之后,20世纪末,同样在中国陕南农村的1亩田,可以很容易地收获750千克稻谷。亩产是前者的3倍。这仅指稻谷生产的技术效率。

与工业产品不同的是,袁隆平的技术革命仅仅提高了生产技术效率,却没有能够割断农产品市场的成本钳位机制,农民们增产不增收,中国的"三农"问题在袁隆平技术革命前后没有改观。同样的技术革命,250年前用于工业产品的生产,带来了资本主义的大发展;250年之后的农业技术革命,却无法给生产粮食的中国农民带来经济的发展和富裕,这是非常奇怪的现象。本书深究原因,发现二者最重要的区别在于:工业革命是双重革命,是技术创新与市场类型更新的双重革命;而农业的技术革命仅仅局限在技术范围内,缺少了一环市场类型的变革。当然,这个缺憾不是袁隆平院士力所能及的,而应当由经济学者们来承担,毕竟市场类型变革是经济问题,不是技术问题。250年前英国的工业革命,是市场上无意识地割断了成本钳位机制,从而实现了工业革命的双重贡献。当代的农业技术革命就没有那么幸运了,因为这里只有技术实现了突破,虽然产出至少达到技术突破前的3倍,但交易还是老办法,停留在C极C带以内,生产者的收获一直保持在0利润或微利润的状态,生产者的积累就成为无源之水。可以这样说,中国当代的农业技术革命,实际上仅仅是"半边革命",无法自动实现完整的产业革命。

前面章节已经证明,现代经济具有了微观调控的可能性,对于现代农业革命的问题,让市场自动实现完整的农业产业革命,没有可能。但是我们有可能通过微观调控进行适当变革,来实现现代农业经济的双重革命,以彻底解决"三农"问题。这将在本书第七章第二节详细研究和规划。

第三节   经济演化与商业贸易原理

一、商业与农业的分离

在经济演化过程中,我们已经基本了解,人类经济可能经历了渔猎时代,农耕时代,工业化时代;但是,在漫长的农耕时代以内,实际发生了许多事情:首先是商业与农业分工;再次是手工业与农业分工;最后就是工业革命。这些变革使人类社会进入了现代社会。这每一次的变革,都伴随着生产效率的大幅度提高。生产效率的提高,推动着经济社会的前进和发展。

渔猎时代,基本说不上效率,完全是靠天吃饭,凭借运气生存。到农耕时代,人类靠天吃饭的因素弱化,具有了生产效率。在长时期的农耕时代里,生产效率在不断提高,一些经济现象也不断涌现。随着农业生产效率的提高,剩余产品多起来了,交易变得频繁,这种条件下,一些专门从事交易的人们形成了一个阶层,他们被称为商人,他们从事的工作被称为商业。

在西方和中国的很长时期的封建社会中,商人从事的工作被误解,被正统的社会歧视,连商人们自己也常常觉得自己赚来的财富似乎来源不正,因为他们低价买入,高价卖出,从价格差额中赚得财富。看起来商人没有对产品做任何贡献,却经常赚得盆满钵满,人们由此产生了一种印象,商人是不劳而获的。这种观念古今中外都是相通的。商人们自己也无法理解,说起话来也觉得嘴软。今天,尽管经济学已经从理念上认识到商业具有与生产同等的重要性,但是,新古典经济学却也没有从模型上给出准确论证。本书将对此进行讨论,期望给出明确的说明。

二、商业的贡献

商业,确实不同于农业、手工业或工业,商业本质上不是一个完整的产业,它只是产业经济中的一个环节。一个完整的产业,可以有生产、储藏、运输、交换、消费等许多环节。而商业仅仅包含了储藏、运输、交换几个环节。从储藏开始到产品卖出,全过程中产品可能完全没有改变。所以,商业对产品的贡献人们看不出来。

但是,商业的贡献也是客观明显的,它至少做了两件事情,一是改变了产品的空间位置;二是改变了产品的产权位置。空间位置是把产品从生产者位置转移到消费者位置;产权位置就是把产品的所有权从生产者手上转移到消费者手上。空间位置的改变本来是可见的,但通常被归为运输的功劳;而产权的转移通常是抽象的、逻辑的,人们一般不容易看见,所以就忽视了商业的实际贡献。其实,交换与生产,是经济的不同环节,其重要性是等量齐观的。

在漫长的农耕时代中,农产品生产效率逐步提高,净剩余也在逐步增加,但是,农业由于成本钳位机制的存在,它的交易一直处于 C 极 C 带中,大量的净剩余转到消费方,这就给交换领域留下了赚取剩余的机会,所以,商人一旦出现,他们都能很快致富,因为他们利用交换分享了很多的消费者剩余。

三、丝绸之路与商业实例

在中国古代,由于商业而闻名的两条古道,一条是丝绸之路,一条叫茶马古道。两种典型的产品就是中国的丝绸和茶叶。

下面我们以丝绸产品的商贸过程来体会一下商贸原理。

中国古代农民,从种桑养蚕开始,再到加工蚕茧、抽丝、纺纱、织成绸布,染成花色各异的绸布面料,制成丝绸成品。这些丝绸面料,可以很方便地缝制成衣服,穿起来轻软、温暖、光滑、舒适、大方、美观,尤其它那宝石般的光泽,深得女性的喜爱。

丝绸生产是典型的质进型生产,它的净剩余很高。用今天的标准来看,其净剩余率 γ 应当超过 100%。丝绸绝对是非常高端的消费品。这样的好产品出自遥远的东方——中国,而欧洲在近 1000 年的时间里都不会自己生产。

但是丝绸的生产,在中国,在种桑养蚕这些环节上,还是典型的农业生产,种植和养殖。在抽丝剥茧以后进入手工业,手工业的生产方式还是家庭为单位的生产组织。所以在中国本地,丝绸产品的交换还是无法割断成本钳位机制,其交易价格一般都在 C 极或 C 带中进行,有一些交易环节略有盈余,处在 C 带中。

丝绸产品,在中国也一直是高端消费品,其产量一般不会饱和,但在中国的价格不是很高。

可见,在中国本地的丝绸交易中,消费者剩余很高。

而从消费者角度来看,丝绸产品非常高端,它的净剩余确实很高。随着生产发展,丝绸生产效率也会逐年上升,产品净剩余还会提高。但如果在中国本地销售,成本钳位机制始终存在,产品的价格只能在 C 带中。这是无法回避的。

在 C 带中交换,大量的净产品剩余都被消费者以消费者剩余占有了,而消费者通常将此消费了,所以不能体会出消费者剩余的存在。

商人的出现,情况改观了。丝绸商人在中国南方江浙一带市场上以当地市场价格买到丝绸产品,与当地消费者平等购买。然后,再将产品长途跋涉,通过丝绸之路运往欧洲,在罗马的集市上兜售,丝绸对罗马的消费者来说是一样的,净产品剩余很高。丝绸商人在罗马的集市上售出很高的价格。出清以后,从销售收入中扣除买货款项和长途运输费用,剩下的余额即是商人的利润。

对罗马的消费者来说,他们消费的丝绸比中国消费者的价格高得多。但是罗马消费者依然觉得非常合算,他们实际上占有一部分消费者剩余,只是比中国消费者得到的消费者剩余要少一些。可见,丝绸商人赚取的收入,是中国当地消费者剩余与罗马消费者剩余之差。

另外,商人为什么在罗马大街上销售丝绸,能够得到高价,而不受成本钳位机制的制约呢?因为罗马本地消费者无法自由选择"自产自用",成本钳位机制就天然被割断了。

可以这样理解,商业实际上是重新分配了消费者剩余,就本例中的情况来看,罗马的消费者让渡了自己的部分消费者剩余,从而获得了罗马本地不能生产的丝绸。首先,罗马的消费者还是最终受益者,而中国的生产者则扩大了生产,也增加了收益。商人得到利益也是自然而然的事情。

丝绸商人在这个过程中,实际上是把原有的丝绸生产经营子系统扩大了,把罗马的消费者拉入一个丝绸生产经营子系统中,组成了扩大的丝绸生产经营子系统,这就是丝绸商人的实际贡献。有了新的子系统,原有的丝绸生产者、新来的丝绸消费者和商人本身,都得到了前所未有的利益。

在丝绸之路商贸实例中,商人赚取的钱财,来源于罗马消费者们让渡出来的消费者剩余。实际上罗马消费者得到的消费者剩余比中国本地消费者剩余要低很多,大部分都让给了商人。

但是,在这个过程中,罗马消费者没有吃亏。他们因为参与购买而得到了自己的消费者剩余,虽然比中国本地消费者低了一些,但还是受益者。如果不让给商人利益,罗马消费者消费丝绸还得等到 1000 年之后。

丝绸之路商贸实例中,没有人受害,都是受益者。商人赚取了很多财富;罗马消费者享受了好产品,分享了应得的消费者剩余;中国丝绸生产者扩大了生产规模,得到更多利润。达到了三方共赢的美好结果。

第六章

子系统的公平、效率及有效性

　　人类社会的经济是一个大系统,这个大系统内部纵横交错,相互之间联系复杂多变,很难总体把握。为了深化研究人类经济系统,我们提炼出一个最小经济子系统概念,简称子系统。这个子系统具有独立、完整的经济特征,可以用它描述整体经济系统的运行情况。

　　同时,经济系统运行结果,可以体现出公平、效率及有效性特点,用以评价现实经济系统运行的好坏和强弱。本书在构建出民生经济学理论体系之后,专门研究子系统运行的特点,并给出子系统运行的公平、效率和有效性评价标准。

第一节　最小经济子系统

一、人类社会经济系统

　　经济一词应当是对人类生存模式和生存机制、手段的称谓。尽管切叶蚁、白蚁、蜜蜂的生存模式与人类经济具有一定相似性,但我们还是不愿意将动物的生存模式称为经济。经济应当是动物具有了文化以后才出现的生存行为,切叶蚁、白蚁、蜜蜂虽有一定的类似经济的生存模式,但显然还停留在生理异化导致的分工专业化合作的社会生存模式上,远不是文化进化行为,因此他们的生存行为不能被称为经济。

　　人类的经济,属于文化进化现象。人类个体生理结构没有异化,进行利物生产时依靠"工作岗位异化"来完成分工专业化合作。全社会分成一个一个的独立经济组织,各组织之间又通过市场再次组织起来,形成整个社会的经济系统。每个个人都必定存在于特定的经济组织之中,以工资、利息、利润的分配获取货币收入,从而获得自己需要的利物而生存下去。

　　整个社会是一个经济系统,这个庞大的经济系统,看似松散,实则具有严密的组织结构。整体经济系统又是由数量庞大的一个个最小经济子系统(见图6-1)交织而成的。

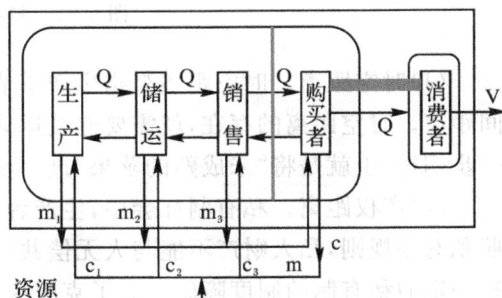

图 6-1　基本子系统原始结构

直接研究整个社会经济系统太过复杂,不容易得到想要的结果。而从研究子系统开始,逻辑则清楚得多。为了方便,先从最小的经济子系统开始,然后由简单到复杂,完成整个社会经济系统的研究。

二、最小经济子系统结构

最小经济子系统,简称子系统,是指从原材料生产开始到产成品产出、储运、销售、消费的单向价值创造过程中形成的一条价值链系统。我们社会的多数经济行为都能够在这个系统中找到。

子系统是一个完整的经济系统,简要划分就是生产、储运、销售(分配)、消费四大环节。这四大环节,每个环节都参与了系统价值的创造过程,每个环节都是不可或缺的,见图6-2。生产环节,包括原料材料的生产,机器设备、工具的生产,产成品的生产。生产过程是价值创造的开端,不是价值创造的结束,因为生产过程不是价值创造的唯一环节。产成品生产出来,就像是苹果的果体初步形成,但还没有最终成熟,是一个"未成熟的苹果",还不能为人们所享用。产成品生产出来看起来就可以立即享用了,怎么还说是"未成熟的苹果"呢?这是因为,产成品产出,只是产品从自然中剥离出来,或者从自然中从无到有地产生出来,但它到达消费者手上,还有较长的"距离隔阂"。这个距离隔阂,包括两个层面,一是时空距离,二是产权距离。

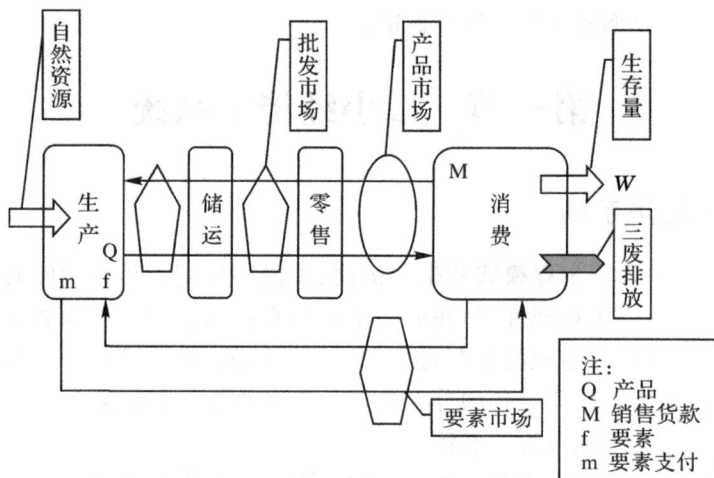

图6-2 最小经济子系统结构逻辑

(1)时空距离。时空距离是指生产季节与消费时间的差异,以及生产地与消费地之间的空间距离。时空距离的存在,就需要储藏运输环节来加以克服,从而将产成品与消费者的距离进一步缩短,也就是将"未成熟的苹果"进一步"催熟"。显然,这个过程也是价值的创造过程。

(2)产权距离。私有制社会中,生产者与消费者是不同的私人个体,产成品是私有财产,按照私有制规则,私人财产不能与人无偿共享。也就是说,产成品从生产者到消费者手上,还具有一定的私有制的制度障碍。为了克服这个障碍,人类发明了交换。产成品给出,必须以适当的其他形式财富的收回为前提,尽力实现"等产权交换",早期也称为"等价交换"。这就是销售环节存在的意义,它也是对"未成熟的苹果"的"催熟"过程。显然,这也是价值的创造过程,如图6-3所示。

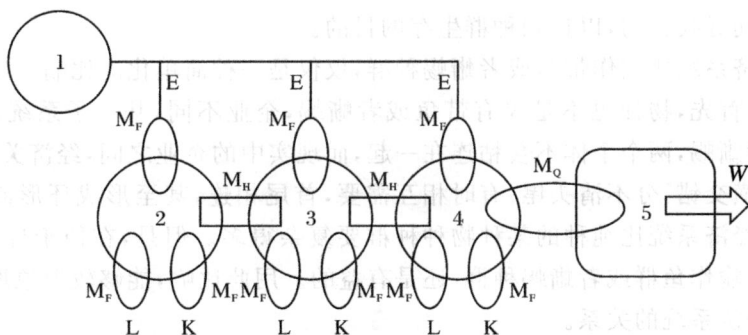

三层市场：M_Q—产品市场（一级市场，完备）；
　　　　　M_H—中间品市场（二级市场，不完备）；
　　　　　M_F—要素市场（三级市场，最不完备）。
三种要素：E—环境要素（包括自然环境、公共秩序）；
　　　　　L—劳动要素；K—资本要素。
五个主体：1—政府；2—生产企业（制造业）；3—储运企业；
　　　　　4—零售企业；5—消费者（购买者，输出 W 为生存量）

图 6-3　子系统内市场机制

　　经过储运和销售两个环节的催熟过程，产成品就到达了消费者手上，此时"未成熟的苹果"彻底成熟了，可以为消费者尽情享用了。

　　产成品的享用过程即是消费过程。消费过程是生产的目的，它也参与了价值的创造。它主要以购买行为创造价值，以享用过程实现价值。消费者购买前，估计出一个 P_u 成本，实现了对净剩余的确认，打开了一个剩余存在的空间，使从生产开始的一切价值创造得以实现。所以消费确凿无疑地参与了价值的创造过程。如果没有消费过程，也就没有购买行为的发生，产成品的价值将无从实现。从而，前面的三大价值创造环节都将失去意义。所以我们认定，消费过程是价值创造不可或缺的环节。既然消费者参与了价值的创造，按照"谁创造，谁拥有"的正义分配原则，消费者也应当在交换中分得一份价值。后续研究我们会看到，消费者也确实参与了价值的分配，消费者剩余的获取，就是消费者得到的报酬。

　　以上描述的四大价值创造环节，生产、储运、销售、消费，构成了一个基本子系统，也就是最小经济子系统。这个子系统类似于一个生命体系统，不过它是松散的生命系统，各部分各环节之间没有紧密地连接在一起，因而不像我们一般看到的生命体那样有形有体，有声有色。但是，除了没有紧密连接的身体之外，这个松散生命体的确也是一个标准的 A_3 生命体，它生存在环境中，不断从环境中吸收物质和能量，进行新陈代谢活动，达到自身生存的目的。同时，这个生命体也将不断进化，向着更高水平迈进。同时，它也不断向环境中排放"三废"，或许还能造成环境的恶化。

　　一个最小经济子系统，也是一个活生生的松散的"生命个体"。我们可以将这个生命体想象成一条漫游在大海中的"带鱼"，或者生存于陆地上的某种爬行类动物，例如"蜥蜴"，生命体的头就是消费环节，尾就是生产环节，脊椎就是销售和储运环节。在消费和销售环节之间存在着一个一级市场，就像生命个体的脖子，至关重要，应予高度重视。在消费的带动下，这条"带鱼"或"蜥蜴"的生命体就可以在环境中自在地运动。

　　一个社会完整的经济系统，可以看作成千上万条带鱼或蜥蜴形成的种群，它们可以在环境中集体运动,共同寻找食物,以达到种群生存的目的。

但是,把经济系统比喻作带鱼或者蜥蜴种群,仅仅是一种简单化的比喻。实际社会经济系统要复杂得多。首先,物种也不是仅有带鱼或者蜥蜴,企业不同,基本子系统的形式也不同。真实的带鱼或者蜥蜴,两个个体不会粘连在一起,而现实中的企业之间,经济关系千丝万缕、错综复杂,有时纵横交错,分不清头尾;有时相互需要,首尾相连,甚至形成环形或网状连接。所以,真实的社会经济系统比纯种的某种物种种群要复杂得多。但是,在便于理解的范围内,把社会经济系统比喻作鱼群或者蜥蜴种群,还是有益的。用此比喻,能够较形象地认清单个子系统和整个社会经济系统的关系。

三、子系统中各类元素——生产三要素

正如生命体是由碳、氢、氧等不同化学元素组成一样,社会经济系统也是由某些基本元素组成的。从生产系统的角度看,生产要素就是基本元素,可以划分成原材料、在制品、产成品,再细分,可以分成最原始的生产要素,劳动、土地、资本,这些都是原始的经济资源。一切产成品,不管它多么复杂或高级,都是这三大类基本要素转化而来的。三要素分类方法最早由萨伊提出,迄今无人能够改变。虽然马歇尔提出了四要素说法,他增加了一项"企业家才能",但说到底,企业家才能还是属于劳动要素之列。在生产过程中,没有哪个岗位上人的才能是不重要的。工程师、工匠的才干,技术工人的才干,普通工人的智慧都是不可或缺的。劳动力本来就包含体力和脑力两类,任何岗位的才干、才能、智慧,都是人类脑力的体现。总体上,脑力和体力,都归类为劳动要素。企业家才能也无须单独列出,它自然属于劳动要素。

近两百年来,在三大要素的研究方面,出现了重大分歧。归纳起来,分歧都是由"要素歧视"产生的。

工业革命发展过程中,出现了资本要素"唯我独尊"的局面,资本掌控了一切,一切由资本说了算,形成了所谓的资本主义社会。尤其在社会财富分配方面,形成了资本几乎独占剩余的情况,从而导致劳动者的贫困化,形成了社会中资产阶级和无产阶级的严重对立,阶级矛盾空前激化,几乎达到要摧毁社会进步成果的程度。其根源就在于资本几乎完全独占了剩余,财富分配严重不公平,严重地偏离了"正义原则"。所以,资本一家独大的统治也摇摇欲坠。

与此同时,劳动价值论应运而生,成为无产阶级反抗资产阶级剥削的有力武器。但是,中立地观察,劳动价值论其实是另一种"要素歧视"的理论。以前,资本要素几乎独占了社会的财富剩余,现在,劳动价值论认定,劳动是财富创造的唯一源泉,一切财富剩余都是劳动要素创造出来的,资本和土地都只是劳动的"条件而已",它们本身并不创造财富。按照"谁创造,谁拥有"的最高正义原则,自然推导出,劳动应当"独占剩余"。

近两百年的理论和实践告诉我们,任何要素谋求"独占剩余"都是不符合正义原则的。资本独占剩余的现实违背了正义原则,劳动独占剩余的设想,如果实现,也是违背正义原则的。况且,资本独占剩余,因劳动要素本身的弱势特性,它能够变为现实,形成资本主义社会;而劳动独占剩余,由于资本要素不具有弱势特性,所以无法成为现实。观察过往的经济发展历史我们发现,资本独占剩余似乎是自发演化而成的;而劳动独占剩余多停留在理论探讨阶段,即便有些地方实施了,也只是昙花一现。

本书研究要素的立场是中立的,不赞成任何的"要素歧视"观点。我们需要客观、理性地观察要素,准确把握各要素在生产过程中的作用和贡献,从而找到完全符合正义原则的分配思

路,为人类社会的进步而努力。

本书对三大要素的研究将遵守"无歧视原则",先无歧视地研究各要素的作用和贡献,再无歧视地研究各要素按照"谁创造,谁拥有"的"正义准则"去分配,之后再考虑有利于社会进步的"补偿正义原则"。

1.生产要素及要素的所有者

要素,是指生产过程中发挥生产作用的因素,它可以是实体,但不拘泥于实物、实体。而要素所有者则是人,是要素的拥有者。

劳动要素,其所有者是劳动者,也被称为劳动力。劳动要素就是劳动力在生产岗位上付出的脑力和体力,也就是亚当·斯密称谓的劳动者付出的"辛苦和麻烦";资本要素,本身是机器、设备、工具等实物,但都以货币价值度量,可以抽象为货币。资本要素的所有者,就是货币的持有者,或者机器设备工具的所有者。如果一个人拥有的资本要素很多,可以称之为资本家,但是,资本的所有者不一定都能成为资本家。土地要素,很明显,就是土地,是指地球的表面积。它可以作为生产场地、场所,成为生产活动得以展开的空间;也可以直接以地表土壤种植农作物,产生人类需要的果实。这种要素原本是公共物品,其所有者是地球上的全体物种,不管我们愿不愿意,土地要素为全部地球物种所共享。人类的私有制产生以前,动物们就具有了领地意识,多数种类动物都有为领地而争斗的习惯,人类和其他灵长类动物,领地意识亘古有之,这是人类社会私有制演化的源头。

工业革命发生之前,人类的私有制早已形成。如果私有制符合当时社会的法律,那么土地的所有者就是土地要素的合法拥有者,这个土地拥有者被称为地主,即土地的主人。

私有制存在的条件下,土地是有主人的。尽管人类自诩为土地主人,多少有些狂妄自大,而且也不一定合乎正义原则,但私有制社会具有法制秩序,它对社会进步还是有益的。土地是纯粹的实物要素,它的外形是不改变的。土地私有制如果合法,土地要素创造的成果也应当归土地的所有者拥有。

劳动、资本、土地三大类要素,在生产过程中的作用是平等的,它们以不同的方式为产成品的产出做出贡献,在生产的最终成果中,首先要补偿回各要素的成本或损耗,然后若有净剩余,就应当在三要素的所有者之间平等分享。

2.要素的波量计量

各要素之间本来是平等的、共同谋取利益的合作关系。但是现实社会并没有出现为共同谋取利益而合作的和谐现象。资本主义社会,资本家是统治者,劳动者只是附庸,成果几乎被资本家独占,贫富差距悬殊,阶级矛盾尖锐,社会冲突激化。为什么没有出现资本、劳动、土地三方合作共赢的局面呢? 这一切原因都要归咎于三要素各自的性质特征。

劳动要素具有弱势性质,导致了劳动者的灾难性后果。

劳动要素,就是生产中劳动者支付的脑力和体力。它为产成品的产出做出了贡献,而且是不可或缺的贡献。但是,劳动要素本身是劳动者身上附属的一种抽象属性,它为劳动者所有,属于私有,与劳动者不可分割。这种要素可以被用来与资本、土地要素结合进行财富生产,创造出多于投入的净产品。

要素服务于生产过程的量,我们用一种被称为"波量"的东西来度量。波量,就是要素本身的数量与被占用时间的乘积。

劳动要素投入的多少,以劳动力的个数与其被占用的时间之乘积来计量。如果管理水平正常,在劳动被占用的时间内,应当被充分利用,各尽所能,为生产经营做出恰当的贡献。

其实,资本要素、土地要素也一样,它们的计量也用波量表示,资本的波量等于资本数量与资本被占用的时间之积;土地的波量是指土地数量与土地被占用的时间之积。波量计量了要素资源被占用的情况,这在研究经济时还是很有用的。尤其是衡量企业效率时,非常有用。

劳动力数量用劳动力个体数量表示,通常规定一个标准劳动力,即一个成年的男女劳动力的平均,称为 1 个劳动力。如果有 3 个标准劳动力被使用 10 天,则劳动波量为 $3 \times 10 = 30$ 个劳动波量,其实就是以往称谓的 30 个"劳动·日"。本来时间的国际标准单位是秒,但秒的数量在经济学中太小,因此就使用天来计量。实际上 1 天按 24 小时计量,可以换算成 $24 \times 3600 = 86\ 400$(秒)。当然,劳动者是活着的生命,他有工作时间,也必须要有休息时间,否则劳动者身体会受到伤害。土地的数量,已经有国际单位制可用,以平方米来计量。西方计量土地面积多用公顷,中国多用亩这个单位,为交流方便,现在都用平方米作为土地计量单位。土地的波量,是被占用的土地面积与时间之积。时间依然按天计量。若需要精确,可转换成小时或秒。土地的波量单位可以是"平方米·日"。土地波量中,土地面积仅考虑地球表面积,不是指建筑面积。建筑面积有不同的层数,容易引起混乱。资本要素的数量,可以用货币值度量,一般以万元为单位,因为 1 元太小。那么,资本的波量单位就是"万元·日"。

于是,劳动要素投入以标准的"劳动·日"计量,资本要素的投入以"万元·日"计量,土地要素的投入以"平方米·日"计量,这样就可以客观地计量各要素的投入波量。

3.要素与其所有者的性质特征及后果

劳动、土地、资本三大类要素,都是生产所需要的投入因素。它们三者都具有客观性,因此可以度量。虽然它们在生产中都会以波量形式消耗掉,但是,它们的作用,却都是支持、帮助产成品从无到有地产生出来,都为产出做出了贡献。

劳动要素,作为劳动力使用过程中提供的劳务,具有抽象性,它附着于劳动力的身体之上,在劳动过程中发挥作用,在过程中产生,也在过程中消失,即产即消,无法存留。劳动必须在雇佣的岗位上才能够产生出来,如果没有被雇佣,劳动不会产生出来。它不像资本、土地要素,是实体存在,劳动者不被雇佣,劳动不会产生,就不存在了。但劳动依然是客观存在的,具有客观性。

劳动要素的拥有者即是劳动者,在劳动过程中以劳动力的形式出现在生产现场。1 个劳动者仅有 1 份劳动力,1 天仅能提供 1 个劳动·日。劳动与劳动者是一对一的关联关系。劳动是劳动者的附属性质,只有劳动者活着,劳动才可以存在。反过来看,作为人的劳动者,来到人世,能够真正私有的就是劳动,一个健康正常的人,可以没有财产和其他资源,但必须拥有自己的劳动,拥有劳动就可以用劳动创造财富,获取自己赖以生存的物质条件。

一个正常健康的人,赤条条来到世上,原始状态都是一无所有的。长大成人,他就拥有了劳动要素,这是一种能力,天然可以用劳动换取生存条件。原始状态下,一个人只能唯一依靠自己的劳动获取生存资料。所以,劳动要素和劳动者之间有一种"紧密连接"的关系,使得劳动者与劳动要素密不可分。如果一个人,一直没有其他财产,他就只能单独依靠劳动来生活(这恰恰是绝大多数人的出路)。那么,劳动者为了能够生存下去,就必须每天出卖劳动要素,哪一天不出卖劳动,就会失去生活的依靠,甚至失去生命。所以仅靠劳动生活的人,每天出卖劳动,那是在"愿意而且能够"之外还要加上一条"必须",这就是"被迫"的意思。也就是说,仅靠劳动生存的人,不出卖劳动,就意味着没有饭吃,意味着死亡。这样一条劳动要素与其所有者之间"紧密连接"的关系的性质,决定了劳动者天生的弱势,在要素所有者平等进行成果分配的过程中,这个弱势毫无保留地展示出来,被资本所有者利用,从而导致劳动者的贫困化。

资本要素,在生产过程中与劳动要素一样,都对产成品的产出做出了贡献。在生产过程中,资本要素与劳动要素的作用没有什么不同。从要素本身来说,资本要素和劳动要素是完全平等地发生作用,促成产成品剥离自然,并尽快趋于成熟。但是,资本与其所有者的关系却不同了。资本所有者,作为一个人,他同时至少具有两种要素:作为人,他也可以是一个劳动者,具有劳动要素;同时他还有资本要素。资本要素本身是货币价值,与劳动收入性质相同。更为特别的是,一个资本所有者拥有的资本数量不是一份,可以是任意份数。于是,资本所有者所有的要素种类至少有两类,劳动和资本。资本所有者的生存不必依靠唯一一种要素的收入。同时,即便资本所有者不出卖劳动,仅靠资本要素收入生存,而他所拥有的资本数量也不只是一份,没有"被迫"出卖资本要素的因素。资本在要素市场上,没有被迫因素,要出卖,他只需"愿意而且能够";要不卖,没有什么因素能强迫他。在不出卖资本要素的时候,他的生存状况不会受到影响,因为资本本身是和收入同样的货币,不参与生产时,可以用它来购买生存品,支持资本所有者的生存。

土地要素与资本要素相近,在生产中,它们的作用都一样,与劳动要素也无差别。对产成品的产出和成熟都做出了贡献,而且也平等地发挥着作用。

与资本要素类似,土地所有者也至少同时具有两类要素,土地所有者的人,本身具有劳动要素;他同时还有土地要素。和资本要素相似,土地所有者在参与生产的决定时,没有被迫因素。如果土地报酬合意,他就参与生产;报酬不合意,他就拒绝参与生产。如果不参与市场上三要素的合作生产,土地所有者自身就可以具有两种要素,劳动和土地,二者结合就可以自己生产,取得收入将完全自有。还有,土地所有者与土地之间的数量关系也不是一一对应的。一个所有者可以有任意数量的土地,某一块土地没有参与生产,也不会立即导致土地所有者生存困难。土地所有者参与生产时没有被迫因素,所以不具有劳动者一样的弱势性质。

综上所述,劳动、土地、资本三要素本身都是地位平等的生产资源,没有客观的地位差异。不同的是,劳动要素比较特殊,劳动与其所有者是一一对应、紧密连接的关系。因此,在市场合作谈判中,劳动者参与生产背负着一个"吃饭"的被迫因素,所以企业给劳动者工资再低,劳动者都只能接受。否则,生存无法继续。

同样是要素,资本所有者和土地所有者没有被迫因素,而大多数劳动所有者,却只有一一对应的劳动要素,一个劳动者仅有一份劳动要素。仅有劳动要素的劳动者,在出售要素的谈判中,具有被迫的因素,因此处于弱势。所以,劳动者在财富分配中,处于不利地位,劳动者容易出现被剥削的现象,使劳动者在社会经济生活中处于弱势地位。因此,市场经济社会中,保护劳动者利益应当是促进社会公平正义的重要课题。

但是,保护劳动者利益,也不必要打压资本和土地所有者,因为只有劳动、土地、资本三要素合作,才能形成经济子系统,子系统的存在和进化,才能够最大限度地保护各所有者的利益,如果为了保护劳动者的利益,而损害了子系统的存在,那就达不到保护任何所有者利益的目的,甚至事与愿违,适得其反。

四、子系统的各环节及价值链

子系统的结构如图 6-1 和图 6-2 所示,由生产、储运、销售、购买(消费)四大环节组成。子系统市场机制如图 6-3 所示,其中圆圈 1 代表政府,2 代表生产企业,3 代表储运企业,4 代表销售企业,方框 5 代表购买者或消费者。图中竖向椭圆圈代表要素,E 代表土地和环境要素,L 代表劳动要素,K 代表资本要素。横向椭圆圈代表产成品市场,M_Q 是一级市场,M_H 是次级市场。一级市场 M_Q 是销售企业与消费者之间的市场,这是最重要的市场,它是市场机制运行的关键市场。其他都是次级市场,次级市场是各环节之间,企业与企业之间的衍生市场,也就是生产方内部的市场或批发市场。

在生产方内部,生产、储运、销售等可以由不同企业之间以市场交易方式组织起来,也可以把各环节包含于同一个企业内部,由企业计划组织起来。

如果生产方由市场组织起来,则各环节都是一个独立的企业。每个企业都有自己的成本和利润,于是,各企业成本之合是整个生产方的成本,各企业利润之和是整个生产方的利润。它的运行机制是,各环节联合起来创造价值,在价值得到消费者认可之后,总销售价值在生产的各个环节之间再分配。生产经营子系统分配图如图 6-4 所示。

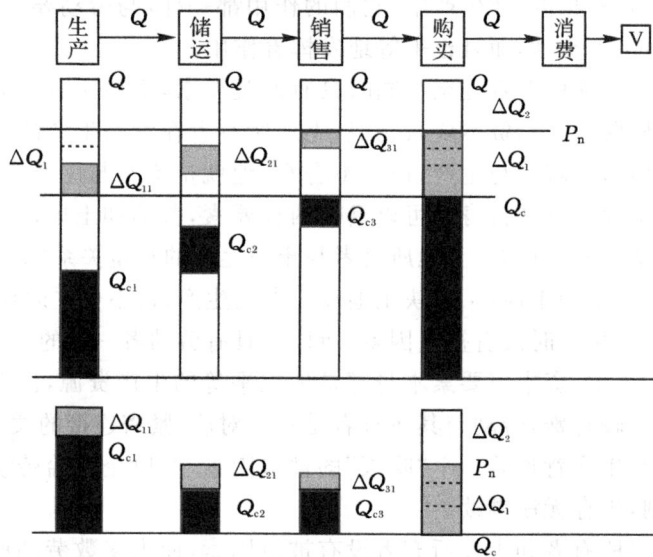

图 6-4 子系统内价值分配

1. 价值含义辨析

价值一词,在经济学中已经被滥用,现在价值概念其实很混乱。归纳起来,价值有两种。第一种是哲学意义上的价值,本书中的生存价值(或生命价值)就属此类,例如效用、能值。第二种是货币度量的价值,也称为货币价值或会计价值。这个价值,或者就是一种价格,以前也称为交换价值。

交换价值本质上不是价值,它实际上是一种代价。货币价值,首先是消费者的代价,消费者支付的货币。对生产方而言,收回的货币数量,就是它们收获的价值。

生存价值实际上没有办法用货币度量;而货币价值则可以用货币度量。价值链中的价值,都是指货币价值。

在民生经济学体系中,货币价值和生存价值不在同一个坐标平面上,生存价值在价值平面上,而货币价值在代价平面上,二者相互正交,互相垂直,没有共同性。

总体来说,价值都是正面的东西,收获的东西,也就是今天人们常说的"获得感"。本书的生存价值符合这个意思。而货币价值,或会计价值、交换价值,有方向性,对生产者来说,它就是正面的、收获的,具有价值含义;但对于买方而言,这实际上是一种成本、代价,一种付出或失去,是负面性的东西,称作价值,多有牵强之处。但是习惯上,生产方称此为价值,本书亦从善如流,但通常我们称"货币价值",以免混淆。希望读者能够区别这两种价值概念。

2.子系统价值链

在西方经济学宏观部分中,用增殖法计算国内生产总值,它计量每个环节的价值增殖部分,然后再把它们累加起来,得到总价值。这是从生产到储运、销售、消费进行的价值增殖活动。

实际上,本书探明的价值增殖过程,逻辑上是倒过来的。生产者创造出产品,并没有创造出价值。产成品在 M_Q 市场(指生产方与消费方之间的一级市场)上销售时,由消费者估计出一个 P_u 值,这时候才完成了价值创造。所以说,货币价值不是生产者创造出来的,而是消费者估计出来的。在消费者估计出 P_u 值并讨价还价之后,以价格 P 购买时,才真正实现了产成品的货币价值。

价值链理论实际认为价值创造是按从生产到消费的顺序创造的,真实情况却是从消费到生产的创造顺序,在不引起误解的情况下,价值链依然从生产环节开始,生产企业成本+利润,储运企业成本+利润,销售企业成本+利润。这些总和成本+总和利润,都是由各环节成本+利润累加起来的。如图 6-4 所示是一个具有 4 个环节的单链价值链系统。

关于价值创造的顺序问题,历史上出现了许多误解。劳动价值论认为价值创造仅限于生产领域,储运、销售环节不创造价值;价值链理论顺理成章地认为,创造价值的顺序是先生产、再储运、再销售。

而本书子系统理论阐明,价值创造是先从购买开始的,购买者估计出 P_u 值,货币价值就"创造"出来了,以价格 P 成交后,货币价值才得以实现。之后,各环节各企业再分割生产方的剩余。可见,货币价值的产生顺序的确是先交换,后销售,再储运,再返到生产环节。生产环节创造出了产品实体,并不等于就立刻创造出了货币价值。

关于价值创造,绝不仅仅是生产过程创造了价值,储运环节、销售环节同样参与了价值创造。得此结论,我们的依据是,整个子系统整体创造价值,整个子系统,不仅创造了货币价值,还最终创造了生存价值。整个子系统就是一个典型的价值系统。在这个价值系统中,每个环节、每种元素都参与价值创造。所以,系统中的各要素都平等地参与了价值创造,也必须平等地分享价值剩余。

关于平等地分享剩余,最难以理解的是消费者首先分享了消费者剩余,而且是和生产方平起平坐地分享,数额最大。然后生产、储运、销售各环节共同分割生产方剩余。其实我们看到,消费者不仅参与了价值创造,而且他是价值创造的"第一人",是他估计出 P_u 值,才有了可分割的货币价值。消费者都被认定参与了价值创造,更何况储运、销售环节,怎能不参与价值创造呢?

读者不必对此结论不踏实、不放心,实际上看看图 6-2,就能知道事实真相,图中 Q 是产成品,而 M 则是货币价值,M 与 Q 流向恰好相反,M 的源头在购买者(消费者)身上。读者不要把产品 Q 混同为货币价值,问题就清楚了。从左到右,生产出了产品 Q,并不等于从左到右创造出价值。

五、社会经济系统由各类价值链交错而成

以上我们用单方向价值链描述了子系统的一些内部情况。这条单方向价值链是价值系统最简单的情况,实际的价值链可以是双向的、横向的、环状的、网状的、复杂的价值链,不容易理出单向顺序。但是,有了最简的子系统价值链,价值创造过程就可以理解了。

描述了价值系统的内部情况,现在在我们要讨论一下整体的社会经济系统。上文描述的最小经济子系统只是整体的社会经济系统中的一个组件。

一个子系统,一条价值链,还不是企业集群。类似的一群子系统聚集一起,则形成一个产业;成千上万个产业形成产业集群,这才是整个社会经济系统之内核。所以我们理解,一个子系统就像一个生命个体,众多的同种个体形成种群(产业),不同种群聚集在一起,形成生物圈层(产业集群),这就是整体社会经济系统的情况。

在社会经济系统中,产业和产业集群才是社会经济系统的核心,抓好产业和产业集群,社会经济系统就可以正常运行。

六、子系统经济成果分配运行机制

社会运行机制、运行原理,历来都是人们津津乐道的话题。达尔文发现了生命个体和群落进化的原理,亚当·斯密发现了"看不见的手"的经济学原理、分工专业化运行机制,魁奈发现了净产品机制,这些都是我们的社会认识自我、发现自我的重要里程碑。

新古典主义的《经济学原理》发表 120 多年以来,人们已经习惯了新古典的经济学研究范式:假设—模型—推导—解释。新古典经济学划时代地把数学模型引入经济学,为经济学发展做出了巨大贡献。但是,马歇尔之后的新古典研究范式,在两个方面存在硬伤,第一是滥用假设,第二是模型使用没有边界,从而导致其理论只局限于解释问题,但基本上无法解决问题。仅就解释问题而言,它因为没有边界条件限制,几乎是无所不能,"放之四海而皆准",似乎具有无穷无尽的解释能力。于是人们质疑,这种解释正确吗?因为没有边界条件,也无法证明它错误。一门学问如果到了不能证实和证伪的阶段,它就不再是科学理论了。新古典经济学目前已经发展到这个阶段了。

本书沿革了新古典建立数学模型来解释解决经济问题的研究模式,但坚决摒弃了滥用假设的陋习,除了基本的人性假设外,几乎不用新的假设,更不允许在路走不通时就引入新的假设来掩盖问题。在人性基本假设之外,如果需要些许技术性假设便于说明问题,才谨慎使用小假设,绝不用假设来拼凑结果。

本书中建立的模型都是有边界条件的,解释经济学问题时受到边界的限制,不是万能的。但正因为如此,本书的模型不仅能够解释经济问题,还能够准确地解决经济问题。

本书严格继承了西方经济学高度重视原理、机制的传统,用已经建立起来的模型来描述经济运行机制和原理,首先解释清楚市场经济运行的基本原理,然后再用原理、机制中推导出来的结果寻找和解决现实经济问题,以期用经济实践来验证理论结果。

　　下面先利用我们已经完全建立起来的价格模型来揭示经济学原理和运行机制。在图6-3中,我们可以看到,子系统内有三大类市场关系:

　　第一层是一级市场,消费方与生产方之间的市场交换关系,即图中 M_Q 市场;第二层是次级市场,在生产方内部,销售企业与储运企业,储运企业与生产企业之间的批发市场,即 M_H 市场;第三层是要素市场,在各企业内部,资本方、劳动方、土地方三方的分配关系。

　　在三大市场关系中,一级市场统领全局,经济学原理机制多出自这个市场。其他市场都服从于这个市场的规律。本书的价格模型,就是对这个一级市场的运行机理之描述。

　　次级市场实际就是批发市场,它们必须在一级市场成立的前提下才能够演化出来,它们的运行规律是参照一级市场的结果而得到的,它们本身没有专门的价格模型。

　　要素市场沿用了新古典经济学的称谓,其实这个"市场"基本上不成为市场,或者说市场化水平最差,它基本上不适合市场化运行,硬要生搬硬套称之为市场,就会带来一定恶果。

　　1. 一级市场上的交换关系

　　一级市场是整个子系统能够运行的关键市场,在这个市场上,仅有两方进行交易,生产、储运、销售三大环节,不管他们是不是在一个企业内部,它们合起来代表一方——生产方。消费方将购买和消费合二为一,构成消费方。生产方与消费方在市场上相遇,它们要进行产成品交易。

　　幸好,消费者一方具有效用价值曲线(第二章中已经度量完成),在二级理性驱动下,消费方经过估计,得到了 P_u 线(见图6-5)。而此时销售企业代表生产方,他知道自己的平均成本 P_c。双方在市场上相遇,消费方需要生产方产品,生产方也想要货币。

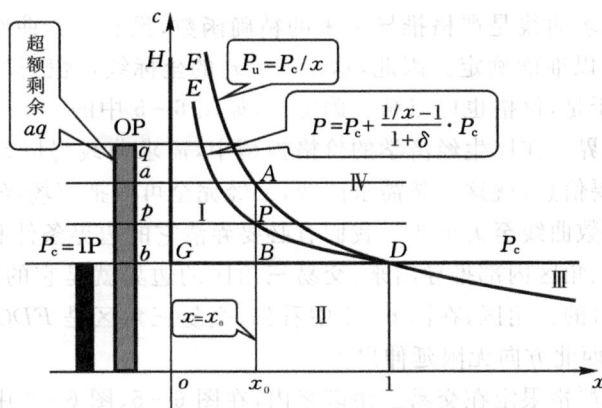

图6-5　产品市场价格模型(超额剩余)

　　在基本人性和私有制的约束下,交易前产品属于卖方所有,双方在遵守私有制的文明规则下,都知道要拿走卖方产品,需要支付一定代价才可以。问题就在于,消费方要支付多少代价才可以拿走产品呢?在第四章中,我们已经通过弹簧模型,推导出买卖双方讨价还价得到一个价格函数 P,如图6-5中的曲线 DE。同时绘制出图6-6,与出现泡沫的情况进行对比。

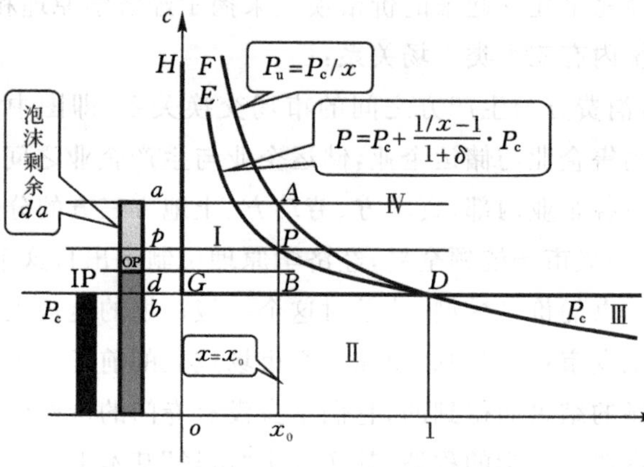

图 6-6　产品市场价格模型（泡沫剩余）

在这个价格函数中，由于买卖双方交易主体已经确定不变，所以他们双方的竞争力水平也会保持不变，也就是他们双方特定的势力比 δ 不变，保持为常数；另外，P_c 在短期内也不会改变，也是常数。于是，价格函数中只有 x 一个自变量。现在，价格唯一决定于消费者对本产品的占有状态 x。只要确定一个 $x=x_0$，在价格函数曲线上，就能决定价格 P。也就相当于 x_0 的坐标线与价格函数（也就是需求曲线）相交于图 6-5 中的 P 点，得到一个精确的价格。

（1）市场价格的确定。现在有了价格模型，价格函数实际上就是需求函数的反函数。所以，价格函数的曲线就是新古典经济学中要找的需求曲线。

在本书的模型中，不存在，也不需要一条供给曲线，只要有一个供给量，它的坐标线，就相当于一条垂直的供给线。

现在我们看到，需求曲线是严格推导出来的精确函数，没有供给曲线，只要有 $x=x_0$ 的供给量坐标线，价格就可以准确确定。因此，这个 $x=x_0$ 的坐标线，就替代了新古典经济学中的"供给曲线"的功能。于是，价格也可以精确确定了，如图 6-5 中的 P 点。

（2）需求曲线的边界。在民生经济学的价格模型中，需求曲线得以精确表达出来，需求曲线包含了消费者的重要信息，就这一条需求曲线，已经完全可以把市场经济的主要问题包含进来。所以，这条价格函数曲线至关重要。我们有必要弄清它的边界条件和适用范围。

需求曲线在交易三角区内部推导出来，交易三角区的边界就是它的精确边界。而交易三角区本身是一个不封口的三角区，在图 6-5 中看到，交易三角区是 FDGH 围成的区域，其中 FH 处永不封口，向着西北方向无限延伸出去。

于是，需求曲线被严格限定在交易三角区之内，在图 6-5、图 6-6 中，曲线 ED 就是需求曲线。

需求曲线在 x 从 1 到无限趋向于 0^+ 时，由 D 点开始向 E 点延伸。值得注意的是，需求曲线右端点 D 是不动点，无论哪一条需求曲线，只要 $x=1$，它都在 D 点，这一点不会移动。D 点右方再无需求曲线。可见，$x>1$ 以后，市场机制将完全失效。

需求曲线的左端点，会出现两种情况。

第一种，产品是必需品，需求曲线没有左端点，它将向价格坐标轴无限接近，向上延伸，坐标轴成为它的渐近线。所以，所有必需品当 x 趋向于 0^+ 时，需求曲线接近垂直，无限向上延伸。

　　第二种,产品是非必需品,x 不能接近 0,在一个正的门槛量 x_0(x_0＞0)点上将停下来,需求曲线不再向左延伸。此时,需求曲线左右都有端点,完全限定在有限的三角区以内。

　　以上只是 x 变化时需求曲线的变化趋势和规律。在 δ 从 0 向 ＋∞ 变化的过程中,需求曲线将从 P_u 线这个上边界处逐渐向折线 DGH 靠近,而折线 DGH 则是需求曲线的下边界。

　　可见,需求曲线以 D 点为不动点,在三角区内可以摆动,但不可以平行移动,向上摆动的极限位置是 P_u 线,向下摆动的极限位置就是折线 DGH。

　　(3)需求曲线的负斜率——"看不见的手"。除了极端的边界位置,需求曲线一般都具有负的斜率,这个负斜率意味着状态量(需求量 x)与价格量的反向变动的关系。也就是马歇尔需求定律描述的情况。

　　这个负斜率,恰恰把亚当·斯密"看不见的手"显性化了。由于负斜率的存在,生产者剩余将随着 x 的增大而减少,x 大到接近 1,生产者剩余接近于 0。这表明利物量趋于饱和时,生产者将无利可图。于是生产者将会减少该种利物的生产,而把宝贵的生产资源投入那些离饱和点较远的利物品种上去。于是,市场自动实现了资源的有效配置。这就是"看不见的手"之作用。

　　(4)左右端点处的经济现象。在需求曲线边界分析中,我们看到需求曲线右端是一个不动点。必需品的左端没有端点,以竖直的价格坐标轴为渐近线,接近垂直。这些端点有什么经济学意义呢?

　　第一,先看需求曲线右端点,这个不动点,就是利物量的饱和点。在此点,生产者剩余、消费者剩余、社会剩余全部为 0,交易动力也归为 0,它就像一个黑洞,在这里一切经济活动都失去了前景。

　　如果是一种或少量几种利物达到这一点,生产者在利益的驱动下,就会转走资源,把它转投到利润高的地方去,实现资源有效配置。

　　但是,如果万一碰巧了,所有或绝大多数利物生产都同时到了这个不动点,资源将无处转移,于是将会出现全社会的混乱和危机,这就是"生产过剩的危机"。1929 年出现的经济危机正是这种情况。

　　所有或绝大多数利物到了这一不动点,交易动力为 0,企业生产的产品卖不动,即使卖出也是 0 利润,而生产设备和工厂不能停,老板要尽力维持生产,把企业有限的流动资金投入生产中,产成品逐步变成库存,库存一时半会不能变现,企业内部经营循环将被迫停摆。到这一步,企业被迫停产、裁员,工人失业,需求更加下滑,社会将陷入混乱。

　　这种危机就是生产过剩的危机,实际也是价格机制完全失效的危机。不动点右边再无需求曲线,市场机制完全失效了。"看不见的手"此时没有了。

　　危机表现出来的是企业普遍缺乏流动资金,流动资金哪去了呢?都变成产成品库存,压死在库房中!此时,即便政府要救市,命令银行贷款给企业,有限的贷款到位后也会很快变成库存增量,这只会加重过剩危机,使企业延缓几日停摆,于大局无补,无异于饮鸩止渴!

　　凯恩斯开出的救市药方是,从需求侧着手,政府扩大购买,广开公共工程建设,很快取得了成功。为什么成功?扩大政府购买,就是增加需求,会减弱危机。公共工程建设开工,使过剩的生产资源有了转移出去的出口,经济运行点将向不动点左侧移动,重新进入需求曲线调节区,"看不见的手"又可以发生作用了。这是因为,市场机制都是自发为私人物品生产起作用,公共物品无法在市场机制下自发产出。所以过剩都是私人物品的过剩,而公共物品一般不会同时过剩,更少有可能在私人物品过剩之际同时出现公共物品过剩。私人物品过剩危机到来之时,大开公共工程建设,使生产资源有了转移出去的出口,这是凯恩斯政策见效的根本原因。

第二,需求曲线的左端,必需品需求曲线左端没有具体端点,它是以价格坐标轴为渐近线的接近垂直的曲线。此时价格上涨上无界,没有限制。但是,无论价格多高都有人买,表现出需求的刚性。

这在经济现实中,实际上进入了灾荒区。必需品的量 x 无限接近于 0,就是无限接近于死亡点,说明消费者因该利物的缺乏到了极致,再少一点就到了死亡点,产生了巨大的生存危机或风险。

这种情况现实中发生的次数不在少数,尤其是粮食利物的市场,这种情况在历史上发生的很多。战争、灾荒都会导致"粮食灾荒危机"的出现。此时,一般都是政府无能为力,若政府有行为能力,就会救灾赈济;若政府无力赈济,就要借助国际组织实行人道主义救助。

非必需品左端有明确的端点,而且左端点不会接近 0。这时需求曲线左右都有明确的端点,左端点处暂时还看不出有什么特别的经济现象出现。

(5)需求曲线上下边界处的经济现象。需求曲线的上下边界由参数 δ 的端点决定。δ 是消费方与生产方市场竞争力的势力比。δ 越大,消费方比生产方相对竞争力越强;相反,δ 越小,消费方相对于生产方的势力越弱。$\delta \in [0, +\infty)$,将具有两个边界。

在图 6-5 中看起来,需求曲线就像一张弓,而 δ 就像一个向左下方拉的力,力越强,弓被拉得越弯。力达到极限,弓被拉成两段折线。这就成为如下完全竞争的模型。

第一,下边界,当 δ 达到 $+\infty$ 时,消费方势力最强,生产方力量最弱,达到极限。此时,需求曲线被压向折线 DGH,与其重合,成为两段相互垂直的需求曲线。如图 6-5 所示,一段水平直线 DG,一段垂直直线 GH。

在水平直线段,需求曲线与 P_c 成本线重合,这就是说,价格为成本价,生产者剩余为 0,而消费者占据了全部剩余。这实际上是一种极端的不公平现象。同时,这也是新古典经济学梦寐以求的完全竞争情况,$MR = AR = P$,是新古典经济学大厦矗立不倒的基石。

现实经济中有没有哪个行业符合这种情况呢?有!就是农产品生产领域。

因为此时需求曲线是水平的,理论上说,市场调节功能已经失效。这个失效,不在一点上,而是在从离开 0 点(死亡点)一直到 1 点(饱和点),全部失效。在这条线上,生产者为 0 利润。如果长期保持 0 利润,将使这个产业陷于衰落和凋敝。中国的"三农"问题,就是这个原因所致。

在下边界的垂直段,需求曲线垂直,显示出刚性的需求。这是因为,已经到了死亡点附近,x 再少一点,就会引起死亡,所以,该利物的价格又会飞涨上去。这实际又回到了上文左端点的灾荒区情况。农产品中的粮食,在这两段上都能很好地与模型相吻合。

需求曲线的下边界,正好和新古典的完全竞争模型相一致,但这里是价格模型推导出来的,新古典完全竞争模型是假设出来的。而且,新古典经济学并没有注意到完全竞争还有"垂直段"的存在。

奇怪的是,下边界模型,也就是新古典的完全竞争模型,市场已经完全失去了调节功能,是极端地不公平分配,生产者的地狱,消费者的天堂。这样一个模型,却被西方经济学家尊为典范,当作新古典理论赖以生存的基石!这是无法理解的。

第二,上边界,当 $\delta = 0$ 时,消费方相对于生产方势力最弱,需求曲线被推向 P_u 线,与其重合。价格模型计算结果 $P_u = P_c/x$,如图 6-5 中的曲线 DF。

这实际上是生产方完全垄断的情况,也是新古典完全垄断的模型。生产方占据了全部剩余,消费方剩余为 0。这是另一种不公平的极端,与新古典经济学的理论一致。

但是我们看到,完全垄断虽然严重地不公平,但需求曲线依然向右下方倾斜,负斜率依然存在,看不见的手依然有效。市场并没有因为不公平而失效。这与完全竞争极端情况不同。

现实经济中,完全垄断的情况较多,新古典提到的情况都是正确的。不过,新古典定义的完全垄断限定只有一家销售的条件;本书不限定这个条件,只要曲线在上边界上,消费者剩余为 0,就是完全垄断。

根据这样的定义,现实中的房地产行业就是完全垄断的。在上海出现天价住房,每平米售价 20 多万元。这种情况的出现,不仅仅是垄断因素,还有其他经济学机制作用,留作后续讨论。

(6)正常的价格分配结果。离开了边界讨论,我们最后来看看需求曲线在非边界处的表现。

在左右端点以外,$0.1 < x < 0.9$ 的范围内,在上下边界之外,$0.1 < \sigma_1 < 0.9$,即 $0.1 < 1/(1+\delta) < 0.9$ 的范围内,需求曲线的价格机制都可以正常发挥作用,也就是说,市场机制"看不见的手"可以有效地发挥功能。

当利物 x 比较短缺时,消费者在二级理性推动下,估计的 P_u 值比较高,因此经济剩余比较大,即便按照公平的纳什价格交易,生产者也会赚到很高的剩余。这个很高的剩余就是对生产者的奖赏,他们就会更加卖力地生产,生产出更多的产成品来,逐步改变利物的短缺状况。当利物 x 比较充裕时,例如到了接近饱和的 $x = 0.9$ 左右,此时,消费者估计的 P_u 值比较低,为 $1.11P_c$,总经济剩余只有 $0.11P_c$,按照纳什价格交易,生产者仅剩余 $0.055P_c$,利润很低,几乎无利可图,生产者就会减少该利物的生产投入,从而把生产资源转移到更有利可图的利物生产上。更有利可图的利物,显然要满足比较短缺的条件。这种转移,正是在优化资源配置。市场机制"看不见的手"就在实实在在地发生作用。

当然,如果都能够按照纳什价格交易,生产者总是能得到一半经济剩余,消费者也能得到一半经济剩余,买卖双方都有获得感,价格分配的结果也比较公平,市场动力也比较强,社会经济运行就井井有条,兴旺繁荣。所以,在交易三角区的边界以内,市场机制都能发挥充分的作用。

2. 一级市场决定的市场类型

我们把消费者与生产方直接接触的交易市场称为一级市场,这个市场主要进行利物交易,价格模型也主要针对这个市场才能够建立起来。对其他市场的交易物品,如资本品、生产要素等,这个价格模型并不适合。

(1)"三极""五带"市场的描述。在前面市场类型研究中,我们已经给出了结果,一级市场可以用价格模型划分成"三极"和"五带"市场类型,如图 6-7 所示。

"三极"分别是完全竞争的 C 极、完全公平的 E 极和完全垄断的 P 极。

"五带"分别是 C 极 C 带、E 极 E 带、P 极 P 带,再加上两个过渡带,CE 之间的过渡带 Mc 带(即具有一定垄断性的竞争带,它最接近竞争带)和 EP 之间的过渡带 Cm 带(即具有一定竞争性的垄断带,它最接近垄断带)。

这些市场类型囊括了经济社会中所有的市场类型,每种类型都能找到现实的产业表现,每种类型也都有自己的特点。

尤其需要注意的是,市场类型中首次能够计算出分配公平问题,每种市场类型的公平程度

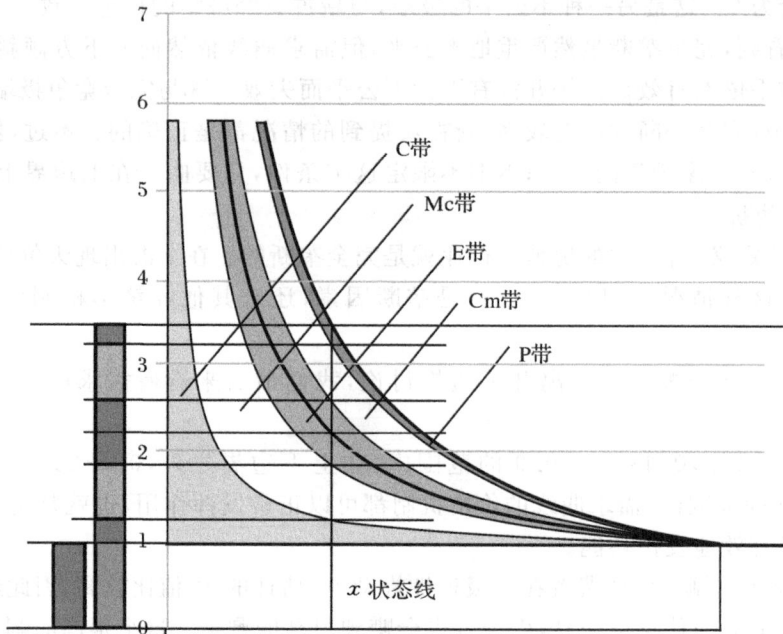

图 6-7　市场类型示意

可以通过计算客观地评价。而且我们找到了理论上的公平极，E极，也就是纳什价格，此处是生产者与消费者感觉中公平的极端，也是市场交易动力最强的价格曲线。这就为今后经济学研究公平问题找到了"根"。从此，经济学中可以讨论公平正义问题，解决社会经济问题将具有更加广阔的出路。

（2）"三极""五带"市场的现实表现。在现实经济中，"三极""五带"都能找到相应的表现。

①C极C带市场。它是完全竞争市场，也就是现实中的农产品市场。

从竞争性考察，以迈克尔·波特的五力竞争模型来看，农产品遭受最强的竞争来自农村市场内部，消费者的竞争最为强大。农村市场上的消费者，每个人都有自己生产同类消费品的能力，一旦卖家抬高售价，消费者就有可能选择自己生产，从而得到成本价。于是对生产者造成压力，卖家不得不压低价格，以成本为基准销售。这就是我们提出的成本钳位机制。从波特理论看，这是面对了买家的竞争。

除此之外，生产者还将面对同行的竞争、替代品的竞争、潜在入侵者的竞争、供货方的竞争，等等。

农产品生产者众多，同行竞争非常激烈，这符合新古典完全竞争的前几个条件。

农产品大多都是食物生产，除粮食之外，还有蔬菜、水果、肉、蛋、奶等各种产品，甚至跨界到衣物生产，如棉花生产等。各种农产品由于季节限制，偶然也会出现短缺，使价格波动，总体来看，即便不是每样农产品都在竞争极上销售，也基本都处于竞争带以内，"零利润"或"微利润"是他们的常态。从农业时代开始，迄今约7000年，农产品一直处于这种状态，没有丝毫改变。

②P极P带市场。竞争性最弱的市场，就是完全垄断市场，也就是"三极"中的另一极，P极P带。这个市场，新古典经济学定义为完全垄断和寡头垄断。

完全垄断，新古典经济学仅指独家售卖。

民生经济学认为，只要剩余全被生产者夺走，就是完全垄断，并不介意有几家企业，在模型中就是价格落在 P_n 线上。垄断力稍微弱一点，就落在垄断带中，这就是新古典经济学的寡头垄断。新古典经济学定义为两家或两家以上，几家企业把市场瓜分完毕，就是寡头垄断。

按照新古典经济学定义，完全垄断仅有电力公司、自来水公司、天燃气公司符合要求。按照民生经济学定义，完全垄断边界要扩大，例如，房地产企业、医疗企业等"天价"出现的行业，都是完全垄断的实例。民生经济学的判定标准是，剩余全部被霸占，就是完全垄断。

房地产、医疗是典型的完全垄断极，除此之外，瑞士的名牌手表售价数十万元，奢侈品牌包动辄十几万元一个，还有某些限量版豪车也卖到了天价。这些不仅霸占了全部剩余，甚至造成许多显性泡沫，从而破坏了经济机制的正常运行。

完全垄断总是由于某种原因，生产者排除了一切竞争，利用某些手段（甚至是要挟、胁迫或欺骗等不法手段），使消费者付出高昂代价。大多数时候，是生产者割断了成本钳位机制造成的。例如电力，消费者无法自己生产，成本钳位机制被彻底割断。

③E极 E带市场。这个市场中的 E极是交易动力最强的经济带，因为在人们感觉中，消费者和生产者各占了一半剩余，视为公平的极端，双方积极性都较高，市场的积极性最高。

公平极公平带中销售的产品，是人类经济正常运行的最佳价格带。在公平极上，只要不进入左右两个端点区域，市场机制就能完全发生作用，购销两旺，一派繁荣景象。在模型左边直方图的支撑下，观念中的价格得以成为真实，一切都显得自然、实在、和谐。哪种产品如果短缺，其价格一定较高，生产者在利己心的推动下会自动追逐短缺物资的生产，从而获得较高的利润；这种行为的结果是，短缺被填平，消费者得到满足，社会得以进步。当某种产品太多了，销售价格就会很低，生产者不满意，就会撤走资源，转向生产其他较为短缺的物资。市场机制准确地发挥作用，优化地配置着资源。

这样造成的社会是：各尽所能（争利），按价分配（机制），各取所需（受绩效限制），共同富裕、进步（多数人）。

公平带市场范围比较宽泛，现实经济中服装市场、家用汽车市场、家电市场、餐饮市场都比较接近公平带市场。至于公平极，还是难以准确找到的，应当在上述市场中偶尔出现，但并不能稳定呈现。

公平带市场，成本钳位机制都是被割断的，但是，其他竞争力量却依然存在。所以，商家虽然希望天价出现，但竞争的力量威胁存在，使他们不得不处于公平带中。

以服装市场为例，大部分人没有自己缝制衣服的技能，几乎都是到市场上购买。所以，成本钳位机制不起作用。但是，自己缝制衣服的竞争威胁依然存在，迫使商家不敢开出天价。同时，同行竞争非常自由，同行数量众多，没有哪个商家能够胁迫消费者，所以服装市场基本处于公平带或者公平带两端的过渡带中，很少会出现天价。

④Mc带和 Cm带过渡带。这两个过渡带中不含"价格极"，没有明显的特征。前者叫"具有一些垄断性的竞争带"，竞争是中心词，垄断是修饰词，主要是竞争，其位置介于竞争带与公平带之间，可以划归扩展的公平带中；后者是"具有较大竞争性的垄断带"，它介于垄断带与公平带之间，它比寡头的竞争性要强，比寡头的垄断性要弱得多，因此也可以划归到扩展的公平带之中。由此可见，扩展的公平带实际上包括了过渡的 Mc带、Cm带和公平带，这实际对应着新古典意义上的"垄断竞争"，不过这里找到了一个精准的公平带和公平极。这个扩展的公平

带是市场上的主力区域。

过渡带没有明显的特征,所以划归到扩展的公平带中,它们的主要特征还是公平,过渡带也具有一定公平性。因此新古典经济学对垄断竞争带还是给予了一定的正面评价。

(3)"三极""五带"市场的评价。其实,在上述现实市场表现中,本书已经具有了对"三极""五带"的立场和态度,这里做一总结。

第一,民生经济学最愿意推荐的是公平极,放低一点要求将推荐公平带,再宽泛一些,可以推荐扩展的公平带。经济在扩展的公平带中运行,就会健康发展。只要不进入左右两端区域,这个经济就是正常的。

一旦进入左右两个端点区域,即灾荒区和过剩区,任何经济都无法幸免。只要不进入端点区,经济在扩展的公平带中,都是健康经济。如果在公平极上运行,那就是理想经济。

在公平极上,民生经济学的理想"各尽所能(争利本能),按价分配(观念机制),各取所需(仅受绩效限制),共同富裕、进步(涵盖大多数人)"是可以达到的。

我们对市场的评价采用三个标准:效率、公平和有效性。

公平极和公平带中,效率没有问题;公平性最高或较高;有效性没有丝毫障碍,因为资源可以得到优化配置,"看不见的手"作用明显。

第二,民生经济学反对垄断极和垄断带,因为它们是人世间经济上不公平的根源之一,生产者总是采取某种手段,胁迫、要挟甚至欺诈消费者,从而霸占全部经济剩余,甚至制造严重的泡沫剩余,给宏观经济带来灾难性威胁。垄断的经营者多半会铤而走险,游走于犯罪的边沿,有时干脆就是在犯罪。今天社会经济中的诸多丑恶现象,都与垄断不无关系。腐败的权钱交易,丑恶的市场欺诈,哪一项没有垄断者的身影?

垄断极上,效率可以高。技术效率正常,生产者会尽力压低成本,以获取更多的超额利润。经济效率也可以很高,因为经济剩余全部成为生产者的囊中之物。但是公平性极低,生产者霸占了全部经济剩余,消费者没有好处,积极性尽失,整个市场交易动力为0,制约了经济的发展。

更严重的是,计算结果显示,垄断极上的价格弹性为1,即为新古典所指的单位弹性,这就是说,生产者无论怎样调整价格,他的收入将保持不变。于是,追逐利润的垄断商失去了扩大生产的积极性,只要生产者能够把控,他就不会增加生产,而保持高价高利,因而损失人类的净福利。实际上,此处市场机制已经失效。虽然负斜率依然存在,但市场机制的有效性已经消失,"看不见的手"不再起作用。

第三,民生经济学也反对竞争极和竞争带,这与西方经济学观点完全相反。

首先,完全竞争最不公平,现代农产品生产者生产效率(技术效率)已经很高,当代中国的粮食生产,效率比100年前高了2倍还要多。从量增型生产计算可以看出,现在产出是投入的3倍,如此高的效率,近2倍于投入的净剩余,被消费者全部拿走,生产者仅仅能拿回成本,经济效率为0,偶尔好一些,也只能拿回一点蝇头小利。而在竞争极上,是精确的0利润。

净剩余一点不少地生产出来,却被消费者全部占有,这样的交易显然属于绝对的不公平。

消费者有何力量?为什么可以独占剩余?其实消费者并没有多么强大的竞争力,只是因为成本钳位机制作用存在,使生产者竞争力极度降低;而相对于生产者来说,消费者竞争力好像已经无穷大,从而把经济剩余全部夺走。从市场角度来看,当然是绝对的不公平。

从效率方面来看,完全竞争的技术效率不低,生产者之间竞争会不断提高科学技术水平,改进生产方式,从而生产出更多的净剩余。但是,生产者无法从市场上拿回超出成本的剩余(零利润),所以也不会有积累,不会有更多的资金投入技术进步中去。所以,完全竞争有技术效率,没有经济效率,总体效率最终还是受限制的。

从市场机制的有效性来看,由于价格曲线处于水平段,或接近水平段,需求曲线的斜率为0或接近于0,"看不见的手"的调节机制已经失效,或很弱。

总体看起来,完全竞争有效率,但效率不会太高,尤其是长远效率不高。完全没有公平可言,价格调节机制也接近完全失效。

竞争极和竞争带上的价格完全偏向于消费者,这实际上是让全体消费者受益,是为全民谋福利,但是它却伤害了生产者的利益,而这个生产者不是一家两家却是千家万户。在中国,就是成千上万的农户,近8亿多的农业生产者。如果消费者为13亿,生产者也占到61.5%左右。占全部人口一半以上的农业人口,在极不公平的市场中苟延残喘,这绝不是小事。这样的市场,导致中国出现"三农"问题,一直都是经济学的伤痛。民生经济学必须从理论上和实践上对此加以彻底解决。

3.次级市场上的交换关系

次级市场是指生产方内部,不同环节之间的利益分配。总体来说,这个市场上没有价格模型,他们却可以参照一级市场的价格模型,进行剩余分割。正如价值链描述的情况,他们将一级市场上生产方得到的生产者剩余 Δ_1 共同分割占有。

生产方现在至少有三大环节:生产、储运、销售。储运销售环节实际上也被称作渠道企业。有些生产企业,为了集中力量进行产成品生产,把渠道放出企业,让他们成为独立的企业,此时,储运和销售都可能自成一体,各环节之间完全独立,它们之间的产品传递是买卖关系。有些生产企业自己制订最后对消费者的价格,给后续企业留下一定份额的生产者剩余,以所谓一级批发价格,把产品卖给储运企业。储运企业也遵守生产商规定,要求零售企业按照厂家规定价格销售,但以所谓二级批发价卖给零售企业,并给零售企业留下适当的生产者剩余。这只是生产者剩余分割的一种情况。

实际经济中,始终存在"店大欺客,客大欺店"的现象,各环节中某一环节如果具备了某种优势,就具有一定垄断力量,就可能开始借助优势扩大自己对生产者剩余的分割额度。大家都知道超市这种企业,它一旦拥有某种优势,就会出台许多霸王条款,迫使生产商、储运商缴纳产品"上架费",以提高自己对一级市场上获得的生产剩余的分割份额。在商言商,商人的行为就是提高自己的利润,不过有个原则,大家都不能过分,各环节、各企业都要生存,一家太过霸道,其他商家无法生存,就会自动撤离,生产方这个系统就会崩溃,于是谁都没有利益了。所以,生产方各环节之间的讨价还价一般都不会太不公平,因为它们都是企业,企业与企业之间竞争力不会差得太远,这些环节之间的交易的公平性一般都能得到保证。

当然,环节之间的利益分配也有生产商前向一体化的,他们把渠道纳入自己企业内部,按企业内部计划分配资源,下达任务,最终完成销售。这种环节的利益分割就不是市场关系,而是企业内部计划分配的,不在市场研究之列。

4.要素市场分配关系研究

(1)各要素性质总结。子系统中生产经营的三大要素与其各自的主人之间的关系,决定了要素的性质。

　　劳动、土地、资本三大要素，其本身的性质略有差异。劳动是一种服务，也称劳务，必须附着于劳动力才能够产生出来，它不是实体要素。资本是抽象化又实体化的货币，算作实体。土地本身就是真正的客观实体。

　　虽然要素形体、性质各异，但它们都具有生产力，都能够创造财富产品或者说创造价值。特别情况下，三大要素都可以单独创造产品或价值，此种情况现在一般不常见。土地，在人类出现以前就可以自动产生财富物品了，例如森林里的野生果实、野生动物等，都是土地单独创造的。没有这些，人类怎能演化出来？资本也可以单独创造财富，例如今天看到的人工智能、机器人的工作过程，日本的机器人车间，都可以看成资本单独创造财富的情形。劳动也可以单独创造，例如按摩、刮痧治疗、洗脚、洗发服务，都是劳动单独创造财富的情形。但是，人们并不刻意提倡某种要素单独创造财富，那样效率一般不高。今天的社会，人类已经认识到分工合作的重要性，三要素合作是创造财富的主要形式，千万不要人为挑起三要素之间的内斗和纷争，这对人类发展不利。

　　三要素中每种要素都是系统价值的创造者，这是铁一样的事实！

　　但是，由于三要素与各自的所有者关系的不同，就造成了三要素竞争能力的差异。

　　劳动与劳动力之间具有一一对应的"紧密连接"关系，导致劳动要素具有天生的竞争弱势。因为劳动者背负着吃饭、生存的负担，仅靠劳动生存的劳动者，在市场上失去了选择及讨价还价的能力。多数情况下，无论资本方给付多少工资，劳动者都只能被迫接受，否则，不受雇佣，再好的劳动要素也产生不出来，自己还得挨饿。所以，劳动天生具有竞争力弱势。

　　资本和土地都是正常的要素，它们与其所有者之间的关系不是一一对应的紧密连接关系，资本和土地的所有者，人人都有两种要素，即劳动要素和另外一种生产要素。而且，资本、土地要素与所有者之间不是一一对应关系，所有者可以有任意多份资本或土地。

　　资本所有者在讨价还价中，可以自由选择参与或不参与，收获合意就参加，收获小于预期就拒绝参与。拒绝参与后，它的资本仍然存在，甚至可以用资本的一小部分购买生存品，以支持自我生存。

　　土地所有者亦然，收获合意就参与，收获不合意就拒绝参与，不参与生产，土地自身依然存在，不会消失。如果土地所有者自己有生存困难，他甚至可以用自己的劳动与自己的土地结合，生产自己所需的生存品，支持自身生存。

　　所以，资本、土地这两类要素在市场谈判中具有真正的选择权，它们是完全自由的。这两类要素具有正常的合作性质。

　　结论是，在市场合作谈判中，资本、土地要素的所有者具有正常的选择自由权，而仅靠劳动生存的劳动者却先天失去了选择自由权。

　　由于三要素所有者的性质不同，造成了子系统中劳动者的天然弱势。正如马克思所说，劳动者只有出卖劳动的自由，而没有不出卖劳动的自由。因为无论资本给予劳动者多少报酬，劳动者都必须接受。天长日久，在子系统中，形成了劳动者的被统治地位，他们的权利常常被侵害。而资本和土地，由于相对于劳动者具有一些优势，则演化为统治者。

　　在资本与土地的合作中，土地为不动产，资本常常为货币形态，流动性强，自由度高，所以在资本与土地的谈判中，资本比土地略具优势，经过长期的演化，资本方处于首要地位，土地方处于次要地位，而劳动者则屈居第三的从属地位。如果要推动社会公平正义，对劳动者的天然弱势，必须给予高度关注。劳动者的权利应当予以保护。

（2）自动化使劳动失业雪上加霜。"屋漏偏逢连夜雨,船破又遇顶头风",劳动者本就具有天然弱势,现在,由于科学技术进步,自动化程度提高,把人从繁重的体力劳动中解放出来。计算机技术的发展,又把大量的脑力劳动交给计算机或人工智能去处理,人从枯燥的脑力劳动中解放出来了。本来是可喜可贺的事情,但另一方面,又是可悲的事情。劳动者被解放出来,也意味着劳动者的就业岗位被重工机械和计算机替代了。

社会效率的提高,使一个人 8 小时的劳动,可以养活的人越来越多,这就是生产效率提高,吞噬了人的工作岗位。而私有制的社会中,被吞噬了岗位的人,就必然失业,失业以后就失去了收入,虽然在岗人员创造了下岗人员的生存财富,可下岗人员在私有制背景下没有办法获取这些财富,一方面社会财富生产出来了,另一方面由于私有制规则,那些财富停留在生产企业的库房里,到不了下岗人员的手上,结果是,下岗人员失去生存品,无以为继。对于企业老板,产品积压在库房卖不出去,生产经营循环也将停摆。

这种情况已经越来越严重,现在假设一个极端化的情景,在私有制社会中,全社会只有一个老板用机器生产出全社会的全部财富物品,除老板以外再也无人参与生产了,也就是其他人全部下岗了。那么,老板生产的财富物品,也就是下岗人员需要的生存物品,财产权依然是老板的,因为下岗人员没有参与生产,没有收入,就没有交换的货币,老板的全部财富物品也只能躺在库房里,卖不出去。结果可能是,全部下岗人员饿死,全部财富物品积压在库房卖不动,企业停摆,最终老板破产,全社会走向消亡!

这种情形的起因是效率提高,这本身没有问题。结果却是全社会毁于一旦,出现人类不能承受的恶果。本书称此为"自动化悖论",其实这也可以称为"效率悖论"。有关效率悖论的解决,后续设置专门章节讨论。

这里要说的是,自动化悖论,挤压着劳动者的岗位,使劳动者就业雪上加霜,劳动者讨价还价的能力更加弱化。

（3）要素分配不适合市场化。三要素之间的属性差异,使得它们的所有者无法平等地进行合作谈判,如果不考虑这些因素,任由三要素所有者自发合作,不加任何约束,不使用公平正义的法律引导和限制,自发演化的结果,就是原始资本主义表现出的悲惨世界,贫富差距悬殊,"朱门酒肉臭,路有冻死骨"。阶级矛盾愈演愈烈,社会将走向动荡混乱。

西方经济学者多年来流派林立,但自由学派始终笃信,让市场参与者完全自由,社会可以自动向好处发展。

在分配问题上,克拉克搞出一个理论,叫作边际生产力理论,说各要素的报酬决定于最后一个雇佣者的边际生产力。还有分配的欧拉定理,劳动拿到工资,土地拿到地租,资本拿到利润,就把全部产品分配完结。

归纳起来,这种分配就是让劳动、土地、资本三家完全自由地在市场上去争夺,谁抢到是谁的。抢多抢少,都有道理,最后给出一个"理论"认可就行了。

这种理论,我称之为"放猪式理论",三要素就像三头小猪,将其关进一个猪圈,任其相互撕咬,抢夺食物,谁抢到就是谁的。这样做还需要理论干什么?

人类社会文明日久,早已脱离了野生动物时代,私有制需要公平正义,人类理性也期盼公平正义,所以,分配理论不是对现实分配状况的简单描述,然后认可,而是要在公平正义的旗帜下,研究分配规律,在保持社会效率的前提下,推进社会公平正义,使人类社会走向更加光明的未来。

由于三要素属性的差异,三要素在自由的市场上自由讨价还价,根本不可能达到公平分配。所以,我的结论是,如果需要公平正义,三要素不适宜完全自由的市场化。

5.要素之间正义分配原理(三源两步法)

(1)要素分配中的公平正义原则。作为一种理想,人们曾经都认可一个原则:"谁创造,谁拥有",但这个原则在现实分配中难以认定谁创造了多少,数量无法精确测定。于是我们需要依据要素参与生产经营的实际情况,制订一个准则,以体现要素之间无歧视的平等、无争斗的公平分配原则。

首先要确认,子系统整体创造了价值,连消费者都是价值的创造者,所以系统内任何必要的要素都是系统价值的创造者。具体到三要素,劳动、土地、资本都是财富的源泉,三者之间应当无歧视对待,平等对待。三家分工合作,创造出更多的财富或价值。价值的分配,以巩固三要素的合作为大局,合则三利,分裂争斗则三害。

在生产合作过程中,三要素的所有者之间、劳动者之间,都会具有岗位上的差异,管理者有权有责区别对待,适当比例地影响生产成果的最后分配。只有这样,管理才是有效的。

但是,分配的大原则应当平等、公平。具体描述为:

任何要素所有者,都有权以要素波量的投入为依据,首先收回成本,然后分享生产者剩余 Δ_1。

剩余分配时,可以依据波量投入,进行劳动、土地、资本的当量计算,以确定数量。国家也可以从全国范围内测定当量比例,即1个劳动·日,相当于多少个万元·日,多少个平方米·日。在当量计算的基础上,再对要素表现加以微调,就可以使分配渐趋公平。

(2)各要素先收回成本。

土地收回的成本,是生产完成之后依然存在的土地,与生产前等质等量。

资本收回的成本,是经营结束后从收入中扣回的货币,与生产前投入的货币资本等质等量。

劳动收回的成本,就是生产过程中支付给劳动者的各期工资之和。

劳动者工资是生产过程中逐月发放的,以维持劳动者生存为目的。不能考虑月初还是月末发放的差异,只要按月发放即可。

企业的总成本,理论上是这三要素的成本之和。但是,土地始终以实物形式存在,无法与货币累加,也不宜把土地价折算成货币来累加,那样没有意义。于是,一年内企业总成本应当有两种形式,第一是当年占用的资本总货币量和工资总额之和。实物资产(土地除外)以年初残值总额累加进去,流动资产、货币资本以年内平均占有货币总额累加进去。工资总额是指全部员工(包括管理人员在内)年内工资总额之和。第二是土地实物总面积,指企业占用的地球表面积,不能用建筑面积计算。

以上口径计量的是生产总成本,适用于生产企业,而储运企业、销售企业也可参考使用。

企业应明文规定禁止列入成本的费用如下(粗略探讨):

第一,绝不能把利息列入成本。因为它是剩余的一部分,不可错乱。第二,不能把广告费用、营销费用、公关费用计入生产成本。它们只能在剩余中扣除,归类为对剩余的消耗。第三,一切与生产方生产经营没有直接关系的费用不能计入成本。例如,罚款和请客、送礼费用绝对不能计入成本。

关于成本测算更进一步的研究,需要会计专业人员和经济学者一起研究制定标准。

（3）要素之间剩余分配平等化（三源两步法）。关于要素之间的分配，以往的研究有很多，但大都不是偏左就是偏右。左派主张劳动应当独占剩余；右派变着法子证明现行资本土地占有剩余的合理性、合法性。左派的主张由于从来没有真正实践过（曾经也有一些社会尝试过，但都失败了），因而不得已又回到右派的现实，认定现行分配总是合理的。其实就是放任自由，任三家在市场上去博弈，去争抢，谁抢着就算谁的。因为理论研究也没有一个客观的标准，谁应当得多少，很难界定。

但是，民生经济学已经将公平问题引入模型，客观的标准已基本找到。本着有利于子系统的发展演化，有利于人类公平正义的实现，并且不降低子系统效率的原则，提出本书正义分配的框架和准则。

首先，要达到收入结构符合平等公平原则。

要素之间完全平等，不分先后，不分上下、高低、贵贱。

要素所有者代表要素实现收入分配。每种要素参与财富生产，都有两项权利：第一，收回自己的成本；第二，分享系统的生产者剩余。按此原理，各要素分配结构应当是"三源两步法"，见表 6-1。

表 6-1　要素分配结构表

编号	要素类别	成本	剩余
1	劳动	工资	剩余（部分利润分红）
2	资本	本金	剩余（部分利润分红，含利息）
3	土地	土地原物	剩余（部分利润分红，即地租）

精确的公平正义需要数据支撑，可以从全国范围内测定劳动、资本、土地三者一年内的总波量，按照三者的比例，由国家劳动部门给出一个当量比例。依此比例分配企业得到的生产者剩余，再供企业内各阶层人士具体分配。

当精确正义一时半会无法实现时，可以先行试点结构正义，各要素首先拿回自己的成本之后，如果企业生产者剩余存在，则各要素方必须得到一定数量的剩余，决不允许任何一家独占。这样，虽暂时达不到精确正义，也实现了近似正义，未来再逐步达到精确正义。

对照本节正义分配的结构框架，再看看西方经济学的分配理论，丑陋之处显而易见。西方经济学主张工资、利润（指全部生产者剩余）、地租分配模式，利息则在成本中分配，还美其名曰"边际生产力"分配原理。混乱是必然的，为什么劳动只能拿到成本（工资）？而且工资可能还要被克扣、尽量压低。资本和土地为什么能够分享剩余？他们也不糊涂，否则为什么不把资本金（成本）和土地原物（成本）列出来？而是让劳动者的成本（工资）与资本者的利润（剩余）、土地主人的地租（剩余）相对应？说穿了就是利用劳动者天生的弱势，剥夺了劳动者分享剩余的权利。如此理论，公平何在？理性何在？

（4）要素分配法制化。要素分配问题不是一个局部细节，而是关系全社会公平正义和人类社会进步的大事。有关部门必须高度重视，要修改不合理的旧的法律法规，以促使分配走向公平正义。

在中国是无产阶级领导的国家，劳动者是社会的主人，国家政权理应为保护广大劳动者的利益而有所作为。但是,就目前法律体系看,依然有一些法规从西方移植过来,比如《公司法》,明确规定资本、土地可以入股,而劳动不能成为股份,不能参与分红。后来虽有所修订,承认技术、专利、知识产权可以入股,但劳动还是没有资格。也就是劳动没有参与分享剩余的资格。

劳动者天生弱势,国家法律应当重点保护他们的分配权力。目前情况要通过立法让劳动者拥有分享剩余的权利,以后再通过要素当量比例分配,逐步实现分配的精确正义。

当然,分配都在一个企业内部操作,企业内部首先得把本企业搞好,在企业或子系统经营有效的情况下,才会源源不断获取剩余。当企业或子系统挣到生产者剩余时,企业内部要素三方才能够分享剩余。如果企业或子系统亏损,那么任何要素方都分不到剩余。但是,如果企业或子系统有剩余,就不能由任何一方独占。这应当成为法律的底线。

在研究了三要素分配之后,再回到劳动要素内部来看,有一个情况必须提出:正义分配理念,规定任何一方不得以自己的某种优势,或利用别人的某种劣势,谋取分配中超越正义的利益。

在企业内部,管理人员和一般员工存在着岗位差异,应当承认,人与人之间的确存在一些素质水平差异、能力差异,所以分配的时候应当承认差异,体现这种差异,这是分配正义的体现。但是,在个别企业中,管理人员利用自己的岗位优势,恣意扩大分配差距,甚至达到天人共愤的程度。这种现象十分恶劣。

因此,本节最后指出,一个企业内部,正常的最高工资和最低工资之间,应当有一个法定的倍数限制。比方说,企业领导承担的责任比较大,普通员工承担责任相对较小,于是,最高工资可以是最低工资的三倍或者最高五倍,超过五倍的差额就属违法。要依法制裁那些肆意妄为的管理者,使公平正义理念深入人心。

6.子系统之间的交换关系(外部交换)

不同的子系统之间有着千丝万缕的联系。例如,A子系统的原材料来自B子系统的产品或者副产品;C子系统又可能需要A子系统的中间产品,甚至可能,A、B、C三个子系统互相需要,形成环形需求;更多的子系统形成网状需求结构,立体网状需求结构,等等。不同的子系统之间相互交错,纵横往复,形成了整个社会的经济系统。但是不同的子系统之间一定是通过市场来交易的,它们之间一般也是市场关系,由市场把它们组织起来,形成社会经济系统。它们之间的交易没有一成不变的,偶然和必然都有,市场交换是它们最基本的联系方式。

各个不同的子系统构成了不同的产业或行业群,而行业群之间的分配问题值得关注。

不同行业可能处在价格模型中市场类型划分的不同位置,于是决定了该行业的收益和要素的收入。例如,处在P带上的企业,一般都有较强的垄断性,它们在市场交易中几乎获取了全部的消费者剩余,因而它们的要素收益远远高于全社会的平均收益。当代的电力行业、石油行业、邮电行业、金融业、保险业,都在垄断的区域内运行。另外一端,处于C带中的企业或生产者,他们的市场竞争力很低,生产者剩余几乎为0,常年辛苦度日,子系统中的要素收益也很低,几乎没有剩余分配和积累。这是另一种接近极端的不公平。处在C带中的生产者,最大量的是农民(农产品生产者),他们把净剩余几乎全部让给了消费者,而自己艰难度日。因为0利润,没有积累,农村长期陷入衰退,生活环境恶劣,这不仅是不公平问题,还制约着整个社会的稳定和发展。

在价格模型的市场类型划分中,我们找到了一个公平极和公平带,E极E带,在E带中的子系统,基本上是公平交易的,买卖双方通常都心平气和,交易积极性也极高,交易动力强劲。处于这个带中的产业,应当是社会的主流。P带和C带中的子系统(企业或个人)应当被推拉到 E 带中。在 E 带中生存,社会不公平现象就会少得多。

面对不公平,民生经济学提出了解决问题的办法,本书的第七章将展开详细论述。

7.子系统内一级市场分配机制的真实性证明

在本章中,我们研究了市场分配的机制,又探讨了分配问题的公平正义。但是还有一点不太让人放心,虽然社会上连篇累牍地研究分配,但它们都只存在于人们的观念和意识中,有没有客观性、实在性、真实性?

(1)价格模型分配的观念性。本书的价格模型是在代价平面上推导出来的,其中生产者的成本 P_c 是真实客观的,但生产方绝不愿意告诉他人。而消费者估计的 P_u 值,则是意识中的效用引起的,所以,P_u 线是观念中的东西。总体来看,交易三角区都是观念中张开的一个空间。即便交易完成,价格 P 已经是真金白银的付出,还会由于泡沫存在,而使消费者剩余成为虚空,甚至生产者剩余也会变为虚空,即只有货币,没有物质财富。所以,分配的多少,好像仅仅是感觉中的好坏,不具有实在性、真实性。就是说,观念再好,也可能只是画饼充饥。

(2)净产品模型的客观实在性。200 多年以前,魁奈提出了净产品学说,给经济机制的真实性留下了接口。在本书中,我们专门定义论述了量增型生产,而量增型生产的投入和产出可以在同一个坐标中计算。这就使魁奈的净产品能够客观地计量出来。

例如,农产品稻谷的生产就是典型的量增型生产。

以 1 亩田的生产为例,3 月份开始投入:种子 50 斤,化肥折成种子 150 斤,农药折成种子 50 斤,全部劳动折成种子 250 斤。合计投入折成种子共计 500 斤。

10 月初,收获之后获得稻谷(与种子完全同质)1500 斤。

于是,用产出的稻谷数量减去各种投入折算成的稻谷数量,就得到了净产品稻谷的数量,1500－500＝1000(斤)。本例中,产出物是投入物数量的 3 倍。

将量增型生产的投入、产出以直方图形式画出来,并且以产出为 1 个标石为基准,画出产出和投入的直方图,直方图下边沿与利物坐标轴对齐,投入直方图的上沿与 P_c 线对齐,于是就将直方图与右边观念中的价格模型对接起来,如图 6－5 所示。

(3)净产品与价格模型的结合。产品模型是可以客观地测定和计算的,本文中用到的数据还基本上是经验数据,如果使用实测数据,这个直方图还可以画得更加精确。现在,量增型生产的 1 标石利物(产出直方图)先任意画出高度,而按比例在其左方画出投入直方图的高度,保持二者的高度比例不变,使投入直方与右边的 P_c 高度对齐,这就严格对接了两个图形,使直方图与价格模型严格对应起来。当然,净剩余或净产品 bq(产出直方比投入直方高出部分)与价格模型中的经济剩余 AB 不可能正好相等。但是,净产品 bq 的存在,使经济剩余 AB 成为真实的剩余,买卖双方讨价还价分割的生产者剩余、消费者剩余都成了实实在在的物质财富,使观念模型之虚受到净产品之实的强有力支撑。

(4)虚拟分配受到净产品的支撑。既然观念中的价格模型落到了实处,在价格模型上形成的各种分配机制、经济机制也都会是真实可靠的。例如,分配机制中得到的消费者剩余或生产者剩余也都是真实可靠的。

于是,本书所有的价格模型上推导出来的运行机制和结论都能够真实有效,使价格模型的应用和推导、计算变得有理有据,真实、客观、可信。我们再也不必像新古典经济学那样,对每一个推出的结论反复说明、解释,有时还要引入一些新的条件限制(甚至要求"信则灵")来加以支撑。

总之,净产品对价格模型的支撑,使本书的模型变成了真实,从而可以大胆、放心使用。

第二节　经济学三大评价标准

2000多年的发展,使经济学形成了自己的范式。新古典经济学出现后,比较现实地确定了一个评价标准,这就是效率标准。自帕累托准则出现以后,人们也就心安理得地只注重经济的效率,而较少关注经济的其他评价标准。

或许是帕累托等人在当时的时代没有找到评价经济其他性质的手段,如果一定要求多标准评价,他们可能一生都一事无成。为了在有限的人生中使经济学有所进步,有所成就,不得不丢弃一些无法实现的理想。于是,搞出一个"残缺"的经济学评价标准——帕累托标准。

帕累托标准比较典型地实现了帕累托本人以及他同时代经济学家的理想,有了一个标准,即便"残缺",也比没有标准好。

帕累托标准只讲效率,却失了公平。其福利经济学的三大证明步骤逻辑严谨,能够说明问题,他证明了只要是完全竞争市场,就是有效率的。近100年之后,我们回过头来看,这个证明依然有效。但是我们发现,完全竞争并不是最理想的市场,它恰恰是最不好的市场之一。就比如现实的农产品市场就是最接近的完全竞争市场,它虽然是有效率的,但却是一个生产者极悲惨的市场。

为了逃避追问,部分西方学者刻意将完全竞争条件苛刻化,使现实中的市场都不满足完全竞争的条件,这样虽然成功地回避了追问,但是现实经济问题依然存在。农产品是典型的完全竞争市场,我们今天从其他途径已经证实。可是这个市场恰巧又是一个最不公平的市场。天长日久的不公平交易,导致农民、农业、农村的凋敝,这也是不争的事实。今天我们面对"三农"问题,不能视而不见。

一、经济学三大评价标准并举

本书从另外的研究途径发现了问题,希望把残缺的评判标准补齐,力争使经济学再向前迈进一步。

本书的目标是恢复经济学的公平标准,另外提出了衡量市场机制作用的"有效性"标准。这二者与效率标准一起,构成经济学的三大评价标准。于是,经济学评价标准有三:公平标准、效率标准、市场机制的有效性标准。

二、三大标准之间的关系

经济学机制是演化出来的,长期的演化,形成了最小经济子系统的许多优秀品质。效率是经济学机制中最闪光夺目的品质,它能够自动调节资源配置,达到社会生产的较高效率。正像亚当·斯密描述的那样,每个人都追求个人利益的增进,却"无意识地"推动了全社会利益的增进。

现代的市场经济,正是有了足够的效率,才使我们的生活越来越方便,越来越稳定。但是,市场机制是自然演化发展出来的,不是人为设计出来的,所以它会存在许多缺陷和问题。市场机制从来就没有考虑过人的感受,从来就没有自动出现过公平。即便有公平的点,包含于市场经济当中,我们也不会自动地加以利用。

现在我们的任务是,保持市场经济的效率不降低,同时寻找市场经济中能够体现公平的点或线,在效率许可的条件下,尽量接近公平,如果可能,树立起一个理想市场或规范出理想市场,以纠正自发的市场经济的不公平,使我们的社会更趋公平,经济的长远发展不受伤害。

所以,我们研究公平问题,前提是必须保持原有的效率不降低。如果采用平均主义分配,就可以一劳永逸地解决"平等"问题,可是效率将消失殆尽,最终人民仍会遭受严重的伤害。

如果我们能够找到公平的线或点,在今天科技高度发展、大数据技术广泛应用的大背景下,利用人工技术干预,达到经济公平还是有可能的。

关于有效性问题,这是新找出的标准。亚当·斯密提出了"看不见的手"的作用,这个作用大小强弱能否观察和测度呢?我们现在提出这个标准,用来衡量市场机制的有效性,以评价市场调节能力大小。这个标准看起来与其他两个标准相对独立,也次要一些。

三、三大评价标准给社会带来什么好处?

所谓评价标准,就是依据标准来衡量某种情况有什么好处。下面我们分别来描述三大评价标准。

1. 效率评价标准

效率,主要评价在经济活动中,如何能够以最小的投入,换回最大量的产出或报酬。在人与自然交换的过程中,效率总是越高越好。效率高,就是获取一定量财富,社会投入更少;或者社会投入一定,得到的财富更多。

但是,效率越高越好,只适用于人与自然的交换,不适合人与人的交换。在人与人的交换中,如果一方的"效率很高",就意味着另一方"失去的很多"。所以我们说,效率标准仅适合人与自然交换,也就是适合生产过程,不适合人与人的交换。

2. 公平评价标准

公平,仅仅适用于人与人交换。到目前为止,人类社会文明还没有进化到人与其他动物、人与植物、人与自然之间都遵守公平原则。所以,本书也只讨论人与人交往中的公平。

人与人交往的公平,早期是由自由主义的政治理念推导而来,当代中国的社会主义核心价值观也对其做了概括和总结:自由、平等、公正、法制,就是期望人与人的关系实现自由、平等,要求人与人交往中实现公平。

实现了公平,政治上有利于创造一个和谐、稳定、安宁的社会环境;经济上使人们之间的交往符合正义原则,互利互惠、无欺无诈,共同努力创造人们的幸福生活。这是公平带给我们的好处。所以,历朝历代多少仁人志士,都在为此理想而不断地努力。

人们必须牢记公平的适用范围:仅适用人类社会内部人与人的交往,至少在目前社会还是如此。

3. 有效性评价

所谓有效性,是指市场运行机制中利物量和价格之间互动关系的灵敏性。需求曲线具有一定的负斜率,价格与需求量就具有互动能力。例如,价格可以下降和上升,则需求量就可以增加或减少;反过来,利物量增减,也可以调节价格,这就说明价格机制是有效的。如果利物量变动而价格无法变动,或者说,价格变动而利物量无法变动,那么市场机制就是失效的。用来衡量市场机制有效程度大小的标准,就是有效性标准。

有效性评价能够看出市场机制对经济的调控能力水平。

四、"两个市场"界定与评价标准适用范围

再回到最小经济子系统内部。子系统中实际上包含了两大环节,人与自然的交换,人与人的交换。人与自然交换,就是实物产品或服务产品的生产过程,我们称之为"自然市场";人与人的交换,包括的环节也比较多,我们称之为"社会市场"。

在子系统中,社会市场主要指个人与个人、个人与企业、企业与企业之间的交换(企业也属于人的范畴,它是"法人")。自然人和法人都属于人,人与人之间的交换都是社会市场。

自然市场是产品的生产过程,把实体产品或服务产品生产出来的过程,就是和自然交换的过程。所以,对产品的生产加工、储藏、运输、售前售后服务过程,都是与自然的交换过程,都属于自然市场。

在子系统中,人与人交换主要有:生产方与消费方(一级市场),企业与企业(次级市场),要素所有者与企业(要素市场),这三类市场都是"社会市场";人与自然交换主要有:实体产品加工(生产过程)、储藏、运输、售前服务、售后服务,单纯的服务产品生产,这些都属于人与自然交换的过程,属于"自然市场"。

在子系统中,除人与人之间的交换以外,其他所有交换都是人与自然的交换。在自然市场上,有两个主体"人和自然界",自然界只是拟人化的主体,不是真正的主体,它没有利益要求;在社会市场上,交易双方都是人(或法人),是具有利益要求的主体。

于是,在自然市场上,我们仅考虑人的利益,人与自然交换时,适用"效率原则",效率越高越好。至少在今天,人类文明还无法要求人与自然界之间实现公平,所以此处不适用公平原则。

在社会市场上,交易双方都是人(或法人),效率原则就不适用。如果依然使用效率原则,那么,卖方的高效率就意味着买方的低效率,或者相反。所以效率原则在人与人交换的市场上无法适用。人与人是平等的主体,双方的权利和义务对等,因此在这个市场上,公平原则是适用的。

概括地说,自然市场上效率原则适用,公平原则无用;社会市场上,公平原则适用,效率原则无用。有效性评价标准适用于整个子系统。由此可见,以前新古典经济学不分场合地提出以"利润最大化"作为厂商行为准则是有问题的。

五、子系统建立评价标准的目标

现在,子系统中效率标准、公平标准都有清楚的适用范围,于是我们总结出子系统建立评价标准的目标,这就是:高效生产,公平交换,有效调控,持久生存。

下面对以上目标具体论述。

1. 高效生产

本书提炼出来的最小经济子系统,可以清楚地划分出生产、储运、销售、消费各个环节,把子系统的运行和功能都准确地刻画出来。在子系统中,存在着人与自然交换的自然市场,实际就是各个生产环节(包括服务环节),它们将产品自自然剥离,成为人类社会生存的物质基础。人类社会之所以能够发展起来,生产的发展和进步是最重要的原因,人类社会的发展史,也可以说就是财富物品和服务产品的生产史。一旦生产瘫痪,人类文明就只能退回到野生动物时代。对于这个人类文明的基础环节,我们必须给予最高的重视,所以,高效生产排在首位。没有高效生产,人类社会的文明就是无源之水,无本之木。

高效生产,首先要"有生产",然后在生产过程中要求"高效率"。因为生产是人与自然的交换,人类主体要求"高效率",就是以最小的人类投入,换回自然界的最大回报。这里不存在不公平的问题,可以大胆地提高效率,效率越高对人类越好(或许,效率越高对自然界也越好,我们可以在降低消耗、降低损害的前提下进行生产,例如降低能耗、降低碳排放,对自然界的恢复也是大有好处的。)

需要注意的是,提高对自然界的利用效率不同于扩大对自然的利用规模,我们希望的是提高效率,减小对自然界的利用规模,或减少对自然界的影响。

山不厌高、水不厌深。人与自然的交换,效率越高越好。

2. 公平交换

在生产环节完成、产品形成以后,产品就已经进入人类社会,成为可被人所占有的财富物品。但是如果不进行交换,则社会分工无法实现。人类社会的正常运行,需要人与人交换,这就体现了人类的文明水平——公平交换。公平交换是自由、平等的政治理念在经济领域的反映。人与人之间生而平等,这是无需在经济学领域讨论的问题。经济学中我们只需考虑如何能够实现平等的问题。

由子系统(图 6-8)中的情况可见,交换对双方都有好处。

首先,生产方要将产品卖出去,一次卖出,就可以获得一个生产者剩余(图 6-8 中线段 PB),N 次卖出,就能得到 N 倍的 PB,这就是生产方的利益。如果生产方不卖出,他将全部占有产出物 OP,因为这个产出物是他生产的,按照"谁创造谁拥有"的原则,这个 OP 完全是生产方的。可是,若没有交换,生产方只能得到一次 OP,其中只包含一个 PB,再不会得到更多的 PB。而交换以后,生产方可以得到源源不断的 PB,所以,交换有利于生产方。

其次,生产方在生产中得到的是实物产品,实物产品需要保管、储存,而且它还会自然老化磨损,使其产权逐渐减损。如果卖出去,收回的是货币财产,体积小、重量轻、基本无磨损(假设无通胀),所以,生产者总希望把产品卖出去。

对于消费方,交易也有明显的好处。没有交易,消费方的生活资料无从获取,他无法生存。交易让他获得了生存基础。同时,在交易中(图 6-8 所示),消费方支付了货币价值 P,(以 Px_0 线段表示),得到了线段 Ax_0 的价值,价值差额 AP 线段部分是消费者多得到的。实际上,消费者对应地得到了全部 OP(直方图 OP,代表 1 标石产品),其中实物 ap 对应的价值 AP 即所谓消费者剩余,qa 是消费者没有感觉到的超额剩余。消费者在交换中无偿得到的好处也是明显的。在整个交换中,生产者"无偿"得到了生产者剩余 PB,消费者无偿得到了消费者剩余 AP,双方都从中获利,都得到了比支付多出来的"好处"。

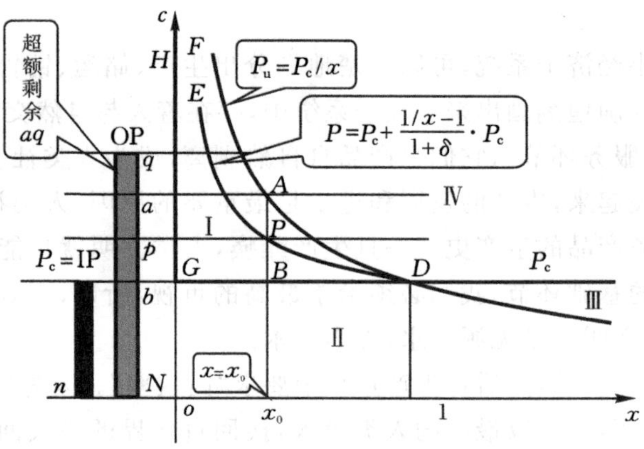

图 6-8 产品市场价格模型(需求曲线 DE)

威廉·配第曾经提出了"等价交换"原则,现在看来,等价交换原则只是交换中的部分原则,从子系统的交换中我们可以看到,生产者成本＋剩余部分与消费者支付的价格 P 是等价交换的。除此之外,消费者剩余是消费者"多得到"的部分产品,是无偿得到的。生产者剩余也是生产者比投入量"多得到"的。整个交换,不只是等价交换,主要是"有剩余交换"。如果是完全的等价交换,那么对双方都没有什么吸引力,只有"有剩余交换",才能吸引双方积极参与。那么现在买卖双方的公平体现在哪些方面呢?

笔者认为,现在的公平体现在两个方面:第一是"等价交换"部分,或者准确称为"等产权交换";第二是"分享剩余"部分。

第一,等产权交换,自然是公平的。如图 6-8 所示,消费者支付的 Px_0 与实体产品直方图上的 pN 部分是等产权的。这里的"等产权",现在含义是准确的,pN 实体产品的货币度量价值就是 Px_0,度量的尺码单位就是 1 元。同样的度量单位和度量标准,实体产品按对应的货币价值是 Ax_0,实体产品的 qa 部分没有被度量上,所以它是超额剩余,因为消费者对此没有感觉,所以没有度量出来。消费者支付 Px_0,与实体产品 pN 部分实现了等产权交换。这是精确的等价值交换。

第二,分享剩余,这里要实现公平,就是买卖双方平分剩余。在分享剩余的时候,分享得越接近等量越公平。如果是等量分享,即实现了纳什价格,就是最为公平的。

从价值论的角度看,不同的价值论对此的看法显然不同。一般都认为,产品是生产方创造出来的,消费方无偿分享了剩余,还要求等量分享,显然无法认定为公平。

但是,本书主张系统价值论,从子系统分析来看,财富或价值是由子系统整体创造出来的,生产方与消费方是子系统对等的两方,缺少任何一方,子系统都将消失,从而任何价值都无法创造出来。所以,系统价值论认为,生产方与消费方是完全平等的创造主体,只有等量分享剩余,才是最为公平的。

由于消费方实际交易中拿走的是 1 标石产品,图 6-8 中直方图 qN 代表的产品,其中 pN 部分是以价格 P 等价交换得到的;价值 AP 是消费者分享的价值剩余,但消费者并没有直接获取价值 AP,而相当于消费者用分享到的价值 AP 以等价交换原则换取了实体物品 ap 部分。

实体物品 qa 部分是超额剩余,此处超额剩余为正值,成为消费者无意识中得到的好处,也似乎是生产方无意识中遭受的损失;如果超额剩余为负值,就成为消费者无意识地遭受的损失,相应地生产方却没有得到好处。如果超额剩余为0,则价值Ax_0正好把实体产品qN精确度量。

生产方与消费方平等分享了"观念剩余"AB,因为消费者已经估计这1标石利物值P_u,它已经成为1标石利物的价值。但是消费方希望在P_u的基础上少支付一些,议定的价格为P,P_u-P即为消费者分享的剩余。$P-P_c$为生产者分享的剩余。现在生产者和消费者心理上的公平,就是交易动力最强的分配点P(此处为P_n),即他们都认为各占一半剩余AB最为公平。因此,无论x怎样变化,纳什价格就是买卖双方认为最公平的价格曲线,这就形成一个公平极。

关于净产品实物剩余qb的存在,必须加以系统说明,否则,价格体系就存在漏洞。

从价格模型建立的过程中我们知道,实物剩余qb的大小取决于生产系统的效率,而价值剩余AB取决于消费者占有状态x_0,各自的量值大小决定因素迥然不同,因此这二者恰好相等的概率非常低。

这里需要说明两个问题。

第一,图6-8中实物财富与货币价值二者的度量是精确的。图中,实物ip是投入,价值$Bx_0=P_c$是生产投入的货币价值度量(即投入前的要素购买价格),这二者是实体财富与货币价值的度量对应。也就是$ip=P_c$,这就意味着,在左边实体直方图和右边价格模型图中,纵向线段的几何尺寸代表着精确的价值度量数值。

第二,在上述度量保证下,可以用纵向线段的长度比较qb和AB,可能存在以下五种情况:①$qb=AB$;②$qb>AB$;③$qb<AB$;④$qb\gg AB$;⑤$qb\ll AB$。

现实中,以上几种情况出现的概率是随机的。

如果出现①的情况,这是最理想的,价格模型准确地描述了经济系统的行为。此时,纳什价格就是真正的绝对的公平极。

如果出现②的情况,价格系统存在着超额剩余,超额剩余为正值,即便交易价格处在纳什价格上,买卖双方心理上感觉是公平的,但客观上消费者还是拣了便宜,生产者也没有吃亏(相对生产前)。

如果出现③的情况,与②正好相反,即使在纳什价格处交易,双方心理上也感觉很公平,但客观上消费者略有吃亏,生产者也没有拣便宜。

以上前三种情况都超出买卖双方的感觉之外,当事人是无法察觉的,只有研究者心里清楚。

笔者设想,如果市场机制有效且灵活,那么②、③两种情况可能都随机出现,其市场效果可以相互抵消一部分,从而使公平的误差限定在较小的范围内,那么纳什价格这个公平极还是可用的。

如果出现了④、⑤两种情况,并且还长时期、一边倒地存在,那么,即便在纳什价格处交易,客观的公平依然无法保证。我们把这种情况概括为"一边倒、长时期、大幅度偏差存在",这时就需要对公平问题做专门的具体的研究,并加以纠正,以避免它伤害现实经济。

这就是说,在"一边倒、长时期、大幅度偏差"不存在的情况下,纳什价格作为公平极是比较可靠的。

于是我们确认,纳什价格基本上就是公平价格的极端情况。在纳什价格情况下,虽然客观上不一定达到精确公平,那也是价格调节的作用过程。例如在物资极度短缺的时候,观念剩余可能很大,消费者认可的 P_n 很高,虽然也用纳什价格交易,消费者只可能是心理上得到了消费者剩余,而实际上存在很大的负值超额剩余,没有实物剩余支撑。这种情况下,生产者由于利益刺激,会开足马力生产,很快使短缺得到克服。从而,价格又可能迅速回到正常范围。

所以,纳什价格作为公平极价格还是合适的。纳什价格就是我们在产品市场找到的最公平价格。

除产品市场之外,只要是人与人交换的地方,都有公平的要求。在最小经济子系统内部,要求公平交易的地方有三处:产品市场、中间品市场和要素市场。

在子系统之外,还有子系统之间的公平问题,现实中被称为不同行业之间的公平问题。另外,还有政府与其他各经济主体之间的公平问题,这些都会影响到子系统的健康和发展。

关于具体的公平课题,留待以后深化研究。

3.有效调控

有效调控,主要指产品市场的价格机制,具体表现在需求曲线的斜率上,需求曲线有一定倾斜,价格和利物量之间才可以互相调节,互相影响。如果需求曲线成为水平线,或者成为垂直线,价格调节机制都将失效。

即便需求曲线不是极端情况的水平或垂直,也有一个倾斜度大小的衡量,倾斜度不走极端,才能让价格与利物量之间相互影响、可调节,也就是价格机制的有效性存在。价格机制有效,标志着子系统的健康。

4.持久生存

经济子系统的终极目的,是确保人类长久的生存、发展和进步,这也成为我们建立经济学评价标准的最高目标。

高效生产、公平交换、有效调控,都是手段,最终都是要达到人类持久生存的目的。忽视了这个终极目的,我们就不知道发展经济为了什么。有些地方只为 GDP 指标的不断扩大而努力,并不追究扩大 GDP 为了什么。在他们眼里,发展还是为了发展,经济还是为了经济。这在逻辑上是不清楚的。

本书希望所有人都清楚,发展经济的终极目的,就是为了人类能够更好地生存下去,发展起来,向更高级的文明迈进。

第三节　人与人经济关系中的公平正义

一、经济正义的理论概述

人类的正义理论之核心,是人的自由以及人际关系的平等。每个人类个体都具有完全相同或相等的权利,这就是平等的含义。在处理人与人之间的关系时,平等是人际关系之"初始状态"。不同流派的正义理论,其核心内涵(自由)都是一样的,不同的是其实现自由的路径。人类是合作的群体,在合作进行一项行动之前,初始状态下假设所有人都是自由的,其所拥有的自由权利是相等的,也就是人与人之间是平等的。行动之后,理论上来说,或许所有人的权利都变化了,或者增加了,或者减少了,但是增减的过程依然需要在平等的状态下发生变化,也就是在没有抢夺、偷窃、欺骗、威胁和偏心的条件下发生个人权利的增减变化。

正义理论演化发展的 2000 多年时间里，人类的经济学也在演化发展，但遗憾的是，经济学一直没有能够为实现经济正义提供足够的理论支撑。例如，亚里士多德提出"矫正正义"，研究到"交换正义"，但他把交换正义分成意愿的交换和非意愿的交换，他认为非意愿的交换要用正义来"矫正"，意愿的交换不需要"矫正"。所以，后世学者使用亚里士多德的"矫正正义"，多用于侵权伤害的非意愿事件的法律处理领域，而没有在经济交换领域发挥交换正义的应有作用。导致这种情况的客观原因，主要是以往 2000 多年经济学思想和体系的发展，没有把交换过程研究清楚，即便想在经济交往中使用交换正义来调节交换关系，也是无从下手。

所幸的是，我们建立的民生经济学体系，将人类的市场交换活动清晰准确地刻画出来，并且在精确的价格模型中，找到了交换正义能够立足的纳什价格——公平极，从而可以在交换活动和在最小经济子系统运行过程中，用正义理论来调节人际关系，确保经济活动在正义框架下，实现人际权利的增减变化。这样做的结果，可能在经济活动的初次分配中就实现了财富分配的平等，这个平等不是平均，一般情况下是参与经济活动的各方的财产权利均有所增加，但各人各方的增加幅度会有差异。因为个人的"才德"有差异，投入的要素数量和质量有差异，对净产品（净剩余）产出过程的贡献有差异，所以分配结果在正义框架下，在确保个人平等的条件下，也必然会存在差距。这里的正义框架，理想情况就是指没有"抢夺、偷窃、欺骗、威胁和偏心"的条件，子系统的参与者虽然都是利己的理性人，都想多占有净剩余的一部分，但是碍于正义框架的权威，行动中必须遵守平等原则。所以，各方、各人都将在平等的分配中，收获自己应得的一份"净剩余"。

即便还可能有人以某种非正当手段多占或剥夺了他人应得的部分，事后也可以通过仲裁手段来恢复正义。关键是，交换过程的情况已经完全清晰，仲裁的依据已经清晰，就提供了公平仲裁的手段。这是民生经济学发展出来的方法。

平等的初次分配，分配结果依然是有差别的占有，但是经济发展中贫富差距幅度会大大缩小，贫富差距扩大的速度也将大为减慢。

解决了初次分配的正义之后，在经济系统以外，利用政府权力再进行二次调节，政府的正义调节，以社会保障为主，使失去劳动能力者、运气不佳者、各种偶然事件中的受伤害者得到生活保障。

允许差距的存在，也是公平正义的要求。分配成果的数量差异，要始终与参与者的才德、贡献差距相一致，这是比较客观的公平。这样做，刻意吸引人们把自己的聪明才智积极地贡献到最小经济子系统中，为子系统创造出更多的净剩余，大家才有更多可供分配的净产品。适度差距的存在，体现了公平，也能提升子系统的生产效率。正义分配的实现，确保子系统中每一个个体受到公正对待。理想情况是，人们出了多少力，做出了多少贡献，就得到多少报酬份额，从而调动起每个人参与子系统、贡献子系统的积极性。对子系统的贡献提高，就意味着子系统效率的提高，意味着子系统的发达。

由此看来，分配正义（交换正义）从子系统内部调整子系统中各人之间的经济报酬，进行初次分配，政府这只手又从子系统外部，通过税收和转移支付进行补偿性、兜底性、保障性的二次分配，从而实现全社会整体的经济正义，目的是使社会财富占有的差距落入可接受、可控制的范围内，使社会运行进入良性发展的循环状态。

可以展望，实现了经济正义，各种资源要素都将争先恐后地参加子系统，资源都可以得到充分利用。尤其是人，有劳动能力者，人人奋斗，去争取自己的光明前景；没有劳动能力者，或者在奋斗中运气不佳者，依靠政府的二次分配，兜底保障，使弱有所依，老有所养。至此，"最大多数人的最大幸福"就可以保证,社会的弱势群体数量将逐渐减少,同时他们的基本生活和幸福指数,在子系统发展的前提下,可以得到社会(政府)的保障。这就是我们可望实现的正义的社会,比较美好的社会。

有人可能会疑问,既然有了交换正义,为何还要政府进行二次分配的补偿正义呢?或者既然有政府补偿正义,又何必再搞什么交换正义呢?其实,经济子系统内部的交换正义和政府外在的补偿正义都是必要的。从前,经济学没有给出实现正义分配的方法,社会的正义单靠政府来实现。这样政府的负担过重,同时对政府的要求也过高,单靠它来实现社会正义,总会有"阳光照不到的地方"。现在,经济学提供了在经济交换过程中实现正义的方法和手段,这种正义最直接、最精准,实现了初次分配的正义,如果初始状态确保了公平正义,那么以后将持续这种正义的环境。如果初始状态前各主体已经产生了巨大差距,而且不能保证其积累过程是正义的。这就可以通过政府税收和转移支付逐步调节,通过一个适度长的时期和平地"削平"那些巨大的差距。政府调节,可以实现未来某个时点的"平等初始状态",为后续发展奠定正义的基础。

实现了经济系统内部的交换正义,将给系统外部政府的补偿正义减轻负担。全社会从经济系统内外双管齐下,达到正义社会的理想就为期不远了。

二、子系统内部的交换正义

前面已经研究了生产方与消费方分配正义的详细情况,这里在经济子系统中首次找到了经济正义的连接口。这个接口处的分配正义也是整个子系统分配正义的模范样板。它形成的原则可以推广到整个子系统。

1.子系统中正义分配的原则

总结产品市场上正义分配的模式,形成两条原则:

第一,各方参与经济活动的动机,都是期望"无偿分享"得到净剩余。这个动机是正当的。

第二,在分配过程中,符合正义的分配是:①足额收回成本;②平等或按贡献比例"无偿"分享剩余。

收回成本也可以说是归还成本,因为先期投入的 IP 原本归各要素方所有,投入生产过程后就消失了,为产出 OP 而牺牲了,所以在产出 OP 中扣除与 IP 相等(相当)的部分,归还给各要素方,是对各要素方产前投入的恢复和保护,这是所有制文明的体现。所有制本身就是由正义理念产生的。不过,收回成本的前提条件是,子系统不亏本。收回成本优先于分配剩余。

收回成本,也只是恢复和保持了所有物原状,这并不是经济活动的最终目的。如果仅仅"收回成本"就满足了,那么不参与经济活动,这个"成本"价值就一直存在,不会消失,所有权也不会变化。所以,经济活动的最终目的是第②项,分享剩余。正如俗话所说"无利不起早",不为无偿得到"剩余",不为"多出来"的利益,谁愿意参与经济活动去自找辛苦和麻烦呢?

收回成本,在本质上不是分配。而无偿地获取剩余,才是分配的本质含义。这是人们必须清楚的理念。

2.经济正义的灵魂是"分享剩余"

有一则"兄弟相约,上山打鹿"的故事。

话说古时候某村有一对好兄弟,非常投缘,一起玩耍,一起长大成人。

　　某日,兄心血来潮,邀请弟随他一起进山打猎。兄准备了打猎工具,两把木叉,并做好饭请弟前来,一起吃饱肚子,带上干粮走进深山,开始狩猎。在一个较狭窄的峡谷里,发现一头麋鹿,兄头脑好使,指挥弟与自己分别从峡谷两端向中间合围麋鹿。结果,兄追赶麋鹿,麋鹿向弟方向奔逃,被守候在另一端的弟弟一叉命中。兄弟俩大获全胜,兴高采烈抬着麋鹿回到村庄。

　　但是接下来兄弟俩就不开心了。怎样分配麋鹿肉呢?

　　兄认为,方案 a:狩猎是我提议的,狩猎工具是我的,一天的饭食(包括早餐、干粮和晚饭)也是我提供的,狩猎活动也是我指挥的。所以,你就是来打工的,说具体点,你的一天劳作换得了今天一天的饭食。你我就两不相欠了。至于打回的麋鹿,当然与你无关了。那是我的。

　　弟虽然嘴笨,但心里不服气。

　　他想一想后对兄说,你我是好兄弟,虽然你主意多,可是,没有我,今天这只麋鹿也不会自己跑到你家里来。并且,麋鹿还是我一叉击中的。你虽提供了工具、饭食,也不至于连个鹿腿都不给我一只,那样你就太不够意思了。

　　兄对弟说,你要能说出道理,我们再来考虑鹿肉的分配方案,好吗?

　　此处,讲故事的人设想弟弟可能提出另外两种说法:

　　方案 b:我是你雇来的人,我是活劳动,你的工具、饭食,甚至包括你,都是我打鹿的条件而已,你的条件可以在成果中扣除,其他剩余物全部应当归于我——劳动者。所以,分配方法如下:鹿头和脖子补偿你今天工具的折旧和全天的饭食,其余全部应当归我所有。我是劳动者,一切都是由我创造的。

　　结果:鹿头和脖子归于兄,其余鹿肉全部归于弟弟。

　　方案 c:弟弟提议,我们请一个中间人——村长,来帮我们设想一个分配方案如何? 兄同意。

　　村长是一个公正的人,他听了兄弟二人各自意见的表述,提出一个方案:

　　打鹿的一切准备工作,工具,饭食,都是兄先期垫付的,把鹿头和脖子卸下,先补偿兄的垫付,不让兄吃亏。然后剩下的鹿肉你们兄弟俩一人一半,如何?

　　兄弟二人都点头同意。

　　以上三种分配方案,在现实的社会中会怎样演化呢?

　　方案 a,兄满怀高兴,弟垂头丧气。弟心里清楚,嘴却很笨,说不出有利于自己的道理,只能接受兄的提议。兄在当晚送走弟弟时对弟说,明早来家吃早饭,我给你做鹿肉吃,吃完饭我们进山打兔子,如何? 弟眼馋鹿肉,于是就答应了。

　　天长日久,弟弟成为兄长家的长工,兄长家盖起了房子,娶了媳妇,生了孩子,一大家人好不幸福。可是,弟弟一直为兄长扛长工,无房无地无财产,也娶不上媳妇,孤独一人,只能依附于兄长才能过活。亲兄弟也逐渐演变成了两个不同的阶级。

　　但是,弟弟离不开兄长,它们常常上山打鹿,生活还在继续。

　　方案 b,由于兄长事前承诺,弟弟说出道理,就照着分配,兄长听了弟弟的道理,一时也说不出反对的理由,就只好照着做了。兄长全天的饭食,工具的磨损,几天的操劳,换回鹿头和鹿脖子,倒是没有吃亏,可心里总觉得不舒服。于是,弟弟带走了除鹿头和脖子以外的全部鹿肉。走时弟弟还说:“哥,要是愿意,明天我继续和你去打猎。”

　　兄长望着弟弟扛着鹿远去的背影,心里说,还想打猎,你自己一个人去吧! 从此便没了下文。兄弟合伙打猎的情景再也没有出现过。

方案 c，按照村长的方案，兄弟俩分完鹿肉，皆大欢喜。于是兄弟一起煮鹿肉，请村长一块吃肉，一起喝酒，尽欢而散。

临走，兄嘱咐弟弟，早回家歇着，明儿休息一天，后天我们再进山，打兔子去！见弟弟茫然，兄挑明，别担心，以后就照村长的方案分配，不会让你吃亏！

村长也高兴地说，可别忘了请我喝酒吆！

没过几年，兄弟俩都盖了新房，娶了媳妇，养了一家孩子，在村子里日子过得红红火火，令人羡慕。

以上的三种分配方案，方案 a 代表了资本主义分配方式，必然导致阶级分化，贫富差距拉大，社会对抗加剧。方案 b 类似于劳动价值论的分配，结果是子系统遭到破坏，该生存模式无法继续。方案 c 类似于民生经济学分配模式，主张子系统参与各方按贡献比例"分享剩余"，子系统可以得到强化，参与各方都会走向富裕。

以上三种分配方案，方案 a 符合了帕累托准则，但是不符合本书的正义原则，弟弟一方，分配结果只收回了"成本"——一天的饭食，兄长却先收回成本，然后独占了全部剩余，是严重的不正义。但是，这种分配模式却可以在人类社会中延续千年，因为弟弟一方如果离开兄长，立刻就会饿肚子，甚至饿死。受到饥饿的胁迫，再不公平也得接受。

方案 b 也符合帕累托的原则，因为兄长一方没有吃亏，垫付的资产全部得到了补偿，弟弟一方独占了剩余。这也严重违背了"分享剩余"的正义原则。但是，这种分配模式将摧毁子系统，使子系统无法延续。本案中，兄弟俩组成的生产组织看不到第二天的日出。

方案 c 当然也遵守了帕累托准则，但是，它进一步遵守了本书中"分享剩余"的正义原则。

长期按此分配，兄弟俩会共同富裕，社会或许还有其他原因导致财富占有不均等，但兄弟俩不会分化成两个阶级，不会出现严重的社会阶级对抗。在"分享剩余"的正义原则下，子系统会越来越发达，效率越来越高是可以肯定的。

3. 分配正义原则在子系统中的推广

以上分配正义的两条原则，现在可以推广到子系统内各个环节中去，加以应用。

此处要参阅本章图 6-1、图 6-2、图 6-3、图 6-4 四张图。图 6-1 是最小经济子系统的实体结构图，图 6-2 是子系统的逻辑结构图，图 6-3 是子系统的市场运行机制图，图 6-4 是子系统各方价值分配示意图。

从子系统结构中可以看到，产品市场只是子系统分配的一个基础环节，类似的分配还有几处，分类来看，产品市场是第一种分配；中间品市场，也就是零售商、储运商、生产商之间的分配，属第二种分配；要素市场，即劳动、资本、土地要素之间的分配，属第三种分配。子系统内的这三种分配，统属于初次分配。其实，初次分配的共同特点是由市场交换实现的分配。所以，在本书中，分配正义和交换正义合二为一了。（而在亚里士多德那里，分配正义和交换正义是不同的。）

子系统创造出的净产品（净剩余），在分配之前确实属于子系统各方公共拥有的权益，一个周期完成之后，净剩余完成了初次分配。但是，实现分配的过程是在交换中进行的，交换公平了，分配就符合正义了。所以，交换正义和分配正义在此是一致的。

产品市场交换完成之后，消费方拿走了实物产品 op，开始自己的消费过程。但在交换过程中，消费方支付了 P_n，等价值地换回了生产方成本部分和生产方剩余部分的实物 pN，同时无偿地分享了实物 ap，不知情地无偿占有了超额剩余 qa。合计为 1 标石产出物 op。

　　消费方进入消费过程之后，子系统的分配并未完成。由于消费方支付了 P_n，子系统产出变成货币价值 P_n，这个 P_n 价值是子系统生产方共有的收入，一般情况下产业链上各企业是相互独立的，例如图 6-1 所示子系统，生产企业、储运企业、零售企业，他们各有自己的利益。在与消费者交易的过程中，他们是一家，称为生产方。当零售企业将产品销售完成之后，这个 P_n 还要到生产方三个环节企业中分配。

　　通常情况是生产企业制订一个零售价 P_n，然后给储运企业一个出厂批发价 P_1，储运企业再给零售商一个二级批发价 P_2。于是，零售商得到差价 P_n-P_2，储运商得到差价 P_2-P_1，生产商得到差价 P_1-P_c，这些价差都将形成各企业的单件（1 标石）毛利润。这是中间品市场分配。随后，各企业用单件价差乘以全部产品数量，就得到本企业的毛利润总量。各企业补偿成本和分享剩余的过程，就是要素市场的分配。下面，我们分别研究中间产品市场和要素市场分配的正义问题。

4. 中间品市场的交换正义

　　中间品的称谓其实不一定严谨，产品从生产者手上出发，经历储藏、运输、批发、零售诸环节，最后才卖给消费者。从生产厂商产出开始，到消费者手上的全过程，都可以称为中间产品分配。这里，我们将本节总结的正义分配原则，应用到中间品市场，牢记这里的正义原则：优先补偿成本，平等分享剩余。中间品流通过程是典型的商业过程，这个过程非常灵活、复杂，我们概括为以下几种经营方式。

　　第一，本地售卖，形成惯例，由厂家制订零售价，并规定一级批发、二级批发价格，留够价差给各中间商。如果没有多少垄断，大家互相合作，正常情况下，各环节的利益与其投入大小成比例，也就是说，当生产厂、储运商、零售商各自的毛利润与自己的成本的比值接近相等的时候，就应当达到正义的极端情况。这很像马克思描述的平均利润率趋于相等的情况。

　　第二，长途贩运，产品在本地已经形成经营模式，和第一种情况一样。但是，在外地，尤其是很远的外地去售卖，例如，中国的丝绸、茶叶运往西亚、欧洲，这种长途贩运，情况就是另一番景象。

　　在外地或外国，从来没有过这种产品，它会在外地、外国形成新的市场。新市场上，投入成本将是本地售价（购买价）加上长途贩运的成本，产出物依然是 1 标石。然后，在外地消费者的占有状态 x_0 作用下，形成新的交易三角区，形成外地市场价格。

　　长途贩运的商人们，在两地价格差异之间，扣除自己的贩运成本之后，形成自己的"净剩余"，这即是毛利润。

　　这里面的正义性在哪儿呢？

　　像这种长途贩运，商人们就是看中了价差，才进行贩运的。时而价差很大，时而价差又较小，似乎不宜用正义理念来衡量。价差的存在，正是推动长途贩运的动力，结果是两地互通有无，共享好产品，促进了不同地域、不同国家人民的交流。

　　第三，国际贸易，这里面应当存在公平问题，但情况比较复杂，本书暂不讨论，留待以后做专题研究。

5. 要素市场的分配正义

　　要素市场的交换，是真正的分配问题。从图 6-2 中可以看到，要素市场是子系统最关键的市场之一，它关系到子系统存亡，是社会经济存废之大事，因此必须深入研究，才能谨慎找出子系统成长并推动社会发展的措施。

显然,对于要素市场的分配正义,必须服从前述两款经济正义原则。仅此还不够,还需考虑两大因素。

(1)实现正义要有利于子系统发展壮大。要素市场在子系统中起到支撑作用,要素市场上的任何一方受到不公平待遇,都有撤离子系统的可能。如果一方要素撤离子系统成真,子系统就瓦解了。这种结果会巨大地伤害人类社会,其后果是毁灭性的。因此,对待任何要素或要素方的人,都需深入研究,谨慎结论,理性总结,实验推广。未经小范围实验的经济政策措施,千万不可盲目推广,以免贻害社会。

子系统是由劳动、土地、资本三方自愿组合而成的组织系统。子系统的运行结果一定要有利于三方,满足三方共同的生存利益。其实各方都有相同的愿望:扣除成本之后,尽可能多地占有净剩余。为使各方都能够有意愿长期留在子系统中,保持子系统的稳定,就得尽可能充分满足各方愿望,摒弃自己一方独占剩余的妄想和邪念,把其他两方都看成平等合作的伙伴,各方都应各尽所能地做出最大贡献,事后依据贡献大小平等地分享净剩余。

长期的研究显示,资本主义原有的分配模式是严重不公平的。资本几乎全部占有了剩余,仅仅把工资当成劳动唯一应得的收入,实际上工资仅仅是劳动的成本。在收回成本之后,劳动者再无权利分享剩余,这是资本主义最大的不公平。那么,劳动者受到不公正对待,为什么不离开子系统呢?如前所述,劳动要素的性质使然,劳动者背负着"吃饭的负担",一旦离开子系统,他们连工资也挣不到,那就更加苦难了。资本正是凭借劳动者的这一劣势要挟劳动者,子系统才得以维持,没有被破坏。如果劳动者没有背负这个负担,资本主义的最小经济子系统早就荡然无存了。

劳动价值论者提出的观点要求劳动一方独占剩余,这其实也是一种不正义,不过这种不正义无法实现。因为资本方、土地方他们不存在"吃饭的负担",资本家和地主虽然也需要吃饭,但他们已经有资产,在不参加子系统期间,资本本身就是财富,可以换回生活资料,土地也是同样。所以,资本、土地的所有者完全具有自愿参加和不参加子系统的自由,而劳动者,尤其是贫穷的劳动者,绝对没有不参加子系统的自由。也就是说,在子系统成立之时,劳动与资本和土地方就已经不平等了,所以,现实经济给劳动者再少的利益,他们都只能接受,而无法拒绝。可是资本、土地方就不同,如果收入不合意,他们完全可以拒绝参加,待价而沽。所以,资本家多年来一直剥削劳动者,劳动者也深知自己吃亏,就是无法拒绝参加子系统。因此,资本主义虽然不正义,却可以继续存在。由于资本主义市场的效率依然存在,它的社会还较为发达,加之政府通过二次分配做出一些补偿和调整,因此发达国家的经济依然可以发展。

而劳动价值论的结果就不同了,理论家们认为劳动者长期以来遭受了剥削,所以劳动者有权夺回自己的劳动成果。这只有通过革命才能实现。革命成功之后,劳动者要通过强制手段独家占有净剩余。但是,资本家、地主这些要素所有者具有完全的自由,如果不能分享剩余,他们就不愿意参加子系统,于是子系统就会越来越少,社会财富的生产遭到破坏。所以劳动价值论指导的政策无法持续下去。

正像前面"兄弟打猎"的故事一样,资本主义就类似"兄长独占麋鹿"的情景,最终使弟弟沦为长工,形成了阶级和对立;而劳动价值论主张的情况则类似于"弟弟独占麋鹿"的情景,一次性合作,失去了子系统长久合作的机会,失去了未来。

既然前面的两种极端情况都不符合正义，都是极端的不公正，那么，就必须进行变革。显然，劳动价值论的主张无法实现，资本主义方法虽然能勉强维持，其积累的社会矛盾也是愈演愈烈，大有一触即溃之势。

为防止社会风险，社会必须变革，我们只有一条路，走向正义。

走向正义，就是落实两大原则，即各方都有权：第一，收回成本；第二，平等地分享剩余。

这里需要说明：成本的界定必须明确。所谓成本，就是生产前投入的一切必要事物的恢复或保持原状的货币价值。

资本的投入，是货币形式，销售完成后扣回等量货币本金，就是资本的成本。利息是净剩余的一部分，不是成本。

土地在生产过程中不消耗，一直保持原状，所以一个周期结束以后，土地自身（原状）还归土地原所有者占有，这个就是成本。地租是净剩余的一部分，不是成本。

劳动的成本，这个比较特殊，它是劳动力保持或恢复原状的货币价值，其实就是劳动者的工资。工资包括：劳动者自身生存所需要的费用；劳动者抚养子女和家人需要的费用。得到这些费用，劳动者可以持续生存，并实现劳动者的更新换代。

在各方都收回成本以后，子系统如果还有净剩余，就应当按照正义的原则，让劳动、土地、资本共同按贡献比例平等地分享剩余。

分享剩余方面，过去资本拿利润，土地拿地租，是天经地义的。但与此同时，劳动拿一份剩余，或者叫净剩余"分红"，也是天经地义的。实际上这才是完全的正义，劳动与土地、资本平等地分享了剩余，符合了正义的原则，保持了子系统的合作和效率，才能使子系统更加兴旺发达。

劳动拿回部分剩余，与资本、土地完全平等，这是一个巨大的变革。资本和土地，符合正义地拿回部分剩余，劳动也符合正义地拿回部分剩余，资本虽然拿走的肯定比以前少，因为以前是不正义的独占，现在是正义的分享。但子系统更加和谐，各要素方都可以理直气壮追求剩余，再无违反正义的剥削存在，社会在初次分配中就实现了正义，政府的矫正正义任务就减轻了。这样的正义变革，有利于子系统发展壮大，具有光明的前景。

劳动分享剩余的详尽规划方案参见本书第七章第三节。

（2）尽可能多地吸纳劳动者参与子系统循环。这是一项矫正措施。千千万万个社会最小经济子系统要将有劳动能力的劳动者全部吸纳到子系统中，使劳动者充分就业，这也是正义的最高境界，是全体有劳动能力的公民有平等参与子系统循环的机会，用劳动创造财富，营造生活，保护子系统和谐发展，才能达到人类社会的持久生存目的。

工业革命以后，人类的生产能力飞速发展，效率迅速提高，机器大量使用，出现了机器替代人类劳动的大趋势，到现代，这种情况越来越严重，形成了所谓的"效率悖论"。这就使大量的劳动者被甩出了子系统，原来的子系统中，资本土地份额越来越高，劳动比重越来越低，这种情况的极端状态就是劳动完全退出子系统。如图6-2所示的子系统逻辑结构可见，这样在宏观上就破坏了要素市场的存在，也就必然导致宏观经济循环的崩溃。

为什么这么严重？因为劳动者占公民的最大多数，是产品消费的最主要力量。现在劳动者被机器替代了，他们就被赶出了要素市场，也就没有机会获得收入，就没有货币购买产品。这样的后果是，子系统内的产品无法销售（少数资本家可购买）出去，广大劳动者无法继续生存，一方面是企业纷纷倒闭，另一方面是人民无法生存，社会的三大要素提供者都将陷于灭顶之灾。这就是"机器危机"或"效率危机"。

为了防止"机器危机"的出现,必须保护好我们的子系统。保护的办法就是:以法律手段,缩短每周劳动时间;禁止劳动者打两份以上工;限制在职员工加班加点;限制劳动者收入的巨大差异;把某些部门的高收入变成多岗位,多雇佣劳动者。以最大限度地吸纳劳动者就业,保护子系统的宏观循环,让子系统生存模式继续为人类生存出力。关于解决"机器危机"的详细规划,参见本书第七章第四节,这里不再赘述。

通过对要素市场的研究,我们发现,要素进行市场化运作,市场化能力是最差的。要素市场化,非常容易出现不正义分配,因为三大要素本身性质不同,劳动最容易受到不公正对待。西方自由主义学者极力反对政府干预,在要素市场上是完全没有道理的。对于劳动者的弱势,只有立法加以保护,限制强势一方的权利,才能实现公平正义。但是在实施正义的同时,又必须保护子系统不受伤害,若伤害了子系统,那将适得其反,不仅无法实现正义,连效率也会被破坏殆尽。

在研究了要素分配的正义理论之后,在正义的两条原则之后,还需要加上第三条:保护子系统存在和持续循环是最高正义原则。

6.子系统内部的经济正义总结

在地球上,人类之所以有今日之强大,是因为人类社会的高度组织性。而其组织性中最成功之处,在于自发演化出了最小经济子系统。人类的这个最小经济子系统,正好利用了人类个体利己的特性,形成了结构严谨而形式松散的子系统,这个子系统的生产方似乎是常态组织,而消费方则是临时加入进来的。消费方临时加入进来,就为一件事情,完成产品交易。就这一件事的完成,使子系统结构完整了。子系统中的消费方,随着交易的进行,将不断变换成新个体。每一个个体消费者都是一次性地参加子系统,而子系统的结构框架却长期不变。这就使子系统结构具有看似松散,实则严谨的特性。

人类社会的这个最小经济子系统,不是人类智慧设计出来的,而是长期演化形成的。人类社会在发展过程中,不断地形成大大小小的子系统,这些子系统纵横交错,构成了全社会一个复杂的大系统。本书提取出来的最小经济子系统,是结构完整的一个最小系统,以它的结构来研究全社会,可收到事半功倍的效果。

最小经济子系统为人类文明立下了汗马功劳,大大小小的不同子系统,源源不断地生产出大量的财富物品,使人类不断成长壮大,在众多的地球动物中脱颖而出,成长为地球生命系统的统治者。正像亚当·斯密描述的那样,每个人都为自己的利益而努力,结果却使全社会利益得到增进。

可见,最小经济子系统恰当地适应了人类个体的特性,所以才得以在人类社会发展中保留下来。其中最重要的环节就是市场交换节点,它的存在,把同样利己的生产方和消费方连接在一起,虽然他们双方进入市场,都很想从对方处尽量多地得到好处,可是,交易结果却是相互帮助、相互支持的。消费者估计出 P_u,然后以自己利益为准,千方百计少于 P_u 支付,讨价还价得到妥协,实际支付 P_n 后换回自己估价 P_u 的 1 标石物品,$P_n < P_u$ 是必然的。消费者节省了 $AP = P_u - P_n$,达到了自己的利益目标,他的利己心得到了满足。

但是在消费方追求自己利益的过程中,他非意愿地帮助生产方确认了 1 标石利物的价值 P_u,并且支付了 P_n 使生产成果得以货币化,而且比生产成本 P_c 多支付了 $PB = P_n - P_c$,使生产方追求更多净剩余的目标得以实现,生产方的利己心也得到了满足。

在子系统的产品市场上,任何参与方都不是慈善家,而是利己的逐利者,他们活动的结果却都为对方创造了条件,满足了对方的利己心。这就是最小经济子系统的魔力。一群利己的逐利者博弈的结果,使子系统源源不断产出净产品或净剩余,子系统的兴旺发达,预示着人类文明的繁荣强大。

所以,子系统的存在和繁荣是人类社会的最高利益。从功利主义的正义观来看,促进子系统存在和繁荣是最高的正义原则。其实,子系统中产品市场的交换,使生产方与消费方平等地分享剩余,这本身就是罗尔斯补偿正义要求的情况。他要求优势地位的人在追逐自己利益的同时能够使最少受惠者得到最大的好处。而此处,平等分享剩余的双方,无论谁作为优势地位者,谁作为最少受惠者,他们都平等受益,这已经超越了罗尔斯想要的正义。退一步说,即便不是在完全平等状态下分配,不是纳什价格,偏离纳什价格,也满足罗尔斯正义的要求。所以说,促进子系统发展和繁荣,能够满足人类的最高利益,也是人类最高的正义境界。

于是,我们按重要性顺序总结出以下经济正义的三款原则。

三、经济正义的三款原则

第一款:促进子系统的存在和发展,是社会的最高利益。为此实施的适度的补偿、矫正和调控行为符合正义原则。

第二款:收回成本,保持和恢复生产前投入的原状是对所有制的延续和保护,应当在分配剩余以前优先进行。

第三款:追求净产品或净剩余是人类正当的经济行为。子系统参与各方都具有按贡献比例(波量当量)平等分享净剩余的权利。

上述三款正义原则解说如下:

第一款是经济正义的基础要求,无论是什么高深的正义理论,只有促进子系统的存在和发展,才能满足人们最大的生存利益。正义的第一款原则,是一个检验正义与否的最低刻度,只有先满足这一条款,才可以展开正义的其他内容。一切经济政策都应当以是否有利于子系统发展为准则来检验。利于子系统发扬光大,政策就符合正义;反之,就不符合正义。劳动价值论曾经的失误正是违背了这一条,它让劳动独占剩余,资本和土地方都跑了,子系统就破坏了,最终就伤害了包括劳动者在内的全社会利益。

第二款是所有制文明的延续,生产中的投入(物品或服务),在投入开始以前,就是生产方相关主体所有的(或公有或私有),在生产之后,原投入物消失了——为得到产出物而牺牲。所以在生产成果中应当优先补偿回来,使投入者在生产前后的利益不发生减损。其实,收回成本还是有风险的,如果子系统亏损,则成本就难以全部补偿回来。但是,子系统有剩余是常态,亏损则是较少发生的事情。

如果出现亏损,子系统的主导方(通常是生产方)应当首先受损,同时,活劳动是依靠劳动服务投入的,成本(工资)是他们得以生存的依据,这个要素的成本应当具有优先补偿权,其他要素的成本补偿顺序靠后。由于劳动要素在亏损时享受了优先补偿权利,所以在盈利情况下分享剩余的时候,在平等分享的基础上,可以略微让步,例如在完全平等时拿到 AP 剩余,可以在此基数上让却 10% 给生产方,以弥补子系统亏损时生产方成本先受到的损失。

第三款:首先确认,追求净产品或净剩余,是人类正当的经济行为。这个净产品或净剩余来自自然界,不是来自他人。人类组织成子系统,进行经济活动,创造出净产品或净剩余,是后续分配净剩余的前提。产出了净剩余,由子系统参与各方按贡献比例平等分享,这是经济正义的具体原则。在许多时候,投入比例可能无法精确测量,这时只好按平均原则去分享。虽然这样分享不精确,但总体上使参与各方都得到了"多出来"的好处。这虽不是精确正义,却可以达到准正义。关键是,这样做还有利于子系统的发展壮大。

综观经济正义的这三款正义原则,第一款是"天则",是经济正义的最低门槛,最高权限。违背它,就意味着衰落与灭亡。第二款是所有制文明的延续。第三款是经济正义的核心意涵和灵魂,它远远超越了帕累托准则,不仅不伤害任何人利益,而且要增进所有参与者的利益;在某种程度上,它也超越了罗尔斯补偿正义的程度,罗尔斯只要求一方(优势地位方)受益时,对子系统中的最少受惠者有好处,而这里的第三款,要求子系统各参与方拥有按贡献比例平等地分享子系统的净剩余的权利。一旦平等权利得到保障,优势地位方和"最少受惠者"在初次分配中就不可能出现。最少受惠者只有在受到不公正待遇时才会存在。平等分享剩余,属于平等互利的范围,当然高于帕累托的准则,也高于罗尔斯的正义要求。

遵守了以上三款经济正义原则,在子系统内首先实现了"最大多数人的最大幸福",也就是在初次分配中,就已经满足了"最大多数人的最大幸福",功利主义正义观也得到践行。

四、子系统外的经济正义

在子系统之外,整个社会大系统中,各子系统都是并行存在的,它们形成了不同的产业或行业。在我们现实的社会中,行业之间差异很大。主要是行业之间人们的收入差距很大,有些时候达到人们无法接受的程度。这显然有违正义的精神。

在社会经济系统中,如果存在严重的不正义,那么迟早都会酿成社会的混乱和无序,甚至摧毁社会存在的基础。

1.行业间分配的正义性

行业间分配不公平是常见的事情,2003年到2013年的10年间,中国国家统计局数据显示,收入最高的三个行业,前期是IT业、金融业、科技服务业;后期是金融业、IT业、科技服务业。收入最低的三个行业一直是:最低农林牧渔业;次低住宿和餐饮业;较低主要是水利和公共设施管理业。最高收入行业的平均收入与最低收入行业的平均收入之比多在4倍以上。(资料来源:陈宇学著《改善收入分配 促进社会公平正义》。)

行业间收入差距大的原因,陈宇学认为有二:第一是垄断因素造成的;第二是新兴产业、高新技术产业收入倾斜。我认同第一种原因,垄断行业是收入不均衡的主要原因。

最低收入始终是大农业——农林牧渔各业。

我们可以设想,如果在系统内部的分配正义得以完全实现,那么,行业间的收入差距就不会太大。金融上升到第一名说明什么?只能说明不正义的分配已经非常严重。金融收入最高,正应了俗话"管啥的有啥","厨师多为胖子"。大家都能理解其中的含义。这显然违背了社会正义。说明我们社会的治理存在很大漏洞,不公正已经深入到生活的主要方面。"管啥的有啥"明显有以权谋私之嫌。经济正义在行业间的应用,应当有能力判断不正义行为并加以改进。

(1)两个极端不公平的行业对比。

从实证数据可以看到,行业收入最高的是金融、电力、电信等行业。最低收入者始终不变的是农业,即农林牧渔产业。

电力的高收入,不是因为他们创造得多,而是垄断造成的结果。员工的高收入,来源于企业高收入,而垄断企业的高收入,源自于高价格。这是毋庸置疑的。对比来看,农业劳动者收入最低,其根源就是农产品价格过低。这也是铁一样的事实。

我们暂时假定消费者对电力和粮食的占有状态一致,参见图 $6-5$,$x=x_0$,电力和粮食都处在同一状态线上,最上部的交点是电力价格,处在最下部的交点是粮食价格。

依据经济正义的三款原则,在初次分配中,电力价格和粮食价格都处在不公平的价格区域。电力垄断价格,几乎全部占有了净剩余;粮食处在完全竞争带以内,净剩余几乎全部被消费者占有。所以,同样是生产者,电力企业职工收入荣登高收入榜首,而粮食生产者农民的收入却排在倒数第一,是社会上最穷的生产者。

农业的低收入,根本原因是农产品价格奇低,它世世代代都处于 C 带中,到现代,工业技术早已辐射到农业领域,农业的生产效率其实已经很高,就是说净产品生产的不少,但市场分配机制是价格交换,在交换中,粮食生产者在成本钳位机制作用下,几千年一贯制,分享不到剩余。所以,农业的从业人员收入一直很低。今天,工业革命的成果业已运用到各行各业,农业生产效率早已很高,即农业的净产品已经很多,但农业依旧在 C 带中交易,无论他们生产出多少净剩余,都几乎全部无偿转移到消费者手上,生产者除了收回成本,几乎一无所有。这种分配情况完全违背了"平等分享"剩余的原则,显然是不正义的。

这里我们发现,研究不同行业收入分配的公平性,看似是子系统外的事情,其实根源还是子系统内部的价格问题。如果子系统内电力价格走向正义,它就不会成为社会的最高收入行业;子系统内的粮食价格(农产品价格)走向公平极附近,子系统内部实现了经济正义,就不会有社会上的农业从业人员收入最低的隐忧,当然也就不存在中国社会的"三农"问题。有关"三农"问题的解决方案,可参见第七章第二节。

(2)消除行业不公平的理论模式。

我们已经证明,社会收入的差距主要在于系统内部的价格,也根源于子系统内部的经济正义问题。要解决社会收入不公的问题,我们的办法只有一个,努力实现子系统内各种产品交换的正义,才有可能消除社会收入的巨大差距。

仍以电力价格和粮食价格为例,电力价格的反垄断要彻底,我们已经有了价格模型,在大数据时代,我们完全可以计算出电力在公平极上的价格,甚至动态地计算出任何周期内电力的纳什价格,让交易处在纳什价格的公平区间内,实现正义分配,生产者和消费者都得到最大利益,对社会也是十分有利的。

对于农业,以粮食生产为基础,可以宏观地计算出粮食的纳什价格曲线。但是,粮食是特殊商品,一刻也不能短缺。只要政府不加限制,即使在纳什价格交易,农民依然会穷困潦倒。即便利用大数据,计算出纳什价格,但粮食的特殊性就在于,它不敢少生产,要尽量多地生产,通常都会超过饱和量,一旦达到饱和量,即 $x=1$,价格就走向右下角不动点处,那里无论什么价格,都会趋向于 P_c,虽然此处消费者感觉不到净剩余,但所有的净产品变成了超额剩余,被消费者无偿占有了,生产者还是无法分享到净剩余。

这种情况下,必须依靠政府,利用价格管制,把价格钳位在 $1.618P_c$ 到 $1.309P_c$ 之间,用价格调节消费者的粮食消费,使生产者始终保持有剩余,则"三农"问题就可以得到解决。这样做的第一个结果是,粮食生产量必然过剩,但这个过剩通过政府形成粮食储存,确保粮食安全。同时,政府持有多余的粮食可以实行转移支付,履行国际救灾赈济义务。第二个结果是国内粮食调价初期会形成物价上涨,但是当粮食价格与工业品价格持平时,涨价问题就会消失。这实际上是把原来严重不公平的价格体系调整到公平,只是短期现象。第三个结果就是农业开始有了剩余,有了积累,农业资本会逐步形成,农业的凋敝现象将彻底消失。第四个个结果是,通过一定时期的调整、积累,农村广大地区的环境会优化,农村消费会形成广阔的市场。

这里就须利用人工割断成本钳位机制的办法,来解决子系统内的正义分配问题。

2.地区间分配的公平性

地区间收入的差异是客观存在的,这在国家统计局发布的资料中有明确的说明。地区间收入分配不均等,是否意味着不公平?笔者不认为地区间收入不均等就隐藏着不公平的因素。所谓不公平,应当是指有人的意识参与其中,而地区间分配不均等往往不是人为分配的结果,它是自然禀赋分布的不均匀造成的。这是一个国家和地区面临的自然机遇,是客观世界给定的,如果称作不公平,那也是客观世界的"不公平"。但是从社会研究层面来看,自然界没有意识,不应当称作不公平,只能称为"不均等"。然而,自然界机会的不均等,造成的后果却是作用到社会中,带来不同地区的人民个体收入不均等,这就成为社会问题。面对这种问题,不能因为它是自然造成的,人类就视而不见。还好我们有政府,可以依靠政府进行二次分配,调整余缺,进行一定程度地平衡、补偿,把发达地区与后进地区的个人收入差距限定在一定范围内,这就是人类的公平和正义。使差距缩小,尽量趋向于均等,这也是一个国家的政治要求。不同地区的人民同处在一个国家,一个大家庭中,发达地区要帮助后进地区,使全国人民共同创造美好生活,但这种调整必须是有限度的,不能彻底抹平差距。否则,分配结果的彻底平均,就可能伤害效率。

从我国情况来看,时代不同,地区间差异的机遇也不同。在漫长的农耕时代,黄河流域地区率先发展,后扩展到长江流域,文明的薪火从黄河流域发端,逐步燃遍神州大地,最后辐射到边疆、海疆。20世纪后期,中国开始改革开放,在工业化时代,沿海、沿江、沿边具有了对外开放和国际贸易的优势,其主要原因是产品运输的低成本,各国之间信息流通的方便,使他们具有了显著的优势。似乎在明朝以前,沿海地区均属边疆,资本主义尚未发展,这些地方没有显示出优势。明朝后期,西方资本主义大发展,海运开始发达起来,沿海意味着交通的便利和低成本,贸易容易进行。资本主义的高效率辐射到中国,首先在沿海登陆,沿海地区才逐步获得优势。

我们确实不能把地区自然禀赋造成的收入不均等看作不公平,仍然要鼓励发达地区率先发展,持续高速发展。不能因后进地区的失落,而限制优势地区发展,那样是愚蠢的。优势地区要尽力发展,后进地区奋起直追,虽然赶不上(自然禀赋不给力),也要尽力缩小差距。在最后的结果分配上,政府二次分配的适度调控是非常必要的,目标是把发达地区与后进地区的差距限定在可接受的范围内,以有利于整个国家。各个地区虽存在差距,但仍能同步发展,共同进步。这也是符合国家政治统一的基本要求。

3.政府参与分配的公平性

当代中国不同于西方资本主义社会,我们是新时代中国特色社会主义,实行的是社会主义市场经济。我国有大量的国有企业,在国有企业中,资本和土地都是国家的,劳动和资本土地进行分配,实际是劳动者和国家分配。政府作为资本方和土地方,应当分配资本、土地的收益。另外,作为政府,无论是什么企业,它都有征收税赋的权利。所以国家在子系统初次分配中,也占有相当的比重。然后再获取二次分配的收入。

在子系统初次分配中,最强大的还是政府方面。它的分配带有强制性。但是,强制的权力必须要加以限制。政府虽然具有强制权力,但在利益分配时还是要遵守正义的原则,人民赋予政府强制的权力,人民也必须有能力限制和监督这项权力的使用,确保其不被滥用,或不被某些集团或组织利用。由此,限制政府的规模,限制吃财政饭人员的数量,势在必行。

4.政府是公共产品的提供者

在市场经济体制下,子系统的发展壮大,都能够使私人物品得到满足。而公共物品的生产和供应则无法在子系统中产生出来。作为政府,提供公共物品具有独特的优势,政府本身就是公共事务的管理者,由它来建设、提供公共产品,逻辑顺畅,容易实施。政府以税收的形式向所有纳税人收取公共物品的"门票",一般不会有太多的"免费搭车"者。而提供公共物品,其实是民生基本问题,公共服务设施的健全,将使全体公民受惠。中国政府近些年强调民生工程,各地强化基础设施建设,同时以国家力量建设特大工程,如三峡大坝,电力、通信网络、高铁网络等,都取得了很好的效果。

政府提供公共产品,以税收形式出售"门票",也相当于建立了一个经济子系统,政府主导的生产和服务,与消费者实施了交换。但是这个交换不是在市场上,而是寄生于税收过程中。公共产品的生产和消费,不以赚钱为目的,消费者享受的公共产品基本上都是以成本价出售的。近些年中国经济的持续高速增长,公共产品的大量生产和提供是主要原因之一。

近代中国积贫积弱,社会公共产品短缺太多,尤其是民生公共产品亏欠严重,改革开放以来,我国生产力水平大幅度提高,现在产能多有过剩,而把多余的产能引向民生工程,提高公共服务水平,这是一举多得的好事。

5.政权是公平正义的执行者

现在我们能够清楚,子系统初次分配正义是社会公平的基础,而社会正义的执行者当然应当是政权体系构造的国家机器,或者可以断定,国家是社会公平正义的责任人、执行者。

(1)立法确保初次分配的公平。以往的经济学无法分清子系统中分配的细节,尤其是新古典经济学,始终把工资、地租、利息错误地摆在一起,马克思曾批评它们是"三位一体"的分配模式,主要是把劳动者的工资(成本)与资本的利息(剩余)和土地的地租(剩余)错误地对应在一起,还搞出一个所谓的"欧拉定理",把子系统分配的水彻底地搅浑了。

现在我们有了经济正义的三款原则,又把各种要素的成本和剩余概念彻底厘清了。所以,子系统的初次分配模式必须进行结构性改革。这必须由各国当局立法规定。以前西方古典经济学主张在子系统内任由要素三方自行谈判解决,基本就是放任式的自由主义分配,通常资本方、土地方依据自己的强势,只给劳动者工资,剩余分配没有劳动者的份。即便是在社会主义国家,由于新古典经济理论的缺陷,也无法找到劳动者分享剩余的理论依据。如果按劳动价值论分配方法进行,又难以形成大量的子系统,所以社会主义国家政府也没有办法通过立法介入三要素的公平分配。

现在我们有了民生经济学分配理论,按照子系统分配的三款原则,各要素需要先收回成本:资本拿回本金,土地拿回土地本身所有权,劳动者拿回工资;然后,若有剩余(这是常态),三方平等分享剩余:资本拿回分红(含利息),土地拿回地租,劳动拿回分红(或奖金)。

至于三方分享剩余的数量比例,原则上按照贡献比例分享。但是要精确测量三方贡献比例,一定存在许多困难。粗略估算比例,并照顾到劳动者在子系统亏损时要优先领取工资,资本可能会优先承担部分亏损这个现实,劳动者在精确比例上适当减少5到10个百分点的净剩余分享作为平衡办法,然后三方分享子系统全部净剩余。这样一个结构性分配改革,应当以立法或政府法规的形式强制性推进才可能实现。当然,这次分配改革,是子系统趋向正义的改革,不会伤害子系统的运行。实现了正义分配,资本方、土地方和劳动方,再也不会存在什么剥削或非正义分配,资本拿利润,土地拿地租,劳动拿分红或奖金,完全符合正义,理直气壮,再也没有剥削和压榨。如果某个子系统经营得好,资本、土地、劳动要素三方都会从经营中得到实惠。社会经济系统将出现空前繁荣和谐的发展局面。

虽然各要素的贡献比例不容易确定,但可以粗略估计,由子系统管理者逐步测算确定,达不到精确,也可以近似。不求精确正义,总可以实现准正义,或近似正义。随着时代的发展,未来三方的贡献比例或许可以达到精确化。

子系统分配的近似正义要求达到:第一,各自收回成本;第二,若子系统有剩余,各方必须平等分享一定份额的剩余。初期,分享的额度不一定准确,但只要三方分享了,那就是分配领域的结构性突破,即向正义分配迈进了一大步。

在拿回成本的问题上,人们可能会有理解偏差。例如,现在西方会计体系,总是把利息算入成本,这是错误的。利息属于净剩余部分,必须计算到净剩余中。土地方的土地,产权没有变化,就是收回成本(保持原状)。劳动工资以往都计算进收入,到底算成本还是剩余,人们或许有争议。其实,工资是典型的成本,它是劳动者恢复原状的费用,即自身生存的费用加上养活子女的费用,只有这样,劳动者才能恢复原状,30年之后,儿子或女儿又长成一个劳动者。

理解了成本的精确含义,成本的划分就可以非常清楚了,再也不会犯把工资和利息、地租相对应的错误了。以往新古典经济学把工资与剩余并列,也有一些客观原因,资本土地在投入前都是有形的财富物品,而劳动在投入前看不到有形的东西,所以不认为它是成本。其实劳动力在生产过程中是逐步消耗的,一天之内看不出消耗,10年、20年就可以清楚看到。每天的工资,保持他本人生命延续,养家费用帮助他养儿育女,以便在30年后,新一代劳动力长大,更新恢复劳动力。所以,工资是货真价实的成本。

土地在生产过程中始终不变化,所以它的原状一直保持,只要土地所有权没有变化,土地方就算收回了成本。

人们还会关心一个问题,资本、土地、劳动各自收回了自己的成本,为什么随后还要无偿地分享剩余呢?剩余怎么来的?是三要素为子系统提供服务创造出来的。三要素怎么提供服务的,我们在前面已论述过,三要素通过要素量×时间周期=要素波量的方式为子系统服务,三要素的波量是服务过程的积累量,由他们三者被占用的时间累积度量。三者的时间累积波量,就是各自的贡献的名义量,可以作为初步的贡献衡量标准。但是,在劳动使用中,波量仅做参考,因为人是活劳动,个人的才华和主观努力不同,虽然波量相同,实际贡献也可能不同,这应当由管理人员去甄别确定,所以,劳动、土地、资本三要素分享剩余总额以后,劳动的剩余分享总额应当在劳动者内部由管理人员仔细分配。

在分配问题上,如果出现明显的分配纠纷时,可以申请仲裁或由法院审判,现在有了正义分配的三款原则,立法确认以后,仲裁也就有了依据。劳动者参与净剩余分配的权利一定要实现,这是正义分配的标志性事件。

(2)政府是矫正正义的实施主体。矫正正义,主要是针对社会无法避免的收入差异结果进行调整,使收入分配差距保持在一定范围内,警惕基尼系数过高带来的社会风险。

初次分配中,假定社会从完全平等平均开始发展,发展过程中严格遵守正义分配的原则,即产品市场分配、中间品市场分配、要素市场分配都是正义的。但是,子系统会面对自然界的各种环境机遇和风险,所以不同的子系统还会产生收入差距;同一子系统内劳动者也会由于才华不同、主观努力不同、贡献不同而产生收入差距;未参加子系统的老弱病残幼等社会成员无法取得收入;一些社会偶然环境因素导致的伤害,使人们的收入存在差距。这些差距虽然难以彻底消灭,但必须控制在一个社会良性运行的范围内,确保社会最少受惠者得以安全健康地生存,改善和提高其生活水平,与社会的进步发展同步。

这就要求政府通过累进个人所得税收高补低,进行适度的调节。以达到社会共同进步的目标。

由于初次分配已经实施了正义分配,二次分配的调节任务就比较轻了。把基尼系数控制在理想的范围内是比较容易实现的。

(3)货币体系必须具有正义性、稳定性。货币的本质是银行发出的借据,它是一种债权债务关系的记录信息。同时,它本身就是价值计量的一把尺子,1元的价值含量,就是它能够购买的各种财富物品的数量,货币的购买力就是货币的价值。社会上人们的经济关系都是用货币来衡量并进行交流的,所以货币度量单位非常重要,它涉及到一切经济活动。如果各项经济活动本身是符合正义的,而货币单位不稳定,就可能使原本符合正义的活动变形,变得脱离了正义轨道,而改变了原来经济关系的符合正义的程度。如果让经济活动的参与者预先对货币引起的变动进行矫正和预防,往往效率很低,效果甚微,常常造成参与者之间的关系发生非预期的改变。例如借贷关系,常常由于货币的贬值,损害债权方,利于债务方。其实这些变化本来就是不应当出现的。

货币之所以能够成为人们广泛使用的经济工具,因为它是央行发行出来的债务,各国央行具有最终偿还义务。可是,现在发行的货币都免除了央行这样一项重要义务,也就是说央行可以无限制地向人民借债而不需偿还。这导致各国央行"量化宽松"情节,发行得越多,借债越多。本来是债务,却不需要偿还,谁都倾向于多借。

各国政府货币不断增加,货币体系又怎样保持稳定运行呢？货币量化宽松的无节制,最终将导致货币度量单位越来越小,市面上货币流通量越来越大,人们感觉的货币单位价值非常低。许多国家不得不另行发行货币,经常称作"新××货币",例如"新卢布",我国台湾省还搞了一个"新台币"。新旧货币之间往往规定有一个兑换比例,根本原因是单位货币价值在不断贬值。

货币体系的治理,必须以正义为准绳。首先,各国货币作为央行的债务,必须承诺按购买力足额终极偿付,以使货币体系的逻辑清楚,货币债权债务关系受到保护;其次,货币发行时的购买力(价值)应当保持长期不变,只有货币保持发行时的购买力,才能保证债权债务关系的准确,才能保证足额偿还。

无论当局要采用何种货币政策,必须保持货币单位价值稳定。承诺终极偿还和保持单位货币价值稳定,这是货币当局实施经济正义的第一责任。货币的价值稳定,不是以某种外币为基准,而应当是货币单位本身对应的购买力稳定。经济调控时,一般不要轻易使用货币量增减来调整,货币量增减,唯一的理由就是使交易中的货币量与利物量、财富物的交易量适应,从而保持物价稳定。整个经济在物价稳定的环境中进行,得到的经济数量就是真实可靠的。国家的经济正义才能得到最基础的保障。关于货币的深入研究,可参见《民生货币论》。

第四节　最小经济子系统的效率

效率一词,原意是指"单位时间内完成的工作量",这似乎是一个工作效率的概念。经济学上理解,效率是指"产出与投入的比值",可以简称为"产投比"。产投比越高,即效率越高。广义地理解,效率一定是有一种交换,以投入换回产出,投入越少,换回越多,则效率越高。

一、经济效率的概念和意义

经济学对经济效率的表述是,给定一个投入,能得到最大的产出或回报;或者说,得到一定量的产出或回报,需要投入的资源最少。这两种说法是一回事,都称为经济效率。

在前面章节中我们已经定义过两个市场,"自然市场"和"社会市场"。自然市场是指人与自然的交换,这实际上是指"生产过程",一切生产过程,都是人与自然的交换。作为生产者的人,投入一定量的资源要素到自然界中,然后从自然界中获得某种产品的产出量,这个过程看起来也像一种交换——生产者与自然界进行交换——所以称之为"自然市场"。在这个市场上,生产者是一方,自然界是另一方,前者是人,后者没有人格化的要求和愿望。生产过程完全依照生产者利己的意愿进行。

社会市场是指人与人交换的场所,这是真正的市场。参与交易的人,将自己持有的某种财富物品,或者潜在财富资源拿到市场上进行交换,形成社会市场。在这个市场上,参与交易的双方或者多方都是人(或法人),都是利己的主体,以两方交易居多。利己的各方都有提高自己"产投比"的意愿,也就是各自都希望提高自己的效率。

依据定义,经济效率可用于这两类市场。

第一,经济效率用于自然市场。利己的生产者希望自己的经济效率越高越好,而另一方非人格化的自然界不会反对,于是自然市场上经济效率提高就成为合理的要求,整个生产过程完全听命于生产者。提高经济效率永无止境,也无障碍。

第二,经济效率用于社会市场,情况就复杂化了。以两方交易为例,参与双方都是人(或法人),他们都是利己的,双方都有提高自己经济效率的意愿。

假设:A 是生产方,在自然市场上投入 P_c,换回产品 Q(1 BD);A 再到社会市场交换 Q(1 BD)产品,B 是买家,支付货币 P,从 A 手上换回 Q(1 BD)产品。

A 是利己的人,希望提高自己的经济效率。在自然市场上,他希望获取到 1 BD 的 Q 产品,支付的 P_c 越少越好,即产投比 Q/P_c 越大越好。

在社会市场上,A 希望用 1 BD 的 Q,从买家换回尽量多的 P,此时 Q(1 BD)是 A 的投入,P 相当于 A 的收获,A 在社会市场上的产投比为 P/Q。A 要求社会市场上经济效率高,就是要求 P/Q 的值越大越好。

社会市场上的买家 B 也是利己的主体,他以 P 换取 Q,P 是他的投入(支出),Q 是他的产出,B 的产投比为 Q/P。为了提高 B 的经济效率,B 希望 Q/P 的值越大越好。

我们发现,在社会市场上,A 的产投比为 P/Q,B 的产投比为 Q/P,两人的经济效率(产投比)正好互为倒数,提高任何一方的经济效率,另一方经济效率必然下降。也就是说,双方各自提高自己经济效率的愿望是相互对立的,无法形成一致意见。

由此得出结论,在社会市场上,提高经济效率的意愿无法统一,提高一方的效率,必然伤害另一方的利益。因此,经济效率指标不适合人与人交换的社会市场。

综合以上对两种市场的研究,我们得出结论:经济效率指标仅适合自然市场,即生产领域,而不适合人与人交换的社会市场。

二、全社会经济效率计算

1.总体效率的定义和计算

考察社会的效率,就要先计算子系统的效率。在子系统中,生产经营共有两步,分三个环节。第一步一个环节,生产者与自然界交换——生产过程,其效率为 Q/P_c;第二步第一环节,生产者与消费者交换,生产者的效率为 P/Q;第二步第二环节,消费者的效率是 Q/P。在第二步中,生产方和消费方两个环节综合起来的效率应当是两者效率之积 $\dfrac{P}{Q} \times \dfrac{Q}{P} = 1$,这是一个恒等式。于是,全社会的总体经济效率应当是三个环节的效率之积,全社会的综合经济效率是

$$\frac{Q}{P_c} \times \frac{P}{Q} \times \frac{Q}{P} = \frac{Q}{P_c}。$$

这个全社会综合经济效率 Q/P_c 仅仅是生产过程的效率。所以我们看到,全社会的效率由生产过程(自然市场)决定,社会市场上的综合经济效率恒等于 1。也就是说,社会市场的交换,对全社会的效率没有贡献。

这个结论非常重要:社会总体经济效率仅取决于生产的效率,社会市场上的交换行为对总体经济效率没有直接作用。

2.各种效率的具体计算

在子系统中,生产方的经济效率由两个环节组成,第一个环节,在自然市场交换,投入 IP = P_c,产出 OP = Q(1 BD);第二个环节,在社会市场上,拿 1 BD 的 Q 去出售,换回货币 P,价格为 $P = pP_c$,小写 p 是标准化的价格,$p = 1 + \dfrac{\frac{1}{x} - 1}{1 + \delta}$。

第一环节的自然市场产投比 n_z 为

$$n_z = \frac{\text{OP}}{\text{IP}} = \frac{Q}{\text{IP}} = \frac{Q}{P_c} \tag{6-1}$$

$$Q = n_z P_c$$

此处,假设 n_z 为量增型生产的最低效率,令其 $n_z = 3$,质进型生产的自然市场效率远远高于 3。本书以 3 为最低数值代入。

第二环节社会市场产投比 n_s 为

$$n_s = \frac{P}{Q}$$

生产方的总体经济效率 n_1 为

$$n_1 = n_z \times n_s = \frac{Q}{P_c} \times \frac{P}{Q} = \frac{P}{P_c} = p \tag{6-2}$$

这就是说,生产方的总体经济效率就是标准化价格 p。

消费方拥有第三个环节,但他有两种效率,客观效率 n_k 和可感觉效率 n_u。

客观的产投比 n_k 为

$$n_k = \frac{Q}{P} = \frac{n_z P_c}{P} = \frac{n_z}{p} \tag{6-3}$$

但消费方可感觉到的收获不是 Q,而是 P_u。所以消费方可感觉到的产投比是

$$n_u = \frac{P_u}{P} = \frac{u P_c}{P} = \frac{u}{p} \tag{6-4}$$

综合起来考虑,全社会客观的综合效率 N_k 为

$$N_k = n_1 n_k = p \frac{n_z}{p} = n_z \tag{6-5}$$

全社会可感觉的总经济效率 N_u 为

$$N_u = n_1 n_u = p \frac{u}{p} = u = \frac{1}{x} \tag{6-6}$$

式(6-5)说明,全社会的真实经济效率就是生产过程的效率,仅取决于生产方,就是 n_z。社会市场上买卖双方的效率是互相抵消的,对总体经济效率没有直接影响。

式(6-6)说明,全社会可感知的经济效率仅取决于消费方,它就是消费方的效用。效用的单位是:人·年/标石。这是一个生存效率,它表明全社会平均的利物占有状态,每标石利物能支持几个生存量。这个效率越高,说明社会越贫穷。换句话说,社会越贫穷,可感知的社会总体经济效率就越高。但是,这个效率不一定真实。社会真实的总体经济效率仅是生产效率,$N_k = n_z$。

三、全社会经济效率分析

1.子系统总体经济效率仅取决于生产过程

子系统中的生产方和消费方的效率计算也是一个过程的两个环节,我们可以把生产方的总体经济效率 n_1 与消费方的两种经济效率——客观效率 n_k 和主观效率 n_u 分别相乘,从而得到子系统的客观总经济效率 N_k 和主观总体经济效率 N_u。

这两个计算公式说明,子系统的客观经济效率 N_k 取决于生产领域在自然市场上的交换效率;子系统中的主管经济效率 N_u 取决于子系统中消费者的占有状态,这个效率是虚拟的,但这个结论还是可靠的。

子系统中整体经济效率仅取决于生产的效率,与其他因素无直接关系。在子系统的社会市场上,生产方与消费方的交换效率是互为倒数的 $\frac{P}{Q}$ 与 $\frac{Q}{P}$,所以无论生产方和消费方用什么办法,他们都只能改变双方占有的相对多少,不能改变子系统整体的经济效率。一旦生产过程结束,整个子系统的经济效率 n_z 就确定了。它不会因为子系统各方后期高明的博弈而提高或下降。一旦一个生产周期结束,子系统的净产品数量就确定了,这之后,在社会市场上进行的交易,就是你多我少的零和博弈了。

既然在社会市场上，净产品不会再增加，也就是子系统的效率不会再提高，那么，社会市场上就没有效率可言。如果硬要提高一方的效率，就必然会降低另一方的效率。这与帕累托准则是矛盾的。于是，在社会市场上，不能提倡效率，而应当实现公平。

2.新古典经济学"利润最大化"原则的剖析

由上面的推导还可以看出以下问题。新古典经济学提出两大理念：第一个理念是"车间主任的均衡"，即"给定投入，追求产品量最大化"；第二个理念是"厂商均衡"，在销售市场上，追求"利润最大化"。这两环节合在一起，就是要求尽力提高"生产方的效率 n_1"。

现在看来，追求"车间主任的均衡"，就是提高生产效率，即与自然交换的效率 n_z，这是完全正当的。而在市场交易中与人交换，追求"厂商均衡"，即生产方利润最大化，也就是最大限度地提高社会市场效率 n_s，这就不能说是完全正当的了。因为，最大限度地提高 n_s，就意味着大量压低消费方的效率 n_k。近 100 年来，新古典经济学笼统地提倡利润最大化，其实是提高生产方的总体经济效率：

$$n_1 = n_z \times n_s = \frac{Q}{P_c} \times \frac{P}{Q} = p$$

这其中，提高 n_z 是完全正当的，但过度提高 n_s 就不正当。由于 n_z 提高的正当性，掩盖了 n_s 过度提高的不正当性，所以，新古典追求利润最大化的目标，也只有一半是正当的，另一半不完全正当。新古典经济学模型无法分清自然市场和社会市场这两个市场，所以只能笼统地描述，笼统地提出"利润最大化"原则。以前人们对此原则总觉得有种说不出的不痛快，却总也找不到恰当理由来反驳。于是，利润最大化就在半推半就中被全社会接受了。

3.三大价格极上经济效率的比较

上一小节，我们假定经济子系统中生产领域的效率是 $n_z = 3$，然后我们计算了三种典型市场价格下的各种效率，用 Excel 做出曲线图，就能一目了然地看清各种效率的变化规律。

下面把各种效率分别绘制成为图 6-9、图 6-10、图 6-11，并逐个予以说明。

第一张图，图 6-9，是完全垄断情况下，生产方与消费方各自的效率。生产方的总体效率是 n_1，消费方客观真实的效率是 n_k，消费方感觉到的效率为 n_u。其实还有一条线就是 n_z，这不需要计算，它就是 $n_z = 3$，它一直存在，以下每张图都是如此。

在图 6-9 垄断极上，消费者感觉到的效率始终为 $n_u = 1$，说明消费者没有一点利益增进，因此也不会有任何积极性，这很不利于子系统发展。倒是生产方始终有效率 $n_1 > 1$，生产方独占了净剩余。

消费方在客观上还是有效率的，在 $x > 0.33$ 以后，消费方的真实经济效率 $n_k > 1$，随着 x 增加，客观效率直线提高，直到饱和点，消费方效率最大，达到子系统整体效率 3。由于是完全垄断，x 越少生产方效率越高，所以生产方可能利用垄断地位限制 x 增加，以提高自己的效率。但是，人为地限制产量造成短缺，造成了社会财富净损失。

垄断不公平，消费方感觉到的利益没有增进，生产方独享了净剩余，如果没有某种被迫因素，消费方会离开市场，不参与。这就可能破坏子系统的存在，不利于子系统发展。这在下一个生产周期中会体现出来。这也是社会市场交换机制对生产机制的反作用，它违背了经济正义的第一款原则。

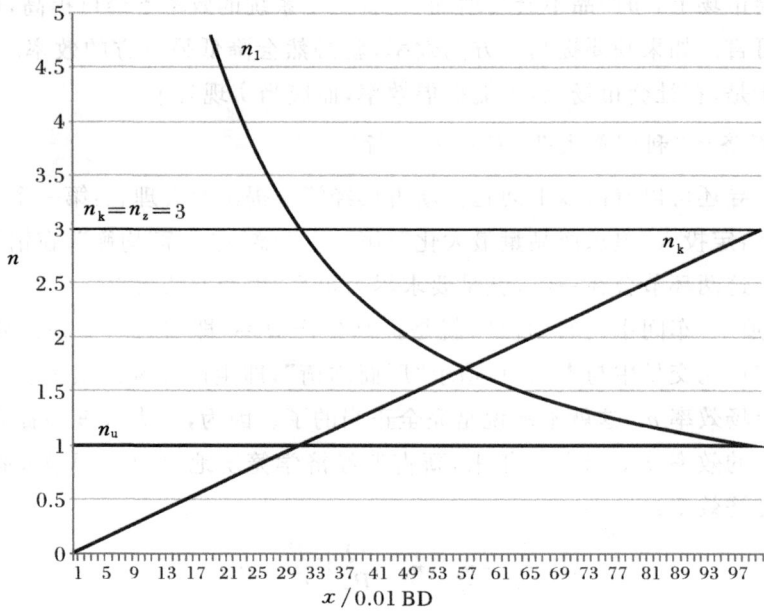

图 6-9　垄断极上的经济效率曲线

第二张图,图 6-10,公平极上的效率曲线。在这张图上,生产方总体效率 n_1 始终大于 1,消费方感觉到的效率 n_u 也始终大于 1,就是说双方都是有效率的。本来生产方和消费方平等地均分了净剩余,是完全公平的市场交换,但由于分母不同,二者的效率值表现有差异,$n_u < n_1$。

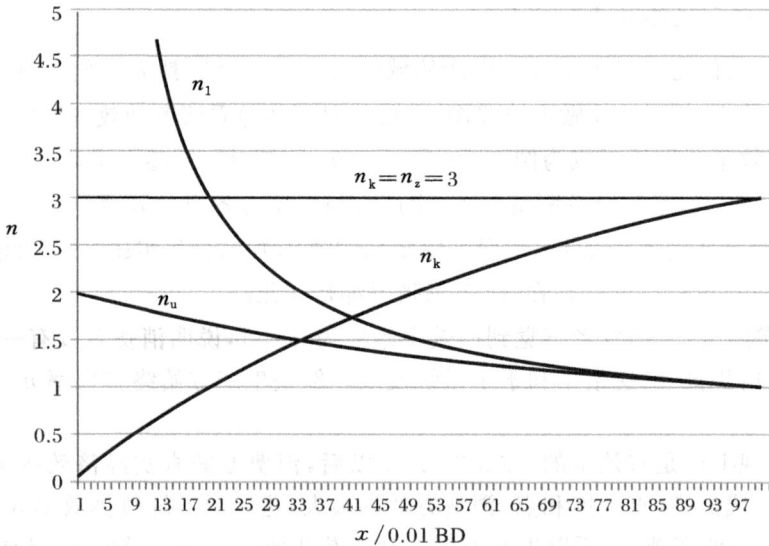

图 6-10　公平极上的经济效率曲线

消费方客观效率 n_k 很早就大于 1,当 $x > 0.21$ 时就开始有大于 1 的效率了。无论从哪方面看,这都是一个最好的市场,双方的积极性都高,有利于子系统发展演化,完全符合正义的第一款原则。

第三张图,图6-11,竞争极价格下的效率曲线。这个极端价格实际就是新古典的完全竞争价格。

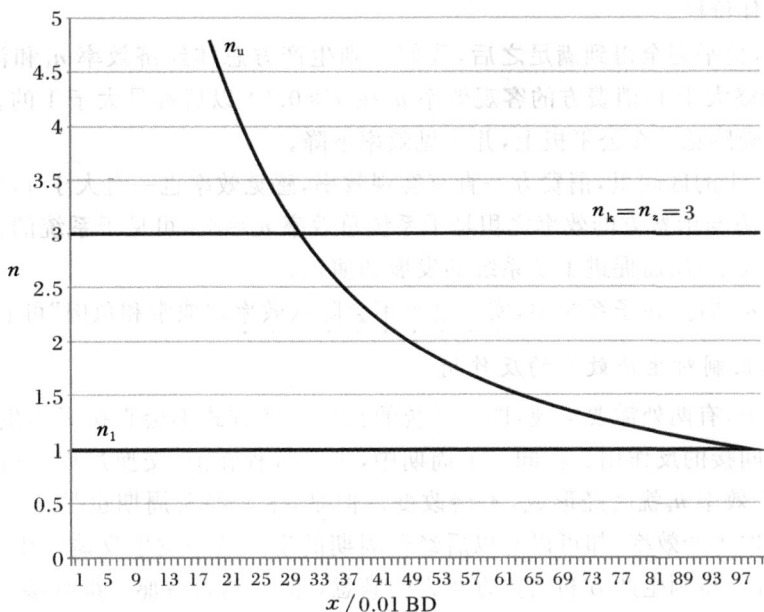

图6-11　竞争极水平段的经济效率曲线

图中$n_1=1$,在水平段上始终成立,生产方的效率最低,无论生产效率多么高,交易完成后生产者总体效率n_1始终是1,利益没有任何增进。

消费方的可感觉的效率n_u一直大于1,消费方自己感觉是有效率的,而且x越小,感觉到的效率越高。消费方的客观效率一直最高,具有恒定的效率,而且始终等于子系统的最高效率,即$n_k=n_z=3$。消费方独占了子系统的全部净产品和净剩余,生产方空劳碌一场,即使n_z很高,生产方利益也不会有任何增进。这是另一种极端的不公平,生产方的积极性遭受到严重打击,如果没有某种制约、被迫因素,生产者会离开子系统,另谋生路。于是,子系统将很容易遭到破环。这也是社会交换机制对生产机制的反作用。所以,竞争极与垄断极一样,都违背了经济正义的第一款原则。

4.子系统中效率研究结论

通过以上计算比较来看,可以得到以下结论:

(1)子系统整体效率一直是是$n_k=n_z=3$,这个效率不受社会市场上的交易模式的直接影响,仅取决于生产过程。

(2)没有任何依据可以看出C极市场的效率高于其他市场。

(3)以上三张图比较可知,公平极市场所处的子系统整体效率也是$n_k=n_z=3$,不比任何市场效率低。除了很少几个点以外,大多数时候交易双方的效率都高于1。除饱和点外n_1、n_u全部大于1,即表示有效率。n_k大多数时候大于1。这说明公平极市场不会降低子系统效率。

从以上三幅效率图的分析中可以看到,公平极上的价格体现了最大的公平,净剩余各占一半,双方都能赚得盆满钵满,都有极高的积极性继续参与子系统,使子系统发扬光大。它满足了经济正义的第一款原则,促进子系统发展是最高利益;也满足了第三款原则,子系统参与各方平等分享了净剩余;当然它也不会违背第二款原则,各方优先收回成本。所以称此价格为公平极价格——纳什价格。

在公平极上,公平完全得到满足之后,我们看到生产方总体经济效率 n_1 和消费方可感知的经济效率 n_u 始终大于1,消费方的客观效率 n_k 在 $x>0.21$ 以后都是大于1的。它支持了消费方有效率的正确感觉。在公平极上,并未见效率下降。

在 $0.21<x<1$ 的区间里,消费方一直有客观效率,感觉效率也一直大于1,生产方效率也一直大于1,生产方与消费方的效率之积是子系统总效率 $n_z=3$。可见子系统的公平并没有降低子系统的总体效率,反而促进了子系统的发展和演化。

于是得出重要结论:在子系统中,实现公平不会降低效率,"熊掌和鱼肉"可兼得。

5. 社会交换机制对生产效率的反作用

在上面研究中,有两处需要重视,即子系统的社会交换方式不会直接影响生产效率,但是它对生产过程有间接的反作用。在同一个周期中,生产过程在前,交换过程在后,一旦生产完成,子系统的生产效率 n_z 就已经形成,不会改变。但是,生产经营周期也是循环的,社会交换机制不能改变本次生产效率,却可以对以后经营周期的生产效率发生反馈作用。如果社会交换过程的分配"好",得到生产方和消费方双方的满意,那么,消费者愿意继续参与子系统购买,子系统将继续存在。此时,生产者也满意,他就愿意在下一个周期中继续提高生产效率,以期在之后的经营中继续获得满意的收获。于是,子系统将发展,效率将继续提高。但是,如果社会交换过程存在某些弊端,就会反过来破坏子系统存在,或者抑制子系统的生产效率 n_z。这种反作用有三种可能的情况:

(1) P 极(垄断极)上的情况。在垄断极上,$n_u=1$ 始终成立,这就是说消费方没有任何利益增进。他们参与子系统购买的积极性为0,即交易动力为0。如果没有某些被迫原因,消费方必然会离子系统而去,从而使子系统消失。这是违背经济正义的第一款原则的。

现存的垄断市场之所以还能存在,那必定是存在某些被迫因素,否则这些垄断市场不可能存在。现实的房地产市场、电力市场、石油市场,都是如此。

(2) C 极(竞争极)上的情况。在 C 极上,无论生产方多么努力,他们的生产效率有多么高,其经过社会市场交换以后,他们的总体效率 $n_1=1$ 是不可改变的,也就是生产者没有任何利益增进。于是,他们参与子系统的积极性也严重低迷,如果没有某些被迫因素,他们也会离子系统而去,更不用说继续提高子系统生产效率 n_z 了。即使勉强继续生产,也不会努力提高 n_z,因为即使提高了 n_z,$n_1=1$ 还是不变,不可能有任何改观。

现实的农产品市场,尤其是粮食市场正是如此。农民如果能够离开,他们会毫不犹豫离开这个子系统。但是,为了吃饭,许多人还得留在土地上。现在很多进城打工的农民工,就是自愿离开农业生产子系统的实例。

(3) "平均主义大锅饭"分配机制是怎样降低生产效率的? 1978年以前,中国农村实行计划经济,人民公社集体所有制。那时的分配实际上是平均分配的,按说,平均分配是人们心目中很认可的分配方式,每个人都认为自己没有被歧视,内心是平和的。这时各方参与子系统的积极性都不低,子系统没有分崩离析的威胁。但就是子系统的总体生产效率很低,无法提高。什么原因呢? 因为生产成果平均分配,生产者无论努力还是不努力,分配结果都不会与他人不同。努力，他个人生产效率会高，但分配结果与他人一样，不会高；不努力，个人生产效率会低，但分配结果还与他人一样，不会低。于是，出于动物节省能量（偷懒）之目的，每个人都会倾向于不努力，每个人生产效率都低，于是整体生产效率 n_z 也很低。

安徽小岗村农民，搞起了"土地承包责任制"，"交够国家的，留足集体的，剩下全是自己的"，个人分配结果直接与自己的生产效率挂钩。由每个人的生产效率直接决定了他们的分配结果，这种分配机制，反过来作用到生产过程中，激发了小岗村农民提高自己生产效率的积极性。所以，农村生产效率一下子提高了。人还是那些人，地还是那些地，分配机制正确了，农产品生产效率大大提高了，一两年时间，中国农村人口的温饱问题很快就解决了。这是社会分配机制反作用于生产效率的经典案例。

（4）"三农"问题存在，不是农产品生产效率低，而是粮食产品生产者交换效率低，无论粮食产品生产效率 n_z 多么高，最终的生产者的总体效率 n_1 始终是1，利益没有任何增进。这就是"三农"问题的症结。中国农村"联产承包责任制"改革，解决了生产效率提升的问题，但没有解决农产品交换效率低的问题，所以农民们前一刻还在敲锣打鼓庆丰收（生产效率高，$n_z=3$），下一刻就满面愁容自叹息（总体效率低 $n_1=1$，没有任何利益增进）了。

未来"三农"问题的解决，要保持改革开放初期的成果，继续提高 n_z，适当提高 n_1，如公平极上的效率曲线表示的那样（见图 $6-10$），$n_z=3$，$n_1>1$，$n_u>1$。则"三农"问题可解！对此更详尽的规划在第七章第二节讨论。

四、提高经济效率与效率悖论

人类进入文明时代，出现的第一个产业是农业。在家门口种植谷物，在庭院里养殖动物，省去了跋山涉水、漫山遍野寻找野果和猎物的麻烦，大大地提高了效率。是农业使得人类的最重要生活资料——食物有了保障，其他的社会活动才得以发展起来。农业的发明和发展，大幅度提高了人类的生产效率和生存机会。

但是，农业生产效率的提高，是相对于渔猎时代的效率而言的。漫长的农耕时代，农业生产的绝对效率一直不是太高，几乎是靠天吃饭，一旦遇到灾荒，就是饿殍遍野。

工业革命发生后，人类迎来了生产效率的巨大提高。近代工业从技术、材料、方法和管理组织方式上进行了空前的革命，亚当·斯密描述的分工和专业化，正好记录了工业革命初期在组织管理方面的进步，大规模地提高了生产的效率。机器的出现，电气化、机械化、自动化、计算机、人工智能的出现，进一步提高了人的劳动生产效率。以至于今天人类生产效率的提高，得出一个令人不安的结论——效率悖论。效率的空前提高，一个人工作能够养活的人数在快速增长，这就必然把一部分人挤出了宏观经济循环系统，极端化的情况是全社会只有一个老板拥有工厂，他一个人进行生产，就可以生产出全社会需要的产品。但是由于私有制的隔离，除老板以外的其他人都没有机会参加生产，他们自然也就失业了，就没有收入可以购买产品。唯一的老板生产出来的产品也就卖不出去。于是，老板以外的其他人因没有钱购买产品，可能会饿死；而老板的产品却卖不出去，将关门倒闭。这样，社会宏观经济系统就崩溃了。这就是"效率悖论"（或称"机器悖论"或"自动化悖论"），非极端情况称为"机器替代失业"。

人类的财富生产活动一路走来，越走越先进，越走越强大，但当效率提高到了极致的时候，它却要以空前剧烈的方式，摧毁这个宏观经济循环系统。这是多么令人遗憾的结局呀！

今天，虽然极端化的效率悖论情况还没有出现，但是机器替代劳动，效率排斥就业的大潮已经来临,各国的就业形势都很严峻,中国、美国、日本、德国、英国,都没有能够幸免。如何摆脱就业困境,还需要我们更多的智慧。

效率悖论,本质上是人类生产效率与市场机制之间发生的冲突,或者说是效率与私有制之间的矛盾。简单粗暴地放弃效率,或者摧毁私有制,都是愚蠢的,那将毁灭人类文明几千年的伟大成果。

可行的办法总会有,详细论述参见第七章第四节。

第五节　市场机制的有效性

以往的经济学,评判标准只有两种,一种是效率,一种是公平。而新古典经济学又舍弃了一种——公平,就只剩下效率了。本书恢复了公平问题的研究,并且认为,除了效率与公平之外,还有一个评价标准,就是市场机制的有效性。以上各章节我们深入研究了效率和公平的各种情况,本章专门研究市场机制的有效性问题。

其实,新古典经济学中有一章叫做市场失灵,应当就是在研究市场机制的有效性。与效率和公平理念相比,有效性问题更偏向技术性,它主要研究市场机制对经济的调控作用。

一、什么是市场机制

新古典经济学的微观部分最后一章,通常讲市场失灵。把市场机制没有按照理论描述的轨道运行的情况统称为市场失灵,给人的感觉是在为理论的不完善寻找借口,是一章辩解式的内容。

事实上,经济机制就是自动调控的。亚当·斯密曾经描述的"看不见的手",就是指价格对供给量和需求量的调控作用。我们今天要定义市场机制的有效性,首先要说明什么是市场机制,然后再解释市场机制的有效性是什么。

市场机制,具体就是指价格机制。本书已经给出的价格模型就是市场运行的机制。那条向右下方倾斜的曲线,本是价格函数曲线(以前的书上称之为需求曲线),它那向右下方倾斜的斜率,就蕴含着自动调控经济的机制。价格函数曲线向右下方倾斜,其斜率为负,表明纵轴的价格量和横轴的产品需求量之间存在着负相关的关系。而这个负斜率意味着:价格越低,需求量越大;价格越高,需求量越小。如图 6-5 中的 ED 段曲线。

从控制论的角度看,曲线的负斜率正好为产品量提供了一个"负反馈机制",这在生产和消费之间建立了一个稳定的市场机制。试想一下:一个生产企业,生产某种产品,它总希望生产的越多越好。但是,当它在市场上售卖的时候,价格能够决定它利润的多少。如果价格是确定的,生产的越多,利润越多;但现在价格与产品量负相关,产量越大,价格越低,这就会抑制生产者继续扩大生产量。如果没有这个负斜率,生产者必然会无限扩大生产量,那么市面上任何一种产品都会过剩。反之,如果产品非常少,则价格就会很高,生产者得到的利润也会很高,于是,在利己心的驱使下,生产者会加大力度生产,这样市面上的产品会很快增加,短缺就会得到克服。在这个过程中,没有人的意识设计和规划,完全是负斜率和人的利己心之间发生的互动。

什么是市场机制?需求曲线的负斜率与生产者、消费者的利己心之间的互相作用关系就是市场机制。

负斜率与生产者的利己心互动,调控着市场上产品量的多少。也就是负斜率调控着生产资源的配置,使生产资源自动向短缺处流转,而不需要人为地干预。

当然,负斜率本身来自于消费者的生存欲望,来自于效用。产品量少的时候,消费者感觉该产品很贵重,价值评价较高,愿意支付的价格也高;产品量多的时候,消费者对同量产品的效用评价低,故愿意支付的价格也低。可见,消费者生存意识,决定了效用评价机制,也决定了需求曲线的负斜率。

说到底,市场机制是消费者的生存意识(利己心),与生产者的利己心之间的互动关系,他们的相互作用形成了自动调节的负反馈机制。在自动控制理论中,负反馈机制是系统的稳定机制。它能稳定什么呢?就是稳定价格和产品量。在没有极端的巨大冲击的情况下,市场上的一般扰动都不会破坏市场的大局。如果某种原因使价格或者产品量发生变动,在负反馈机制的调节下,经过一段小的震荡以后,价格和产品量仍将趋于稳定。但是新的稳定的数值可能会发生变化。这就是我们人类社会自动演化出来的市场机制。

什么是市场机制的有效性呢?

很显然,消费者的效用导致了价格曲线的负斜率,而负斜率又自动调控着生产者的产量;负斜率稳定着价格和产品量的数值,使市场处于稳定的状态。那么很清楚,所谓市场机制的有效性,是指价格曲线的负斜率。有负斜率存在,才能调控生产者的利己心;如果负斜率不存在,生产者的利己心就无法得到调整。

例如,如果价格曲线是水平的,现有的价格和产量就无法稳定。若单件利润大于0,总利润就与生产量成正比,为追求利润最大化,生产量就会无限增加。若单件利润等于0,或者为负值,就无利可图,甚至还会亏本,生产者就会退出市场。所以若负斜率消失,那么市场机制稳定产量和价格的有效性就消失了。

在价格模型图中可以看到,只有当价格进入C带以后,达到极端的水平需求曲线C极上,市场机制的有效性才会完全消失。这个需求曲线,恰恰是新古典定义的完全竞争市场。

二、市场机制调控能力评价

市场机制的有效性,就是指价格模型中的价格曲线的斜率。下面让我们计算一下这个斜率 τ 的表达式。

标准化价格为

$$p(x)=1+\frac{\left(\frac{1}{x}-1\right)}{1+\delta}$$

所以,

$$\tau=\frac{\mathrm{d}P}{\mathrm{d}x}=\frac{-1}{1+\delta}\times\frac{1}{x^2}$$

τ 作为价格函数的斜率,它有以下特点:

第一,它大多数情况下是负数值,这与马歇尔需求定律相符。

第二,斜率绝对值大小,与两个因素有关。

一是斜率取决于势力比 $\delta(\delta\in[0,+\infty))$,当 x 不变时,$\delta=0$,价格在垄断极上,$\tau=-\frac{1}{x^2}$;$\delta=1$,价格在公平极上,$\tau=-\frac{1}{2x^2}$;$\delta\rightarrow+\infty$ 时,价格在竞争极上,$\tau=0$,此时,斜率为0,说明市场机制的有效性消失了。也就是"看不见的手"此时不起作用了。

二是斜率取决于 x，当 δ 为有限值时，$x \to 0^+$，则有

$$\tau = \frac{-1}{1+\delta} \times \frac{1}{x^2} \to -\infty$$

当 $x \in (0,1]$ 时，

$$\tau = \frac{\mathrm{d}P}{\mathrm{d}x} = \frac{-1}{1+\delta} \times \frac{1}{x^2}$$

现在可以清楚地看到，当 x 是不为 0 的有限值时，斜率的绝对值取决于 δ，δ 从小变化到大，斜率越来越小。也就是在同一个 x 位置上，随着消费方势力越来越大，价格曲线越来越平缓，斜率的绝对值越来越小，这是一个连续变化的过程。当消费方势力达到极大时，价格曲线变成水平直线，斜率的绝对值也达到极小值，成为 0。

所以，在市场机制中，水平的需求曲线是极端情况，此时斜率为 0，市场机制的有效性消失了，价格的调节功能完全消失，资源配置的作用就没有了。这就是典型的市场有效性缺失。也可以说，市场机制失灵了。

其实，价格在整个 C 带中时，虽然没有达到极端情况的有效性完全消失，但是，斜率也变得很小了，所以，整个 C 带中市场机制的有效性变得很微弱，市场调节能力不是很强。也就是亚当·斯密所说的"看不见的手"虽然还在，但调节能力此时非常弱小。

恰恰相反，δ 越小，生产方势力越强，价格靠近垄断的 P 带，斜率的绝对值越大，"看不见的手"的调节能力越强。值得注意的是，在垄断极的价格上，斜率绝对值最大，也意味着这里的"看不见的手"的调节能力最强。垄断极虽然公平性最差，可是市场机制的有效性却最好。市场的自发的调节能力在此最为有效。

三、市场机制失效的情况

市场机制完全失效的情况，只有在 δ 趋于正无穷的情况下才能达到。当然，在没有达到极端情况之前，价格处在 C 带中时，市场机制虽然没有完全失效，但它的调节能力已经变得非常微弱。这个非常微弱的调节功能，实际上是处于准失效状态。

于是我们得出结论，C 带的价格，是生产者的困境区，是不公平交易的一个极端带，同时，这个区域内市场机制的有效性也基本上丧失殆尽。所以，我们认为，C 带的价格区域是非常差的价格区域，不仅严重的不公平，而且市场机制也基本上失效了。达到极端的水平线时，市场机制完全失效。

而奇怪的是，新古典经济学却以极端不公平和极端的市场机制失效的价格作为最理想的价格，并称其为"完全竞争价格"，把它作为新古典经济学的支撑点。没有完全竞争价格的模型，新古典经济学似乎就无法成立。这真是一个天大的错误！

我们前面论述道，水平价格曲线下，市场机制已经完全失效。在这种价格下，生产方只能收回自己的成本，而将剩余全部拱手让给消费者。也就是生产方基本上得到 0 利润或微利润。这时市场机制的失效，说明无论 x 大小，生产方都没有利润，x 即便短缺，生产方也不会开足马力生产。这就是失效的市场机制。

按理说，无论 x 怎样短缺，生产方都应当在没有利润可图的情况下，自动撤离该区域。可现实的农业却并没有出现大面积的撤离。这是因为，广大的农民，他们自己要吃饭，即使无利润也得进行生产，他们无法撤离。但是能够自由离开的要素，都离开了。例如，资本要素，它不

受约束,说走就走了。青壮年劳动力,在城市能够找到工作的人,能走的也都走了。古往今来,资本根本就不会自动进入农业领域,因为无利可图。至于农业劳动力、土地要素,在没有可能找到新的用途的情况下,它们只能留在农业领域,不图利润,只求解决温饱问题。

中国的农业,正是在市场机制完全失效,价格最不公平的情况下寻求生存,它们步履维艰,几千年来一直0利润或微利润生产,没有利润就没有积累,没有积累就没有资本,也就没有发展潜力。这正是"三农"问题的症结所在!

四、维护市场机制的有效性

从市场机制的有效性分析来看,C带中的价格基本上是市场机制调节功能最弱的区域。在极端的C极上,市场机制完全失效;在非极端的C带上,市场机制基本上接近于失效。所以,从市场有效性方面考察,C带和C极必须排除掉,因为市场机制在此基本上失效了。

仅从有效性考虑,E公平带和扩大的公平带(E带+两个过渡带),它们的市场机制有效性都是比较好的;P带中的价格,其市场机制的有效性是最好的,因为其斜率绝对值最大。

第六节　市场价格模型的综合评价

在本章中,我们专门讨论了市场价格的三大评判标准。前已详述,在人与自然的交换中应当大力提高效率,在人与人交换的过程中,不能讲效率,只能讲公平。而且我们还规划出,在人与人交换的市场上保持公平的情况下,人与自然的交换中提高的效率,会在人与人的公平交换中得到分享。所以,公平的人际交换与高效率的人与自然交换是可以并存的。

市场机制有效性的研究发现,它只是排除了最不好的市场,排除了市场机制失效的区域,综合三大标准的评价,我们可以找到市场模型中最好的市场,并加以推广和维护。

一、价格模型的效率

本书建立的价格模型,是在人与人的交换中建立起来的价格函数模型。很显然,这是人际交换的模型。模型本身显然不能看出效率,也不能提倡效率,只能提倡公平。

正如前面研究中指出的,生产者在生产过程中自然会想方设法提高效率,只要确保人际交换的公平,生产过程中的效率会通过公平的交换在子系统中扩散。所以,确保了人与人交换市场的公平,整个市场的效率就可以获得保证。效率的提高,反映在子系统的净产品量的扩大上。公平的交易,使增加的净产品在子系统各方扩散,让大家分享。

由此看来,效率评价,效率提高,都限定在生产领域。在生产领域内,效率总是越高越好。正所谓山不厌高、水不厌深。效率评价不排除任何分配产品的方式。

二、市场模型的公平

本书的价格模型,已经划分为三级五带。在三级五带中,公平处在最中间,即公平极E极和E带。沿着公平极向上下两个方向推进,其公平性越来越低。当推进到另外两个极——C极和P极上时,公平性、正义性就完全消失了。C极是消费方独占了净剩余,P极是生产方独占了净剩余,都是没有任何正义性、公平性可言的交易。在C带中,虽不像C极那样极端地不公平,却也是比较严重的不公平;在P带中的价格,虽没有P极那样极端,但依然是很不公平的价格。所以,为了实现社会的经济正义,我们必须剔除两个极端的不公平价格,这样还不够,如果可能,将整个 C 带和 P 带剔除干净,则市场上的公平就是可以接受的。

完全的公平是 E 极价格,基本的公平是 E 带价格,可接受的公平是"扩展的公平带"价格。只要我们社会的公平正义理念犹存,C 极和 P 极就必须排除。可能的情况下,C 带和 P 带也要剔除,它们的存在就是对人类社会公平正义的破坏。

三、市场模型的三大标准评价结果

效率标准没有剔除任何区域,公平标准剔除了价格模型的 P 极 P 带和 C 极 C 带,有效性标准也剔除了 C 极 C 带。综合来看,C 极 C 带被两度剔除,它既不公平,又缺乏有效性;P 带虽然有效性好,但公平性严重缺失,也应被剔除掉。

于是,交易三角区价格模型中,仅剩下扩展的公平带。也就是以 E 极为中心的 E 带,再加上竞争性垄断的 Cm 带和垄断性竞争的 Mc 带,这总体称为"扩展的公平带"。

在扩展的公平带上,公平性至少是可以接受的。有些时候,公平性还是最高的。在这个价格带中,生产的高效率可以自动扩散到子系统各方。市场机制的有效性也是比较好的,没有理由出现市场失灵的情况。

综上所述,考察了效率、公平、有效性之后,我们得出结论:较好的市场价格应当在"扩展的公平带"以内;好的市场价格在公平带 E 带以内;理想的价格在公平极 E 极上。

第七章

民生经济学应用与实践

前面完成了民生经济学的理论部分研究。本章讨论民生经济学的应用与实践,这是对经济实践和经济政策方向的规划,试图利用本书的民生经济学理论,解决当代经济社会中重大的经济问题。

第一节　民生经济问题解决思路准备

当代经济问题分成两类:第一类是经济理论问题。迄今为止,主流的经济学是新古典经济学,它的主要理论是两条曲线构成的"交叉模型",或称均衡模型。以需求曲线和供给曲线在第一象限内的交叉点(见图7-1(a))描述的经济均衡,几乎无所不包地解释了经济现象。理论上似乎取得了巨大的成功。但是,进入21世纪以来,新古典流派积累的经济问题越来越多,越来越严重,再依靠它无所不包的"交叉模型"已经无法牵强地解释下去了。本书试图修正新古典经济学的"交叉模型",用交易三角区模型(见图7-1(b))来替代它。

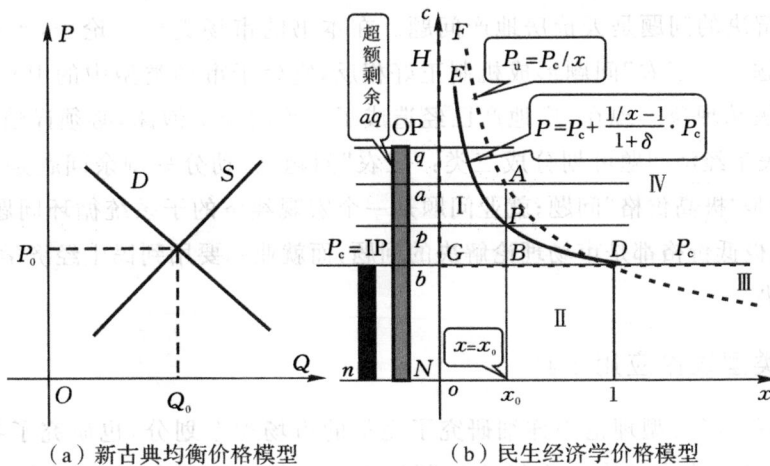

（a）新古典均衡价格模型　　　　（b）民生经济学价格模型

图7-1　新古典与民生经济学模型对比

第二类是经济实践与应用问题。一套好的经济理论,必须满足两大要求:一是能够解释经济现象,在解释经济问题的时候,它能自成体系,自圆其说,逻辑自洽;二是能够解决某些现实经济问题,不仅能够说明它发生的机制,还能够提出解决问题的具体办法。100 多年的新古典经济学之"交叉模型"在解释问题方面似乎无所不能,但要是用它解决问题,就如同缘木求鱼。

民生经济学理论体系的建立,始终围绕着解决经济问题展开,现在业已建立的理论体系,尤其是第五章市场类型理论和第六章子系统公平正义理论,为解决现实经济问题铺平了道路。

一、本书民生经济四大典型问题探讨

进入 21 世纪,人类面临的经济问题很多,也很复杂。本书就其中最典型的四大民生经济问题进行研究,给出民生经济学的解决办法和思路。如果这四大民生问题能够得到解决或部分得到解决,其他的经济学问题也可以利用民生经济学理论类推解决。

第一个要解决的重大问题即粮食和"三农"问题。粮食和"三农"问题,在本书市场类型理论中,处于 C 极 C 带以内,它是严重的不公平价格长期积累的结果。长期的农产品低价,导致农产品生产者无法回避也无法承受的贫困化。

第二个要解决的问题是"劳动分享剩余"的问题。劳动与资本、土地分享剩余,属于分配制度改革。它主要是运用本书"要素分配理论"解决的公平正义问题。由于自身的弱势存在,导致劳动要素在现实社会中失去了剩余分享的权利。这是劳动价值论者几个世纪以来梦寐以求解决的问题,本书将以"三源两步法"分配模式给予解决。

第三个要解决的问题是就业问题。本书认为,保持宏观经济正常循环,消除"效率悖论"是解决这个问题的唯一途径。工业化、自动化、现代化带来效率的极大提高,同时产生了机器替代劳动的失业问题。这也是我们这个时代必须解决的致命性的经济问题。

第四个要解决的问题是天价房地产问题。在本书的市场类型理论中,天价房地产属于典型的垄断问题,与"三农"问题形成机制正好相反,它处于市场类型中的 P 极 P 带,属于市场上不公平的极端现象。现在,房地产已经造成了严重的经济泡沫,必须谨慎加以处理。

以上四大民生经济问题可划分成三类:"三农"问题、劳动分享剩余问题是"极低价格"问题;房地产问题是"极高价格"问题;就业问题是一个宏观经济的子系统循环问题,属于宏观经济问题。极高、极低价格都是市场理论解决的问题,而就业则要用到民生经济学最小经济子系统理论加以解决。

二、市场类型理论应用工具

本书第五章市场类型理论中详细研究了完整的市场类型划分,也研究了各类市场的特点和形成原因,这是本章解决民生经济问题的主要工具。第五章论述已经完整,本章只借用其结论,无需赘述。如图 7-2 所示,x 状态线上五个黑点分别表示五个市场带中的具体价格。

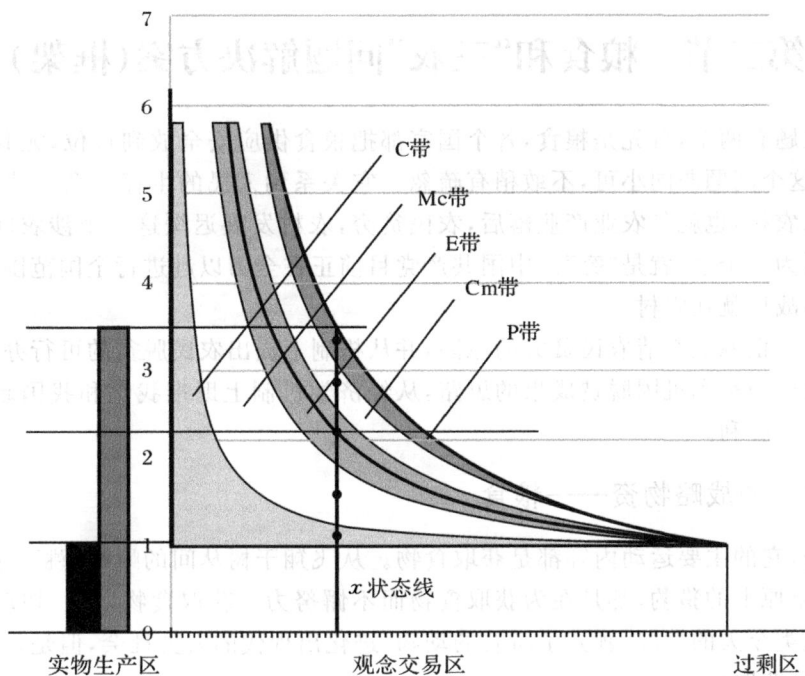

图 7 - 2　一级市场各交易类型图示

三、子系统和三大评价标准理论的应用

第六章开篇内容具体研究了最小经济子系统，从逻辑结构上理清了经济系统循环运行的机理。本章解决就业问题时，就需要用到子系统理论的内容作为支撑。

第六章其余部分内容研究了公平、效率及有效性评判标准，本章解决民生经济四大典型问题时需要使用这些研究结论，例如经济正义的三款原则，劳动分享剩余的"三源两步法"等。

四、市场化与政府机制之关系

（1）市场机制优先。在市场健康发展的情况下，优先利用市场机制，少用或不用政府机制。

（2）市场化不是教条，不是灵丹妙药。在市场无法满足三大标准要求的情况下，必须利用政府机制，甚至进行反市场化操作以达成调控目标。

（3）政府机制利用的办法。第一，维护市场秩序，优化市场环境；第二，立法规范分配原则，保障弱势市场主体的分配权利；第三，反市场化操作，利用价格钳位原理，实行国家专卖，改善弱势市场主体的收入分配状况，使市场走向公平。

（4）政府是社会公平正义实现的主体。市场经济可以自动产生效率，也可以自动实现负反馈调节，即具有有效性，但是市场机制永远不会自动产生公平正义。而社会要健康发展，又必须具有公平正义。所以政府必须承担实施公平正义的责任。

第二节　粮食和"三农"问题解决方案(框架)

本节的主题有两个,首先是粮食,各个国家都把粮食供应安全放到首位,尤其是中国这样的人口大国,这个问题非同小可,不敢稍有疏忽。它关系到人民的生存安全。其次是"三农",即农业、农民、农村,也就是农业产业落后,农民贫穷,农村发展迟缓这三个涉农问题。"三农"问题可以概括为一个字,就是"穷"。中国共产党目前正在全力以赴进行全国范围的"脱贫攻坚战",其主要的战场就在农村。

本书希望从根源上查清农民贫穷的原因,并从机制上提出农民脱贫的可行办法,从经济学原理上找到农民脱贫和巩固脱贫成果的思路,从经济学机制上助推我党和我国政府夺取脱贫攻坚任务的全面胜利。

一、最重要的战略物资——粮食

一切动物,它的主要运动内容都是获取食物。从飞翔于树丛间的螳螂,跳跃于田地里的青蛙,到奔驰于草原上的猎豹,都是在为获取食物而不懈努力。获取食物,是一切动物最原始的劳作内容。人类今天的发展,领先了所有的动物,进化出现代的人类社会,但是,我们社会活动的起点,依然是获取食物。

人类获取食物的生产实践,历史悠久。长期的实践使人类积累了丰富的经验,最早形成了人类社会的第一个产业——农业。粮食则是最早的农产品。

在人类进入了私有制社会以后,种植粮食的行为就与其他动物完全分开了。在没有交换的情况下,任何人,只要学会种植粮食,并且收获了粮食,他就是富有的。而在私有制和交换出现以后,种植粮食,粮食丰收,未必就是富有的。这是非常奇怪的现象。

在私有制的社会里,产品要在市场上交换,演化出市场机制。种植的粮食要在市场上交易,换取货币,再用货币换回自己需要的产品,就在这两次交换之中,一个满怀丰收喜悦的农民,立刻就会变成满面愁容的穷人。为什么呢?

这是一个耐人寻味的问题。也是今天"三农"问题的根源。显然,种植粮食的农民在交换机制中遭殃了。如果是其他产品,我们大可以劝其生产者停止生产,转产其他产品就可以了。可是,农民生产的是粮食,排在所有产品之首,它是最最重要的物资,关系到农民自身和全社会人民的生存安全,我们不敢劝农民放弃粮食生产,农民自己也不敢放弃。在中国,14亿人民要吃饭,如果没有充足的粮食收获和储备,那将会出现非常严重的后果。粮食安全始终排在政府工作的首位,近几十年来,中共中央每年的一号文件,基本上都是关于农业问题的。

无农不稳!粮食的生产和供给是国家的头等大事,粮食本身就是最重要的战略物资。

二、"三农"问题:最贫穷的生产者——农民

粮食是最重要的物资,可是生产这个最重要物资的人却是社会上最贫穷的阶层。今天中国共产党下定决心,要打赢脱贫攻坚战,赢得了全中国各族人民的拥护和国际社会的赞誉。而脱贫攻坚战的主战场却始终是在农村,扶贫的对象主要是农民。

在全国脱贫攻坚战如火如荼进行的时候,我们还需要深入思考,农民贫穷的根源是什么?扶贫脱贫,我们希望能够一劳永逸,有没有可能呢?这就必须弄清农民贫穷的原因,消除了贫

穷的根源,扶贫脱贫成果才会巩固,才会持久有效。

三、"三农"问题原因:农产品交易机制——C极C带价格

前面章节已经研究过,农产品交易价格处在C极或C带中,各国粮食种植的出售价格都是如此,如图7-2中最下面的C极和C带。这个C极价格其实就是新古典经济学认定的"完全竞争"市场。粮食产品价格基本上就在C极上。这意味着,粮食产品的售价只能是成本价,0利润。无论左边直方图上实际生产的净产品多么高,在右端价格模型上生产者的剩余始终是0。稍微好一点的,也只能在C带中,最大毛利润不超过10%。

为什么农民这么倒霉,全世界的农产品都处于这个价格带中?农产品能够逃出这个价格带的魔咒吗?

我们首先回答第一个问题,农产品为什么处于这个C极C带之中。简要地说,因为农产品无法割断成本钳位机制,所以农产品的售价始终被成本(平均成本 P_c)牢牢抓住,无法脱离平均成本。于是,1元钱生产的产品,售价基本上还是1元钱左右,稍有波动,可能是1元零几分,甚至不足1元,9角7分,或9角9分。这样的市场售价,农产品如果能收回平均成本都算是比较幸运的,稍不小心,就会略微亏本。长远平均来看,农产品就是以平均成本价格在销售,基本上是零利润或微利润。在中国,几千年来,农产品出售价格一直如此。在地球上,不同的国度里,农产品出售价格也是这样,古今中外的农民都无法逃脱它的伤害。

依然看图7-2,其最大的不公平在于,图左边实际生产的净产品直方图可能很高(今天中国的粮食生产便是如此),而右边价格模型上最下边的黑点,即实际粮食价格,使得生产者剩余几乎为0。

2007年英国人帕特尔(Raj Patel)出版的《粮食:时代的大矛盾》一书中,大量地记录和描述了韩国、墨西哥、印度、美国农民的困境:"截至1980年,美国农民在农作物上花费的每1美元,只能得到0.97美元的出售价。"可见全世界农民都在遭受着C极C带价格的困扰。

"成本钳位机制"到底是什么东西,能将农产品定价牢牢锁定在平均成本上?因为农产品(粮食)的重要性,人类个体基本上个个都会进行生产,尤其是生活在农村的人,他们随时可以改变生产者和消费者的角色,此一时刻,他以消费者身份出现在农产品市场上讨价还价,下一个时刻,他就可以很方便地成为农产品的生产者。于是,他对粮食生产的成本了如指掌。如果在两个农民之间发生粮食交易,卖家的报价若超过平均成本,农民买家就不愿意接受,他宁愿选择自己生产同种产品(自产将享受成本价)。因为他们具有在自产和购买之间任意选择的完全自由,所以,出售产品的卖家就不得不压低价格,接受成本价格出售的现实。这就形成了农村市场价格。农村的农民之间买卖的农产品市场价格,通过长途贩运与城市的农产品市场价格关联起来,因此,整个地球的农产品市场都形成以平均成本 P_c 为出售价格的局面,而与左端净产品大小完全无关了。这就是成本钳位机制的作用原理。

弄清了农产品价格的作用机制,接着我们最为关心的就是这个机制有没有改变的可能,也就是第二个问题,农产品有可能逃脱C极C带价格的魔咒吗?

本书的回答是肯定的。农产品完全能够跳出C极C带,而走向E极E带,使农民成为正常的享受公平的社会生产者。

解决的办法就是"割断成本钳位机制"。消除了成本钳位机制的作用,农产品价格就可以走向E极E带,就可以开始分享剩余,收获利润,像工业产品一样成为正常产品,为人类生存

服务的同时,也为它的生产者带来利润,带来幸福。在中国,国家扶贫战略实现之后,再从机制上消除农民贫困的根源,挖掉农民的"穷根","三农"问题就可以得到永久的解决。

四、"三农"问题解决思路:用"农业革命"的办法解决"三农"问题

此处所说的要用"农业革命"的办法解决"三农"问题,是借用工业革命的语境来描述的,其办法的实质还是"割断成本钳位机制"。

本书对工业革命的研究有了一个新的认识:工业革命第一是实现了科学技术革命,极大地提高了效率,生产出了很多的净产品;第二是实现了市场机制革新,无意间隔断了成本钳位机制,使原先小手工业产品在 C 极 C 带销售的情况发生了改变,工业品的销售价格离开了 C 带,而进入了 E 带(或其他价格带),总之工业产品不再在成本价格 P_c 附近销售,所以,工业开始有了利润。

工业生产效率提高,客观上创造了很多的净产品;而价格又离开 C 极 C 带,开始有了利润。二者相互适应,建立起了辉煌的工业时代。所以说,工业革命是双重革命:科技革命提高了生产效率;市场机制革新带给了生产者利润。这个利润多数时候能够通过正义原则检验,是符合正义的利润,它们是生产者与消费者分享净产品的结果。

工业革命之前,农产品与工业产品(手工业产品)都处在 C 极 C 带价格中,那时农产品和手工业产品效率都比较低,C 带销售的市场机制与生产效率还是适应的,很多个世纪都没有出现问题。工业革命之后,手工业进化成大工厂的机器工业,效率空前提高;同时,大机器、工厂化生产的产品,技术相对复杂化,一般消费者无法自己生产。这样,消费者在自产和购买之间的自由选择权就天然消失了。这就在无意间割断了成本钳位机制。

但是,发展比工业早得多的农业,却没有这么好的运气。首先,工业革命早期,农业的科学技术进步还不太明显,它也没有革命式的飞跃,生产的净产品也不够多,根本问题是它的成本钳位机制没有被割断的任何迹象。所以,在工业革命发生的时候,农业依然是缓慢发展,生产的技术效率提高缓慢,成本钳位机制至今还在强烈作用,没有任何松动。

到 20 世纪下半叶,农业的情况发生了巨大变化。首先是工业革命的成果已经大规模地辐射应用到农业领域,科学技术的进步在农业领域大放异彩,尤其是中国的袁隆平院士发明的杂交水稻技术使水稻的亩产量至少提高到原来(1900 年代)的三四倍以上,农业领域的科学技术进步成果是卓著的,农业生产的技术效率已经大幅度提高,也就是农业的净产品大量地生产出来了,农业领域的科学技术革命已经发生。可惜,农业领域依然没有好运气,它的成本钳位机制依然无法自动割断。所以,现实的农业革命实际上是个"半拉子"革命,只有技术革命,没有机制革新的配合,农业革命最终将无法完成。

与工业革命语境一致,我们说工业革命是双重革命,工业的技术革命和市场机制革新同时发生,才可以完整地形成一场"革命"。现在,农业领域的技术革命已经发生,但是,市场机制革新还没有开始,因此不能形成完整的"革命"。我们期待着农业市场机制也发生一场变革,与农业领域的技术革命相互配合,最终完成第二次农业革命(第一次农业革命在种植业、养殖业发端,约 7000 年前)。第二次农业革命如果实现,那么全世界农民的困境都将风吹云散,中国的"三农"问题也将得到彻底解决!

事实上,今天农业的技术革命带来了农业的高效率,农业的净产品被大量生产出来。因为农产品,特别是粮食产品,恰好是量增型生产,净产品可以很方便地计算出来。所以,农业的净

产品是明显的,效率提高的幅度也是空前的。当大量的净产品被生产出来的时候,生产者依然在C极或C带中挣扎,生产方得到的净剩余几乎为0,这从正义原则来看是违背的。

经过工业革命近200年的辐射带动,今天科学技术已经为农业革命开启了半扇大门,另半扇大门即是市场机制革新。现在是万事俱备,只欠东风了。我们已经研究过,在农业领域"自发割断成本钳位机制"的因素并不存在,要实现这场机制革新,非人工之力无法完成!好在本书已经建立了精确的价格模型,在人类进入大数据时代的今天,只要政府发力,人工计算价格,就可以干预市场,甚至动态规范市场价格都是可能的。我们可以把市场价格人工钳定到E极E带内,实现生产方和消费方接近正义的分享剩余,就从根本上挖掉了农民的穷根,中国"三农"问题就可以得到根本解决,当代中国的扶贫攻坚成果就会持久地巩固下去。

五、政策思路:发动第二次"农业革命"

工业革命是自发发生的,没有人有意识地规划和推动,但工业革命的威力是巨大的,它席卷全球,彻底改变了人类社会的面貌。

第一次农业革命也是自发的。私有制诞生(机制革新),人类学会了种植谷物、养殖动物(技术创新),形成了农业的第一次革命(完整革命)。它大约最晚发生在7000年前。现在,第二次农业革命,技术革命已经具备,只欠机制革新的东风。而机制革新又丝毫找不到自动发生的任何迹象,所以,我们不得不搞一场"人工降雨",人为地改变市场机制,把主要农产品(粮食)交易价格人工牵引到E极E带上去,一步到位,既实现了经济正义,又一劳永逸地解决"三农"问题。解决了农民脱贫问题,粮食生产和储备也能得到保障,第二次农业革命就会人工引爆。第二次农业革命持续一段时期,农民就会摆脱贫困,农业就会得到空前大发展,农村面貌也会得到彻底改观,"三农"问题就会烟消云散。

六、农业革命实施方案(框架)

(1)国家重新建立健全全国性的粮食经营系统——粮食专卖局(类似于食盐专卖局、烟草专卖局的功能),实行全国粮食的专收专卖。粮食专卖局应当是非营利组织,是执行中央政府的粮食和农业政策的主体机构。

(2)由粮食专卖局系统实行粮食的统购统销、专收专卖,在国内禁止粮食的私人买卖。卖粮者需将粮食卖给国家粮食系统,买粮者必须到国家粮店购买。国家粮店也可以建立代销渠道,规定统一的零售价格,并给予分销商适当进价折扣。

(3)粮食价格由国家统一测算公布,粮食系统具体执行。粮食价格体系的制订规则如下:

①收购价:以纳什价格为基准收购农民粮食,按质量优劣分级定价,价格略有差异。收购价格先期固定在黄金分割点处的纳什价格上,即$1.309P_c$。如果为了先期扶持粮食生产,也可以将收购价格设定在$1.309P_c$至$1.618P_c$之间。

②销售价:测算全国粮食系统的储藏、运输、加工和经营成本(不能考虑利润),按单价加在收购价格之上。这个成本仅计算直接成本,如果销售价格使粮食系统略有亏损,可由政府财政补齐。在收购价格的基础上,销售加成一般不要超过5%,以便减轻消费者的粮食消费负担。

(4)粮食专卖的目的:把粮食市场价格人工钳位到E极价格附近,使粮食生产者在创造了较高净产品之后,也能够得到适当的净剩余(生产者剩余);使粮食生产的市场机制趋于完善,靠近正义;使农产品生产者开始享受利润,开始进行积累,逐步改变"三农"的面貌。

七、政策配套:反市场化操作,保证粮食生产稳定

第一,全国要建设足够的粮食储藏库,要足量收购全国丰收年景的全部粮食。

第二,粮食生产和经营领域全面退出世贸组织,世贸机构不得干涉全世界各国的粮食生产和交易行为。各国政府要对本国农产品和粮食安全负责,不受世贸组织影响。世贸组织是古典经济学理论指导的产物,它无法解决各国粮食安全和农业问题,因此应当剔除世贸组织对各国农业和粮食生产经营的干预。

第三,制定法规,禁止私人之间的粮食买卖。与国外进行的粮食交易统一由粮食专卖局系统设置的外贸部门承担,私人和其他企业不能介入。粮食外贸要接受全国粮食专管部门的统一安排,不可为盈利而自行安排。

第四,粮食系统要建立"粮食银行",任何人自己生产的粮食任何时候想卖给粮库,粮食银行都必须无条件接受;任何人在任何时候想从粮库购买粮食,也必须充分供应。价格严格执行稳定的统购统销价。

第五,在国务院下设专门的粮食安全和"三农"问题管理部门,管理粮食的生产和资源投入计划、经营政策的制定、价格的测算、进出口粮食的数量安排,既负责粮食安全,又负责解决"三农"问题。它是全国粮食安全和解决"三农"问题的最高领导机构。将来粮食生产如果发生太多的过剩,该机构也要适时制订资源投入限制计划,甚至制订土地轮作耕种制度,以调节粮食供给。

第六,海关、边防要严格把关,禁止国家粮食系统以外的组织和个人从边境进出口粮食,以免破坏国内粮食和农产品的经济环境。粮食局系统的外贸部门也只能按照粮食和"三农"最高领导机构制订或批准的计划进出口粮食。

八、政策与配套措施的注解和说明

第一,利用人工价格钳位机制,把粮食和主要农产品价格确定在黄金分割点的纳什价格附近,彻底割断成本钳位机制,使粮食生产者开始分享农业净产品,经济正义得以实现,农民开始有了利润,也就有了积累的可能,这是农业产业发展的源泉。

第二,用利润代替了政府的补贴,而利润让消费者承担了,但是,这不是无故加重消费者负担,而是为了实现经济正义。在粮食净产品大量存在的情况下,粮食产品的消费者剩余依然很大。

第三,首先以粮食开端,以后还可以扩展到其他容易贮藏的农产品上。(至少,粮食的价格人工钳位机制可以影响到其他农产品的价格。)力争使全部农产品价格走向公平。这方面还要在实践中观察、摸索和调控。

第四,如果由于粮食价格走向公平极,加重了粮食消费者的负担,出现粮食消费者负担不起的情况,则可以由政府对低收入人群进行粮食消费补贴,代替以往的农业补贴(这只具有潜在的可能性)。

第五,本案采取了"反市场化操作",容易引起"重回计划经济"的误解和担心。这只是针对C极C带采取的局部措施,与反垄断政策异曲同工。市场经济大方向不会改变,也不能改变。不要被西方经济学"市场化"教条所迷惑。这样操作,是对市场经济的修补,而不是否定。

九、风险预防:建立试验特区,创新农业政策

发动第二次农业革命是一个大胆的创造性方案,虽然在理论上是完全可行的,但对经济问

题的规划设计要慎之又慎。对于这么大幅度的经济改革方案,再多的理论论证都是不够的,应当先期进行适度规模经济试验,如果成功,再推广到全国,方可万无一失。如果不进行经济试验,冒然把这项改革推广到全国,风险太大。万一有某些事情或环节考虑不到位,就有可能导致实践的失败,那损失就太大了。

先期建立适度规模的经济试验特区,把这项改革政策在试验特区内实施,在实践中观察总结,对可能发生的先期未能预料到的事情也可以及时处理应对,并总结经验和教训,在试验中提出解决办法。

如果试验成功,再谨慎推广,逐步扩展到全国;如果试验失败,则必须退出试验,以免造成更大伤害。

十、建立试验特区的选择建议

粮食安全和解决"三农"问题试验特区,应当具有适度规模,能够自成一体,试验目的要明确,试验进程要规划准确。同时,试验区的边界要封闭,在边界上要像国境线一样,禁止一切私人的粮食交易从边界进出(其他产品应当是开放的)。第一可选,陕西省的关中地区,可能是较理想的试验区。关中地区四周地理边界明显,区内农业条件也较优越,西安、宝鸡、咸阳、渭南四个城市工业基础也比较扎实,杨凌还是全国农业示范区,这里作为经济试验特区应该能够模拟出一个小型国家的产业结构和经济特征。但缺点是建设"边界"的成本可能较高。第二可选黑龙江省,三面都和俄罗斯接壤,一个方向上与吉林省相邻。黑龙江省有大量的黑土地,也可以成为较好的农业经济试验特区。"边界"建设成本也较低。第三可选,在我国最南方,海南省也是一个不错的试验区域。它四面环海,天然具有独特的地理边界。在这里试验,边界是现成的,建设"边界"的成本最低。

如果设立试验特区进行经济试验,国家应当作为这场试验的坚强后盾,做好预防性救助准备。万一出现未预料到的异常情况,经济试验中的人民不能遭受损失,应当即刻结束试验,并进行必要的救助,使试验区尽快恢复到试验前的状态。

谨慎地进行局部试验,以试验结果检验经济理论和政策的可行性,然后再谨慎推广,这是新经济政策实施的正确道路。

第三节　劳动要素分享剩余的分配制度改革方案(框架)

劳动要素分享剩余,就是劳动分红问题。这是马克思花费毕生精力研究希望达成的结果,他希望找到的劳动者最终解放的道路。本节最高目标就是实现分配领域的正义,还劳动者公平。本书中所有问题的解决方案,都遵循一个最高原则,既要实现公平正义,又不破坏经济子系统的正常运行,不伤害经济系统的效率。本节劳动分享剩余的实施,首先要遵守经济正义三款原则。以下的研究都必须受到经济正义三款原则的约束。

一、分配原理1:成本和剩余划分清楚

1.关于成本

所谓成本,就是生产过程中被使用的要素,在生产前和生产后,保持或者恢复原物、原状所需要的费用。

　　资本的成本，就是它的本金；土地要素在生产前后不发生变化，原物就是其成本；而劳动的成本稍显复杂，它是劳动力恢复原状的费用。劳动力在使用过程中是缓慢磨损的，通常不容易看出来。但是，1年或10年劳动下来，劳动力就会变老，这是不可逆的过程。所以，劳动力无法保持原状，只能恢复原状。这就需要两方面费用。第一，保持劳动者本人健康生存（原劳动力存在）的费用；第二，劳动力繁衍养育后代（恢复劳动力原状）的费用。如果劳动者本人受了多少教育，它的后代也应当受到相等的教育，这个教育费用也应包含在（恢复原状）内。第二项总体来说就是养活和教育后代的费用。劳动的这两项费用合起来就是劳动的成本，它就等于劳动者的工资。

　　这样总结一下，各种要素的成本应该是：

　　资本的成本：本金（假设无通胀）；

　　土地的成本：土地（原物）；

　　劳动的成本：工资。

　　这里有一个问题必须说明：如果劳动者自身受到某种等级的教育，他的子女也必须接受同等的教育，这个费用计算在成本之列。如果劳动者本人未受过教育，仅作为一个体力劳动者，它的孩子教育费用就不计算在成本之内，这似乎是一种不平等。需要指出，这里只是计算成本，劳动成本的概念定义就是恢复劳动者原状的费用。没有受过教育的劳动者，恢复原状时就没有教育费用。这是客观真实的情况。关于社会公民都具有平等受教育的权利，这可以在二次分配中加以矫正，不必要参与到成本计算中，以免发生概念的混乱。

　　2. 关于剩余

　　经济学上的剩余有两种形态。第一，生产过程结束时，得到的产成品超过投入的部分，我们称之为"净产品"；第二，在交换过程中，对应于净产品的货币剩余，即 P_u-P_c 的差额，我们称之为"净剩余"或观念剩余。

　　子系统参与者各方都应按顺序分享净剩余。首先，消费方得到"消费者剩余"，其余各参与方都属于生产方，生产方整体与消费方瓜分净剩余，得到"生产者剩余"。这个生产者剩余由生产方各参与者共享。前面研究了农产品生产者，他们在无干预的市场上只能以C极或C带的价格销售产品，丢失了应该得到的生产者剩余，所以必须按照正义原则矫正之。这是在产品市场内进行的修补。

　　本篇研究劳动分享剩余问题，是在生产方内部，要求劳动要素与其他要素无歧视地分享"生产者剩余"。这个处理将在要素市场上进行。

　　虽然本书沿用新古典经济学的称谓，还使用要素市场这个词，但是这个要素市场实际上市场化程度很低，几乎没有市场力量。三要素进入企业内部，就被严格地组织起来进行生产，这也是必须的。资本要素方往往掌握着企业的管理权力，它们会很好地照顾资本的利益，劳动和土地方的利益一般都不容易受到公正的对待。

　　如果硬要把要素各方的结合看成是一个市场，它也只是一种弱化的市场。如果从市场角度来观察，资本、土地、劳动三要素的本身性质，也决定了他们的优劣势对比。

　　正如本书第三章第八节"各要素性质的差异——劳动弱势"中描述的那样，劳动要素具有天生的弱势，该要素背负着"吃饭生存"的负担，缺乏自由度，而资本、土地要素方则具有完全的自由。所以，在天长日久的资本主义演化史中，劳动基本上形成了没资格分享剩余，只拿回工资成本的惯例模式。而新古典经济学却以实证为借口，认为现实存在的就是合理的，默认了这种分配的合理性。当然他们连正义这个语词都不想提及,干脆放弃了公平正义的研究。所以,劳动者只收回成本,不分享剩余就司空见惯地成为现实,新古典经济学认为它理所当然,具有合理性。

民生经济学实现了经济正义的回归,必须设法消除那些司空见惯的不平等现象,劳动不能分享剩余的问题,是一个严重的非正义问题,必须予以解决。

这里需要彻底分辨清楚成本和剩余的界限。

前面厘清了三要素各自的成本,这里需要弄清楚剩余的形态。

净产品是实物剩余,观念剩余(净剩余)是货币价值剩余。价值剩余的分享就是对净产品实物剩余的分配。

在子系统中,剩余首先被消费者分去一块"消费者剩余",然后子系统的生产方共同享有"生产者剩余",这个"生产者剩余",还要在销售商、储运商、生产商三者之间纵向分配。再后,各企业内部还要由三要素进行最终分配。

三类商家之间的纵向分配一般由价值链上的市场价格分配。这里也存在很多问题,但主要是反垄断。只要反垄断得力,不允许任何环节出现压倒性优势,市场力量可以达到接近正义的状态。

二、分配原理 2:正义分配的"三源两步法"模式

当纵向价值链分配完成之后,就进入到企业内部,开始进行要素分配。要素市场的各方力量不对等,劳动者总是处于弱势,无法通过市场力量自动得到接近正义的分配,于是我们需要依靠政权力量,开展经济正义的立法和司法,以公权力的正义职责干预企业内部的剩余分配。

在完全正义的分配模式下,要素各方首先可以收回各自的成本,其次就是要素各方必须平等地分享剩余。扣除成本以后,如果企业存在利润,不能由资本一家独占,而应该由资本、土地、劳动三方平等分享。即:资本分享剩余得到部分利润(包含支付借款利息);土地分享剩余得到部分地租;劳动分享剩余得到劳动红利(有些企业以奖金形式发放)。

综合起来看,在经济正义原则指导下,各要素应有的分配模式就是三源两步法分配模式,见表 7-1。

表 7-1　要素分配结构表

编号	要素类别	成本	剩余
1	劳动	工资	剩余(部分利润分红)
2	资本	本金	剩余(部分利润分红含利息)
3	土地	土地原物	剩余(部分利润分红即地租)

经济正义的分配原则要求的是各要素收获:成本+剩余。概括为三源两步法,"三源"指三类要素、三种资源,都是财富源泉;"两步"指"先收回成本,再分享剩余"。实施经济正义,就是要纠正以前的"三位一体"分配模式,这是马克思多次批判的分配模式,我们将其改进成为"三源两步法"分配模式。图 7-3 给出了两种分配模式的对比。

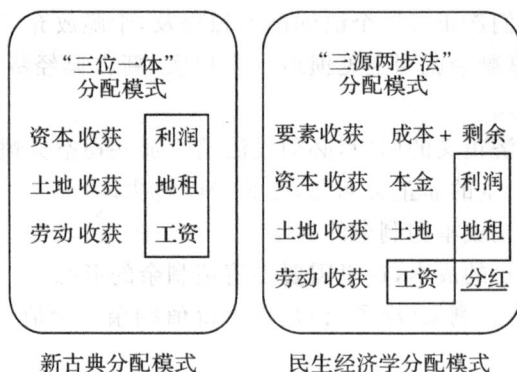

图 7-3 "三位一体"与"三源两步法"的分配模式

从图 7-3 中可以看出以下信息：

第一，"三位一体"模式错误地把劳动者的"成本"工资与其他二要素的"剩余"对应起来；第二，"三位一体"模式刻意隐去了资本的成本"本金"和土地的成本"土地原物"；第三，最为重要的是，"三位一体"模式成功地隐去了劳动的应得剩余"劳动分红"。这样一个牵强的"三位一体"分配模式，还搞出许多"科学"的形式，例如欧拉定理、产品分配净尽定理，等等。

三源两步法分配模式，恢复了要素分配的本来面目，各要素必须受到平等地、无歧视地公正对待。所谓"两步法"，就是各要素都有平等收回成本和分享剩余两项权利，任何要素所有者的这两项权利都是不可剥夺的。

在三源两步法中，我们将各要素的各种分配的项目都无遗漏地开列出来，并且安放到各自应在的位置上，不允许浑水摸鱼！

实际上，在三位一体中，本金和土地原物，虽然隐去了，但它的所有权没有变化，实际上资本方和土地方都悄悄地将其收入腰包，只是没有声张而已。

但是，劳动的工资本来是地道的成本，却被当成与利润、地租对等的东西开列出来，冒充作剩余，所以劳动实际应得的剩余"劳动分红"就自然地被抹掉了，劳动者的正当利益实实在在地被剥夺了。所以，三位一体分配模式是绝对违背正义的，其实质是侵害了劳动者的正当权利，马克思 150 多年前对它的批判是完全有理有据的。即使从另外的研究角度，也能证明三位一体的非正义性。

全社会实施三源两步法分配模式，就彻底地排除了任何势力对劳动的剥削。在三源两步法分配中，各要素都得到公正的对待，资本、土地也得到应得的收入，只是其份额将低于原来非正义分配中得到的利益。但是，现在各要素得到的收入，都是接近正义的，都是正当所得。这样的分配必将推动子系统向着更加高级的形式进化，使人类社会越来越走向辉煌。

当劳动者收回"劳动分红"之后，工资用于正常的生活生存，养儿育女，而分红部分将有机会成为个人财富的积累，这项积累也可以转化为资本，使劳动者也开始成为"双要素"的拥有者，于是勤劳的、运气好的劳动者就可能成为"有产阶级"，即西方社会所谓的"中产阶级"。大量的劳动者能够成长为中产阶级，凭劳动也能致富，成就了劳动价值论者的美好理想，人类社会才有希望，人类才有前途。这是未来分配制度改革的大方向。

三、分配原理 3：实施要素"平等分享剩余"的核心正义

利用政权力量，从立法到司法，深度解决要素分配问题，尤其是要解决劳动平等参与分红

的要素分配问题,实现要素间的平等分配理想。近几百年来,劳动价值论者一直希望给予劳动平等收回剩余的权利,但是他们偏激地要求劳动应当占有全部剩余,因为他们认定劳动创造了全部剩余。实践中,即使在社会主义国家,也无法实现这种分配。事实上,我们已经证明,劳动和资本、土地都平等地参与了净产品、净剩余的创造,认定某种要素独立创造了全部剩余,而其他要素完全不创造剩余,这是要素歧视的观念,是没有依据、没有道理的。

就要素方而言,劳动、土地、资本三方,对子系统净剩余的贡献是平等的。在古典和新古典经济学盛行的时代及其以前时代,资本事实上几乎全部占有了剩余。它们搞出一个"三位一体"的分配模式:劳动拿工资,土地拿地租,资本拿利润。实际上,工资仅仅是劳动的成本。土地的地租是剩余,资本的利润也是剩余,唯一亏待的是劳动者,他没有拿到一点儿剩余。另外,某些资本金的利息应该属于剩余,却被企业计入成本。三位一体分配的逻辑是完全混乱的。

本书认为,三要素各自的贡献是平等的,各要素方都拥有平等收获的权利:第一,收回自己的成本;第二,平等分享剩余。这是经济正义的要求。

于是,在平等收回成本方面:资本的成本是本金,土地的成本就是土地(原物原状)本身,劳动的成本是工资[养活自身和养育后代(恢复原状)的费用]。在平等分享剩余方面:资本分享部分剩余,优先支付利息后余额成为资本方符合正义的利润;土地分享部分剩余,作为符合正义的地租;劳动分享部分剩余,作为符合正义的"劳动分红"(不应当继续称作奖金,奖金一词太过随意,似乎是老板的恩赐)。

三要素平等分享剩余,是民生经济学最重要的经济正义理念。虽然三要素各自的贡献大小无法解耦,无法精准测出,但是从全社会的角度,可以测出一个宏观比例,例如,从全国来看,令当年使用中的土地总波量 N(亩·年),当年使用中的资本总波量 K(万元·年),当年使用中的劳动力总波量 L(人·年),当年全国产生的税后利润总量 Ω。

我们可以从全国范围内宏观地把握总量分配的正义,确定一个比例。例如,假设,从全国范围来看,资本、劳动、土地,贡献各占 1/3,然后算出一组比值:

资本贡献的比值

$$\alpha = \frac{\frac{1}{3}\Omega}{K} = \frac{\Omega}{3K}$$

土地贡献的比值

$$\beta = \frac{\frac{1}{3}\Omega}{N} = \frac{\Omega}{3N}$$

劳动贡献的比值

$$\gamma = \frac{\frac{1}{3}\Omega}{L} = \frac{\Omega}{3L}$$

在一个具体的企业中,它的资本波量为 K_0,土地波量为 N_0,劳动波量为 L_0,得到的税后剩余为 Ω_0。于是,该企业三要素各自应分得的总份额分别是,资本应得 f,土地方应得 g,劳动方应得 h。

$$f = \frac{K_0\alpha}{K_0\alpha + N_0\beta + L_0\gamma} \times \Omega_0$$

$$g=\frac{N_0\beta}{K_0\alpha+N_0\beta+L_0\gamma}\times\Omega_0$$

$$h=\frac{L_0\gamma}{K_0\alpha+N_0\beta+L_0\gamma}\times\Omega_0$$

依据以上计算方法,资本、土地、劳动在收回各自成本之后,如果依然有剩余,就应当先纳税,然后按照以上计算分成三份,之后再在各要素方内部做详细分配。

资本在拿回本金之后,再分享剩余 f , f 应当先支付借贷资金的利息,然后再按股份分配其余额部分,形成符合正义原则的红利。

土地拿回土地原物的产权之后,再参与税后剩余的分配,拿到 g 。这就是它拿回的符合正义原则的地租。

劳动先收回成本,与其他要素没有什么特别,这就是先拿回工资。然后与其他三要素共同分享税后剩余,得到 h , h 是该企业全体劳动者(包括管理者)共享的剩余,此处应当先划分成两块,管理者剩余部分和员工剩余部分。此处必须先行限定管理者剩余的额度,必要时由国家法律作出规定,避免管理者以权谋私。员工剩余部分,应当由管理集团依据员工个人贡献、表现情况,按比例分配给劳动者。这个份额不是奖金,也不能理解为奖金(奖金似乎是老板的恩赐,而且也很随意)。分享剩余是法定的符合正义原则的分配,不是可有可无的,应当立法予以保护。

当然,这项分配也绝不能搞成平均主义分配,那样又会丧失公平。

四、政策措施:立法保护劳动要素分红的权利

实行完全的经济正义,最主要就是强化劳动分红。以往的公司法都是在新古典经济学指导下制定的法律,它们仅保护实体要素入股分红的权利;在后来,科学技术也可以入股分红;只有劳动,没有任何国家的法律允许它"入股分红"。专利技术、注册商标、商业信誉等无形资产都可入股分红,唯独劳动不能"入股分红"。

依据分配原理3给出的计算三要素平等分配剩余的总体分配方法。在全国范围内计算出总体比例,然后按照总体比例和本企业净剩余来分配,本企业可能有利润,也可能没利润;可能是劳动密集型企业,也可能是资本密集型企业。但依照比例计算,总体上是公平的。

立法、司法是实现劳动分享剩余的主要手段。在民生经济学理念指导下,法律必须做出修订,要强调三要素必须平等地先收回各自成本,而后平等地分享剩余。分享剩余的份额应当依据各要素波量计算。

中国有大量的国有企业,国企改革一直找不到目标,三要素实行正义分配就应当是突破点。立法改革先从国有企业开始,让工人参与企业分红,它们成为企业真正的主人,参与企业重大问题的决策,与股东享受平等的权利。

有了立法保护,各企业可以参照执行。如果分配发生分歧,司法实践将依据新的立法计算,确保各要素具有同等的分享剩余的权利。

五、配套措施及说明

1.同工同酬、奇高奇低工资矫正

同工同酬问题早已被提出,尤其是在男女性别差异方面,女性劳动者容易受到不公正待

遇，一般都是女性劳动者工资待遇偏低；或者在就业选择方面，用工方总是倾向于减少女职工岗位。

在中国，大量存在"临时工"和在编人员的差异，尤其是在政府主导的企事业单位中，往往是临时工干的工作脏、重、劣，但在报酬方面，临时工的待遇却较低，存在着明显的非正义分配情况。

还有另一种情况，就是不同行业之间或同一行业内部不同的员工之间，工资待遇差别极大。例如，金融行业具有奇高的工资，电力行业工资待遇远高于全国平均水平。但这往往不是因为员工努力、经营得当，而是政策倾斜造成的，形成了社会的不平等分配。同一行业不同员工之间主要集中在企业高管和基层员工之间。管理层利用自己的管理地位和管理权限，集体以权谋私，使收入分配差距不断扩大。

2.要素无歧视与活劳动要素的倾斜分配

三要素正义分配的依据是要素无歧视原则。要素都是生产的资源，在产出产品的过程中，它们的作用是一致的。从源头上讲，三要素对生产的贡献一致，三要素都具有"物性"，没有"人性"。而三要素的所有者都是人，他们也没有高低贵贱之别。所以在分配时，理所当然地，三要素应当具有平等的权利。三要素贡献平等，分配也平等，其表现就是：各要素要先收回成本，再平等地分享剩余。具体企业的总剩余在市场上具有随机性，有时大，有时小。不管大小，三要素之间应当保持平等，这就是正义的分配。三要素之间无歧视地进行分配，这是正义的基础。

但是，这里在讲述了三要素无歧视的正义分配之后，我们要呼吁人世间的财富分配应当适度比例地向劳动者倾斜。这是正义的矫正原则。为什么在无歧视原则之后要提出向劳动者倾斜呢？这个问题具有以下理由：

第一，历史上劳动一致受到不公正的待遇，社会财富的大量拥有者对此具有补偿矫正的责任。在民生经济学中看到，在以往的市场经济社会中，资本、土地都具有某种优势，它们几乎拿走了全部剩余，这是严重的不公平，也是人类经济学认识滞后带来的后果，还不能认为是某种要素所有者的"罪恶"。总体来说，资本在生产过程中贡献不可低估，只是在生产结束后，独占了剩余。在分配环节上，资本利用自身优势多占或独占了剩余，造成了劳动者的苦难，这是有过错的。总体来看，资本多占或独占剩余，是非正义的。历史上资本的原始积累，确实具有非正义性。对于历史的资本积累，目前不宜采取激烈措施来矫正，但是可以通过政府二次分配或遗产税等来逐步加以解决。

鉴于以上情况，资本应当在今后的分配中做出一定让步，在平等分配的基础上，再向劳动要素适度倾斜，以弥补历史上"三位一体"分配的过错。这种补偿可以是有限期间，例如10年或20年以内，之后就恢复正常分配。

第二，效率悖论的出现，使得资本能力不断加强，极端情况下，资本可能创造出完全替代人类劳动的机器人，从而可能使人类经济物品的生产完全无人化。但是，资本虽然能够代替人类劳动，却不可以代替人类的消费，尤其是不能代替宏观经济系统中人类的购买。当资本完全替代劳动要素之后，劳动将被挤出宏观循环系统，从而没有收入进行购买。机器不会购买，人类无钱购买，于是宏观循环的经济系统就瘫痪了。因为人类肩负着宏观经济系统的购买功能，所以，系统分配应当向人类活劳动倾斜。如果剩余向资本倾斜，它们不会增加购买；如果剩余向活劳动倾斜，就会增加购买，系统就会发展，经济就会进步。

第四节　替代性失业与效率悖论的解决方案(框架)

在新古典经济学中,失业被划分成若干种类,诸如摩擦性失业、结构性失业、自愿失业等。但是笔者观察多年,发现一种新的失业类型,叫做"替代性失业",它是效率提高引起的失业,这种失业现在已经普遍存在,而且非常严重,并将越来越严重。如果任由它发展下去,必将会摧毁我们的宏观经济循环子系统,那将是人类社会的巨大灾难,在这样的灾难面前,没有幸免者。不管是穷人还是富人,不管你处在哪个阶层、阶级,将无一幸免。

替代性失业的起因是因为效率的提高,机器的出现,替代了活劳动。效率提高是我们人类社会几千年来一致努力争取的结果,直到今天,提高效率依然是我们追求的目标之一。没有效率的提高,就没有人类社会的进步。人类从野蛮时代进入阶级社会,开启农耕文明,生产力得到重大发展;从农耕时代经过工业革命,进入工业化社会,效率提高是本质性原因。今天,信息化、智能化、大数据的广泛运用,使得效率的提高登峰造极,于是,效率提高带来的对活劳动要素的替代,也达到了高潮。

提高效率本是社会进步的源泉,我们不可能排除和抑制效率的提高。可是,当效率一次又一次提高的时候,它却正在吞噬活劳动的就业岗位。而我们经济的终极目的是要让活劳动的人提高生活质量。现在,在效率提高的时候,人被挤出了就业岗位,这本身就是一个问题。更严重的问题是,活劳动有消费的需要,子系统需要人的消费才能形成。机器只会干活不会消费。机器虽然能够代替人类劳动,却不能代替人类消费,不能构成子系统。人类被排除在子系统之外,没有就业,没有收入,不能购买,子系统的循环就被破坏了。若子系统陷于瘫痪则全社会的经济运行也将瘫痪(如图7-4所示,劳动L循环被阻断)。

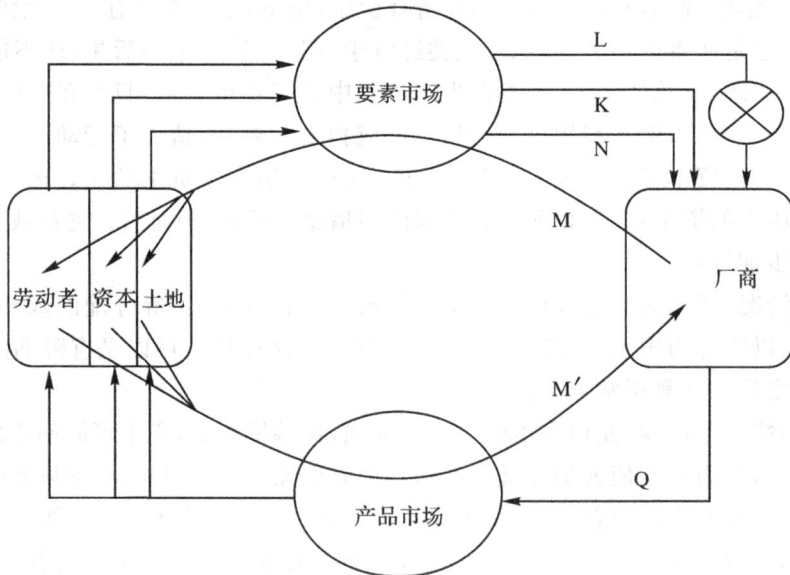

图7-4　宏观经济系统循环图

瘫痪了的子系统,消费者首当其冲遭受打击,失去生存依据。接着生产者就会遭殃,它们生产的产品将积压在库房中,无法实现经营循环,他们一个个也将破产倒闭。这是另一种形式的经济危机。目前这种极端的情况尚未全面爆发,我们确实也无法预测它的破坏性有多大,破坏之后又将如何?

效率提高本来是好事,现在效率提高却造成人类的灾难,所以我们称之为"效率悖论"。

本节试图解决这一问题,希望把效率提高的红利分享给全社会每个公民,力求提高效率,又不挤占劳动者的岗位,使劳动者从高强度劳动中得到解放,保持就业岗位和收入,保证宏观经济系统(子系统)正常循环,从而消除效率悖论带来的隐患。这种解决问题的办法,其本质就是要让劳动者有收入,可以实现购买,从而确保子系统最后一个购买环节得以存在,实现子系统正常循环。

一、经济原理:宏观经济子系统循环机制再探讨

在子系统研究中,我们已经论述了宏观经济循环原理,不管你愿不愿意,我们都处在这样的循环系统中。货币逆时针循环,要素和产品顺时针循环,保持这个循环,财富物品将源源不断地产生出来,最大多数的劳动者和其他各阶层人民都要在这个循环中生息繁衍下去(见图7-4)。

当效率越来越高,劳动的替代者越来越多时,劳动者就被循环系统挤出子系统之外,最严重的情况就是图7-4右上角打叉的位置所示,劳动者全部被挤出,他们完全退出循环,子系统的最重要的购买力量就消失了,全部循环都将中断,于是这种循环中断的经济危机就会出现。

二、失业的直接原因:机器化、自动化对劳动的替代

工业革命之后,出现了机器或机械工具,例如吊车、挖掘机、各种机车等,从体力上替代了人类个体的劳动。到当代,计算机出现,人工智能趋于成熟,又替代了人脑的工作。活劳动要素本来就是体力和脑力的结合,机器既能替代体力,又能替代脑力,单从生产要素上看,整个活劳动就可以完全被机器取代。

但是,机器仅能够替代人类个体的生产功能,却不能替代人类个体的购买功能。而人类个体的购买功能是子系统得以形成的最重要环节。机器替代了人类个体的生产功能,就切断了消费者的收入来源,也就排除了消费者的购买功能。而子系统购买功能消失,就切断了子系统的全部宏观循环,破坏了人类社会几千年来的生存模式。宏观经济系统循环一旦瘫痪,人类的生存就受到严重挑战。这就是机器替代劳动形成的对宏观经济循环系统的巨大破坏,表现出来的现象是全社会就业越来越困难。

三、失业的经济学后果:正在发生的效率悖论之现实后果

机器替代是形式,效率悖论是本质。机器对活劳动的替代,说到底是效率提高带来的结果。所谓效率提高,就如百人社会模型:假设整个社会有100人,初始状态下人人就业,100人劳动创造的成果刚好养活100人。提高效率以后,50人劳动生产的成果也能养活100人,那么从产品生产方面来看,另外50人就没必要劳动,就会失业。50人失业,在私有制的社会里,这些不劳动的人就拿不到工资,进而无法购买产品。效率继续提高,25人劳动就可以养活100人,其余75人要失业。继续提高效率,直至1个人劳动可以养活100人,其他99人都下岗了,

失业者失去收入,就失去了购买力。产品生产出来也只能积压在库房中,无法到达消费者手上。子系统将会完全崩塌。

目前的情况,社会的生产效率还没有达到1人劳动养活全社会的极端程度,但是,机器对活劳动的替代早已发生,而且已经很严重了。效率不断提高,就业岗位就越来越少。但我们不能因为效率挤占了岗位,就限制效率继续提高。效率悖论的后果就是:效率越提高,失业越严重。最终,经济子系统将全面崩塌,新形式的经济危机将粉墨登场。

四、失业解决办法:缩短工作时间,延长休闲假期

很明显,效率提高总体上不是坏事,效率还要进一步提高。但是,效率挤占了工作岗位,又如何解决呢?

我们还以百人社会模型为例来说明解决这个困难的办法。初始状态,100人社会,全部100人工作,养活全部的100人。

效率提高一倍,100人社会,50人工作,养活100人。所谓能养活100人,是指能生产出来供100人生存的产品。但是,50人生产产品,另外50人就失业了,他们生存的产品虽然已经生产出来,但由于失业,他们没有了收入,而无法取得他们生存需要的产品。

现在有两个选择途径,第一个选择是恢复原有效率,倒退到低效率的社会,依然人人就业,人人有饭吃;第二个选择是缩短每个人的工作时间,依然100个岗位,每人只上半天班,却发全天的工资(因为全天的生活资料已经生产出来)。于是,依然是人人有饭吃。但是,情况不同了,由于效率提高,劳动者仅工作了半天,却得到了全天的生存物品。劳动负担减轻了,劳动者的自由也多了一份。

显然,第一个选择是不可行的,而第二个选择是可行的。

如果效率继续提高,可以继续缩短工作时间,依然保持100个就业岗位和全额工资,劳动者的自由将进一步扩大。

这样,效率的提高,使劳动者获得了更多的自由,社会宏观经济系统的循环依旧正常,这就是社会进步。要知道,劳动者是社会最大多数的公民,他们的劳动负担减轻,休闲时间增加,自由度扩大,就是真正的社会进步。

于是我们总结,解决效率悖论的办法就是:适度缩短工作时间,保持就业岗位数量稳定,保持全额工资稳定,保持宏观经济系统循环正常。这样由效率悖论引起的"替代性失业"就会消失。

实际上,近一两个世纪以来,工作时间正在逐步缩短。工业革命时期,有工人每天工作16小时,大多数工人每天劳动10小时;芝加哥工人大罢工之后,开始了每天8小时工作制。我国过去每周六天工作,后来变成五天半,到现在则是每周五天工作制。

在中国,近些年来,假日经济盛行,劳动节长假、国庆节长假、春节长假,等等,客观上缩短了工作时间,经济运行反而很平稳。

最近,中国社会科学院发表研究报告,称希望实现每周四天工作制。报告一出,舆论哗然,形成一段时间的讨论热点。其实,他们从另外的角度研究出的这个结论,与本书的研究结果异曲同工。本书的研究结论是,不仅每周四天工作制不是梦想,每周三天、两天、甚至一天工作制也未尝不可,这实际上是解决效率悖论的必由之路。

近几年,某些专家提出要延迟退休年龄,让年长者继续占据就业岗位,使青年人无法就业。

他们的理由是财政负担不起养老金。这简直是倒行逆施！效率悖论已经明显地发生着强烈作用，他们还要延迟退休年龄，使就业形势雪上加霜。从效率悖论的作用后果来看，不仅不能延迟退休年龄，还应当提倡适当的提前退休，把就业岗位让给年轻人。

部分专家担心的问题就是养老金从何而来，这是一个技术问题，可以从税收和养老保险多渠道解决。效率一天一天持续提高，机器每增加一台，劳动者就要适当减少一点工作时间，同样可以保证足够的财富物品产出。人类个体永远都需要自己养活自己，只不过现在有了机器的帮助，养活自己更加轻松了。

工作时间逐步缩短的安排要由国家主管部门宏观调控，依据效率提高程度逐步微调。由现行的五天工作制，逐步调整至4天半、4天、3天，等等。调整的依据是效率提高程度和就业水平的平衡。"小长假"也应该包含在宏观调控之内。

减少每周工作时间，而不减少工资，就可以保证宏观经济系统正常循环。

五、配套措施：禁止流失工作岗位

要实现这个缩短工作时间的目标，还有许多配套措施必须跟上。

（1）禁止一个人同时打两份或两份以上的工，否则就可能挤占他人的工作岗位。

（2）禁止单位内部常态化加班加点，禁止超高工资和超低工资。国家应当测算出一个最低工资和最高工资的限额。坚决禁止高工资待遇、高强度劳动、高失业的现象并存。

（3）企事业单位的产值、利润应当与雇员人数成比例，人社部应当做出测算，给出比例。超出比例就加收就业税，甚至罚款制裁。

（4）取消临时工与正式工区别，坚决实施同工同酬。必须限定最低工资数额，让弱势群体人员也能够享受到足够的工资待遇。

（5）人社部要计算全国劳动效率，计算工作时间，统一发布作业时间安排，全国遵守，违者处罚制裁。

（6）以"自己养活自己"为基准，规划劳动者工作时间。全社会效率越高，雇员的工作时间就越短。这就可以始终保持宏观经济系统循环的正常。

（7）缩短个人在职时间，但是要尽量少降低退休工资。以今天的生产效率，不是财富物品生产不出来，而是愁财富物品卖不出去。退休之后不降低或少降低工资，才能够保证正常购买。经济系统的高效率足以养活全社会每一个人。刻意减少退休工资，只能人为地压缩消费，抑制宏观经济的增长。

全民就业目标，说白了就是"全民福利就业"，就业是一种福利，是社会公民应得的权利，也是我们社会宏观经济系统存在的前提。所以，就业岗位是按人头分享的。一个人多占岗位，就相当于侵害了他人的福利，所以必须禁止。

社会上任何能够减少工作岗位的事情都应当禁止，因为减少岗位，就意味着剥夺了相应人员的福利。要本着保护全社会公民权利的宗旨来安排配套措施，就业政策就能够顺利落实，最终造福于全国人民。

六、政策目标：实现全民就业，共享效率红利

效率的提高是我们社会进步的积极因素。由于自发演化出来的宏观经济循环系统以交换为中心运行，所以必须人人就业才能让每个人都可获取生活资料，因而就业就是生存的保障。

无论从人权角度,还是从宏观经济系统循环的要求来看,社会都需要保证人人就业。所以,效率提高,任由它提高;我们只需压缩在职人员工作时间,减少个人在岗时间,把效率提高的红利分享给每一个社会公民。在职人员要养活自己、未成年人和退休人员以及无劳动能力人员,但是,机器能够帮助人们生产财富,所以要适度减少在职人员工作时间,使他们生产的产品刚好够全社会用就行。每日工作时间,也应当根据全社会效率的高低来调整。劳动者工作时间太长,劳动强度太高,都会减少就业岗位;工作时间太短,在当前效率下,生产的产品又不够养活自己和社会。所以这个工作时间要逐步减少,进行微调,找到恰当的平衡。

减少工作时间,实现全民就业,不减少工资待遇,宏观经济就能够健康运行。全社会的公民就能从效率提高中得到更多的福利和自由。

要使全社会明白,缩短工作时间,保持宏观经济循环的正常,不只是劳动者单方面受益,厂商也从中得到了好处。如果任由效率悖论发生作用,新的经济危机就会到来。那时,厂商能够幸免吗?覆巢之下,安有完卵?

七、政策注解和说明

(1)生产者不情愿实行这项政策。老板们办企业只是为了赚钱,哪管你宏观经济循环不循环!效率提高,老板开心,可以生产出更多的财富。加重员工负担,延长劳动时间,提高劳动强度,可以创造更多财富。加班加点,要求一个人干多个人的活,也会给老板增加财富。但是,老板们不要忘了,所有创造的产品都要在市场上去出售,在产品卖不出去的时候,你还能淡定吗?作为老板的个体,他们不愿意承认问题的存在,但是问题其实已经很严重。老板们可能不一定能理解宏观循环的重要性,但为了企业能够正常经营,也应遵守政府规定,统一行动,全社会共同应对失业问题,保持社会的繁荣和进步,届时,每个人都将从中获益。保持住宏观经济系统正常循环,无论老板或员工,或者其他阶层人民,都是受益者。

(2)宏观经济系统与最小经济子系统之间的关系是什么?子系统和宏观经济系统是一回事吗?

最小经济子系统是抽象出来的一个生产、储运、零售、消费功能完善的最小经济系统。全社会是由一个一个子系统纵横交错组成的硕大的经济系统,大系统的结构错综复杂,难以把握。我们研究问题都以子系统为对象进行。宏观经济系统是社会大系统,循环是这个大系统得以存在的基本行为。为了看清楚宏观经济系统循环的流程,我们就以最小经济子系统为模型,来展示大系统循环的原理。所以,可以这样理解:宏观经济系统的循环,就是子系统的循环,二者一致。

(3)"实现全民就业,共享效率红利",其中的"全民就业"等同于100%的就业吗?

不是!由于种种原因,总会存在一定量的失业,例如自然失业率3%以下还是必要的。没有失业人员,在职人员将不会珍惜现在的岗位。保有一个较低的失业率,会推动在职人员继续提高全社会的生产效率。当效率继续提高时,再由国家统一压缩工作时间,把提高的效率转换成人民更多的休闲时间和自由,增进人民的福利。

八、解决"效率悖论"与"劳动分享剩余"的协调

之前的论述中,我们彻底否定了新古典经济学三位一体的分配模式,要求恢复到三要素完全平等地分享生产经营成果的正义分配轨道上来。其中最主要就是要实现劳动分享剩余。

　　另一方面,根据效率悖论,失业问题会越来越严重,如果继续下去,整个宏观经济循环系统就会崩塌。为了挽救人类社会长久演化得到的成果——市场经济机制,我们提出治理"机器替代失业"的办法——缩短工作时间。其实,这是解救市场机制的办法,与劳动分享剩余似乎没有关系。劳动分享剩余是为了实现人类社会的经济正义,是道义上要求社会公平的政治经济方略;缩短工作时间则是技术措施,是为了挽救濒于崩塌的市场经济机制,是全人类最大的利益。失去了市场机制,人类的前途无法预知。但是把这两件事同时提出来,容易引起人们误解,因为缩短工作时间,显然是缩短劳动时间。劳动者干得越来越少,却要求得到的越来越多,似乎不尽合理。

　　这里给出回答:劳动分享剩余源于经济正义,是社会本来应该达到的状态,人类社会的这个正义已经姗姗来迟;缩短劳动时间,其实是平等地缩短各要素的工作时间(只是对其他要素而言缩短时间没有意义),这项措施的目标是维护宏观经济循环机制的正常运转,并不是偏向劳动者。

　　客观上,劳动者更多地享受了"休闲"时光,当然,不仅是体力劳动者、脑力劳动者,包括企业高管、资本家、地主、社会行政人员,全体社会公民都一同受益,享受了更多的"休闲"时光。这是公正的,全社会每一个公民都被公平对待。

　　全社会每一个公民都更多地享受"休闲",财富由谁创造? 很显然,机器帮助了人类。机器承担了大量的体力和脑力劳动,为社会创造了大量财富,它们只是一个机器,不会消费,也没有利己心,因为它们是人类智慧创造的结晶,现在为人类承担创造财富物品的任务,在道义上是合理的。因为它们还是非人格化的,人类利用它们不存在道德问题。由于科学技术的进步,机器替代人类劳动,而人类劳动者逐渐从繁重的体力和脑力劳动中解放出来,更多地享受休闲时光,或者把人类的脑力更多地投入到创新、创造上去,把地球家园建设得更加美丽,更加舒适,使全球生物圈都能够同时受益。

　　人类利用机器与利用大牲畜等生物性资源不同,例如牛、马、羊、猪等生物,它们是动物,与人类具有一定亲缘关系,最重要的是,它们是完整的生命,有生命的利己心,或许也具有喜怒哀乐等情感,我们役使它们,应当有限度、有分寸,否则会陷入道德泥潭。而机器则不同,它们不是生命,不具有生命体的痛苦和欢乐感觉,它们没有生命的利己心,不会像生命那样患得患失,我们利用它们为人类服务,不会存在道德问题。

　　由于效率提高,逐步缩短人类工作时间已经迫在眉睫,但是应当逐步缩短工作时间,同时要增加工作岗位,目标是全社会达到人人有岗位。(如果允许失业者存在,也只能限定在非常小的比例之类,以便给予在岗人员适当的压力,使他们珍惜自己的岗位。)

　　例如在学校,学生们目前学习时间已经比较短,在新的学习技术没有突破之前,学生学习知识的时间无法再压缩。而教职员工的工作时间与全社会劳动者一同缩短,就必须雇佣更多教职员工,让教师轮流上岗,服务学生。

　　在缩短工作时间的问题上,增加工作岗位是第一目标。要使现实人类有劳动能力者都达到充分就业,然后随着技术进步,逐步动态地缩短工作时间,以保持宏观经济系统的正常循环。

　　实行劳动分享剩余,恢复人类正义;缩短工作时间,使劳动者普遍就业。既保证了宏观经济系统循环正常,又实现了人类正义。市场经济将会带给人类更多的福利,人类社会将会更加和谐,创造更加辉煌的文明。

九、效率提高后其他要素也要缩短服役时间

效率不断提高,劳动要素服务时间必须缩短,这样可以保证全体劳动者充分就业。与此同时,资本和土地要素的服役时间也可以缩短。虽然资本和土地要素是物,它们对服役时间长短没有要求,但缩短服役时间,或许对人类也有某些好处。

例如,土地要素,缩短服役时间,在农业生产上就可以实行轮作制度,如二分之一土地种植,另二分之一土地闲置,或者种植青肥。下一年再轮换,可以提高土地肥力。

还有,耕地效率提高,也可以把某些瘠薄土地退出耕作,退耕还草、退耕还林,恢复植被,改善生态环境。

中国部分地区已经实施退耕还草、退耕还林政策十多年了,现在看来效果不错。在陕北、内蒙大片土地上,植被修复效果已经非常明显。以前的不毛之地现在是绿草茵茵,自然环境正在大面积恢复,这对人类的生存绝对是福音。

货币资本的服役时间缩短,会有什么结果,目前还很难预料。看不出有什么好处,也看不出会存在什么坏处,有待政策实施后进一步观察。

第五节　房地产天价的解决方案(框架)

卖方垄断是市场经济中非常令人头疼的事情,它违背正义,造成买方的困境,使人类经济社会出现许多奇怪现象,造成人类社会贫富差距悬殊,导致出现"少数人的天堂,多数人的地狱"之境况。

成本钳位机制是造成完全竞争(C 极 C 带)的最重要原因,但是,在反垄断过程中,成本钳位机制将起到巨大的正面作用。许多时候,单靠政府管制,很难完全消除垄断。而利用成本钳位机制,也就是利用市场化机制,就可能轻而易举达到目标。

经济社会中,垄断的登峰造极者是房地产行业和医药行业。本节仅研究房地产市场的反垄断问题,最终目标是实现公平正义的市场交换。

一、房地产垄断之"罪"

在最小经济子系统中,房地产商这个经济主体属于储运商、零售商的范畴。房地产都是不动产,它无法运输传递,储藏也不需要入库,所以房地产具有典型的零售功能。

在房地产行业的生产方内部,仅有生产、储藏与零售三个环节。房地产的生产企业,完成了产品的生产制造过程,房地产开发商就是需要为生产方把产品售卖出去,从而完成房地产生产经营的全部流程。

民生经济学认为房地产行业是完全垄断的,但是按照新古典理念划分,它还是够不上垄断。在中国,房地产垄断已经达到极端。房地产的垄断者是谁呢? 正是零售商。

在房地产业的生产方内部,零售商势力极强,它压倒了生产者,所以,房地产行业内部的生产制造企业并没有垄断,仅仅是房地产零售企业达到了极端的垄断,也就是完全垄断。零售企业对上游企业形成强势垄断,对下游的消费者也形成强势垄断,所以,房地产商是上下游通吃。在市场上,房地产开发商是极不公平的交易者,综合来看,房地产商至少有以下四宗"罪":

第一，房地产商垄断了零售环节，他们吃定了前道生产工序，把建筑公司的生产者剩余挤压到极低程度。

第二，房地产商垄断了零售环节，他们卡死了消费者选择的通道，造成了消费者"自古华山一条路"的困境。要住房，只能到房地产商这里购买，要价再高也得接受。他们不断提高房价，导致了天价房地产的出现，严重地剥削了住房消费者，造成了消费者的贫困，加剧了社会的贫富分化。

第三，天价房地产，生产者剩余已经远远高于净产品，造成了严重的"泡沫剩余"，而这些泡沫通过房地产商的利润和税赋进入了 GDP，给国家经济注入并积累了巨大的泡沫。（甚至，房地产商已经通过泡沫手段，"绑架"了国家经济。）

第四，房地产商在寻租、占地中，经常拉拢、腐蚀官员，造成官员腐败。他们是官员腐败的主要源头之一。

二、经济现象：建筑科技带来的福利给了谁？

进入 20 世纪，人类的建筑科技得到突飞猛进的发展。首先是建筑材料、装饰材料不断进步，其强度和性能不断提高；然后是建筑工程技术不断发展，快速高效，施工手段越来越现代化，拔地而起的高楼，克服了自古以来形成的地面一层居住模式的局限，居住空间向高层发展，地面利用效率数倍、数十倍的提高。看看香港这个地方，足以说明现代建筑技术带来的辉煌成就。他们在有限的平面以内，向高层空间扩张，形成了世界上每平方米土地 GDP 产值的"珠穆朗玛峰"。

其他城市也不例外，建筑材料的高强度、建筑技术的现代化、建筑工程管理的高水平，使得人们的居住条件有可能得到重大改善。可是，建筑科学技术的发展，还要有相关的机制体制相配合，才能使人民真正享受到科学技术进步的红利。现在的房地产行业，技术进步带给房地产开发商日进斗金的利益，而广大的消费者则因为买房，变成了"房奴"，许多人因为买房走向了贫穷。

房地产建筑科技的大发展，本来很容易让人们实现"居者有其屋"的梦想，尽情享受现代科技带给人类的巨大福利。可惜，这个福利，消费者没有享受到，都被房地产商抢走了。

三、高房价原因：房地产价格机制如何造就？

在民生经济学理论部分，我们已经论述过了，房地产商之所以能够实现巨额的利润，最根本的原因是政府无意间割断了"成本钳位机制"——禁止老百姓拿自己的钱集资建房的行为。于是，无论房地产商人要价多高，需要住房的人都只能到房地产商人处购买，没有别的选择，这给房地产商造成了抬高要价的条件。设想一下，假设没有集资建房禁令，如果房地产商要价太高，房地产消费者就会（在政府规划的地方）选择集资建房，高价房就会失去买家，于是天价住房就不会出现。

农村住房的交易价格始终接近其建造成本，有人说是因为农村住房没有房产证，但这根本不是问题的本质，关键是农村的住房既可以购买也可以自己建造，农村住房消费者具有自建和购买的完全选择权，成本钳位机制就会强烈地发生作用，把农村住房价格紧紧钳位到成本附近。

而在城市中,要住房只有一条路,购房。房地产商发现,无论如何提高要价,住房都能够卖得出去。于是商品房价格一路高升,再无悬念。

部分买房者认为买房花费的价格越高,房子的资产价值越高,虽然自己支付了极高的价格,却也得到了极大的资产,似乎没有吃亏。他们并不知道,房子的建造生产过程并没有产生足够高的净产品剩余来支持房地产商"无限高"的价格索取,而房价高于有限净产品的部分就形成了经济的泡沫剩余,买房人得到的真实资产实际上仅仅是房价减去泡沫之后的剩余部分,绝不是房价有多高,资产就有多大!

奇高的天价住房市场形成了严重的垄断和剥削,房地产开发商是最大的剥削者,买房人是直接的牺牲品,国家宏观经济则是房地产泡沫的最大受害者。

总而言之,禁止老百姓集资建房,割断了房地产市场的成本钳位机制,是高房价出现的根本原因。

四、高房价恶果:房地产摧毁经济的力量不断增强

房地产出现奇高的房价,其价格往往是成本的20倍以上,已经严重地破坏了本就不太公平的市场机制,造成了极其恶劣的社会问题。

(1)严重的经济泡沫损害经济体制。现代建筑业发展,现代建筑技术进步,确实使房地产建设具有了较高的净产品产出,但也是有限的。房地产真实的净剩余产品最高可能是成本的3倍左右,如果2倍于成本价卖出,还能给买家留下一些消费者剩余。但现在以20倍到40倍的价格出售,超过3倍的部分,则是没有实物支撑的泡沫剩余,这是不折不扣的经济泡沫。这些泡沫通过房地产商的利润进入GDP宏观经济系统,造成局部的虚假繁荣景象,实际上把泡沫注入了经济社会,一旦泡沫破灭,将给国家宏观经济带来无法预知的恶果,并将严重打击现行经济体制。我们说房地产绑架了宏观经济正是这层意思。

(2)严重的非正义交易贻害社会。奇高房价带来了巨大的经济泡沫,一旦泡沫破灭,买房者的希望随之破灭,而房地产商早已与泡沫破灭割断了关系,受害者只是买房人。

(3)加剧贫富差距。新古典市场机制理论指导下的市场经济本来就没有公平可言。不太长时间的市场积累使中国社会的贫富差距已经扩大了,而房地产经济的发展,更加严重地加剧了贫富差距。在上海、杭州、北京、广州、深圳等一线城市,许多工资正常的人,工作一年不吃不喝,能买到一平米住房,要买100平米住房,不吃不喝也得积攒100年。通过房地产商的这一波掠夺经营,许多人在城市打拼了一辈子的积蓄,到头来都被房地产商人洗劫一空。一方面,我党在积极扶贫助贫,竭尽所能缩小贫富差距;另一方面,房地产商却大量掠夺社会财富,迅速扩大社会贫富差距,增加贫穷人口。

(4)吞噬了大量的改革开放成果。许多中国人想不通:改革开放40多年了,中国的GDP已经排名世界第二,但是身边的人,富裕程度似乎没有达到应有的状态。大家在问,改革开放的成果到哪里去了?有人说被贪官们拿走了,有人说被有钱人带到国外去了。其实,这些说法的依据并不充分。人们没有意识到,由于天价住房现象,住房成为一些人储存财富的手段,在许多城市,大量的楼盘建好以后售卖完成,却长期无人入住,出现所谓"鬼城""鬼房"现象。而这些都是由真金白银垒起来的,都是改革开放以来创造的中国财富的一部分,是中国人多少年

辛勤劳作的成果,现在却白占着国土资源,积压着财富物资,长期不被使用,并慢慢磨损老化,走向灭失。这是多么大的浪费!

五、高风险性:房地产悬崖勒马也须投鼠忌器

房地产商的掠夺式经营之所以能够得逞,就是因为老百姓集资建房被禁止而导致的。现在,房地产经过不长时间的经营,已经通过经济泡沫把现实中国经济牢牢绑架了。现在有人认为房地产是我国经济的支柱产业,因为它占的比重比较大,但殊不知,这完全是一堆泡沫。

民生经济学已经证明,住房产品超过生产成本 3 倍以上的部分就是纯粹的泡沫。而且民生经济学也清楚地认定,房地产行业是典型的完全垄断产业,政府必须出重拳制裁和打击。

但是现在,"投鼠忌器"的状况已经存在,使其变得复杂起来:立即治理,可能会立即引起连锁反应,带来社会动荡;现在不治理,问题会积累得越来越严重,自动坍塌只是迟早的事情,一旦自动坍塌,整个社会都可能遭受灭顶之灾。总体来看,要治,还得早治,越早治损失会越小。

但是,谁来承担"戳破泡沫"的责任?引起的社会损失由谁负责?这些都是当下极难解答的问题。

六、政策辨识:禁止老百姓集资建房的正当性存在吗?

当初"禁止党政机关集资建房"是完全正确的政策,至今依然正确,具有完全的正当性。但是把这个禁令推广到城市的老百姓头上,就找不到任何正当理由。

老百姓集资建房,可以在规划局规划的土地上,遵守规划标准,花自己合法的钱,造自己使用的房,这是完全正当的经济行为。这里面没有一丝一毫违背宪法、违背法律、违背正义的地方。甚至也没有违背道德和公序良俗的地方,相关部门的禁令依据在哪里?

允许老百姓集资建房,是对社会公民消费产品自由的充分保障。允许老百姓集资建房,也允许老百姓自由购买住房。不分公民的身份、所属单位、所属阶层,只要拿自己合法所得,在规划局规定的地面上,依照规划标准,集资建房,就可以成本价合法拥有自己的住房。这是对公民自由权利的最大保障。同时,购买商品房也不能被禁止。

于是,城市里的老百姓,包括各阶层人民都具有两种获取住房的路径:可以集资建房,以成本价格获取住房;也可以购买住房,以市场交易价格获得住房。这样,确保了公民在获取住房上自建和购买的选择自由,住房的市场价格就会被住房的建造成本牢牢钳位住,再也不可能出现天价。

七、政策措施:恢复"成本钳位机制",治理房地产天价

治理天价房地产的办法非常简单:立即取消老百姓在城市集资建房禁令,恢复老百姓在城市买房和集资建房的选择自由。

因为老百姓有了选择自由,他们就可以根据自己需要,自由组织起来,在规划局圈定的土地上,依照规划的标准,集资建设自己的住房,从而享受成本价住房。住房是大宗商品,单套成本造价本来就很高,消费者会谨慎测算,经过反复比较才会购买。

如果房地产商的住房和集资建房的成本价可比拟,也有一些人会图方便,购买商品房,房地产商还会存在下去。如果房地产商的房价高于集资建房的成本价较多,那就很难卖出。

八、政策注解

（1）治理房地产垄断的办法很简单，就是恢复成本钳位机制的市场作用，使天价重新落回到正常区间。这里的办法措施是强化市场作用，消除垄断势力。这个措施趋向于经济正义，造福于全国人民。

（2）放开政策允许老百姓集资建房的同时，不能取消党政机关集资建房禁令。否则，腐败问题就可能回头。老百姓集资建房与党政机关不同，老百姓拿自己的钱，在自己合法购买的土地上，建设自己的住房，利国利民，一切合情合理也合法，没有任何正当理由加以限制。这也是符合正义的举措。党政机关集资建房，往往拿公家的钱，建自己的房，千方百计回避全额集资，可能引起腐败。

（3）正是因为房地产已经积累了巨大的泡沫，已经绑架了国家经济，如果不治理，泡沫自动破灭的风险已经很高，而且风险将越来越高；如果治理，眼下泡沫就会破灭，风险也难以控制。为防止风险发生，这个治理措施实施与否，还需要当局审时度势，斟酌敲定。要充分考虑到风险的存在，还要考虑到承担挤破经济泡沫的后果。兹事体大，不可轻举妄动，办法虽然本书已给出，但决策还需三思而后行。

九、建筑产业良性发展的愿景

从建筑产业角度去思考，这个产业本可以飞速发展，给人民带来无限的福利。可惜，城市集资建房被禁止，中国老百姓没有权利拿自己的钱，建自己的房。于是房地产商人乘虚而入，没用几年功夫，他们就把中国经济的发展红利瓜分殆尽，造成今日房地产和建筑行业的奇怪现象。建筑技术高度发达，人民"居者有其屋"的梦想却越来越渺茫。

我们可以憧憬一下，如果去除了这颗毒瘤，在建筑技术如此发达的今天，人民想在城市里拥有一套自己的住房，应当是轻而易举的事情。

建筑产业从材料生产，到成品房建造，再到装修，最后居住，在整个产业链上，房地产商人是可有可无的。如果没有毫无理由的城市百姓集资建房的禁令，那么百姓住房可有两条路自由选择：

第一，老百姓集资在规划局规定的地面上建设自己的住房。整个价值链上有建筑材料生产商、建筑商、集资者、装修商、居住者等主体。居住者最后得到的住房是成本价格。这里房地产商不存在。

第二，房地产商在规划局规划的地面上，出钱请建筑商、材料供应商合作，建起住房，然后公开出售，其市场价格必须与成本价格可比拟。有些没有参加集资建房的居住者也可以选择购买。但是，市场价格无论如何不能高出成本太多，高出2、3倍都会无人购买，更不用说高出几十倍。天价房永远不会出现。这样，房地产商也和其他产业零售商一样，以自己独特的优势吸引消费者，带给消费者一定福利，而不仅仅成为一群"寄生式食利者"。消费者拥有在"自建"和"购买"之间自由选择的权利，房地产商人的完全垄断就不能实现。

城市百姓集资建房的禁令，实际上起到了帮助"房地产商人"达到完全垄断的作用。不取消这条禁令，房地产商还将继续垄断下去，这个产业对国家经济的破坏只会越来越严重。

　　没有了城市百姓集资建房的禁令,房地产商也是正常的市场商人,企业经营水平高的,就会在正常市场上发扬光大;经营水平差的,很快就会被淘汰。整个建筑业、房地产业都将归于正常发展。企业会发展,人民的居住条件也会很快彻底改观,我国的城镇化水平将迅速提高。建筑技术飞速发展的红利自然会造福社会,造福人民。

参考文献

[1]李振基,陈小麟,郑海雷. 生态学[M]. 北京:科学出版社,2000.

[2]宋今丹. 医学细胞生物学[M]. 北京:人民卫生出版社,1997.

[3]北京大学生命科学学院编写组. 生命科学导论[M]. 北京:高等教育出版社,2000.

[4]陈阅增,张宗炳,冯午. 普通生物学[M]. 北京:高等教育出版社,1997.

[5]斯密. 国民财富的性质和原因的研究[M]. 郭大力,王亚南,译. 北京:商务印书馆,1996.

[6]中新网. 索罗斯将在布达佩斯创立"新经济思想研究院"[EB/OL]. (2009 - 11 - 02)[2020 - 10 - 10]. http://www.chinanews.com/gj/gj-hqcz/news/2009/11 - 02/1942444.shtml.

[7]留学网. 索罗斯资助牛津开新经济学院[EB/OL]. (2010 - 04 - 09)[2020 - 10 - 10]. http://m.eduwo.com/composite/48137.htm.

[8]李思思,杨虎涛. 后危机时代的经济学教学:英国《卫报》记者对经济学教学的采访报道 [EB/OL]. (2018 - 01 - 19)[2020 - 10 - 10]. https://www.ixueshu.com/document/a1a89c49bc6bff803b697fdc0eafe023318947a18e7f9386.html.

[9]马歇尔. 经济学原理[M]. 朱志泰,译,北京:商务印书馆,1997.

[10]高鸿业. 西方经济学[M]. 北京:中国人民大学出版社,2014.

[11]顾龙芳. 计量学基础[M]. 北京:中国计量出版社,2006.

[12]李慎安. 量、单位和运用[M]. 北京:中国计量出版社,2005.

[13]杰文斯. 政治经济学理论[M]. 郭大力,译. 北京:商务印书馆,1997.

[14]瓦尔拉斯. 纯粹经济学要义[M]. 蔡受百,译. 北京:商务印书馆,1989.

[15]布莱克. 效用[M]//伊特韦尔. 新帕尔格雷夫经济学大辞典:第 4 卷. 陈岱孙,董辅礽,罗元明,编译. 北京:经济科学出版社,1992:836 - 839.

[16]希克斯. 价值与资本[M]. 薛蕃康,译. 北京:商务印书馆,1982.

[17]亚里士多德. 亚里士多德选集:政治学卷[M]. 颜一,译. 北京:中国人民大学出版社,1999.

[18]马克思. 资本论[M]. 北京:人民出版社,1975.

[19]GOSSEN H H. Entwicklung der Gesetze des menschlichen Verkehrs, und der daraus fließenden Regeln für menschliches Handeln[M]. Cambridge, MA:MIT Press,1983.

[20]JEWONS W S. The Theory of Political Economy[M]. Londun:MacMillan,1871.

[21]MENGER C. Grundzüge der Volkswirtschaftslehre[M]. DINGWALLAND J, HOSELITZAS B F, trans. Parsippany, NJ:Free Press,1951.

[22]WALRAS L. Elâements d'âeconomie politique pure[M]. JAFFEAS W, trans. London: Allen and Unwin,1954.

[23]HICKS J R, ALLEN R G D. A reconsideration of the theory of value[J]. Economica, 1934(NS1):52-76.

[24]笛卡尔.谈谈方法[M].王太庆,译.北京:商务印书馆,2006.

[25]王汉生.论生命机制[M].西安:西安地图出版社,2003.

[26]瓦基.净产品[M]//伊特韦尔.新帕尔格雷夫经济学大辞典:第3卷.陈岱孙,董辅礽,罗元明,编译.北京:经济科学出版社,1992:1082-1083.

[27]SAY J B. Traite d'economie politique:Vol Ⅰ. Paris:Chez Rapilly,1826:Ⅹ Ⅴ.

[28]克拉克.财富的分配[M].陈福生,陈振骅,译.北京:商务印书馆,1983.

[29]卡恩.完全竞争[M]//伊特韦尔.新帕尔格雷夫经济学大辞典:第3卷.陈岱孙,董辅礽,罗元明,编译.北京:经济科学出版社,1992:890-892.

[30]张伯伦.垄断竞争理论[M].周文,译.北京:华夏出版社,2017.

[31]罗宾逊.不完全竞争经济学[M].王翼龙,译.北京:华夏出版社,2013.

[32]柯曼.作为经济学家的帕累托[M]//伊特韦尔.新帕尔格雷夫经济学大辞典:第3卷.陈岱孙,董辅礽,罗元明,编译.北京:经济科学出版社,1992:861-865.

[33]洛克伍德.帕累托效率[M]//伊特韦尔.新帕尔格雷夫经济学大辞典:第3卷.陈岱孙,董辅礽,罗元明,编译.北京:经济科学出版社,1992:868-870.

[34]PARETO V. Manual of Political Economy. London:MacMillan,1971.

[35]亚里士多德.尼各马可伦理学[M].廖申白,译.北京:商务印书馆,2003.

[36]亚里士多德.政治学[M].颜一,秦典华,译.北京:中国人民大学出版社,2003.

[37]罗默.分配正义论[M].张晋华,吴萍,译.北京:社会科学文献出版社,2017.

[38]罗尔斯.正义论[M].何怀宏,何包钢,廖申白,译.北京:中国社会科学出版社,2009.

[39]赵苑达.西方主要公平与正义理论研究[M].北京:经济管理出版社,2010.

[40]舒远招,朱俊林.系统功利主义的奠基人:杰里米·边沁[M].保定:河北大学出版社,2005.

[41]帕特尔.粮食:时代的大矛盾[M].郭国玺,译.北京:东方出版社,2017.

[42]森.贫困与饥荒[M].王宇,王文玉,译.北京:商务印书馆,2004.

[43]杜为公,李艳芳,杜康.西方农业经济学理论与方法的新进展[M].北京:中国人民大学出版社,2016.

[44]孙洛平.收入分配原理[M].上海:上海人民出版社,1996.

[45]谢经荣,吕萍,乔志敏.房地产经济学[M].北京:中国人民大学出版社,2008.

[46]宋文舸,阎淑芬.医疗服务价格改革取向[M].沈阳:沈阳出版社,1997.

[47]李丽.我国医疗服务价格规制的理论与实证分析[M].北京:经济科学出版社,2008.

[48]庇古.福利经济学[M].朱泱,张胜纪,吴良健,译.北京:商务印书馆,2006.

[49]巴拉舒伯拉曼雅姆,拉尔.发展经济学前沿问题[M].梁小民,译.北京:中国税务出版社,2000.

[50]拉切奇尼,格林切尔.神经元经济学[M].汪丁丁,叶航,罗卫东,译.上海:上海人民出版社,2005.

[51]刘易斯.经济增长理论[M].周师铭,沈丙杰,沈伯根,译.北京:商务印书馆,2005.

[52]古诺.财富理论的数学原理的研究[M].陈尚霖,译.北京:商务印书馆,1999.

[53]威廉姆森.资本主义经济制度[M].段毅才,王伟,译.北京:商务印书馆,2004.

[54]陈享光.货币经济学导论[M].北京:经济科学出版社,2000.

[55]诺思.经济史上的结构和变革[M].厉以平,译.北京:商务印书馆,2005.

[56]杜阁.关于财富的形成和分配的考察[M].南开大学经济系,译.北京:商务印书馆,1997.

[57]诺依曼,摩根斯顿.博弈论与经济行为[M].王文玉,王宇,译.北京:三联书店,2004.

[58]维塞尔.自然价值[M].陈国庆,钱荣坤,译.北京:商务印书馆,1982.

[59]何爱平,张志敏.马克思主义经济学与西方经济学的比较研究[M].北京:中国经济出版社,2012.

[60]胡寄窗.西方经济学说史[M].上海:立信会计出版社,1991.

[61]黄安余.就业失业论[M].北京:中央编译出版社,2015.

[62]黄凯锋.价值论及其部类研究[M].上海:学林出版社,2005.

[63]贝克尔.家庭论[M].王献生,王宇,译.北京:商务印书馆,2005.

[64]德布鲁.价值理论[M].刘勇,梁日杰,译.北京:北京经济学院出版社,1988.

[65]金东郁.世界史就是经济史[M].王艳,译.北京:北京联合出版公司,2016.

[66]塞加尔.货币简史[M].栾力夫,译.北京:中信出版社2016.

[67]凯恩斯.货币论[M].蔡谦,范定九,王祖廉,译.北京商务印书馆,1996.

[68]魏克赛尔.利息与价格[M].蔡受百,程伯撝,译,北京:商务印书馆,1959.

[69]罗宾斯.经济科学的性质和意义[M].朱泱,译.北京:商务印书馆,2005.

[70]李薇辉.西方经济思想史概论[M].上海:华东理工大学出版社,2005.

[71]李悦,李平.产业经济学[M].大连:东北财经大学出版社,2002.

[72]豪伊.边际效用学派的兴起[M].晏智杰,译.北京:中国社会科学出版社,1999.

[73]厉以宁.中国经济双重转型之路[M].北京:中国人民大学出版社,2013.

[74]林毅夫.论经济发展战略[M].北京:北京大学出版社,2005.

[75]巴克豪斯.西方经济学史[M].莫竹芩,袁野,译.海口:海南出版社,2017.

[76]韦伯.世界经济简史[M].李慧泉,译.上海:立信会计出版社,2018.

[77]弗里德曼.货币的祸害[M].张建敏,译.北京:中信出版社,2016.

[78]弗里德曼.资本主义与自由[M].张瑞玉,译,北京:商务印书馆,2006.

[79]庞巴维克.资本实证论[M].陈端,译.北京:商务印书馆,1983.

[80]权衡.收入分配与社会和谐[M].上海:上海社会科学院出版社,2006.

[81]色诺芬.经济论;雅典的收入[M].张伯健,陆大年,译.北京:商务印书馆,1997.

[82]盛庆琜.统合效用主义与公平分配[M].杭州:浙江大学出版社,2006.

[83]盛昭瀚,蒋德鹏.演化经济学[M].上海:上海三联书店,2002.

[84]斯拉法.用商品生产商品:经济理论批判绪论[M].巫宝三,译.北京:商务印书馆,1997.

[85]王汉生.生命经济原理[M].西安:西北大学出版社,2003.

[86]王俊豪.现代产业经济学[M].杭州:浙江人民出版社,2003.

[87]道.经济学方法论[M].杨培雷,译.上海:上海财经大学出版社,2005.

[88]范德林特.货币万能[M].王兆基,译.北京:商务印书馆,1990.

[89]晏智杰.劳动价值学说新探[M].北京:北京大学出版社,2001.

[90]殷明德.从价值论到货币论[M].上海:上海三联书店,1991.

[91]科卡.资本主义简史[M].徐庆,译.上海:文汇出版社,2017.

[92]洛克.论降低利息和提高货币价值的后果[M].徐式谷,译.北京:商务印书馆,1997.

[93]凯恩斯.就业、利息和货币通论[M].高鸿业,译.北京:商务印书馆,2006.

[94]希克斯.经济史理论[M].厉以平,译.北京:商务印书馆,2005.

[95]马西.论决定自然利息率的原因[M].胡企林,译.北京:商务印书馆,1996.

[96]熊彼特.经济分析史[M].杨敬年,译.北京:商务印书馆,2004.

[97]张金水.数理经济学[M].北京:清华大学出版社,1998.

[98]朱成全.经济学方法论[M].大连:东北财经大学出版社,2011.

[99]福冈伸一.生物与非生物之间[M].曹逸冰,译.海口:南海出版公司,2017.

[100]黄秀梨.微生物学[M].北京:高等教育出版社,1998.

[101]来茂德.医学分子生物学[M].北京:人民卫生出版社,1999.

[102]李璞.医用生物学[M].北京:人民卫生出版社,1978.

[103]徐景达.有机化学[M].北京:人民卫生出版社,1978.

[104]张建龙,王佐贤,赵子文.病理生理学[M].北京:人民军医出版社,1999.

[105]张树义.动物行为的奥秘[M].北京:科学技术文献出版社,1999.

[106]朱锡华.生命的卫士:免疫系统[M].北京:科学技术文献出版社,1999.

[107]苗东升.系统科学精要[M].北京:中国人民大学出版社,1998.

[108]吴韫章.自动控制理论基础[M].西安:西安交通大学出版社,1999.

[109]石里克.普通认识论[M].李步楼,译.北京:商务印书馆,2005.

[110]威尔逊.人类存在的意义[M].钱静,魏薇,译.杭州:浙江人民出版社,2018.

[111]彭加勒.科学与假设[M].李醒民,译.北京:商务印书馆,2006.

[112]谷春德.西方法律思想史[M].北京:中国人民大学出版社,2000.

[113]许有伦.经济哲学研究[M].西安:陕西人民出版社,2005.

[114]曹龙骐.金融学[M].北京:高等教育出版社,2010.

[115]陈继祥.战略管理[M].上海:上海人民出版社,2004.

[116]达摩达尔.经济学原理与实践[M].李井奎,译.北京:中国人民大学出版社,2013.

[117]黄有光.福祉经济学[M].大连:东北财经大学出版社,2005.

[118]姜波克.国际金融新编[M].上海:复旦大学出版社,2001.

[119]李怀祖.管理研究方法论[M].西安:西安交通大学出版社,2004.

[120]李怀祖.决策理论导引[M].北京:机械工业出版社,1993.

[121]刘树林.数理经济学[M].北京:科学出版社,2008.

[122]爱尔兰,霍斯基森,希特,等.战略管理[M].吕巍,译.北京:机械工业出版社,2009.

[123]平新乔.微观经济学十八讲[M].北京:北京大学出版社,2001.

[124]《西方经济学》编写组.西方经济学[M].北京:高等教育出版社,2012.

[125]王苏生,杨蔚.高级微观经济学理论[M].北京:中国人民大学出版社,2014.

[126]谢经荣,吕萍,乔志敏.房地产经济学[M].北京:中国人民大学出版社,2008.

[127]谢政.对策论[M].长沙:国防科技大学出版社,2004.

[128]岳超源.决策理论与方法[M].北京:科学出版社,2003.

[129]北京大学国家发展研究院.与索罗斯对话新经济思维[EB/OL].(2010-05-17)[2020-10-10].https://www.sinoss.net/2010/0517/21722.html.

后　记

民生经济学经历了 24 年的研究、教学和打磨,最终形成了完整的新经济学理论体系。总结本书内容和研究过程,笔者形成以下三个方面的认识,与读者分享。

一、民生经济学的内容结构

民生经济学理论体系得以成立,其最核心的成功和显见的成果,在于第五章市场类型划分。有了科学精准的市场类型完整划分,找准了经济学解决问题的方向,廓清了经济学发展的思路,把经济学理论顺理成章地推向了实用,才使得第七章规划方案得以出笼并成立。

要实现精准完整的市场类型划分,第四章精确的价格模型则是关键性的枢纽工程,没有这个精准的价格函数,市场类型划分就基本靠假设和猜测了,新古典经济学的市场模型就是假设和猜测的典型范例。民生经济学的价格模型,完全是精确推导的结果,这份成果应当是经济学理论发展史上重要的里程碑,相信读过本书的经济学专业人士必定有所感悟。

精确的价格函数能够建立起来,第二章效用度量奠定了坚实的基础。如果效用一直像西方经济学者们众口铄金般"共识"的那样不可度量,那后续的一切成就都将是异想天开。

本书最大的成果正是效用的精确度量。新古典经济学已广泛传播长达一个世纪,经济学界对效用度量这件事情已经不报希望。所以,尽管效用度量完成已经 24 年了,学者们仍对此抱有疑问:效用怎么就能度量成功呢? 是否又是一个谎言来了?

笔者只能告诉大家,亲眼看看本书第二章就真相大白了。

第二章中效用之所以能够精确度量出来,关键的理论支柱牢牢建立在经济学基础计量体系之上。这个经济学基础计量体系规范了人(标准消费人)、物(利物)、物与人之关系 G,形成了"人本化"的经济学计量基础。精准定义了生存量 W、利物量 x,明确规定了它们的计量单位:人・年和标石(BD)。并以此为基础,推导计算出了效用度量函数,从而实现了效用的精确度量,完成了全世界经济学界都认为不可能完成的任务。

好有一比,四大民生经济问题的解决方案,犹如长江入海般波澜壮阔,而经济学基础计量体系就如格拉丹东峰顶上冰川形成的涓涓细流。没有这涓涓细流之源,无法形成江河湖海,更遑论什么汹涌澎湃、波澜壮阔了!

纵观全书,基本上前一章是后一章的基础,后一章是前一章的推导结果(第六章除外),形成了环环相扣的逻辑体系,层层递进的理论发展阶梯。希望读过本书的读者体会之。

二、经济学发展完善的方向

在经济学没有精确价格模型的时代,众多学者艰难探索,创造了许多辉煌成就,新古典经济学已经是集大成者,例如其提倡反垄断,促竞争,提高效率。但是由于经济学价格模型的模糊,导致许多思想和理论精准程度不够,甚至有些时候以"自由"之信仰代替论证,这是其遗憾之处。尽管反垄断思想非常明确,但他们反垄断的理由依然是认为垄断效率低下,故而反对之。

民生经济学一扫往日理论模糊之阴霾,精准推导得出反垄断结论:因为垄断是不公平之极端,为正义理念所不容。同样道理,民生经济学也反对 C 极市场——也就是西方经济学的完全竞争市场,反对的理由是 C 极是极端不公平的市场,亦为正义所不容。

民生经济学找到并应用公平标准来规范经济行为,并与效率问题解耦,使效率标准和公平标准并存,并将之推广到所有市场。我们提倡公平极市场,反对极端垄断和极端竞争市场,形成经济学的新风尚。

除了反对两个极端市场外,民生经济学对其他市场也都能做出准确判断。例如,招标市场、拍卖市场,也是两个极端市场:招标是 C 极竞争市场,拍卖是 P 极垄断市场。现实中的天价市场,都是值得垄断理论关注的领域。有兴趣的读者可以就此拓展自己的研究。这都将逐步完善民生经济学的覆盖范围。

三、经济学的归宿

民生经济学沿革了西方经济学的研究方法和思路,本是西方经济学的继承和发展。但是它却完全突破了西方经济学的研究结果。因为它找到了公平研究的支点,完成了公平与效率并存的理论证明。读完本书后,你会突然发现,原来经济学的归宿是社会主义。因为社会主义的最重要理念就是追求公平,同时还不能降低效率。

民生经济学虽然从西方经济学研究思路出发,却完成了公平和效率可以并存的证明,使社会主义理念喷薄而出,成为经济学发展的必然归宿。

康帕内拉《太阳城》问世近四百年来,社会主义思想从空想发展到科学,从理论探索到大规模实践,四百年来,她跌宕起伏,纵横捭阖,始终闪现着人类理想之灵光。众里寻她千百度,蓦然回首,那人却在灯火阑珊处!

本书的出版,或许将引发新一轮关于社会主义理论研究的高潮。本书就像是找到桃花源洞口的那个探路者,尚未就此内容进行深入研究,期待后来的学者由此深化进去,尽览桃花源内的旖旎风光,把人类的社会主义理想发扬光大,造福于人类的子孙后代。